U0444428

创新制度供给：
理论考察与求实探索

贾 康　欧纯智　著

商务印书馆
创于1897 The Commercial Press
2016年 · 北京

图书在版编目（CIP）数据

创新制度供给：理论考察与求实探索 / 贾康，欧纯智著．— 北京：商务印书馆，2016
ISBN 978－7－100－12734－9

Ⅰ．①创… Ⅱ．①贾… ②欧… Ⅲ．①中国经济—经济改革—研究 Ⅳ．①F12

中国版本图书馆CIP数据核字(2016)第282102号

所有权利保留。

未经许可，不得以任何方式使用。

创新制度供给：理论考察与求实探索

贾 康 欧纯智 著

商 务 印 书 馆 出 版
（北京王府井大街36号 邮政编码 100710）
商 务 印 书 馆 发 行
三河市尚艺印装有限公司印刷
ISBN 978－7－100－12734－9

2016年12月第1版 开本 710×1000 1/16
2016年12月北京第1次印刷 印张 23 3/4

定价：68.00元

目 录

全面深化改革决定可持续增长（代序）/ 1

供给侧改革

供给侧改革条件下的中国经济发展
——兼论房市、股市、营改增 / 7
我看改革与“双创”/ 45
产业政策与供给侧改革 / 51
如何把握供给侧改革中的“三去一降一补”/ 68
联通“中国梦”的真问题
——跨越“上中等收入陷阱”：何谓？何从？ / 73

PPP 创新

政府与社会资本合作的善治之路
——构建 PPP 的有效性与合法性 / 81

PPP 对公共治理框架下实现公共利益的促进与创新 / 97
以 PPP 创新破解基本公共服务的传统融资掣肘 / 119
PPP 项目中政府的身份定位问题辨识 / 137
医疗健康服务供给的 PPP 模式探讨 / 141
PPP“政热企冷”之说有偏颇 / 154

治理变革

传统基本公共服务供给模式的反思与批判 / 161
公共利益视角下的关于行政审批存废的再思考 / 185
新制度供给下的公共利益对个人利益的引导
——基于税收征纳博弈分析 / 201
正义视角下的关于行政酌情自由裁量权使用的再思考 / 218

机制分析

官僚与官僚组织的激励共赢机理分析 / 241
税收征管中寻租腐败行为的效应与机理分析 / 252
纳税人权益保障：征税权力制约范式考察分析 / 275
公民的税收道德
——基于中印两国的对比分析 / 295

创新发展

关于创新发展的基本认识 / 323
中国宏观经济走势与房地产业 / 339
金融改革的五个“势在必行” / 346
农业发展中的投融资支持与机制创新 / 350

"一带一路"的多赢性质与多元投融资机制创新 / 353
三年和三十年：在不确定性中看确定性 / 357
关于法治共和的包容性发展
——从《国家为什么会失败》读后感谈起 / 364

跋 "命运共同体"中的同与异 / 369

全面深化改革决定可持续增长（代序）

贾 康

“深化改革决定可持续增长”，这是在党的十八大以来形成全面小康、全面改革、全面依法治国和全面从严治党战略布局而中国经济社会转轨仍处于“未完成状态”下所需要确立的认识。

在三十余年改革开放之后，中国改革已进入了“深水区”，阻力前所未有，所有“帕累托改进”式的“只有人受益而不会有人受损”的改革事项都已做完，现任何一项深化改革的任务都会面临既得利益的“固化藩篱”形成的强有力的障碍，而且各项改革大都已经深度关联交织，“牵一发动全身”，过去在局部发力寻求突破就可以改观全局的空间，已明显收窄，更多更大的考验，正集中于“全面改革”这个基本概念之上。“深化改革决定可持续增长”，我认为这是在关乎“中国梦”现代化伟大民族复兴命运的经济社会转轨“未完成”而攻坚克难的改革势不可免情况下，必须确立的重要认识和关键要领。各方关注的党的十八届五中全会，结合关键时期的“十三五”规划，对此又给出一个要求以“创新发展”为第一动力、具有“顶层设计”性质的指导文件。

中国现阶段的主要特征，可以用如下四句话来描述：

第一，“黄金发展”和“矛盾凸显”相伴随。在中国各地稍做些调研就可以感受到，我们仍然处于“可以大有作为的战略机遇期”，在三十余年高速增长后转向“新常态”的新起点上，经济增长发展的底气和市场成长的巨大潜力仍在，不论是大城市，还是中小城镇和许多农村区域，建设场景触目可及，给人印象深刻。但来自资源、环境的矛盾制约和来自人际关系的矛盾制约，更是日趋明显、咄咄逼人：雾霾已动辄打击大半个中国；地方某些新上马的重化工项目，一而再、再而三遇到民众的强烈反对且演变成震动全局的群体事件；进入“中等收入阶段”后，收入分配问题更为凸显，社会心态越来越明显地倾向于不少其他经济体曾在跌入“中等收入陷阱”前表现过的“端起碗吃饭，放下筷子骂娘”、追求“民粹主义基础上的福利赶超”的特征。

第二，“下行因素”和“上行因素”在对冲。中国经济“潜在增长率”已在“下台阶”，从10%左右下行到7%左右的区间，“新常态”中“新”已明确，而“常”未达到，即还未完成触底企稳，相关的下行因素包括劳动力成本上升，人口红利即将迅速消失，老龄化社会压力正迅速到来，以及较高基数上常规投资“报酬递减”，等等。但可以对冲下行因素的若干上行因素，是最值得我们重视与争取的，这些上行因素包括新型城镇化红利（“动力源”需求释放引发的“成长引擎”效应），科技创新红利（走创新型国家道路、跟上“第三次产业革命”大潮激发科技“第一生产力”的乘数效应），社会管理红利（在社区治理、非营利机构和志愿者组织成长等方面的基层自治、社会和谐、兴利除弊效应），而使所有这些红利能够如愿释放出来的关键，是实质性“攻坚克难”的改革能否不停留于口号而变为现实，进而可综合性地凝聚而成提升和保持全要素生产率、化解种种矛盾制约的“改革红利”。业已壮大的民间资本、社会资金，及可随之调动的民间智慧和潜能、活力，必须依托改革摆脱羁绊而更多贡献其“正能量”，新一轮价税财联动改革、投融资改革、国资体系改革和行政改革、司法改革等，实在无可回避。上述的下行因素和上行因素对冲之后，我们应力求争取的，是今后尽可能长时间实现7%左右年均速度的中次高速增长平台、结构优化的增长质量“升级版”。

第三，深化改革的努力和既得利益的阻力相博弈。自十一届三中全会开始，到邓小平南方谈话后实施1994年宏观层面以财税为重点的配套改革，再到千年之交前后以“入世”锁定全面开放格局，一系列改革创新打开了生产力解放和国家现代化的新时代，但渐进改革中既得利益也渐成局面，尾大不掉，虽然深化改革、加快转型自九十年代后一路强调至今，但在“利益固化的藩篱”之前步履维艰。十八大之后，高层关于“壮士断腕”的改革的决心已有明确表述，但社会上、企业界、市场中对于在体制内“自动手术”、“自我革命”的怀疑仍未消除，且与意识形态因素的阴晴变化叠加。在深化改革努力与既得利益阻力的博弈背后，是改革与社会“矛盾累积”问题的赛跑，早已被人形象比喻为“两只老虎的赛跑”，这两只老虎各自要素齐全，似乎也看不大清楚对方，但都在往前跑，谁跑得更快一些，将决定国家的前途、民族的命运、“中国梦”的成败。化解既得利益阻碍，既是改革的最难之处，又是我们必须面对和交出答卷的历史性的考验。

第四，“十三五”是挑战机遇并存局面下接受历史考验的改革新起点和争取“继续大踏步跟上时代”来引领的“新常态”的关键时期。既然追求可持续增长和现代化伟大民族复兴的关键在于进一步解放生产力实现现代国家治理之下的包容性发展，那么以创新驱动带来“动力转型”，以供给侧结构优化供给和制度供给更有效地支持升级增质，将是决定我们能否合格地应对挑战掌握机遇的“关键一招”。我们必须以更大的决心、勇气、魄力和更高的智慧与操作水准，推进“五位一体”的全面改革，在总体“路线图”下还要配之以多轮“最小一揽子”的改革“时间表”设计。近期一系列关于改革的新动态新进展，业已给出了强烈的信号：

——中央要求于2016年要完成重点、基本任务的财税配套改革，势必倒逼整体考虑下的经济改革和与之联动的多方配套改革；

——在前一阶段已有颇多明确宣示的金融改革领域，将会依照建立存款保险制、发展中小型金融机构等要点，力求对利率市场化、人民币资本项目下可兑换等改革任务，展开具有攻坚性质的新阶段；

——上海和广东、福建的自由贸易试验区部署带有新一轮“以开放促改革”的战略意义，将以准入前国民待遇、负面清单管理等为突破，打造可复制的高标准国际化、法治化营商环境而推动市场取向改革的实质性升级；

——工商企业注册资本登记制度改革，在取消公司注册资本限制、将企业年检制度改为年度报告制度等举措推出后，结合反复强调、继续推进的简政放权，必将降低市场主体的创业成本，助力大量中小微企业的发展成长，推动企业投资、创业、创新打开新局，并与国有经济领域以主打“混合所有制”为重大举措的深化改革互动。

——经济改革与行政、司法改革等其他方面的改革将互相激励，为构建公平正义、繁荣强盛的国家共襄壮举。

——以创构新动力、加快发展方式转变和增长质量升级为必选重点的"十三五"规划，还必然与政府职能的深刻转变和政府履职的机制改造相交汇，把经济社会发展规划与国土开发、城乡建设、公交体系、环境保护、区域振兴等规划实现"多规合一"，在尊重市场规律和市场资源配置总体而言的决定性作用的同时，更好发挥政府作用，稳增长、优结构、促改革、防风险、护生态、惠民生。

总之，实干兴邦，事在人为。中国"做好自己的事情"的最大热点和难点、最需要做实的大事，就是攻坚克难地深化改革。下一步"十三五"时期的改革在按照五中全会部署继续循序展开时，应把握的大原则是把"顶层规划"的贯彻和必要的"先行先试"相结合，正确处理改革、发展、稳定的关系，以法治建设跟随和肯定创新开拓的成果，以改革的实质性深化激发潜力释放活力。客观地说，我们这个世界上最大"二元经济"体和新兴市场，在新起点上的新动力仍然强劲雄厚，但同时很大部分的新动力源是以"潜力"形式存在的，要如愿地使潜力、活力涌流出来，真正实现方式转变、人民群众生活质量与幸福感提升、经济社会可持续发展，不仅对接全面小康，而且跨越"中等收入陷阱"而连通"中国梦"愿景，必须义无反顾、"壮士断腕"般地推进和深化历史性的全面改革。

供给侧改革

供给侧改革条件下的中国经济发展

——兼论房市、股市、营改增

贾　康

我们现在所讨论的问题，中央的完整表述叫“供给侧结构性改革”，我认为认识这样一个重要的战略性指导方针，首先需要把握与它的形成相关的背景。

在党的十八大之后，我们在新的历史起点上要继续大踏步地跟上时代，处理好新时期的一系列改革发展任务，中央的一系列大政方针非常值得进一步领会。十八大后的人事安排基本到位之后，经过三中、四中、五中全会，决策层显然在一步一步地把顶层规划和治国理政的基本方针清晰化。

三中全会解决的问题，是改革深水区必须要做的顶层规划，形成了“60条”，它是经济改革为重点的、但是已强调全面配套改革的设计。四中全会则把经济改革为重点切入的全面改革非常明确地推进到司法改革、行政体系改革，以及宣传上不直接说却又回避不了的政治体制改革。五中全会是系统化地把这种大政方针所依据的发展理念做了合乎逻辑的条理鲜明的表述：以作为第一动力的创新发展，引领协调发展、绿色发展、开放发展，落到人本主义立场上“人民群众对美好生活的向往”变成大地上现实的共享发展，走向共同富裕。最粗线条地说，这样一系列指导方针的明朗化里面的关键词，至少是如下几个表述出来都是以“现代化”为趋向的基本概念的链接。

首先，三中全会“60条”那么丰富的内容，涉及336项具体改革切入点的任务，如做出最主要的浓缩，核心的理念是国家治理体系和治理能力的现代化，可简称“现代国家治理”。“治理”这一用语已经明显区别于我们过去说惯了的管理调控的“管理”，它所涉及的制度安排、机制连接，是要改变过去仅仅强调自上而下管理调控、掌控的架构，转变到必须对应“包容性发展”这一使政府和非政府的多元主体充分互动展开的一套新型制度安排，把管理和自管理、组织和自组织、调控和自调控结合在一起，达到调动一切积极性、释放一切潜力与活力、解放生产力的新境界。这种包容性发展理念，既是对我们整个统一市场多元主体互动和整个经济社会生活中各方多赢共赢的内在逻辑的肯定与指导，其实也对应于中国与全面开放进入总书记说的和其他经济体“命运共同体”式的发展，就是“摒弃你输我赢的旧思维”，推动多赢共赢。这是国家治理体系和治理体系现代化最基本的内涵。

这种包容性发展、解放生产力，必须落到资源配置机制上，所以，第二个关键词就是“60条”中多次提到的现代市场体系，而且以市场在资源配置中总体上发挥“决定性作用”的表述，终于把小平同志南方谈话后确立的社会主义市场经济目标模式中的资源配置问题，说到位了。当年邓小平以极大的魄力，在他有生之年以被称为“天鹅之舞”的超常规的南方谈话方式，奋力一推，使中央几个月内形成了最高层级的指导文件，确定社会主义市场经济的目标模式，但是由于种种主客观限制，当时也只能说到市场在资源配置中发挥基础性作用。而现在，我们对市场经济的深化认识又经过二十多年，在汉语语境里三中全会的“决定性”是说到位了，而市场决定性作用后面又跟着一句意味深长的话：政府要“更好发挥作用”。这里面所包含的挑战，其实是非常明显的。比如实际生活里面我们过去终于已经认识到政府和市场应划清边界，要“井水不犯河水”式地各行其道，这当然体现了认识上的重大进步，但现在最新的境界是什么呢？政府可以跟市场主体以伙伴关系PPP来实行政府和社会资本的合作。政府怎么更好发挥作用？PPP体现了认识以“否定之否定”螺旋式上升的进步。中国特色下，守正还要出奇。后面还会汇报自己这方面的研究心得。

以现代市场体系的资源配置机制配合现代国家治理，解放生产力，在三中全会“60条”中又给出了过去中央从来没有以这样的高度来表述的“现代财政制度”的建设要求，认为财政是国家治理的基础和重要支柱。也就是说，政府要更好发挥作用，必须先解决好“以政控财、以财行政”，“钱从哪里来、用到哪里去、怎么用”这一套问题。因此，三中全会后中央政治局首先审议通过的第一个配套改革方案，就是财税改革，我们今天要讨论的营改增，是财税改革中税收改革排在第一位的重头戏。至于大家关心的股市、房市，跟财税改革也都有种种直接、间接的联系，整体发展的配套改革中，财政要继续像20世纪80年代初、1994年和这次一样，打头阵服务全局。在强调全面配套改革的同时，财政改革要在推进过程中率先启动。这些我们是在三中全会之后，通过上面三个关键词的链接可以形成的基本认识。

到四中全会，又推到全面依法治国。我对它的概括是，这是在现代化取向上与中央文件过去已有所表述的政治文明对接。中国整个的发展，需回忆一下孙中山先生辛亥革命后一幅著名的题词：“世界潮流浩浩荡荡，顺之则昌逆之则亡。”把它进一步对应到我们现在必须把握的现代化趋向上的一些最基本的只能顺应、不能违拗的大潮流来说。

所谓世界范围内人类文明的推进，归结起来有哪些只能顺应，不可能反向而行的基本潮流呢？看大势，首先第一条是工业化，中国的落伍就是在工业革命之后。以鸦片战争为标志拉开了近现代史帷幕，一路积贫积弱，被动挨打，内忧外患，终于在20世纪，先后出现三件大事：一是辛亥革命推翻千年帝制；二是1949年中华人民共和国成立，使我们整个版图的主要部分摆脱了内战，自“一五”时期开始大规模经济建设，力求尽快形成自己相对独立的工业体系，上海等工业基地成为整个中国工业化的带头羊、领头雁，在传统体制下就明确提出“四个现代化”奋斗目标；当历史给了邓小平机会，以改革开放这第三件大事打开新局面之后，“三步走”现代化战略构想贯彻中工业化已形成经济起飞的主要支撑并推进到“世界工厂”。工业化后面必然伴随的是第二个大潮流：城镇化。我们过去不论改革开放前后，对工业化的追求是坚定不移的，但是关于城镇化的认识过去曾经走入明显的误区。想想十年浩劫中上海和其他地方几千万知青上山下乡的“逆城镇化”，后来的结果是不得不受到客观规律的惩罚。工业化、城镇化两个潮流全球范围内是相伴而行的，中国特定的挑战，是怎么弥合自己作为这个世界上最大的二元经济体，走到一种城乡一体化的现代化状态，而且又必须伴随改革开放四个大字所表明的市场化、国际化，这两方面邓小平看得非常清晰，说得非常到位：不改革开放死路一条。改革是什么？市场化取向，一直走到南方谈话确立市场经济目标模式。开放是什么？全球化取向，义无反顾地加入国际竞争，到千年之交有锁定全面开放格局的入世，以及现在必须进一步做好的开放发展。上面四大潮流之外，就是第三次产业革命大潮来了，必须实现高科技化或称信息化，这是第五。

此外还有什么呢？非常关键、不可或缺的就是现代政治文明所不能回避的法治化、民主化，即全面依法治国，建设与发展民主政治。上面六大潮流所合成的文明路径，我觉得就是我们十八大以后前述几个关键词联结、体现的中国必须继续“大踏步跟上时代”的最基本的大方向，最确定无疑的要领。现在基于这种认识，合乎逻辑地抓住创新第一动力往前攻坚克难，这一套认识最新的概括可能就是大家已经注意到，媒体上很长一段时间各个地方，各个部门的领导不断发表文章来讨论怎样认识的“四个全面战略布局”。第一，全面小康，这是2020年的目标，现在进入决胜阶段。第二，是全面改革，2020年还必须取得其决定性成果，如果没有这第二个全面，全面小康的价值要大打折扣，因为它只是邓小平规划的“三步走”现代化战略前两步提前实现以后第三步中的一个节点，是在50年时间段里给出的一个中间目标，我们是要以全面小康为中间跳板式的过渡，继续发力去实现习近平总书记说的“中国梦”。所以，它一定要伴随全面改革取得决定性成果这第二个全面性的要求，否则后面继续提升的后劲就跟不上了。全面改革，又必然扩展到政治文明概念之下的“全面依法治国”，以及既然历史决定了共产党是执政党，那么必须解决好王岐山同志对外国专家所说到的共产党执政的合法性问题，就是要有第四个“全面从严治党”。这里的合法性还不是指白纸黑字规定共产党执政合法，王岐山同志讲的是得到人民群众衷心拥护，在“人心向背”的意义上形成的一种自然法性质的合法性，这除了全面从严治党外别无选择。

实际生活中，我们必须承认，要把这四个全面处理好，落到我们整个制度安排可以调动一切积极因素的国家治理现代化状态，看得出来，有一系列严峻挑战。改革怎么样啃硬骨头、涉险滩、攻坚克难？全面从严治党怎么样继续推进？这种制度建设最后应该是合乎人本主义立场地落到我们整个体制内的官员也能得到制度的保护，大家在一起追求这个境界，怎么样“以治标换治本”，显然我们还要迎难而上处理一系列十分棘手的问题。四个全面战略布局之下，我认为实际的改革推进中的重要要领的概括，就是习近平总书记说的要抓矛盾主要方面的供给侧结构性改革。这个战略方针形成的大背景，也密切关联着“引领新常态”的客观需要。

十八大前后、特别是十八大召开之后，中国的经济运行呈现出一个明显的阶段转变。从龙头指标 GDP 近年表现看，在我们成功抵御世界金融危机之后，2010 年出现一个 10.4% 的两位数高速增长，但现在看得很清楚，2010 年这个表现，就是前面 30 年算总账年均 9.8%（差不多两位数）和南方谈话之后 20 年算总账在两位数以上这个高速增长阶段最后一年的回光返照了，以后我们无法再设想中国的年度增长率能够实现两位数的水平。其后的变化，是决策层 2011 年意识到必须应对内部、外部的经济及社会压力，需要寻求软着陆，提出了“稳中求进”，2012 年进一步表述为稳增长。稳字当头的情况下，强调加快发展方式转变，2013 年明确提出速度的可接受“区间”概念，到了 2014 年，明确使用了“新常态”这个概念。“新”是新在经济阶段演变过程中直观的经济增长速度下台阶，而新后面跟着的“常”，就深入到经济结构怎样优化这个深层问题；“常”是要追求经济运行下行过程中形成一个以结构优化支持的增长质量“升级版”状态，在增长速度下行中，实现阶段性探底以后的企稳，企稳以后对接一个增长质量提高的中高速增长平台，这就“常”了。所以，可以从习近平总书记 2014 年末在 APEC 会议上关于新常态的讲话里提炼出三个关键词。第一是“中高速”，阶段转变，增长速度要下台阶，合乎中国进入中等收入阶段后应该出现的规律性的表现，因为各个经济体在进入此阶段后，都不可能再继续高速、而必然要落向中高速。第二个关键词是“结构优化”，实质性的追求是在进入此阶段后，通过结构优化打造经济增长升级版。这第二个关键词作为更实质的追求，怎么实现？必须连通第三个关键词“创新驱动”，就是习近平总书记说的“唯改革创新者胜”，别无选择，要敢于啃硬骨头，敢于涉险滩，完成攻坚克难，以改革为龙头带动整个生产力新一轮的解放。经济运行过程中的指导思想方面，中央强调只要在可接受的区间内，绝不贸然启动大规模经济刺激计划，要让市场充分起作用。这一阶段被称为“三期叠加”：第一是增长速度的换档期，速度要下台阶；第二是结构调整的阵痛期，地方政府、企业、市场人士要有思想准备，要准备经受优胜劣汰的阵痛，才能去接近结构优化的新状态；第三，还有政府指导方面的前期刺激政策的消化期。只要是在可接受区间内运行情况下，绝对不会“大水漫灌”，要对前期的刺激政策完成消化过程。我认为实际上对应的还应强调有“三期加一期”，即我们改革攻坚克难的推进期，就是在深水区把改革实质性地加以深化去对接其决定性成果目标。

关于经济下行过程中的经济社会压力，可以做一个相关指标分析。在2011年增长速度往下走的时候，在物价走势上，当年的感觉恰恰是物价迅速往上冲，而过去物价上扬时从来没有在刚超过CPI（消费物价指数）4%增长幅度时，造成这么大的压力。2011年以后的压力，表现的是经济生活里“矛盾凸显期”到来后，社会上所有的不满都可以拿物价来说事。所以，决策层不得不把控制物价表述为重中之重，甚至提到了“稳定压倒一切”的高度。这还只是伴随物价压力等问题从社会生活方面的一项观察。

从政府感受来看，政府履行职能所依仗的财政收入，2011年之后是明显滑坡的。一些地方政府（包括发达地区的）财政收入增长率，几乎是一落千丈式的下滑。从2010年全国合计25%以上的财政收入增长速度，现在已经落到了2015年的8%出头，2016年则只提出5.8%，已经明显表现为财政总收入的增幅低于GDP增长速度了。

运行中矛盾凸显，怎么掌握好我们的应对之策？对照前面大政方针所要求的贯彻落实，和为在实际运行中化解矛盾压力，从多个维度处理好从短期衔接中长期目标的实现，就必须抓住矛盾的主要方面，进一步落到现在决策层重点强调的供给侧结构性改革概念上。在五中全会之后，中央财经领导小组第11次会议上，习近平总书记对于供给侧改革做了一个较为系统的表述，话不长，共分5句，但是已经勾画出关于供给侧结构性改革的基本逻辑。我们看看这五句话：“要在适度扩大总需求的同时，着力加强供给侧结构性改革，着力提高供给体系质量和效率，增强经济持续增长动力，推动我国社会生产力水平实现整体跃升。”

习近平总书记首先说“要在适度扩大总需求的同时”，这第一句话解决的是什么问题呢？就是中央现在这么看重的供给侧改革，并不否定需求侧的意义和作用，我们还需要进一步把握需求管理的经验，继续适度扩大总需求，但是话锋一转，第二句话和第三句话所强调的“着力加强”都是在供给侧。这是对于经济生活中矛盾主要方面认定之后非常明确地表示把着力点要放在供给侧。首先要解决的，是供给侧的改革问题。落在改革上的这句话，非常明确地告诉我们供给侧改革这个总体的概念，不是一个横空出世的全新概念，它就是在原来已经作为大政方针推进的改革开放道路上的承前启后、继往开来。如果从学理分析，邓小平当年确立改革开放大政方针就是供给侧发力，改革讲的就是提供有效的制度供给，抓的正是制度供给这个龙头。但现在习近平总书记谈到改革的新意之所在，是直接把供给侧表述在话语里，直接表明我们这个改革就是供给侧的优化制度供给的改革，而同时又表述出这种改革必然带有明显的结构特征，它要处理的首先是利益格局的问题，必然无可回避地联系到“冲破利益固化的藩篱”使制度安排结构合理化的问题。

这个供给侧+结构性+改革三个成分合在一起，是落在改革上；把供给侧标明，对应着我们对主要矛盾方面和大方向的判断；把结构问题标明，对应着我们关于攻坚克难的认识。解决结构问题和需求管理总量调控、反周期相比，要复杂得多，但是这种复杂性无可回避，我们必须正视它，迎难而上解决它。这句话后面跟着的，是供给侧改革一定要带动整个“供给体系”质量和效益的提高。这第三句话其实又给了我们一个非常明确的概念，供给侧改革要落到把制度要素和供给侧其他要素合在一起的一个系统工程式的、全面和长远的改革发展的整体配套上，这种系统工程式的推进，是现在和未来很长一段时间里必然的客观要求。我们的思想准备上，就不能把供给侧改革看成是一个局部的或者短期的任务，一定是一个全面的、长期的系统工程。

这三句话后面又联系到最后两句话，这种供给侧改革在整个经济社会发展中落到什么层面上？首先是落在发展可持续性上，增强经济持续增长这方面的动力。所谓可持续增长，也不是一下子冒出来的全新概念，它是在前面胡锦涛同志任总书记期间我们已经形成的共识，即邓小平非常精辟的“发展是硬道理”（对应着经济建设为中心，要一百年不动摇地贯彻党的基本路线），要升华为

“全面、协调、可持续的发展是硬道理”这个科学发展观，是对邓小平这样一个基本路线的坚持和必要的深化理解。解决可持续性，就要在问题导向下化解“不可持续”这方面的矛盾凸显，以及现实生活中“矛盾累积、隐患叠加”的威胁，而这里表述增强发展可持续性时，又把增长的动力问题直接标明，其实就是必须完成中央所说的动力机制的转型升级。在此之前，中财办刘鹤主任到长三角、珠三角做调研的时候已给出了明确的表述，即要实现我们动力体系的转型升级。关于动力体系的认识分析，一定是要推进到在需求侧、供给侧这两方面整体考虑，有社会主义政治经济学学理支撑下的全面认识和把握。

最后的一句话表明，这一系列的指导方针与要领，追求的是我们国家社会生产力水平实现整体跃升，直指中国供给侧改革所引出的，是延续我们的超常规发展过程。中国按照邓小平设计的“三步走”战略实现现代化，必然是一种从追赶到赶超的超常规发展。如果是常规发展，已经落后的情况下，你跟在别人后面，实现不了所谓“中国梦”伟大民族复兴，一定要有从追赶到赶超的后来居上这样的超常规特征。其实这些年地方政府设立自己发展战略的时候，无一不注意到必须明确我们追求的是“跨越式发展”，“弯道超车式发展”，也就是超常规发展。对于相关的学理，我们也做了分析：经济发展在全球范围内必然有从追赶到赶超的空间和新兴经济体后来居上的可能。当然对这个可能的空间是需要以成功的创新去追求的，中国在这条道路上将供给侧结构性改革落到以生产力水平整体跃升式发展，保持这种超常规发展的过程与势头，方才能够在全面小康之后，跨越中等收入陷阱去实现伟大民族复兴。

这五句话虽然用语不多，但内容是非常丰富的，理解这里面每句话所包含的重点与实质内容，我觉得也可以回应一下会议主办者让我重点回应的问题，就是对供给侧结构性改革有什么不同意见，不同意见的焦点是什么，各方的反应如何。前面这几句话里，对应着不同意见，我们至少可以看到这么几个视角上形成的认识要点：第一，供给侧绝不是简单地否定需求侧，对需求侧的意义和作用，需要合乎逻辑、合乎学理地认识并注意继续适当扩大总需求；第二，我们看得出来，中国的供给侧改革虽显然要借鉴国际经验——包括美国里根经济学和它的供给学派里的减税为主的主张，但是绝对不是有人所说的简单把里根经济学的基本经验拿到这里套用。我们是一个比它宏大得多的系统工程式的全面考虑，我的认识理解是，习近平总书记所讲的“不应理解为一回事”，不是完全否定那里的可借鉴因素，美国里根经济学里确实有它的合理因素，比如注重减税，但是我们是作为全局和长远的把握，是一个系统工程，比之要宏大得多，我们也并不认同其新自由主义的基本导向。所以不宜同日而语。

另外，在强调改革这方面，一定要联系我前面强调的对于十八大以来大背景的认识，不要落入有的网上评论所说的供给侧改革是搞新计划经济。这种认识如作为一种担心，其实也有它应该肯定的合理内涵，就是怕在政府如此强势而政府改革不到位的情况下，以供给侧改革之名来处理结构问题，政府这个“看得见的手”会更多地管这、管那，处理不好是不是可能产生暗箱式设租寻租、过多干预等种种问题？我认为这是这种担心里所可能引申出的合理成分，但我们还是应该首先看到中央现在讲供给侧改革，是要坚定不移贯彻三中全会所确立的市场经济总体资源配置机制和现代市场体系里由市场发挥决定性作用，政府充其量在这个总体性决定作用后面是辅助性作用。这就是坚持市场取向改革。当然这里面的复杂之处，就复杂在不是所有的环节、所有的领域、所有的事项、各个场合都应由市场决定一切，比如现在推进新一轮的发展，我认为在每一个地方都必须掌握好动态，优化当地的通盘战略规划，而在全盘设计发展规划方面，政府必须牵头起主导作用，特别是还要推进 PPP 式政府与市场主体间伙伴关系的机制创新。这些复杂的问题如能处理得好，便会表现出中国特色的继续超常规发展，处理不好，就有可能出现有学者所担心的“后发劣势”。技术方面容易形成的“后发优势”被改革跟不上所产生的惰性而困住，制度供给滞后成为最主要的劣势原因。从中央精神正面来讲，供给侧改革绝不是搞新计划经济，实际生活里，我们要把它掌握好的话，就要警惕在改革和管理名义下出现扭曲，甚至倒行逆施。首先对市场取向改革要坚定不移，我们这个改革绝对不能落到新计划经济上去。

还有就是直言不讳地说，现在网上说得很热闹的所谓认识思路的分歧，有人解释为供给侧改革与“双创”的不同，我个人觉得不是这样，因为供给侧改革和大众创业、万众创新完全是一个轨道上的，都是在供给侧发力，要追求以创新解放生产力。至于在具体的政策要领上，实话实说，任何决策集团里的重要决策人物，可能有自己相对偏好的重点把握，但是说到现在反复强调的供给侧改革和大众创业、万众创新，非常明显都可归为称作“第一动力”的创新范畴。

我们认为，供给侧改革这样一个有些同志现在还感觉有些陌生的概念，确实反映着最高决策层在经济工作思路和宏观调控指导思想方面的新思维，确实事关全局和长远。我所在的华夏新供给经济学研究院和新供给经济学50人论坛，这些年来已经积极致力于经济学基础理论的反思，进而“理论密切联系实际”地做供给侧的深入研讨，形成了我们已有的新供给经济学认识基础。在中央明确供给侧改革这个指导方针之后，对于我们这些研究者既是鼓舞，又是进一步的鞭策。基于我们已经形成的新供给经济学的框架性认识，我们又在2016年年初推出了《供给侧改革：新供给简明读本》这样的专著，听说三、四月份社会评价相当高，分别评为月度好书，都是第一名。这也说明方方面面对于供给侧改革的关注、重视程度相当高，而且大家在这方面愿意进一步深化认识。借此机会，结合中央的新精神，勾画一下我们已形成的基础性认识，再对应经济生活做一些展开讨论。

在经济学已有成果的基础上发展关于供需双方关系的认识，首先应指出：需求和供给是经济生活中一对相反相成的概念。有的同志对供给侧有陌生感我们可以理解，前些年我们相关的中央文件和媒体上，大量的信息里比较强调的是扩大内需，需求侧的概念大家都已经耳熟能详了，但现在强调供给侧后，到底怎么把握，有不少同志是感觉陌生的。我们从经济学学理层面可说明，需求与供给的互动，就是经济学一向讨论的资源配置、经济发展、社会再生产过程中不可回避的一对基础概念：有需求，才产生用以满足需求的生产经营活动。提供产品和服务的生产经营活动，都是发生在供给侧的，供给对需求的不断响应，形成了一轮一轮的社会再生产的循环。这种需求和供给的互动，如果需要得到政府调控影响的话，我们过去也已经认识到了，政府的调控作为，在于促进实现总需求和总供给的动态平衡。这也正是从总量、从宏观角度来说，我们过去已经确定的政府职能里的重要组成部分。促进总供需动态平衡在调控中的技术路线，原来也合乎逻辑地存在需求管理和供给管理这一对概念。但是要承认：过去中外经验比较丰富、套路比较成熟的，是需求管理，它是总量型、指标单一可通约的反周期操作模式下的政府调控行为。每一个年度，政府管理当局要判断一下经济运行的态势是属于经济周期的什么阶段，如果是低迷阶段，政府调控的基本要领就是要在总量上放松，增加整个经济生活中的流动性，抬升经济景气水平，它的量化指标是放松银根，使一般认为以 M2 为代表的广义货币供应更为宽松；反过来这一年度如果判断不是低迷，而是经济在高涨，有过热的风险和压力的话，那么正确的要领就是必须抽紧银根、控制流动性。宏观层面所有政策工具合在一起是实施"反周期"操作，这在理论上给出一个清晰的通盘解释，是来自 20 世纪凯恩斯主义的诞生，被称为"凯恩斯革命"，实践中最先在一个国家中形成成功的案例，则要提到美国的罗斯福新政。理论实践合在一起以后，在 20 世纪，主要的经济体不约而同地接受了这种反周期操作需求管理的基本调控模式。

中国在邓小平南方谈话确立市场经济模式后，我们在应对亚洲金融危机和世界金融危机过程中都有意识地借鉴国际经验，再结合本土国情实施反周期需求管理的操作。但我们在世界金融危机后的反思，强调的是必须注意到需求管理的局限性，要指出过去主流经济学理论和调控实践中长期忽视了供给管理。如对供给侧管理作正面讨论，它的结构特征十分鲜明，指标复杂不可通约，涉及很多的要素和变量，过去的理论分析阐发还相当薄弱，但是调控实践中却不可回避。

试想有那么多年的需求管理，在政府决策方面本来认为使经济相对健康运行有很大把握的情况下，怎么会来一个格林斯潘称为"百年一遇"，对全球造成如此大冲击的世界金融危机呢？在此期间到来之前，为什么没有经济学方面的代表人物做出稍微像样一点的预测呢？危机发生后必须要做的反思方面，我们中国人完全可以有所作为而不必等待西方主要的经济学研究者达到条理化认识。我们新供给经济学研究群体在这方面已明确地形成了认识框架。认识的起点，在于认明实践走在了理论前面，中外实践中的进展，需要让我们的理论跟上。首先，显然需要探讨美国这方面调控的基本经验。美国人在世界经济危机发生之后的调控中，固然运用了量化宽松为代表的需求管理，但是它做得特别有声有色、可圈可点的，是“区别对待，突出重点”的供给管理，是跳出主流经济学教科书原来的思想积淀和理论成果，而在实际生活中发挥了非常重要作用的一大套处理结构问题和产业政策、技术经济政策的供给管理措施。

最有代表性的，是美国管理当局在总结对雷曼兄弟公司生死攸关时未施以援手、其垮台后马上危机升级的教训之后，在危机继续演变中，较果断地先后以公共资源给花旗、两房注资，一直走到给实体经济层面的通用汽车公司注资。这种动用公共资源对一个特定市场主体“点对点”式的注资，过去主流经济学里从来没有讨论过，但是美国人采取这个措施之后，一而再，再而三，直至形成危机冲击之后进入复苏过程的一个拐点。到了给通用注资之后，市场恐慌情绪迅速得到收敛，再往后的市场预期向好逐渐变成一个主要趋势。一步一步地我们看到，在美国，拐点之后率先完成了发达经济体里的复苏过程，如今已经告别量化宽松，进入到现在以对付通胀为主的升息轨道。就在给通用注资之后，在几轮量化宽松的同时，美国管理当局又非常有声有色地采取了一系列我们可以称为产业政策、技术经济政策的供给管理方面的重要举措，这些已经得到很多的信息。形成概念的有美国的“油页岩革命”，3D 打印机，克林顿总统时期就反复强调的“信息高速公路”又有一轮接一轮的升级发展，以及后来强调的“制造业重回美国”，人力资本方面要引揽全球高端人才为美国服务，以及在特定产业增长点上如美国特斯拉的电动汽车，在它要突破瓶颈期的关键节点上，华裔能源部长朱棣文视察特斯拉的电动汽车生产线，跟着美国能源部提供一笔规模可观的低息优惠贷款给予支持。我们看到现在特斯拉如此具有发展的气势，对前面的政府供给管理措施难道不应该好好做一些研究吗？诸如此类的事情合在一起，是美国实践的经验，但遗憾的是，到现在为止没有看到美国的经济学界对此做出什么条理化的分析和总结。

我们中国人所做的工作，就是捅破这层窗户纸。既然这种供给管理的实践走到了理论的前面，我们当然应该合乎逻辑地研究它，理论要密切联系实际，回过头来我们可以以这样的理论研究创新成果支撑我们的科学决策和制度、政策的优化设计。中国自己的调控实践也表明，“反周期”的同时，应对亚洲金融危机、世界经济危机，从来都不能稍微忽视一点供给侧的结构优化问题。当年朱镕基同志在一线主持经济工作，又在1998年正式出任总理，亚洲金融危机已经发生，1998年1季度的数据不对头，使他敏锐意识到必须采取有力举措，跟着就下决心实施年度预算安排的调整，迅速出台预算调整方案的同时，发行长期建设国债作总量扩张，这属于需求管理的经济景气刺激措施，但跟着他明确给出长期国债资金投向的六大重点，如大江大河的治理，铁路、公路、机场等基础设施升级建设，以及当时他特别关心的粮食流通体制改革必须匹配的全国粮库硬件建设，又及农村区域电网的改造，还有当时已十分关心的房地产市场在发展过程中必须托起的保障性经济适用房的建设，等等，同时强调：一分钱也不允许用于加工工业项目。但1999年，根据现实需要，又明确提出长期国债资金可以结合贴息方式用于大型骨干企业的技术改造。这些处理的就是供给侧结构问题。温家宝总理看到世界金融危机发生，明确地说“信心比黄金更重要”，跟着启动四万亿一揽子刺激计划，而再往后就是他主持一连串的国务院常务会议，每个会议专门讨论一个领域、一个行业的结构优化问题。中国实践表明，政府介入结构问题是不可回避的现实要求。总之，实际生活表明美国、中国等经济体的宏观经济管理中，调结构都已经在很长一段时间里成为政府发挥职能不可回避的重要领域。我们现在于经济基础理论层面，就要应对实际生活里的真实图景，而做出我们研究方面的新的努力，使理论落后于实践的情况得到校正。我们在新供给经济学框架里形成的基本认识，是从经济学基础理论层面的概念讨论开始，推进到关于供给和需求两侧必须增加对称性的讨论，再推进到关于经济发展中动力生成、传导、运行机制的全面把握与认识。这也对应于决策层已经点明的中国特色社会主义政治经济学的研究，以及关于经济增长动力体系和供给侧相关问题的研究。

在学理层面简要地说，我们首先必须承认：经济生活中的原生动力是需求，有了需求，才会有后面要满足需求的所有提供产品与服务的经济活动，即供给侧的生产及其必然伴随的要素配置。但是，供给侧对需求侧的响应机制和它的特征，却是划分人类社会经济发展不同阶段和不同时代的最关键的因素。我们发表的论文里有一个排为三列的表格，第一列是人类社会发展的每个时代的基本特征，第二列是和这个时代特征对应的生产力视角下，一个个台阶上供给侧的演变，它的创新发力所提供出来的生产工具的代表性创新，第三列是跟前面两列对应的生产关系，即反映人和人关系方面的不同社会形态。最简单地说，人类社会一路发展中，最开始脱离动物界，是以分工与合作从事供给侧的采集和狩猎，来满足社会成员“活下来”这种最基本的需求。再以后终于演变到人们的供给能力完成了走入农耕文明的农业革命，于是经过一个季节的更迭，人类社会就可以相对稳定地预期，通过供给侧提供的产出，不光满足社会成员活下来的生存需求，而且可以满足社会成员中一部分人的发展需求和享受需求。按照历史唯物论，就可以来进一步说明，为什么到了这个发展程度上，人类社会就必然要脱离原来的原始共产主义氏族社会状态，而进入阶级国家状态。

供给侧视角的人类社会发展概况

时代特征	供给侧特征与突破 （人与物、生产力）	制度特征与社会形态进展 （人与人、生产关系）
旧石器时代 （Paleolithic Period）	以使用打制石器为标志	在洞或集中混居，群居 （以分工合作生成采集、狩猎的组织）
新石器时代 （Neolithic Period）	以使用磨制石器为标志 （发明陶器，出现原始农业，畜牧业和手工业，形成农业革命）	氏族公社 （组织功能扩展至农耕等）
青铜器时代 （Bronze Age）	以青铜采冶业为标志 （犁铧、兵器）	国家出现与奴隶制
铁器时代 （Iron Age）	以铁制工具和武器的应用为标志	奴隶制社会加速瓦解，封建社会在欧洲成为主流，皇权、农奴与佃农；亚洲有中国或“东方专制主义社会”、“亚细亚生产方式”
蒸汽时代 （机器时代， The Age of Machines）	工业革命时代来临，伴随地理大发现等“全球化” 以机器的广泛应用（机械化）为标志（机器代替了手工劳动，工厂代替了手工工厂）	工业革命引发、助推资本主义社会发展 （资本主义战胜封建主义；工业化和城市化进程明显加快；资本主义国家社会关系发生重大变化，工业资产阶级和无产阶级成为两大对立阶级；自由经营、自由竞争、自由贸易为主要内涵的自由主义经济思潮兴起；资本主义国家加快殖民扩张和掠夺；世界市场初步形成；两千年帝制在中国被推翻）

续表

时代特征	供给侧特征与突破（人与物、生产力）	制度特征与社会形态进展（人与人、生产关系）
电器时代 (the Age of Electricity)	以电力的广泛应用（电气化）为标志（电力、钢铁、化工、汽车、飞机等工业迅速发展，石油开始成为最重要的能源之一） “自动化机械时代”——机器人自动生产线	社会主义实验，资本主义调整
信息时代 (the Age of Information)	以计算机技术的广泛应用为标志，计算机技术的发展经历了数字处理阶段、微机阶段、网络化阶段、云计算与大数据阶段，并正在走向人工智能阶段 （半导体、互联网、移动互联、“智能化”、“共享经济”……）	社会主义实验中的改革转轨，资本主义调整（“和平与发展”时代主题及其特点） 全球化＋新技术革命 （思考：信息时代下，对内：制度和治理结构不断发生变化；对外：全球化程度和世界格局不断发生变化） “命运共同体”的共赢发展

说明：该表格由作者整理创建；表中基本资料参见：〔美〕斯塔夫里阿诺斯著，吴象婴等译，《全球通史：从史前史到21世纪》，北京大学出版社2006年版。

再往后，供给侧往上提升供给能力的重大事件，是农业革命之后的工业革命，工业革命后又可以具体区分为蒸汽时代、电气时代、自动化机械时代，以及现在我们面临的日新月异的信息时代。每一个具体的上台阶都带来生产力的解放，对应我们在现实生活中的感受即“用户体验”。到现如今最前沿的是什么？是已经形成了在信息技术、互联网、移动互联、大数据、云计算等情况支持之下，大家已经看得越来越清楚的智能化，以及智能化支撑的“共享经济”。几乎完全超出了原来的想象力，经济生活中过去的竞争，有你就无我这样一个基本的排他逻辑，现在可以一下子转到另外一方，就是大家共享。虽然现在看到的还是某些点上的突破，但是苗头已经非常明显，跟着这个生产力新台阶往上走，我们的人际关系，即所谓生产关系视角上我们已经接受的最基本的概念是什么？就是包容性增长，共赢多赢式的发展，就是习近平总书记就任以来在国际国内场合多次明确宣布的中国的发展是和平发展、和平崛起，与其他经济体的关系是“命运共同体”式的发展，要“摒弃你输我赢的旧思维”。这些就反映着人类需求和需求的满足，是跟着供给侧一个个台阶往上的演变，对应着我们的现实生活。所以，回到基础学理层面，就是一句话的认识：生产力和根本上由生产力决定的生产关系的特征，其实都是发生在供给侧。

如果稍微展开一点，我们可以回想一下20世纪80年代邓小平一个非常重要的基本战略判断，当时他在宦乡等学者做的专题研究的基础上，一锤定音：我们所处时代的主题是和平与发展，也就是说，把关于基本的时代特征这个全局战略判断，归结为和平与发展的时代。当时这话说出来似乎并没有多大的冲击力，但是我这几十年在研究中反复回想，邓小平这个判断的意义非同小可，它解决的是什么问题？直率地说，他这个判断是否定了毛泽东时代的那个基本战略判断，即我们的时代是“战争与革命的时代”——这是从列宁那里延续而来的。当时既然是这样一个判断，那么别无选择，必须深挖洞，广积粮，准备打第三次世界大战，而且要立足于早打、大打、全面打，要不惜付出巨大的民族牺牲去解决“谁战胜谁”的问题，所以必须坚持阶级斗争年年讲、月月讲、天天讲，坚持无产阶级专政下继续革命。而邓小平这个战略判断引出来的，却是“再也不可错失机遇”，我们要紧紧扭住经济建设为中心这个基本路线一百年不动摇，在改革开放中通过“三步走”实现中国的现代化和伟大民族复兴。这两个基本判断引出的基本路线是如此的不同，但这两个基本判断论证的逻辑链条都是畅通的，那么就必须回到一个基本的“实践检验真理”的原则。这两个自身逻辑都内洽的重大判断，哪个更符合实事求是，更接近真理？学者论证，到了核威慑时代，第三次世界大战已经成为极小概率事件，世界上有一个根据相关指标形成的核毁灭钟，原已很接近代表末日的零点了，但是它现在已经倒拨回来很大一段。虽然我们看到世界上局部的战争还不可避免，摩擦不断，但是整个人类社会受到的战争威胁，特别世界大战的威胁，确实已明显地调低了。究其原因，植根于生产力供给能力的演变，而生产力正是在供给侧一个个台阶上升，阶跃式走到现在。宏大的主题后面，就是这样一个决定性的道理。

我们在学理上看清楚这一点以后，再往下要讨论的，就是关于经济发展中的动力体系的认识，其关键也是要延伸到供给侧才能形成完整的认知和把握。我们过去已经有了需求管理“三驾马车”之说，但人们现在已感觉它的局限性太明显了。不能否定“三驾马车”认识框架的合理成分，它是对总量型需求管理不得不做一个结构化的处理，因为要把一个总需求区分为投资需求、消费需求和净出口需求，这就开始有结构化特征，但这个结构化的逻辑必须传导到供给侧，形成一个对供给侧更复杂的，所有要素放在一起的结构化体系，才能引出我们对整个经济发展动力体系的完整认知和把握。这是原来“三驾马车”之说已经内含、需要延展的一个逻辑链条。但是过去一旦说到供给侧，学术上涉及复杂的结构问题，学者们往往会望而生畏，模型都建立不了，怎么能发得出去论文，怎么评副教授、教授？另外又有一种安慰，一句话可以把这个难题打发掉：政府只要实行了总量型的反周期操作，熨平波动，市场竞争中要素的流动，会达到市场出清的状态，该卖的都卖出去了，这个时候的结构自然就是合理结构，所以无须再花费多少心思去研究了。

这个认识当然有它的积极意义，我们搞市场经济就是要充分认识市场“看不见的手”的资源配置作用，但是它的局限性在哪里？我们现在看得也很清楚，这样一个认识隐含的理论假设，是“完全竞争”，虽可以给我们很多的启发，有助于理解市场“看不见的手”的作用应充分发挥的原理，但这一理论假设并不符合现实社会的真实图景，我们强调：不只是中国，就是作为世界头号强国的美国，社会生活真实的图景也是“不完全竞争”。否则无法解释世界金融危机的发生，以及遭受危机冲击之后，美国政府供给管理的这些举措。

我们认为，现在作进一步的深入研讨，不完全竞争应该成为理论创新中的一个新的假设前提，要研讨理论假设“升级版”的情况下怎么认识经济运行与发展，怎样把整个动力体系的认知延伸到供给侧以后，对于全套动力体系和供给体系作正确把握。所以，我们跟着就要讨论在不完全竞争的市场中间，政府除了反周期，还必须提供优化结构的政策供给，以及政府处理好能够使优胜劣汰市场经济机制更好发挥作用的制度供给。这都是供给侧在发力，都涉及供给侧改革的概念。

从供需互动角度来说，我们可以做个原理层面的点评，就是在实际生活中，我们可以感受到需求的变化，广义的需求如果按照一般理解，作为人的需求出自人的本性，它是永无止境的。设想一下，把一个乞丐一路抬到国王的高位上，他还想再多活 500 年呢，这种永无止境的发自人类本性，称得上“贪得无厌”的需求，不是经济学可以讨论的，经济学所讨论的需求一定要给个定义，就是有货币支付能力的有效需求。我们现在看到随着人民生活水平的提高，老百姓钱包越来越鼓，就是社会总体上增加着“消费者主权”支配下的有效需求。这种需求要实现于交易中，要使百姓买到称心如意的好东西，而且“用户体验”上要求升级换代，大家对美好生活的向往要对应于花钱感受的“获得感”。“获得感”再进一步说，就是幸福感了。老百姓的“用户体验”要满意，这是需求最基本的趋向。

怎么满足它呢？对不起，需求者其实自己不知道到底怎么落实令其更加满意的诉求，一定要有供给侧的成功创新，提供出看得见、摸得着的产出品，让他们眼前一亮，欣然购买，把钱花出去，就形成了现实的交易和经济景气因素。比如我们现在看到的一个例子，是到了信息时代，大家都要用手机，乔布斯主导的成功创新的苹果智能手机产品，刚刚宣布问世，几天之内，大洋彼岸的中国就会出现对新款产品的抢购热潮。我亲眼所见，在北京西单商业区大悦商城苹果旗舰店，已经到了夜晚，仍是人山人海排队热购新款 iPhone。这种情况，就叫作供给侧发力的真正成功的创新，可以引领和创造需求。在全球化时代成功创新的产品风靡市场的效应，已不是一呼百应了，而是一呼万应，一呼亿应。老百姓有他们自己的判断，看到了这个手机的信息，拿到这个手机的样品，综合考虑下会迅速决定掏钱购买，跟着巨量的有效需求就体现在市场交易当中，这就成为消费潜力顺利、充分实现的情况下经济活力的释放，就带来更多的繁荣，需求与供给互动所形成的经济增长动力机制，正是应当从这个角度加深理解。

还有一个反面的例子。中国老百姓钱包鼓了，虽然现在排浪式的经济活动不多了，却还有排浪式的出国，大批人出国到日本以后，又会排浪式地购买在日本销售的“马桶盖”，就是家庭卫生洁具升级换代的坐便器。马桶盖被中国人大批购买的现象，引出了很多分析认识。开始认为，中国本土自己的制造能力、技术水平不够格，所以，中国人要跑到日本去买。后来发现不对，中国人买的这个马桶盖，原产地是咱们长三角杭州附近，是我们的生产厂家按照人家的规范和订单提供出来的产品。做何解释呢？不是我们自己制造能力不够格，技术水平不过关，一定是有别的原因。直言不讳地说，原因在哪儿？是在于供给侧的制度环境供给问题：我们的市场上，制度供给不够格。我的说法就是我们的这类家用电器市场鱼龙混杂，好的产品、不好的产品混在一起，老百姓对于假冒伪劣心有余悸，不能稳定形成预期的用户体验、好的获得感，他们便不敢买或者形成不了这种购买气候。但是到日本，口口相传的“公信力”来了，放心买吧，有全套的质量控制，有严格的政府监督，你买回来以后不会有什么烦恼，好好享受，就这么个区别。我们缺的不是技术和制造能力，缺的是我们怎么样发挥和维护市场的优胜劣汰机制，让真正好的产品形成它应有的品牌效应和公信力。按照格力电器董事长董明珠的说法，中国现在家用电器市场，就是处关系的市场，各个厂家都在这里处关系（实指处与政府管理方面的关系），处关系的结果就是鱼龙混杂，应该有的优胜劣汰的过程不能展开。马桶盖算是一个负面的案例，给我们的启示就非常丰富了。简单地说，中央所强调的供给侧改革，如果看到需供给侧发力，在创新中形成新的转型升级的动力体系的话，那么我们就必须打通生产力和生产关系两个视角，问题导向下，首先抓住的应该是制度供给这个龙头。制度供给在中国转轨过程中，一定是纲举目张、统领全局的，跟着的是力推技术创新和管理创新，这三层的互动构成我们引领新常态里的“创新驱动”，五中全会说的作为第一动力的“创新发展”。

这就可引出对中国供给侧改革做相关考察分析以后的一个小结：供给侧的改革，就是在引领新常态的新阶段上要以攻坚克难深化改革作为核心内涵，优化结构解放生产力，实现动力机制和体系转型升级的系统工程。如果有这样一个认识，我们还要进一步展开一些，讨论一下供给侧的复杂性。

供给侧有它复杂的结构特征，这个结构特征使过去很多的研究者裹足不前。实话实说，大学、研究机构里那些必须解决怎么评教授、评研究员现实问题的研究者，他们如果寻求发表论文，还要发表在核心期刊上，必须认同在全世界早已形成的学术范式，要建模型，作量化分析。研究需求侧的问题，模型容易建立，因为单一指标可通约易量化，一旦到了供给侧，建模都成了问题，这个论文怎么写？写了以后怎么发得出去？看不到前景。所以，一般人的选择就是望而生畏退避三舍。好在过去有一个认识，是可以把这个问题打发掉的安慰：这个复杂的供给侧结构优化问题，可以交给市场由竞争中的要素流动自行解决，就无须研究者煞费苦心了。而恰恰我们现在于供给侧研究里比较活跃的这些同志，实话实说已经摆脱了需要发表论文，评什么研究员，评什么教授这种约束，我们也更愿意直面现实挑战问题去“碰硬”。我们承认，我们自己以及可以评价的全世界所有的供给侧研究者，现在还没有能力拿出一个供给侧漂亮的数量模型，但是我们可以首先建立理论模型，以求逐步深化认识。

我们现在可构建的理论模型，是把供给侧复杂的要素做理论抽象，归结为五项基本要素：第一是劳动力；第二是土地和土地为代表的自然资源；第三是资本，资金能产生增值，带来剩余价值，就有了资本的属性；第四是科技创新及其成果的应用；第五是制度和管理。这五大要素，在经济动力体系里各自有各自的贡献，是各领风骚的，但是在不同发展阶段里，它们的组合又需要推陈出新。各个经济体的一般经验，是在走到中等收入阶段之前的过程中，前面三项比较容易被人们清晰感受到它们的贡献和支撑力，但是到进入中等收入阶段之后，这种情况会发生明显改变。从中国自己的经验来说，首先看劳动力，改革开放之后，一开始中国农村近乎无限供给的低廉劳动力，形成了我们在国际竞争力的比较优势，便支持着我们一步步走来发展成世界工厂，经济总量全球“老二”。传统体制下农村劳动力的流动被称为“盲流”，要管控，这个概念改革开放后没有了，但实际还延续了一个概念叫“农民工”，这些人从农村流入城镇，做的是工人的活，只因为户籍在农村，所以被称为农民工，但劳动成本低廉的这种比较优势还是真正发挥出来了。土地和自然资源方面，过去传统体制下无法与市场对接，一旦到改革新时期，首先在深圳，没有法律的情况下土地使用权的取得也要招拍挂，即通过竞争机制，于是市场经济中的物质利益激励，就使各种主体积极地通过竞争来取得土地使用权和自然资源开发权，后面跟着带出的是一轮又一轮生机勃勃、生龙活虎的超常规发展。再看资本，一开始是明显匮乏的，但是有了开放的环境条件，便有外资认为到中国市场有利可图而进入，带来的不光是资金，还带来了管理与技术，于是引发了中国本土上不断在跟进中发展着的资本原始积累过程和一轮又一轮的投资与扩大再生产，到了现在，一般评价民间资本已十分雄厚，中国整个市场上不缺钱。这三项在前些年的支撑力，是非常明显的，但最近几年，非常清楚地看到，这三项供给侧要素的贡献和支撑力在明显滑坡。

劳动力方面出现了民工荒，招工难，用工贵。招工难反着说就是就业容易，这方面首先我们看到低端劳动者，粗工、壮工、农民工，以及做家政服务的保姆，他们在市场上有了更强的要价能力，你不给我满意的工资我就不在你这儿干了。所以，整个市场运行的结果是低端劳动者的工资水平节节上升。北京这几年保姆的工资水平是翻着跟头走的，我估计上海也这样。这个演变过程从正面来讲，是发展到了一定火候，是低端劳动者实打实地参与共享改革开放成果的过程，他们平均工资的增长幅度比全社会统算的平均工资增长还要快一点。所以，这几年中国到中等收入阶段以后，基尼系数高于 0.49 后没有再往上走，而是稳中趋缓，落到 0.47，这跟现在观察到的现象是对得上的。正面讲这就是发展到了一定阶段，进入中等收入阶段，人民群众得实惠的具体表现。但是负面来说是什么呢？是“无可奈何花落去”，我们过去一个重要的比较优势在这方面迅速丧失，又加上了中国现在人口结构“未富先老”所造成的拖累。于是可知，首先发生在珠三角，以后发达区域都要讨论的“腾笼换鸟”势在必行。我们原来的传统制造业腾到哪里去呢？是要腾到越南、柬埔寨、老挝、孟加拉、缅甸等地，这和当年这些产能往我们这儿流动，是一个道理，腾笼以后换鸟换得成换不成，这可是一个巨大的考验，换不好没有实现升级换代，我们就被边缘化了，发展就被憋住了。

土地和自然资源方面，我们过去看到它的支撑力，但这些年在城乡接合部征地拆迁补偿成本迅速抬高，且越来越高，本来中国在未来几十年还有大约四亿人要从农村到城镇定居，完成整个城镇化过程存在巨大的发展空间，这个动力源与引擎发力，伴随的就是建成区必须扩大，而这个扩大过程中，这些年形成的讨价还价机制所抬高的综合成本，已经很显然地威胁着我们往前如何再保持发展势头了。比如北京前几年城乡接合部拆迁碰到的具体补偿概念叫作 1 ∶ 5，即拆一平方米必须给 5 倍面积商品房的补偿，这个事才过得去，社会才能接受。十几年前，北京曾报出一个社会上议论纷纷的事情，拆迁碰到一个钉子户，怎么谈也谈不下来，晚上忽然进去一群人把这家人控制住，把人家捆起来，眼睛还蒙上，扔到一边，紧接着听到的是机器轰鸣。这家人第二天被解救以后看到房屋已经夷为平地，媒体一片哗然。北京首善之区，出现新中国成立后闻所未闻的野蛮强拆事件，怎么解决呢？后来居然没有结果，据说是这家人只能猜，没有证据，说不清楚谁干的事儿，连起诉都没法做。但这个事情不可复制，后来我们听到各地因为拆迁动不动就出人命，出流血这样的极端事件，这就制约着城镇化与土地开发进程，如果不另辟蹊径，这条路可能越走越窄。

资本这方面，现在普遍反映说资金是雄厚了，但是这些有钱的主体找不到合适的投资对象，一边是“三农”的生产经营，还有小微企业，苦苦得不到应有的融资支持，另外一方面是那些手中有钱的主体不知道该往哪儿投，这两边对不上，其实反映的是经济学中早就讨论的常规投资的边际收益递减已在中国普遍、大量发生，这方面真正处理好升级换代的问题才有出路，一定要有新的一套动力机制。

面对上述三项要素的滑坡，要更多地打后面两大要素的主意。现在中央所说的“全要素生产力”概念是聚焦在哪里？一个是科技，另一个是必须要强调的制度。科技是“第一生产力”，当年邓小平在“文化大革命”复出时就说了这个话，表述上是非常简洁的。邓小平同志特别关心的是一定要务实地赶快把国民经济搞上去，而把国民经济搞上去一定要跟上时代抓科技。当年我也在努力地学习马列原著，记得恩格斯在马克思墓前的演说里有一句话：在马克思看来，科学技术在人类历史上表现为一种革命性的力量。我觉得邓小平同志的印象就是从这儿来的。什么叫革命性力量？就是现在很多企业家所说的“颠覆性创新”，科技可以一下子改变局面开创新阶段。学者的论证是，生产力传统三要素劳动力、劳动对象、劳动工具里面不是说要做加法变成四要素，这个组合不是“3 + 1”，科技是乘上去的，传统的三个要素叠加一个乘数，这个放大效应是革命性的，所以它是第一。颠覆性创新，讲的还是这种特定要素的贡献。

正像360公司的周总说，颠覆性创新体现出来，把原来认为只能收费的变成免费的，360的免费杀毒软件一下做到通吃，整个社会谁也不必再花钱买杀毒软件了，当然老百姓得到了好处和实惠，但360公司做了这么多努力，靠什么形成它的赢利模式？是所谓“羊毛出在猪身上牛来买单”，他真搞成了。这种颠覆性创新，“零边际成本”，大大地提升了用户体验的质量，增加了老百姓的获得感。又比如我们现在智能手机的摄影录像都成为“傻瓜”模式，过去光圈、快门、感光度这些组合，是要专业训练的，现在不用，傻瓜模式，照出片子怎么美化，软件都弄好了，用户体验完全是新境界。这些颠覆性的创新，在中国一定要跟上，要抓住不放。

我们注意到，过去所说需求侧的“三驾马车”进入中等收入阶段以后，动力滑坡的时候，亟须形成有支撑力的上行因素来对冲下行因素，缓解压力，打造升级版。所以在科技创新方面中央提出走创新型国家道路，制定国家中长期科技发展规划，是要解决这个问题。接着要强调的是：在中国科技创新的同时，全要素生产率概念中必须配上制度创新。西方学者一开始提出全要素生产率，就注意到是把前面的传统要素算清楚贡献账以后，多出的那一块（所谓“索洛余值”），虽然量化起来困难，但是一定跟科技有关。所以，“全要素生产率”不是把所有东西等量齐观的概念，它强调的是传统要素之外的科技，但我们还需要吸收制度经济学、转轨经济学的成果，明确地加入制度因素，聚焦到制度和科技这两项。理解全要素生产率，在实际生活里我们还应该注意吴敬琏老师过去所强调的一句话，在很多特定观察下，“制度高于技术”，因为科技创新在中国转轨中迫切需要由制度创新打开其空间。

科技创新自身具有巨大的不确定性。这种创新，包括高校、研究机构、企业要合在一起努力实现的攻关突破。有这么多投入下去，一百个项目能成功几个，谁也不清楚，无法打保票，要调动这些创新者的积极性，不是你揪着他的耳朵说你给我出成果他就能出来的，必须要有一个适宜的、符合科研规律的制度环境，包括其中的人文关怀。在这个制度环境能够比较符合科研规律地调动和释放科研者积极性的时候，人们往往不太看重它，美国日常生活中有谁对硅谷强调它的制度环境？但是实际上那里非常开明，那些分散的小规模创业主体、创业小组，在美国的小平房里、车库里作各种“胡思乱想”、“奇思异想”，在这帮科技精英想怎么创新的时候，后面跟上的是已经有“有限责任”制度框架的一帮金融精英，他们不惜动用成规模的资金去支持选择出的特定对象，在里面试错，这类天使投资、风投、创投，支持 100 个项目不求成功 10 个、5 个，这里面成功 2 个、3 个就不得了，即便成功 1 个，如果成功的程度比较高，就可能一飞冲天，所有的投资一起加总也可取得丰硕的回报。这种创新过程看起来好像是科技精英、金融精英在主导，但其实离不开政府营造的低税、开明、少干预、多服务、给予人文关怀鼓励的创新的环境。我这大半年对中国知识分子和研究者在创新、科研努力中的现实问题很有感触，非常遗憾地看到，在中国实际生活里各个方面如此看重科技创新的同时，却出现了很多在具体观念、管理环节上按官本位逻辑、按行政化趋向，把"八项规定"之后用来约束官员的一些规则，一股脑变本加厉地施加到科研人员头上，对高校的教授，研究单位的研究员及他们带领的团队都有这种"加强管理"的措施，而且做得非常起劲儿。

我们注意到，2014 年政协主席俞正声就强调，不要把管官员的"八项规定"的规则，套用到知识分子头上；到了 2015 年下半年、2016 年年初，国务院方面有非常明确的信息，推出优化学术环境的国办文件，强调不能把官本位行政化的东西施加到科研人员的科研活动中去，还专门推出尊重人才、培养人才的文件。李克强总理前一时间，又反复强调砍掉科研领域的繁文缛节，后来到北大、清华调研、座谈、视察，他已经把一些问题直接点破到细则上了。现在科研经费管理中，教授只能坐飞机的经济舱、高铁的二等座，这都是什么规定？这正是指有关管理部门非常起劲的在这方面"加强管理"的规定，不光是现在执行这些规则，而且还要往前追溯，把前几年的课题，包括科研人员自愿参加承包性质的横向课题，一起翻出来重新处理经费报销问题。课题里面的学术带头人，哪怕是白发苍苍的老教授、老科学家，如果行政上没有司局级待遇，出国只允许坐经济舱，而国内司局级也只允许坐经济舱，过去已经报销的公务舱机票，统统要算出与经济舱的差额，把这笔钱退出来，即把已经报销的科研经费要吐出来。高铁只能坐二等座，超出行政标准规定的通通要退钱。老科学家、老知识分子上高铁连一等座都不能坐，这在天理人伦上都说不过去啊，但现在就是这样，管得非常起劲。退钱退到哪儿呢？按道理回到横向课题里，还是应可使用的吧，不行，不能动，实际上听起来是"充公"的意思，退回去就不能再用了。诸如此类的事情，符合科研规律吗？还有，一天市内交通费 80 块钱封顶，在北京打个车去机场都要一百多块钱，超出 80 块钱的部分不能报销，已经报销的退出来；餐票要一张一张标清楚和谁吃的，意思是需要找人对质的，以人均50块钱封顶，超过50块钱的吐出来。清华大学经管学院院长、著名海归教授钱颖一前几年担任独立董事拿到的薪酬，现要一股脑吐出来（其他系主任、院长们概莫能外）。这些事情现在做得如此起劲，我的感受是什么？煞有介事的“官本位”，漫无边际的行政化，它不符合科研规律，不符合党的知识分子政策。科研人员面对巨大的科研创新的不确定性，他要能够“内生地”发挥积极性，持之以恒地做科研，需要感觉自己处于一个有基本人格尊严、有心情做科研的人文环境，这是很现实的问题。现在的科研人员普遍感觉积极性受到极大打击，横向课题干脆不接了，计划课题也是能不接就不接，中央早在传统体制下就说要让科研工作者5/6以上的时间精力用于科研，做得到吗？学术带头人要派自己的研究生和学生在教务处的楼道里彻夜排队解决报销的问题，有填不完的表，动不动写思想汇报和检查，处理怎么把钱吐出来的具体问题，还引起很多不愉快事情的发生。试想，海外有潜在可能性走钱颖一之路的这些高端人才，知道“钱颖一们”现在的苦恼，他们会做何感想？诸如此类的问题正摆在我们面前。中国要真正抓住科技这个第一生产力，要真正鼓励引导成功的创新，需要教育改革，需要科技改革，需要解决真正符合科研规律的科研经费管理制度改革。所以，全要素生产率一定是把科技和我们的制度供给问题放在一起把握，在中国转轨过程中，更要把“制度高于技术”、制度创新打开科技创新空间说到位。说实话我看总理很着急啊，反复讲砍繁文缛节。在前一段时间的博鳌论坛上，我曾得到机会向他进了一言，我说总理希望您在百忙中关注一下水平非常高的国办优化学术环境这个文件的落实。他很敏感，马上反问实际情况怎么样？我也实话实说，都不动。他当即表态回去一定要抓，果然没几天社科网站和新华网又全文发了一次国办优化学术环境的文件。到了清华、北大，总理更是直接讲课题经费管理这个事。前几天，哲学社会科学座谈会上，习近平总书记又专门讲到科研规律和人才培养，要使我们的科研人员有荣誉感和获得感。这件事的取向已很清楚，我们必须在实际改革过程中，于问题导向下解决问题。这是我们可以看到特别要抓住的制度创新和科技创新，是中国现代化发展的龙头，是全要素生产率里必须聚焦的内容。

供给侧的供给管理它是有可能走入误区的，我们传统体制下，有最典型的非理性供给管理，认为有一个无所不知无所不能的中心可以控制所有的结构问题和细节问题，企业建一个厕所都要它批，不批就不能建，这种供给管理是违背客观规律，窒息生产力和积极性的，对科研的不当“加强管理”又是在走类似的错路，不能不纠正。所以在供给侧，要抓住真正“理性的供给管理”，要谨防以加强管理为名的扭曲乃至倒行逆施。

在五中全会之前，中财办找了五位学者做内部“命题作文”式的课题研究，以为决策做一些参考铺垫。五个题目各不相同，比如有宏观经济趋势分析，有日本、韩国跨越中等收入陷阱的经验与教训。我接受的课题，是完善供给侧环境机制，激发微观主体潜力和活力。拿到这个题目，我就有一个基本判断，决策上对于供给侧结构性改革的意图，是“谋定后动”地引领新常态的过程中，从供给侧入手来打造新动力体系，而且是要落到微观主体怎么样能够发挥潜力与活力。中央对供给侧这方面的指导方针，从这个安排的意义上来说想进一步借鉴吸收学者的意见建议。我们尽自己所能提供出建设性看法与意见，形成了三个层次、结构比较简明的一个文本。

第一个层面，中国特色的宏观调控必须注重理性的供给管理。在需求管理旁边，已可观察到有大量的供给管理案例和迫切需要，所以我们强调传统的需求管理的局限性亟须打破。比如，领导人一定关心全面小康决胜阶段怎么托“三农”这个底，中国广大农村区域的七千万贫困人口怎么脱贫？这个“底”是一定要托起来的。中央文件现已明确要求“精准扶贫”，这是非常明显的一个供给管理表述，绝对不是一个总量需求管理的概念。什么叫精准扶贫？是要把七千万人的致贫因素一一分析到位以后，对症下药形成一套解决方案的组合，这是一种供给管理方案。七千万人里，有一类可以认定是因为他们居住的自然生态环境不适合人类生存，一旦认定这一点，那么别无选择，必须采取过去已确立概念的异地搬迁扶贫方式。时间表还很紧迫，再高的成本也必须去做，对于在哪儿找到地皮建新村，怎么组织相关投入尽快把新村建好，跟着要组织干部力量逐家逐户去做说服动员，故土难离也要离，引导、服务这些人搬过去之后，还要做回访，过去的经验是常常过几个月、大半年，新村的人又跑得七零八落，很多人又回老地方去了，说住不惯，还是原来的地方住得惯，结果还是不能脱贫。所以，一定要将巩固搬迁成果做到位。第二类，不能认为就是自然生态环境的原因，但是为什么这么多年不能在生产上打通门路而致富？必须赶快组织有水平的能解决现实问题的专家过去耳提面命，种植也好，养殖也好，打开具体的致富门路。另外再有一种可能，因病致贫、因病返贫。农村往往一人得了大病拖得全家进入贫困状态，这就需要以大病统筹制度覆盖整个农村，包括所有穷乡僻壤，而且还要在里面配上应急的扶助、救助机制，这才能解决这类人怎么脱贫的问题。还有区域性的怎样突破“要想富先修路”方面的基础设施瓶颈问题。过去对此已有认识，现在时间表带来了硬约束。前些天我在四川凉山州参加一个论坛，那里有西昌卫星发射中心，属高科技前沿，但又有大片的山区，如著名的木里县，面积一万多平方公里，是藏族同胞聚居区，几万人全在山里，他们怎么样脱贫致富？所谓要想富先修路，是必须赶快建成几条交通干道，这是个巨大规模的投入，钱从哪里来？凉山州导入新机制，跟民营企业太平洋建设签订协议，太平洋建设用它的经验和可调动的资金，以 PPP 方式在尽可能快的时间内修成 5 条干道。这些都是“精准扶贫”解决方案中必须处理好的事情，是非常明显的供给管理问题。

类似的，其他不同领域、不同视角，有很多供给管理必要性的例证。比如，现在我国区域发展中摆在前面三项的第一项——京津冀一体化，要做的是什么？是问题导向下，必须解决经受时间历史考验，打破三地行政区划局限的高水平建设规划如何形成与实施的问题。现在不得不做的大手笔、大规划是北京市级的所有管理机构三年之内要搬到五环外通州的潞河镇，打造城市副中心。这使人想起当年的梁陈方案，很遗憾大半个世纪过去人们才发觉梁陈方案水平如此之高，但是当时几乎所有的人都接受不了，迅速被否定。现在生米做成熟饭了，问题丛生不解决已过不了日子，必须再来一轮新的改造、大的动迁，当然以后还要经过很长时间的历史考验。但愿我们这次把所有的功能区，所有应调整的因素，包括新型城镇化里的城乡一体化要求，生态、人文考虑，在三个行政区划打破局限性的情况下，做一个高水平的优化方案，这正是典型的供给管理，也是一定要接受历史考验的。

科技这方面我有特定体会。当年中长期科技发展规划我也是参加核心组讨论的，认为必须排列出一些举国之力攻关的项目，因为所针对的科技成果，或者是花多少钱外国人也不会卖给我们，或者是外国人手上也没有的，只能依靠自力更生。传统体制下由于国力原因限制，只能勒紧裤带做“两弹一星”，现在可多做一些了，但也不可能很多，结果是举国之力，落到16个重大专项上。那里面，有一个当时称为绝密的大飞机项目，现在已经无保密必要，官方媒体正式宣布中国国产大飞机已经下线，进入取得适航证阶段，而且中国人现在手上已经拿到来自全球的几百架国产大飞机的订单。这个纠结了中国人几十年的大飞机，是当年下决心要上马，没有当年的这个供给管理决策，不会有今天大飞机的重大进展。

另外，一些重点建设事项也是例证。比如与“一带一路”（丝绸之路经济带和21世纪海上丝绸之路）相关，有一个事情一开始可能并没有明确意识，但是后来促成了。2012年，我们在海南省正式成立三沙市，一个地级市对应着220万平方公里辽阔的海域，当时只有永兴岛那里有像样的永久据点，有飞机跑道。但既然有了三沙市，除国防之外，对应我们以后的整个发展战略，这几年已不声不响地建成了好几个更大的岛屿，现在网上看卫星图片很清楚，新建岛屿的飞机跑道都比永兴岛升级了，可以起降最大型的飞机。这样的具体方案设计及其建设，显然对我们全局的战略具有结构优化上的支撑意义，不仅国防是支撑点，我们以后“一带一路”的通讯基础设施，成掎角之势的一些后勤补给基地，以及整个通盘考虑的物流体系，统统在这里要组成一套结构优化的基础设施支撑格局。

凡此种种，在中国，在这个层面上做一小结。我们除了继续做好需求管理之外，必须在三农、社会保障、区域协调发展、自主创新、节能降耗、生态保护、深化改革、国防、重点建设等领域，运用结构性政策加大要素投入的力度，促进相关机制创新改进，即我们称为理性的供给管理，以加强经济社会中的薄弱环节，增加国民经济中的有效供给，特别包括制度供给，来提升可持续发展的支撑力，激发微观主体活力，增强发展过程的后劲。

这里面所表述的理性的供给管理，内含着我们并不认为所有的供给管理天然合理，一定要坚持市场取向改革和政府更好发挥作用的创新。我们从长期视野、全局视野看供给管理的一句话，是“守正出奇”：守正是必须顺应市场经济基本规律，认识、顺应、尊重，乃至敬畏市场，但同时又不是把这一点守好了，把其他市场经济体的经验拿过来就可以使中国一路现代化了，必须结合中国国情和特点，实现成功的创新，出奇制胜。这种创新未必一定成功，但是我们寻求的是一定要有成功的创新，才能以出奇真正支持我们的超常规发展，从追赶到赶超，后来居上。

第二个层面，我们的看法是要针对中国基本的国情约束条件，实施成功的创新走过三段战略分期。基本内容这里简单作个勾画。

第一个国情制约，是“胡焕庸线”半壁压强型三重叠加的巨大能源环境压力约束。20 世纪 30 年代胡焕庸教授首先勾画了中国的基本格局：如果以黑河（那时叫“瑷珲”）为起点划线，连到云南腾冲，大概 45 度角，右下方我们称为东南半壁的部分，占整个国土面积是 36% 或说 1/3 多一点，但人口比重是占到了 96%。这么多年下来，此格局居然没有多大改变。新中国成立后多少轮的支边，大量人口的迁徙，变来变去，仍然是 95% 以上的人聚居在东南半壁 1/3 多一点的国土上。不要忘了当年胡教授考察时中国是四亿人，现在则已接近 14 亿人，上了数量级了。所有这些人进入中等收入阶段以后，都要更多耗费资源能源。这是第一重，我们称为“半壁压强型”基本格局，这已经是各个民族国家里的一个非常之局了。试想美国的版图跟中国差不多大小，但它整个人口规模只有三亿，连中国一个零头都不到；日本也有人口密集的东京都市圈、大阪都市圈，但它整个人口规模就一亿出头，跟中国的情况不可相提并论。这个半壁压强，在中国又有第二重叠加：我们这几十年经济起飞中很难避免的粗放增长，致使环境承受力方面的问题已经发展到出现雾霾这种危机因素，大气、水流、土壤的污染，进一步威胁到全民的食品安全与生活安全。再有第三重叠加：现已看得很清楚，中国基础能源“以煤为主”，将在很长一段时间内无法根本改变，我们的核电、水电比重是下降的，这些年努力发展的风电、太阳能电，基数很低，很长时期中无法挑大梁。当下，企业居民都要用的电，80% 是以煤烧出的火电，而煤的清洁化使用是最困难的。美国已经基本不用煤了，靠什么？石油、天然气、油页岩。而中国石油、天然气已 60% 以上依靠进口，不可能再提高依存度了。基于我们的资源禀赋条件，就必须突破性地实现煤的清洁使用，并纳入各种多方努力的措施的组合之中。这种破解非常之局的非常之策是什么呢？正是供给管理形成的一大套系统工程式的方案，这是中国必须解决的问题。

另外，我们提出，中等收入陷阱的历史性考验就在眼前。虽然对这一概念还有争议，但是中央现在从领导人到有关部门已经非常明确地在讨论怎么样跨越中等收入陷阱。有那么多的前车之鉴摆在那里，中国必须有居安思危、防患未然的战略思维，面对中央文件表述的“矛盾累积隐患叠加”，如果处理不好，前面大半个世纪 90% 的经济体落入中等收入陷阱的大概率在中国重演的话，我们原来“从未如此接近”的伟大民族复兴的愿景就可能变成可望而不可即。这个威胁难道不是国家战略层面必须考虑的大问题吗？我们宁肯把困难想得更严重一些，一定要正视中国怎么避免重蹈那么多国家的前车覆辙，而力争跨越中等收入陷阱。

第三，我们强调，要应对收入差距扩大的挑战，解决好如何走向共同富裕的问题。邓小平当年非常清醒而高水平地给出一条思路：贫穷不是社会主义，必须致富；致富不可能齐头并进，要允许一部分人一部分地区先富；但是非常重要的是，到了一定的发展水平，要回过头来促进共同富裕。共同富裕是社会主义的本质，如果不能解决防止两极分化走向共同富裕的问题，中国的改革开放就失败了，这是他非常清晰的认识。现在网上不少人情绪化地说邓小平只知道让一部分人先富起来，这完全不符合历史情况。邓小平非常清晰地特别强调了要坚持走向共同富裕。问题是怎么走？比如中央三中全会提出要逐步提高直接税比重。此前在千难万难的情况下，上海、重庆两地启动了房产税试点，但到现在为止，仍然是步履艰难。五中全会再次强调共享发展是归宿，要优化再分配，走向共同富裕。操作点在哪儿？看来看去，再分配能避得开财产税、房产税吗？恰恰在这个事情上现在我们还没做出无法绕开的立法与制度建设。其他相关的事情还有很多复杂、细致的问题。但别无选择，必须往前走。

在国情制约和问题导向下，要解决问题，攻坚克难，时间表上我们必须清楚地划出三个战略分期。第一，全面小康阶段、决胜阶段必须实现的 2020 年的任务目标：一是达到全面小康，二是改革取得决定性成果。这个的难度比全面小康大得多，全面小康达标只要未来几年年均 GDP 增长在 6.52% 以上，再配上社会政策托底，而改革取得决定性成果则要艰难得多，这要看之后中央怎么进一步做出指导。第二，再往后的十年间，中国那时候人均 GDP 应该在一万美元以上了，再往上走两三千美元，可达到动态比较的高收入经济体的下沿，那时候还要防止出现反复，很多先例是到那时候反复了。如果中国能乘势跨越中等收入陷阱，还有第三，即再后面二十年左右的时间，我们要进一步提高自己的软实力和硬实力，而达成伟大民族复兴中国梦。软实力怎么提高，更是一篇大文章。

我们向中财办上报的第三层基本看法，是提出建设性的思路和意见，主题和基本思路就是解除供给抑制，放松供给约束，激发微观主体潜力与活力。

首先，针对五大要素相关问题，必须逐一考虑对策化的解决方案设计。人口政策方面要及时调整。我们提出放开二胎，后来中央五中全会宣布的是“放开两孩”，与此仅有微妙的区别。放开二胎怕什么呢？谁撞上大运，前面一胎是双胞胎，也允许他们要二胎，就这点小区别。但是有关的管理部门斤斤计较，五中全会的中央表述是放开“两孩”，比放开二胎稍微严格一点。现在看，放开“两孩”以后一系列的信息表明，中国人生育意愿在明显降低，很可能需要更积极地考虑后续推出鼓励生育的措施，并实施优化和提高人口素质的战略部署。

其次，在土地制度方面，我们认为应该积极推进重庆“地票”试点，解决好一定要“另辟蹊径”的这一重大现实问题。地票制度有很多合乎逻辑的创新点，而且重庆也在这方面努力积累了经验，已走了七年，有关部门的态度是只许在重庆试，成都曾经跟进，迅速被叫停。我们认为这不符合邓小平的改革智慧，应当尽快扩大试点范围，总结经验积极推进。

第三，在金融改革方面，我们也提出一系列的建议。金融改革在 2015 年有非常重要的进展，应当乘势巩固存款保险制、利率市场化的改革成果，落实后面的跟进措施。

第四，企业减负的改革，除了减税之外，还要实质性减少税外的收费、五险一金，以及各种各样的隐性负担。一个企业开办，要盖很多章，至少几十个，每个章都要有打点，这种负担的减少，不是靠运用减税概念能够解决的，一定是配套改革才能解决。

第五，在教育方面一定要有实质性的教育改革方案，破解“钱学森之问”；科技方面一定要有符合科研规律的全套制度安排，才能真正可持续地调动科研人员的积极性。

这五大要素所对应的供给侧改革，还必须配上行政、财政、国企、收入分配、价格、司法等多方面综合配套的改革，这方面我再另举个例子。我们认为，必须在行政审批制度改革方面，“结合式”地来对接给整个行政架构伤筋动骨、脱胎换骨的一番改造，这才能取得实效。总理这么强调减少行政审批，现在推进到中央政府层面还剩400多项审批权，都是“命根子”了，都是实权，怎样真正进一步改革？应当结合大部制和扁平化，在结合式配套改革中动真格。横跨两届政府都明确的大部制改革，很遗憾只走了一点小碎步，以后有没有可能，找到机会来一个真正把大部制跟扁平化结合在一起的“凤凰涅槃”。可借鉴一下法国、韩国，人家早早就做出了大部制改革。中国要过这一关，时机在哪儿？我们看重的是十九大，不敢说一定能解决，但方方面面应努力推动一下。十九大越来越近了，有可能在这方面促使决策层下决心吗？如果能够真正脱胎换骨地来个“大部制加扁平化”，把这些庙拆了重新整合以后，再处理好“和尚怎么念经”、行政审批怎么合理化的问题，那就可能得到一个新境界来理顺全套政府架构，跟着的就是那个时候已精简了、消肿了的政府，怎么“规划先行，多规合一”把职能合理化问题做更好解决，还有如何积极解决政府工作人员阳光化地提高工资的问题。这些我们在建议中形成了粗线条框架。

我们特别强调，中国经济社会发展的现代化进程，已到了一个非比寻常的关键时期和历史性考验关口，中央确定供给侧改革，所要寻求的，就是抓住矛盾主要方面，攻坚克难。只有通过供给侧入手的这套改革，才能把千千万万微观主体创业、创新、创造的活力真正释放出来，把可观的潜力真正激发出来，以实现全面小康，并跨越中等收入陷阱，最终达到伟大民族复兴，完成现代化伟业。

还要简要回应一下大家对于市场的关切。首先，我知道大家关心股市与供给侧改革的关联。非常简单地说，我认为供给侧改革对股市的影响总体来说是间接的、中长期的。我个人理解，当下中国的股市需要在剧烈动荡之后，走一段休养生息的调整。在经济基本面形成稳定向好支撑力之前，轻易不要相信在某些特定时点上所谓“牛”的因素，改革“牛”也好，资金“牛”也好，消息“牛”也好，等等，这些分析，看着有一定道理，但是一定不要忘了整个股市如果能出现一个相对来说有牛市特征的发展过程，一定要有基本面的这种支撑。我们现在基本面上经济继续下行，还没有切实完成探底企稳，实话实说还伴随不少不确定性、不安全感，困扰我们的方方面面。企业家是这个感觉，我们的体制内人员也是这种感觉，知识分子也相当普遍地有这种感觉。在这种情况下如果不能真正让方方面面吃定心丸，怎么可能来个基本面的“牛”？习近平总书记在2016年两会上专门到工商联和民盟会上讲话，给大家吃定心丸，看来这个定心丸还要继续吃。最新的令人不安的信息，是这几个月中国的民营企业投资明显在走下坡路，这个事情要赶快跟踪分析，一定要认清，我们升级版的发展是要坚定不移地鼓励民营经济的发展。怎么让民营经济在复杂的环境下有基本的信心，定心丸需要继续吃。在这个情况下，股市主要是间接地与供给侧改革发生联系，不要以为对供给侧改革有个什么样的表述，有个什么样的具体部署，股市会应声而起。当然对中长期影响我们可以做一些期待，已经有这么多信息表明决策层是认准了推进供给侧改革，不断发文件，股市的相关建设与完善，必须跟上供给侧改革。如果说经历了一个结构优化调整的阵痛过程，我认为中国经济还是很有希望在不太长的一段时间内，可能在2016年年底之前，最晚2017年年初、上半年，我们可以看到一个阶段性的探底，探底以后处理得好，就应该能够企稳，企稳以后这个经济状态也就可望“常”了。其实我们已经几乎退无可退，季度GDP增速已经落到6.7%了，稳增长加上优化结构，要稳在6.5%以上，企稳以后，时间越长越好，形成中高速增长平台，跟着的市场信心就可能开始积聚，对股市，那时候可以讨论有没有可能展开一轮更接近慢“牛”的行情。当然对剧烈振荡，大家还要有一定的思想准备。形成结构优化、增长质量提升的全面铺垫以后，供给侧改革才有可能支撑出一个中长期近乎慢“牛”的行情。

房市方面，应该有望更快看到供给侧结构性改革的影响。供给侧改革“三去一降一补”是有种种针对性的，都包含非常明显的触动与改善结构的意图。比如房地产市场上“去库存”，这是非常明显的对应性指导方针，但是具体分析我们的房市，一定要抓住它的“分化”特征。现今中国的房市、楼市，形象的说法叫“冰火两重天”，火的一边，大家都体会到了，深圳火，上海跟着，北京热度也比较高，广州稍微温度低一点，但仍然是提升的状态。一线城市往上明显回暖，甚至升温过猛，已经逼出来一些更严格的限购措施，最近一段似乎在开始见效，但是一线城市绝对不是去库存的问题了，是赶快向前考虑怎么增加有效供给的问题，而且应当一并考虑中长期制度建设。我认为一度被管理部门有意回避的加快房地产税立法之事，现在要再做一次反思，至少我们不应该在推进立法方面再拖延。法律规则上的设计可以根据情况区别对待，比如在一线城市首先争取把人大审批通过的房地产税法加以实施，这可能是更符合实际情况的积极态度。

在“火”的旁边，我们还得注意“冰”的那一边。原来大部分的二线城市多为冰的部分，现在看起来有越来越多的二线城市跟着火起来了，需要及时在具体区域掌握好针对性的对策。三四线城市总体上听到的信息，普遍的还是库存压力沉重，但已经不排除某些三四线城市开始有交易放量，那就要及时处理好去库存和增加有效供给之间的关系。更多的三四线城市则在去库存压力很大的情况下，需要讨论具体用什么样的政策手段来实现去库存目标。仅仅以商业性金融方面的手段给予支持，远远不能解决问题，因为三四线城市去库存的希望，主要在于吸引农民工在自己家乡就近出手买房子，但他们的资金实力，大多数情况下不足以支撑购买商品房。所以，必须在三四线城市中匹配一些特定的政策杠杆。总体的“去杠杆”背景下，在三四线城市房地产市场去库存，还需要加杠杆，特别是政策杠杆，从而把一些存量房转为共有产权房，甚至可以调整为公租房。配上这些政策杠杆支持去库存的实际推进过程，都是需要一城一策具体设计的。

所以，在房地产市场非常明显带有分化特征的情况下，一地、一城要设计供给管理，不能满足于像需求管理那样笼统地说一个调控方向是什么。我们现在于大面上，只能说主要对“冰”的方面去库存，而冰的方面的每一个城市，都得根据自己的实际情况，设计好一套带有操作细节的方案，这就叫供给管理，而且要求是尽量高水平的供给管理。可知，大家关心的股市、房地产市场这方面，可以从前面所认识的供给侧改革概念，引出如何设计和掌握带有结构复杂性、挑战性，但是非做不可的供给侧改革方案。

很多同志关心营改增。我们注意到2016年5月1号以后，已按照“军令状”全面铺开营改增，后续的细致工作必须迅速跟上，有关部门会紧密关注信息的反馈。比如上海的同志说到营改增里怎么处理好人力资本比重比较高的特定行业，这实际上涉及我们说的科技第一生产力的发挥机制问题。很多高科技企业有大量的人力资本方面的投入，相关的科研开发带头人和团队的薪酬，在企业综合成本中的占比高，而可做抵扣的因素比别的企业要少。怎么按照营改增内在逻辑真正支持这类企业发展？如果简单按现在营改增的套路不加区别，恐怕就事与愿违，他们受到的不是鼓励，很可能受到的是限制。怎么形成解决方案？那就得专门做调研，赶快制定和跟上针对性措施。我们在企业调研中还碰到另外一个问题，现在中国公路运输中的货运是至少近千万辆大卡车，这些货运大卡车过去的相关税制设计叫“有车承运，以票控税”，每辆车的个体车主在什么地方（大都在原籍）注册完成税务登记，以后就要在那边取得凭证，然后做进项抵扣。实际这哪里做得到？这些车是布朗运动式地分布在全国，一单一单随机接活的，他怎么可能按原来的那套税务规则来完税呢？新兴的互联网和大数据时代，出现了一种无车乘运的服务平台，有的企业已经做出一定的成绩来了。比如北京邮电大学毕业生主导的一家公司，通过互联网联系全国200多万大货车主，在信息平台上处理整个物流，尽可能方便地让他们有活可接，相对低成本地来发挥公路大卡货物运输的功能作用。这种无车承运的主体，即服务商，作为一个注册公司，是成规模的一般纳税人，在它发票上是11%的税率，但前面他联系着的200多万分散的个体车辆的车主，是小规模纳税人，税率是3%，怎么对接？这就碰到难题了。实际生活里逼出了潜规则，大多靠过桥过路费、加油费发票等找利益平衡，越搞越紊乱。没有按照实际业务发生情况完税的可行规则，营改增所要追求的实际效果可能大打折扣。业内人士很着急，也在跟我们互动讨论怎么形成一个解决方案。有关部门的基本态度往往只是认现在已拿到的文件依据，公权环节上的管理者很难形成一种积极主动性，去参与讨论碰到问题以后怎么解决，这也是很令人遗憾的事情。所以，营改增这么好的一个大方向正确的改革措施，要真正取得实效，各行各业在供给管理这个概念上，一定要解决具体问题，落到设计好、可操作的解决方案上。

还有一些同志，关心改革发展会面临哪些困难和机遇，怎样才能发挥自己的积极性。我觉得企业界的朋友们首先要有个思想准备，还得继续忍受阵痛。但与这个过程结合，另外一个说法就是“苦练内功”。其实有些企业，前面已积累了一些优势，是在普遍感觉困难的情况下，“没事偷着乐”，订单可能不降反增，是利用自己的相对优势、品牌效应，在乘势扩大自己的市场份额，这种企业给我们做出了一定的表率。另外一些企业，要争取突破临界状态，通过练内功、忍受阵痛以后达到升级的境界。实话实说，竞争的最后结果一定是有些企业过不去，这方面光讲空话不解决问题，现在已有的社保体系，就是要在“去产能”的过程中，与真正淘汰落后产能而出现相关企业兼并重组和破产带来人员安置、培训的问题相匹配。就业要靠政府牵头，以社保体系托底来解决到位。企业则必须争取在市场竞争里面找到自己应对挑战的相对优势来争取生存发展和做大做强。在有些领域里，据我观察其实是乘势往上继续发展的问题，比如这几年虽然经济一路下行，但在中国，大家可注意一下，保险业、理财公司的日子非常好过，只是在很多场合不公开说而已。看看这些保险、理财方面的著名公司这几年的基本数据，业务量增长幅度是 30% 以上，利润水平也是，动不动就是 30% 以上的年度利润增长幅度。什么道理？经济下行过程中，中国的一些发展潜力仍在释放，老百姓收入仍在上升，越来越多的人有了金融意识，而看到经济下行他们又增强了避险意识，凑到一起，保险、理财倒是香饽饽了。不同的行业，不同的领域，一定要分别做出具体的分析，所以也不是简单的忍受阵痛，你说这些保险业的高速发展中有什么阵痛？这些事情都得具体分析。另外像华为，那一套创新发展很独特，大家还在继续观察。我看华为是在高度的风险意识下按照已经形成的一套企业文化和企业发展战略，鼓足干劲继续乘势往上追求超常规发展。诸如此类的不同行业、企业所面临的形势、机遇和困难，一定要分行业、分企业、分特定条件具体地来做出分析认识。

最后谈一下有些朋友反复追问的一个事情：将供给侧改革说来说去，有大道理，有原则，到我这个区域，到我这个行业或者企业，我有什么抓手，能不能讲点基本的切入点。我看切入点至少可以归纳出如下几个表述。

第一，供给侧首先要考虑如何抓制度供给。地方政府在制度供给方面并不能说可以对改革做全局优化设计，但是于中央的改革规划之下，地方政府有什么创新的空间，还是应继续鼓励先行先试。同时中央还有一句话：重大事项上不能抢跑。显然这个地方有所作为的空间有限而微妙，但毕竟存在一些自主作为空间。如果看区域发展中地方领导班子决策上能够形成共识的制度供给创新点，我举个例子，当年中央说省直管县的扁平化改革，除了财政的省直管县之外，有条件的地方可以在行政上也试行，后来广东曾经跟进，据我所知全国唯一的一处明确实行行政省直管县的地方，是顺德，当然后来也没有听说有什么像模像样的经验总结，但毕竟这是地方可以抓制度供给创新点的一个例子。新的一轮改革走到一定的时候，特别到十九大对通盘设计又会有一些明确指向之后，地方、企业都一定要注重抓制度供给创新。企业相关的制度方面，更有不同层次上的创新点，华为做大做强的过程中始终坚持不上市，是不是也属于一种创新个案？

第二，对政府来说，抓规划的供给。如京津冀一体化，其他各个地方政府，无一不是需要动态优化自己辖区通盘的发展战略规划，落到“规划先行，多规合一”。现在这看得很清楚，不可能指望基层分散的主体通过试错法，在每个地方政府辖区形成一个通盘合理的结构性复合型规划结果，政府这方面的责任天经地义。政府需要组织专家力量，凝聚专业能力，汲取全社会的聪明才智来支持规划层面的科学决策。以后几十年，地方政府在中国改革开放中的“争先恐后的竞争”还会延续，比拼的首先是规划。企业和企业集团也有生产经营战略规划这方面的供给管理问题。

第三，抓政策供给是不言而喻的。有些政策是垂直的，如“去杠杆”指标上广义货供应量币 M2 由中央调控，跟地方企业不直接相关。但到了地方，如果说到财政政策，分级财政的贴息、信用担保、产业基金、引导基金，等等相关政策，都有可塑性和创新空间，这都是可以抓住其可塑性来加以优化的政策供给问题。

第四，投融资的供给，在PPP方面大家值得做更多的了解和努力。我认为确实有广阔的前景，它最容易在很多人指责“官场不为”的情况下，却在不少区域决策层达到“天时、地利、人和”的状态里把事情做起来。因为，政府、企业、专业机构是一起走阳光化的程序，谁也不用担心别人抓你的小辫子，不担心吃不了兜着走，就可能把一些事情真的做成了。想干事、会干事的人合在一起干成事，不出事，PPP是一个阳光化的好机制。实话实说，欠发达区域的领导层在PPP这方面往往更敏感。在中西部欠发达地区我们接触了不少市县级领导，他们听明白PPP以后真的是眼睛一亮，已经看到，很多中西部区域在实行PPP开拓创新中比长三角、珠三角做得更积极一些，这也合乎情理。发达地区这边，政府财力雄厚一些，而欠发达地区政府财力方面更有压力，一定要找到政府以外的资金。PPP是政府、企业、专业机构在一起“1+1+1>3”的绩效提升机制，可以更快形成好事做实、实事做好的政绩，并能经受时间考验，政府何乐不为？企业在里面也会得到它的长期投资回报，专业机构也能通过发挥专业技能扩大市场份额，实现自己专业团队应得的价值回报。

还有第五至第八个切入点，就是科技的供给、人才的供给、资源的供给、环境的供给。这几个要素中，科技不一定追求数量，地方政府也不一定上来只抓高科技，适用技术同样也是有效供给。人才不求为我所有，但求为我所用，重大的决策、重要的项目，请国内外有真才实学的专家，贡献智慧，提出建设性建议，这就有了人才供给。资源的供给上，现在要看到全球物流模式在迅速改变，做好资源供给的创新我们才能跟上发展潮流。环境供给上，要抓住抓好各个辖区、各个行业相关的绿色发展及低碳化。

诸如此类的问题，使供给侧改革看起来确实有复杂性，但完全可以根据理论的创新认识，借鉴实践经验。首先抓住各地、各行业相对有把握的实际操作点，找到抓手，再寻求做出我们能够在推进过程中不负于时代的业绩！

我看改革与“双创”

贾　康

一、温故知新看改革

20世纪80年代被称为“中青年研究工作者”的人们，现在都是老人了。我有幸成为曾产生重大后续影响和精神感召力的莫干山会议的参加者之一，现不时会有人向我问起对“80年代”的看法。我倒是认为，把80年代列为“怀旧”对象似还为时过早，称为“不可复制”又说得过于极端和悲观了，但关于80年代波澜壮阔之中的“闪光之处”和“闪失之处”的认知与思考，对今天与未来，都确实具有重大的现实意义。

与80年代相比，我们今天的改革环境和任务已有极大不同，然而中国经济社会的转轨仍在进行中，进入改革深水区后的困难与挑战、迷茫与困惑不可回避，但以改革作为解放生产力、贯彻现代化战略“关键一招”的基本逻辑，则是一以贯之的。进入深水区，有些石头可能是摸不到的了，显然需要更高水平的顶层规划，而党的十八届三中、四中、五中全会，正是提供了为社会高度关注、迫切需要的顶层规划性质的方针指导。以此把握改革推进的方向和路径、哲理与要领，正需要继往开来，把80年代的创新壮举及其服务于党的基本路线的精神元素发扬光大。

第一，从压力看，80年代大刀阔斧的开拓性改革，固然是由于“文革”十年浩劫和传统体制弊病已生成了“不改革开放，死路一条”的倒逼，再乘势加上思想解放大潮的有力助推，表现为改革者破釜沉舟的“哀兵”式一鼓作气、义无返顾、奋发昂扬地开创新局；而当下阶段的改革深化与“攻坚克难”，同样有进展之中“矛盾累积隐患迭加”的风险威胁，问题导向和形势逼迫之下，只能奋力向前涉险滩、啃硬骨头，“壮士断腕”般攻艰克难，力求在新的历史起点上继续大踏步地跟上时代，这如同“逆水行舟不进则退”，照样是别无选择的，照样要反复强调“狭路相逢勇者胜”、“惟改革创新者胜”。

第二，从动力看，十一届三中全会开启的中国人认清与把握世界大势和文明发展主流、紧紧扭住经济建设为中心的基本路线“一百年不动摇”地追求“和平崛起”的伟大民族复兴，已推进到使“从未如此接近”的中国梦实现其“梦想成真”的关键性历史阶段。同时，改革的复杂程度和推进难度，正应得上“行百里者半九十”这句老话。在认识、适应“经济新常态”的同时，最为至关重要的是还必须能动地引领它，“供给侧改革”正是沿着80年代从制度供给入手推动全局的基本逻辑和创新发展规律，继往开来并升级式地寻求可持续发展，这必须，也必将得到80年代“实事求是、解放思想”所构建的创新发展的动力源、动力体系的升级式的支持。

第三，从经验看，其实80年代的改革推进中，不仅有农村改革“蓄之既久，其发必速”的高歌猛进，也有城市改革的坎坷试错、“价格闯关”的时机误配，和其后“经济问题社会化、政治化”的严峻社会考验，但毕竟在探索中积累着改革经验，铺垫了、引出了下一个十年邓小平南方谈话后社会主义市场经济目标模式的确立及其后的巨大成就，改革中的上下互动、凝聚共识，是在风雨波涛之中按“进行时”曲折推进的；十八大之后，我们显然也需要经历新时期、新阶段上进一步凝聚共识、减弱分歧的考验，实质性的改革不仅需要有“冲破利益固化藩篱”的更大的决心、勇气和魄力，还需要借鉴国际国内经验形成更高水平的方案优化、运行智慧和协调艺术，争取最广大人民群众的认同、支持和积极参与。把握好人心向背、形成改革合力，既要借鉴自20世纪80年代以来的经验教训，又要超越式和建设性地处理好多种新的问题，应对新的挑战。在这种过程中，精神层面我们理应得到邓小平、胡耀邦、习仲勋、任仲夷、杜润生、袁庚等改革家的改革信念与榜样力量的支持，实践层面我们要更多地强调实事求是与宽容态度，需要继续鼓励基层、地方在市场取向改革中的先行先试，应“允许改革者犯错误，但不允许不改革！”

历史演进轨迹不可能如长安大街般笔直，改革攻坚克难中的曲折与代价，是题中应有之义，然而，80年代的一条重要启示，是坚定改革信念，牢牢把握大方向而执着地努力，会迎来改革渐进中的局部突变和可能促成里程碑式的重大进展，“波浪式推进”是使经济社会整体跃升的前奏与先导。十八大以来，中国的“四个全面”战略布局已一步步清晰明朗，承前启后抓住供给侧这一主要矛盾方面，推进配套改革系统工程，是国家和人民的根本、长远利益所系，也是以改革取得“决定性成果”而启动由全面小康到跨越中等收入陷阱、连通“中国梦”腾飞进程的战略性指导方略。在“全面小康”决胜期，我们理应在期待中同舟共进，冲过险滩，接续现代化的长风与洪流而直挂云帆。

二、改革推进在创新

改革的同义语是制度创新，创新就意味着有不确定性，但在制度创新方面，我们首先要努力提升其确定性，也就是在改革深水区，在前面三十余年成败得失、经验教训的总结基础上，需要牢牢把握其基本的理念、逻辑和大方向，有胆有识、务实可行地使改革在攻坚克难中深化而得到实质性推进。具体分析，中央所强调的创新发展“第一动力”，还包含了以改革的制度创新引领、结合、服务科技创新的必然要求与“大众创业，万众创新”的丰富内容。

在生产力诸要素的供给侧，邓小平曾言简意赅地把科技表述为“第一生产力”，其学理上的内涵，直通恩格斯在马克思墓前演说中的名言：在马克思看来，科学技术在人类历史上表现为一种革命性的力量。所谓生产力传统认识上的三要素——劳动力、劳动对象、劳动工具，不是由科技来做个加法，成为第四要素，而是来做乘法，形成放大、乘数效应，即改变面貌、升级换代、引领发展潮流，所以它在诸生产力要素中是“第一”。中国在进入中等收入阶段后，要打造发展质量提高的“升级版”，势在必行的是要“走创新型国家道路”，依靠科技第一生产力提升全要素生产率，对冲下行压力和加快转变发展方式，优化结构，形成增长的后劲。而现实生活告诉我们，科技创新的巨大的不确定性，需要得到相对确定的有效制度供给的环境去施加对科技创新人员的可持续的激励与支持（既包括物质条件的供给，也包括人文关怀的供给），才可能在信息时代“第三次产业革命”的国际竞争中不落人后，不被淘汰出局。中国当下跟上信息革命大潮的努力中，特别需要有效消除以“官本位”、“行政化”等痼疾为代表的繁文缛节对科研创新积极性的压抑、戕害和摧残，真正推行符合科研创新规律的科研体制、教育体制、科研经费管理制度的改革，来解除供给约束，可持续地调动、激发广大科研人员潜心研究和推进产学研结合互动使科技成果产业化的积极性。不破除制度、机制的压抑和约束，就无法如愿走好“创新型国家”之路。正是在这个意义上必须强调：在中国未完成的转轨过程中，“制度高于技术”，必须在创新发展的第一动力机制中，把寻求制度创新的成功，作为“龙头”和“纲举目张”的总纲。

三、“双创”中的问题与对策

大众创业、万众创新，是发挥“创新发展”第一动力作用的重大供给侧实践选择。近些年，财税等部门把调控管理、深化改革和改善服务相结合，在支持“双创”中做出工作成绩的同时，也还存在一些问题。对于“双创”，财政政策及管理工具涉及税收优惠、政策性投融资、专项转移支付、财政补贴、会计制度、经费使用的管理规则等，也涉及部门间协调。实际调研中可感知有如下几方面值得重视：

一是部分政策规定过于复杂，可操作性不高。如科技企业孵化器优惠政策，对孵化器提出三项条件，再对孵化企业设定七个要求，导致政策覆盖面过窄，据反映全广东省仅有数家企业能够享受。

二是由各部门去甄别哪些企业享受优惠，自由裁量权较大，容易造成不公平竞争和设租寻租。如创业投资企业的所得税优惠政策，要求企业必须登记为“专业性法人创业投资企业”，将非专业性法人创业投资企业排除在外，而且概念颇有弹性，如何界定专业性与非专业性，容易滑向靠“处关系”来解决的状态。

三是仍然存在空白地带。如国发〔2015〕32 号文要求制定对众创空间、天使投资的税收优惠政策，但至今尚未出台。

四是部门间协调不顺，扯皮、推诿、紊乱。如《企业所得税法》对小型微利企业有划分标准，工信部又对中小微企业有划分标准，实际上导致相关概念的“标准化”程度低，往往出现莫衷一是的尴尬结果。又如科技部门和税务部门对科技企业孵化器的认定和条件控制不一，使优惠政策难以落地。

五是“营改增”面临的一些具体矛盾与挑战有待破解。比如高科技企业和高智力轻资产的咨询公司，进项抵扣很少，实际税负高，应考虑做出针对性区别对待。又如公路交通运输的几百万辆货运卡车，绝大部分为在全国随机流动接单运营的个体车主车辆，已无法按“有车承运”为前提的税制设计与进项抵扣规定在车主原籍操作，必须适应“无车承运”物流平台公司的现实发展，对接这些平台公司的大数据系统，来落实该行业“营改增”的实施细则。但是具体方案迟迟不能在管理部门形成，迫使无车承运业务要伪装有车承运的成本构成，已催生了多种潜规则乱象，结算中以过路过桥费票、加油卡等找利益平衡，乃至向燃油销售企业购买发票，等等；抬高经济活动成本，引发设租寻租和经济秩序紊乱，严重扭曲、损害了该行业“营改增”的“激励创新”效应。

六是对科研团队和课题经费的管理套用官本位制和行政化办法，防止走极端，即使是承包性质的横向课题，也严格套用公务员行政经费控制标准，老科学家、教授、研究员作为研发团队的带头人，哪怕已白发苍苍，只要没有司局级行政待遇，出差不允许坐高铁的一等座，在国内则一律不许坐飞机的公务舱，并且对前几年已报销的机票、车票，要一律追溯，超过行政标准部分，必须倒退款项充公。类似的餐费人均50元封顶、市内交通费一天80元封顶等等，“繁文缛节”越搞越多、追溯和倒退款项处理上也极其严厉。这些严重违背科研规律，挫伤了科研创新者的积极性。有些规定完全不考虑如何给实际操作留出回旋余地，比如国外交流碰上前后相连出访两国，需有两本公务护照送两国使领馆分别办签证才行，但现行控制规则，是一个人只许有一本公务护照，要想办两本以利工作，是坚决不允许的。

七是创新发展中一些政策界限不清，已严重威胁专业人士的政治安全。如PPP的项目投融资，需要有专业团队提供咨询和方案设计。但高校、事业单位的专家、教授、研究员，如参与PPP项目咨询取得劳务费，却很容易被举报，被指责为“在企业兼职并取得兼职收入”，会认定为违反党纪，甚至被扣上“受贿”污名。

“问题导向”下，必须积极寻求解决之策。具体对策建议是：

（1）支持双创的各项政策，需要做出反思与优化，力求明白简洁，有可操作性。

（2）对部门的“甄别”、“定性”实权，应力求有所限制约束，流程应力求阳光化，把“设租寻租”的可能性尽量压低。

（3）积极填补政策空白，确有必要的政策设计，应抓住不放，一抓到底，力求尽快落实操作细则和配套措施。

（4）结合政府部门架构改革、职能转变，应有效加强和优化相互协调机制，对双创的方方面面，科技企业孵化器的种种细节，各部门应尽力排除扯皮、拖延现象。

（5）针对诸如公路交通运输互联网、大数据时代必须发展的“无车承运”公司等现实情况，及时组织“营改增”具体方案如何优化的专题调研，力求尽快解决问题。

（6）坚决贯彻落实国办关于优化科研创新学术环境和中央关于重视培养、使用人才的文件精神，尊重科研规律，及时改进科研经费管理制度机制，坚决纠正强加于科研创新领域的官本位和行政化偏向。

（7）高度重视、及时合理规定PPP创新中的政策界限，引导、鼓励专业人士为PPP项目作智力支持并取得合法收入。

产业政策与供给侧改革

贾　康

作为研究者，在此对于“产业政策与供给侧改革”这个问题的基本看法试做粗线条的勾画。

第一个层面，从审题和定义的角度看供给侧。

一般写论文要有一个导言，或“问题的提出”。把握“产业政策与供给侧改革”的命题，结合现实，我认为在理论密切联系实际的创新上，需要突破过去曾经认为比较成熟，但在世界经济危机之后我们已经明显意识到其局限性的“需求管理”的不足，因而提出要有对供给侧更深入的分析认识和社会主义政治经济学的学理探讨。中国特色的社会主义政治经济学，也必然要汇入整个人类文明发展过程中关于经济学的探讨和创新的洪流中。我们特别注重供给侧，因此要努力开掘供给管理和供给侧改革关联于制度空间所必须掌握的学理知识。

我认为，在供给侧视野之下，产业政策是“理性供给管理”的重大命题。它在经济运行中的产业视角上，要处理区别对待、突出重点的供给侧结构性政策的问题。它的优化，对于中国自有特别的意义，但对于其他经济体事实上也都成为不可回避的问题。这一命题的现实意义，是要纳入“改革”这个概念即与“有效的制度供给”相结合，成为供给侧结构性改革的组成部分（学理上，体制改革等于形成有效制度供给）。

实际上，产业政策和技术经济政策、环境政策，还有中国人已经讨论了多年的“政策倾斜支持机制”等等，是密不可分、息息相关的。我和一些在这方面有共识的研究者，在这些年致力于新供给经济学的研究，普遍认为需要在理论创新中对已有的主流经济学的认识成果做一些提升，或者说得再直率一点，反思之后需要补课，克服至今为止主流经济学认识基本框架上的不对称性。关于一些重大的理论、原理的假设条件，也需要升级。比如，我们以往认识范式里的完全竞争假设，有它的意义和启发，不可缺少，但是需要再进一步升级为不完全竞争假设，以更好地对应现实世界的真实情况而提高理论的解释力与指导力。在此视角之下，过去和产业政策相关的理论方面存在的明显不足或者不成型，是可以而且应该得到新的一轮理论密切联系实践反思之后的矫治与改进的，还需把政治经济学（或称理论经济学），以及我们过去已经有概念的产业经济学、发展经济学、制度经济学、行为经济学等等来做一个兼收并蓄，力求把它们打通。我们在研究中做了这样的努力，试图集大成式地形成五位一体的一个认识框架，在已经公开发表的《新供给经济学》和《供给侧改革：新供给简明读本》里，我们勾画了这个框架。

在学理框架下，第二层要说一说怎么看待产业政策的必要性。

从理论考察和实践印证方面稍微展开，就应该提到三个关键词，分别是“市场失灵”（或者可以称为“市场缺陷”）；“不完全竞争”——在前面已经提及；还有一个就是“赶超战略”。理论上，一般都承认有市场失灵问题——除了个别学者认为这个命题还可以再讨论——我们新供给研究群体是接受这样一个基本认识的。这种市场失灵引出政府干预的必要性，实际上，在需求管理的框架下已经在这方面有了一个较成型的“反周期”操作，它的理论依据是什么呢？就是需要有必要的国家干预或者政府干预，去弥补市场失灵。但是我们现在有所推进的认识是政府的介入和干预，不仅要处理应对有效需求不足的反周期问题，还需要解决包括在“不完全竞争”假设之下的必须努力提供和优化的政府的政策供给，这个政策供给在现实意义上——理论上也可以论证的，就是要解决不完全竞争中供给优化问题，以及要让政府的政策和市场机制结合好，其中特别需要解决的是政府要发挥应有作用而优化有效制度供给的问题。供给侧的政策供给和制度供给对于中国的现实意义，是一望而知的。

在后发经济体的科学决策和政策优化设计全过程里，必须把握一个“赶超战略”的思维。中国人的这一战略思维，集中体现为在改革开放新时期确立、现在看起来有可能把路越走越宽的“三步走”现代化战略。这个战略我认为它的精神实质或者它必然要把握的内涵，就是国际竞争合作中间非均衡发展状态之下的从追赶到赶超的全局战略。这方面显然有不同意见的争议。比如我们认为在华盛顿共识里有给人非常重要启发的一些认识，它最初始的理论假设是完全竞争，这可以使我们更好地认识市场“看不见的手”的重要意义，也对接中央三中全会所说的市场在资源配置中总体而言发挥决定性的作用，但是世界金融危机发生之后，不仅像中国这样的发展中经济体，而且像美国这样的发达经济体，也无一例外地要解决一系列供给管理的问题，倒推出来的理论上的问题是什么？供给管理这种区别对待、突出重点的操作，一定对应的是不完全竞争，我们的基本结论就是：现实世界的真实图景不是完全竞争，而是不完全竞争。因而我们在进一步讨论问题的时候，需要把原来的完全竞争假设上升到2.0版的不完全竞争假设，这并不是否定完全竞争这个假设在理论上的启发和重要意义，而是它不够用了。在不完全竞争情况下，显然跟分行业考察的差异性是息息相关的，那么再往下当然就要引出产业政策的问题。关于一般竞争行业我们已经有了概念，所谓一般竞争领域是指竞争程度比较完全的那些领域，比如餐饮业、理发业、服装业等，似乎没有人想给它们施加产业政策，因为没有什么特别的必要性，可以认为这种行业比较接近完全竞争假设所给出的那样一个情况，但是真实世界里其他很多的行业却不是这样，不得不考虑产业政策、技术经济政策，等等。

所以一般竞争行业之外，还有其他的一些不完全竞争的行业，比如有些状态我们可以称为寡头竞争：一个行业里已经形成了几个实际上“大而不能倒”的主体，它们在竞争中可以形成一种同谋，甚至有的行业在某些阶段上会出现几乎把竞争因素都排除掉的独家垄断局面。当然，如果从政府当局来说认为需要通过反垄断法来消除这种情况，当然一般认为也是合理的。反过来讲，反垄断法是不是也有产业政策、行业政策色彩呢？可以连同起来考虑。

如果把市场存在缺陷、政府需要干预的认识所引出的应有理论前提是不完全竞争假设确立起来，研究者面对的任务当然就更复杂艰巨了。比如要想研究供给管理，特别是优化的“理性供给管理”的问题，建模是很困难的，论文发表不出去，而研究工作者必须发论文才能晋升职称，对这样连模型都建不起来的问题，会望而生畏，但这并不表明，我们研究界对这个事情可以放弃研究的努力。

面对新一轮更复杂的供给侧结构问题突出而产生的研究任务，我认为要紧密结合“赶超战略”的思维。这样的一个战略，和林毅夫教授非常强调的新结构经济学里的比较优势战略，是有同有异的。林教授所强调的新结构经济学，还有我们现在表述的新供给经济学，都注重结构和供给侧的问题，这显然是共同的地方；都非常强调有效市场，还要加上有为政府——我们在表述上更多强调“有为”，还要加个“有限”，但是也是大同小异；但在这两个理论框架里的差异方面，我体会林教授他们的基本思路里是认为只要把握好了资源禀赋条件，进而对接比较优势战略，就基本解决了结构优化升级的问题，但我们觉得这还不足。这种比较优势战略有它的适应性，但是也有明显的局限性，它在实际生活里还难以有效地支持我们必须解决的超常规发展，即从追赶到赶超、后来居上的发展问题。比如最突出的是在国际合作与竞争的局面里，走在前面的先发经济体，会源于物质利益驱动而自然要打压后发经济体在所谓比较优势框架之下与它在高端的交易，换句话说，就是中国人现在已越来越多感受到的“花多少钱也买不来，人家决不卖给你”的高端技术，这是比较优势战略的认识框架没法去回应和解决的问题，而对于后发经济体真正实现现代化来说，这又是至关重要的问题。

所谓“赶超战略”，当然要注意到它很容易走到有偏差的状态，以赶超为名违背客观规律，甚至是“大跃进”，曾使我们得到了非常严峻而惨痛的教训。但是实际生活里“小孩子和洗澡水不能一起泼掉”，要解决中国以及被发达经济体甩下这一大批发展中经济体在落伍之后摆脱落后状态的问题，所要选择的路径，必然是超常规的。从追赶到赶超的这样一种赶超战略，不可弃而不用，否则中国是不可能在落后以后再重新回到第一阵营的。这种从追赶到赶超的理论分析，我们已经有了一些发掘，一些有影响的西方学者，包括克鲁格曼等人，都已经涉及一个与后发优势对接的蛙跳模型，我们在新供给研究里，也把这样一种认识对接到以供给侧成功创新，从而支持生产力提升，带来整个经济社会阶跃式发展的曲线，它不是一条看起来直线式的倾斜上扬曲线，而是到了某一点量变为质上一个台阶，然后再到某一个点又可能上一个台阶，这就是所谓的分阶段整体跃升式的上扬发展阶跃曲线。这种超常规发展，在客观规律的探究方面是很有必要的，因为事物的发展就是不平衡的。西方学者也注意到英国超越荷兰，美国超越英国，怎么解释？我们认为这不是简单的比较优势战略能够包容的一个命题，需要比较直率地摆明看法。

如果从理论联系实际的角度来说，可说到的实证考察还相当多。比如我们观察二战之后的发展过程，日本人的供给管理和产业政策做得有声有色，它的经济泡沫戳破以后，有很多的反思——这里面肯定有问题，有缺陷，但是在20世纪40年代后半期至60年代，至少那个阶段上做的一些事情，现在看起来是十分明显地利大于弊，它支撑了日本的经济起飞和进入发达经济体行列。我20世纪90年代中期曾经在维也纳参加一个国际组织安排的学习，世行的工作报告（working paper）里有一个专题（后来我没有看到公开发表），专门讲日本的政策金融、财政投融资，所支持的就是产业政策方面非常鲜明的重点：二战刚结束，以这种财政投融资——就是政策性的产业重整与发展的融资机制，支持的是重化工业的恢复，即钢铁、煤炭等，然后在50年代初很快转为抓住当时世界市场上的机会，支持日本的造船工业发展，再往后到50年代的后半期，支持的是自动化机械这种社会化大生产流水线及提高制造业效率，然后很快转入所谓“半导体”——现在听到半导体，就知道它后面对接的是信息革命。这种产业政策的支持到了20世纪七八十年代以后，越来越带有对非一般竞争领域里的支持特色，比如最后支持的主要是日本的保障房建设等，但它仍然是可以与市场对接的机制。

我们再考察一下美国人的实践。在20世纪80年代，当年风行于全国的《亚柯卡自传》，是一个非常优秀的美国企业家谈自己怎么救活了克莱斯勒公司，他的那本书给我印象很深的一个说法，是亚柯卡做了这么多讨论回顾以后提出的一个核心观点：重振美国之道就是掌握好industry policies——中文翻译为“工业政策”——实际上讲的就是产业政策。亚柯卡当时所最为看重的产业政策，我们也可以见于前述日本人发展中的经验总结等等，但是确实没有看见后来的学者把它纳入一个理论框架并把它充分地系统化。但到了这次世界金融危机发生之后，我们不用等待国外学者把新一轮的调控经验做条理化的总结，我们应自己从现实出发走到理论创新的前沿位置。

创新认识的起点仍然是看实践：美国人的调控实践显然跳出了主流经济学教科书讨论的范围。在危机发生之后，美国人总结不救雷曼兄弟公司而使金融海啸迅速升级为席卷全球的金融危机的教训之后，果断地先后动用公共资源注资花旗、两房，一直走到以公共资源注资实体经济层面的通用汽车公司。给通用注资实际上成为美国反危机过程的一个拐点，原来市场上弥漫的恐慌情绪得到了明显的缓解，之后便进入一个复苏过程。作为世界第一大国，美国当局在复苏过程中也运用了几轮量化宽松的需求管理手段，但同时做得有声有色、可圈可点的是实施了一系列产业政策、技术经济政策的供给管理措施，这些措施在教科书里是找不到理论支持或者相对应的较充分讨论的，但是它对于全局的意义一望而知。比如大家都知道的油页岩革命，不仅是在反危机的过程中提振信心和提升景气，还实际上影响以后全球基础战略能源的格局；3D 打印机，是适应信息化时代对于定制化的需求——成为既要保持社会化大生产的特征，又要解决现在越来越具体的定制化的市场需求和工艺难点方面的一个重大突破；还有我们注意到的“信息高速公路”——这个克林顿总统在职时就不遗余力作为第一大重点抓的产业政策，后来又有一轮又一轮的升级，当下的全球信息革命中大家不得不承认美国人是独占鳌头引领潮流；还有我们注意到有“制造业重回美国”，这也是一个非常重要的产业政策实施方略，显然不是简单地重回美国，而是智能化时代的“否定之否定”升级版的螺旋式上升的回归。还有我们注意到在人力资本方面，实际上跟产业政策、技术经济政策息息相关，美国在全球本来就有吸引人才的优势，但直到现在还不遗余力地要继续强调引揽全球高端人才到美国来服务。再有就是在一些具体经济增长点上特别明显的“点调控”式的倾斜支持：比如我们知道做事情非常有胆魄的特斯拉的带头人马斯克，他的重点产品之一是电动汽车，且不说其他的什么管道式的高速火车，还有在民间航天方面已经取得的重大惊人进展，只讲电动汽车这个领域里，他是在面临瓶颈期的时候，迎来了美国华裔能源部长朱棣文对特斯拉生产线的视察，接着就有一笔为数可观的美国能源部的优惠低息贷款，去支持他突破这个瓶颈期。

之后的发展不敢说能一帆风顺，但是可以看得很清楚，特斯拉的电动汽车产品已经在中国布局，而且到中国布局的同时，已经有了中国北京到上海间最典型的长距离高速干道沿线怎么建充电桩的方案，它已经谋定后动地在市场攻城略地——政府供给管理的作用，非常值得我们进一步从实践再上升到理论。在这个领域里不客气地说，我们认为实践早已经走在了理论的前面，很遗憾，到现在为止没有看到美国有影响的经济学家还有他们有影响的经济学文献有任何系统化的总结梳理，来反映美国的这套供给管理实践，但是我认为中国人不必等，我们可以捅破这层窗户纸，站到最前沿。

我们现在要做的事情，不是为了创新而创新，而是顺应现实需要，突破经济学的局限性。在新供给经济学的框架下所做的创新，就是要把这种已经有的实践提升到理论，在基础学理的层面要给出观察分析和深化认识，进而更好地支持我们的科学决策和政策优化。

中国人在这方面的实践更是告诉我们，不可能在借鉴学习需求管理的同时，绕过供给管理问题，只不过原来在概念上不够明晰而已。朱镕基同志在邓小平南方谈话之后被小平同志点将在一线主持经济工作，他非常有意识地借鉴了搞市场经济必须有间接调控框架而必须做反周期的机制安排，下决心启动了难度极大的 1994 年 1 月 1 日开始的财税配套改革，在中央银行体系旁边配上了经济性分权的财政体制，取得明显成效后，适逢 1997 年的亚洲金融危机。1998 年第二季度亚洲金融危机在中国的影响显性化之后，他敏锐地意识到必须做过去没有做过的年度中间的预算方案的重大调整，发行长期建设国债，实行总量扩张，这是反周期需求管理首先考虑到的问题。接下来，便不得不考虑这些长期国债建设资金拿来怎么用？他遂提出六大重点，包括大江大河的治理、病险水库的修复等（1998 年大洪水这个问题更加迫切了）；还有铁路、公路、机场等基础设施的升级换代；再有他当时特别关心的实施农村粮食流通体制改革，按照他的思路必须在全国建几千万平方米的国有粮库；还有当时已经意识到的农村今后发展必须要有农村电网的改造（以后对接到中央的“新农村建设”方略）；还有房地产业对于国民经济的支柱意义已非常明显了，但房地产业不只是要有市场轨，还必须要有配套的保障轨，所以提出重点之一是经济适用房建设，等等。六大重点到了第二年又做出调整，原来说的不允许用于加工工业一分钱，扩展到长期国债建设资金可以结合着财政贴息等机制，用于大型骨干企业的技术改造以支持国有企业三年脱困。这些处理的都是产业政策问题、供给管理问题。

到了温家宝总理启动四万亿一揽子经济刺激计划的时候，首先政治家综合判断下属认识决策是“信心比黄金更重要”，跟着的就是这些资金的安排怎么用？主持一连串的国务院常务会议，每个会议讨论具体一个领域、一个行业里到底怎么摆重点、怎么处理结构问题，又是离不开产业政策问题。后来有关部门做了大量调研以后提出的战略性新兴产业，当时列举七大重点，后来我注意到文化创意产业也可以认为要列为第八大重点。这些只是一个框架，实际上表明现实生活里不可能回避这样的突出重点、兼顾一般、在重点领域的事项上突破以后带动全局、争取超常规阶跃式发展的问题。从追赶到赶超，才能实现中国三步走的“中国梦”愿景。

这些现实的案例中，还有当年内部讨论设立的中长期科技发展规划里的16个重大专项，当时被称为绝密的大飞机项目，现在不必保密了，这是一个国家依产业政策、以举国之力像“两弹一星”式的操作来寻求突破的具体案例，现在终于看到中国国产大飞机C919已经进入取得适航证的阶段，如果不出意外几年之内会配到各个主要航线上，形成前所未有的国产供给能力，而且中国现在已经接到来自全球的几百架订单，以后这个数目还会继续上升。这样的供给能力的提升，和前面的供给方案、产业政策的设计及其必须有的优化，显然是紧密联系在一起的。

从第三个层次看，就要讲产业政策制定和实施中挑战性的“双刃剑”特征。

产业政策做得好是追赶、赶超中的利器，搞得不好它会出现失误，而且这种失误往往带有政府介入之后它的失误带来更大冲击力的特点。这方面在理论上，大家都注意到已经有了“市场失灵”之后的“政府失灵”，还有与政府的作为密切相关如果处理不当就会产生“设租寻租”这种扭曲——政策倾斜处理得好，它是加分；处理不好就是扭曲，就是减分。

实践中间确实有一些看起来令人不满意，甚至可以称为失败的案例。日本人曾经在有很好的发展势头之后，注意到美国的硅谷经验，后来有日本政府强力支持的筑波——一个比较集中的片区，类似于美国硅谷的高科技区域，筑波得到政府的政策倾斜支持，但是显然跟硅谷的成就无法相提并论。并不是说政府强力支持了以后，有很多形式上的创业团队一起努力，就一定能引出合乎意愿的结果。中国的案例也是，大家知道曾经经过有关部门一致同意，领导人果断决策，搞一个家用电器领域扭转大众低端分散投资的成规模主导性的带头项目——从录像机到VCD生产的一个旗舰企业，集中力量搞了一个华录项目，结果这个项目还没投产的时候，整个市场已经变了，VCD已经被淘汰。

这方面还有更复杂的案例，就是前几年的光伏产业。当时认为对太阳能必须努力发展，有命名为“金太阳工程”的政府资金支持，但到底走光伏的技术路线还是薄膜的技术路线，到现在也没争出个结果，而光伏在发展过程中，有一段时间出现严重的危机，近乎全军覆灭。其实不能简单地说就是因为地方政府和企业头脑发热，必须检讨的是好不容易在国内消耗了资源、污染了环境，生产出可以产生清洁能源的光伏电池，为什么不能在国内市场用起来？这不是表面上有些人所说的我们就是没有智能电网的配套能力，其实是在这方面体制的攻坚克难不能突破，已经有的中国的智能电网制造能力不能如愿在这方面升级，以及竞价入网的机制不能真正往前推进，没有使这种太阳能电在技术方面形成一定配套条件，再加上金太阳工程资金支持的阳光化补贴，让它跟着竞价入网机制一起解决怎么为国内所用的问题，等等。是这套制度安排和制度供给不足，形成了最大阻碍，而不是我们的技术和生产能力的供给真的卡了壳。这些方面都非常值得探讨。产业政策要处理得好，从光伏的案例来看，就不仅是一个政策本身的问题，它还明显牵动着中国“啃硬骨头”的配套改革问题。

还有一些具体的案例，也可点到为止说一下。比如“能繁母猪补贴”，应该讲它也是一种产业政策。能繁母猪补贴对应于当时领导人特别关心的猪肉价格猛涨危害民生、怎么来增加供给的问题。希望增加猪的存栏供给能力，指定财政部门紧急做方案设计，所形成的很清晰的供给管理方案，关键点在于是找到作用力最主要的增加“中青年母猪”数量，最后把它表述一个文绉绉的“能繁母猪”概念，谁有能繁母猪，就要给予特定的政策支持，即财政资金的补贴，让更多的主体考虑持有能繁母猪。实际生活中，这个政策的扭曲很难避免，到了基层，农户散养的这些母猪和公猪的区别，似乎相对容易掌握，哪头猪能繁哪头猪不能繁，那可就更模糊了，特别是基层报上来以后主管部门并没有能力去一一核查，因此之后上报主体胆子越来越大，形成越来越多的弄虚作假，套取补贴利益。此案例显然对于产业政策可能出现偏差这一点，给我们留下了深刻印象。

还有科研经费管理，在某种意义上跟产业政策、技术政策相关。产业技术创新需要有产学研互动，需要有课题研究，包括大量自愿参加的横向课题研究。我国前一段时间有关部门在管理环节上和知识分子过不去，搞得如此繁文缛节、煞有介事、严格细致地加强管理，却是依照完全违背科研规律的官本位标准、行政化原则、繁文缛节取向，现在不得不由中共中央办公厅、国务院办公厅联合发文来纠偏。当时是病来如山倒，现在病去如抽丝，说是年底之前出细则，我们还得拭目以待，看能不能真正回到符合科研规律的轨道上。这种供给管理、细化管理，搞不好就是非理性的。在学者讨论中我也能理解，大家愤愤不平地指斥这种种产业政策都最好不要。但我还是觉得理性讨论不能走到另外一个一概否定的极端。

所以，小结一下，产业政策在创新事项上如何兴利抑弊，是真问题，对于中国和类似的后发经济体要追赶、赶超——能不能真的实现赶超谁也不能打保票，但至少要追求赶超目标，必须要考虑供给侧管理与改革，以及理性供给管理下如何优化产业政策，这是一种历史性的考验。换句话说，不能因为政策设计可能失误，贯彻机制可能走偏，就完全对产业政策、供给管理弃而不用，那是一种无所作为的状态。应该力求理性，力争做好，积极谨慎，有所作为，这是我在认识上的一个基本导向。当然，这又涉及需要学理支撑的科学决策、优化设计、防范风险、有效纠偏等问题。

最后一个层面，供给侧改革中产业政策的守正出奇及其机制。

要把这个问题放在时代大背景下：中国的供给侧改革在优化需求管理的同时应该以攻坚克难的改革，把有效的制度供给作为龙头，以结构优化为侧重点，来争取理性供给管理的守正出奇。这个守正就是坚持：无论怎么讲供给侧结构性改革，必须是承前启后、继往开来，在党的十一届三中全会以来的基本路线、大政方针之下，在市场化取向的改革轨道上，来攻坚克难，争取在改革深水区把硬骨头啃下来。市场经济的共性规律是必须遵守的，认识、顺应、尊重乃至敬畏市场规律，后面才能真正把握好十八届三中全会所说的发挥它决定性的资源配置作用。

但是不要以为守了这个正，把市场经济已有的经验和我们过去已经在市场经济轨道上形成的初步经验拿来解决中国新阶段的现实问题，就可以一路现代化了，没有这么简单的事，“守正”之后还必须实现成功的“出奇”，就是以供给侧的创新支撑出来的出奇制胜。这个过程中最需要的创新必然有不确定性，随时可能出现失败风险，但是又决不能放弃努力，必须在守正之后力求实现这种成功的创新。如果真正能够守正出奇，把有效市场和有为、有限的政府优化结合，来解放生产力、释放潜力活力和打造我们新常态由“新”而入“常”的升级版，也就是能带出整个供给体系质量和效率的提高，形成发展后劲，来继续超常规发展对接民族复兴。要把这些落地，实际的问题就是供给侧的改革、理性的供给管理视野之下的这些产业政策，怎么样设计和优化的问题，它们必须跟转轨改革配套，要把握好，不是一个简单的技术性和管理性问题，一定要跟改革中“冲破利益固化的藩篱”结合在一起。通盘考虑形成动态优化的产业政策和技术经济政策，它的决策实施、监督、绩效考评、纠偏、问责机制等方面，至少有这样几个要领：

第一，科学决策方面，首先政府要有一个统揽全局的发挥公共职能作用的“规划先行、多规合一”的新境界。政府各部门虽一直在做规划，但是我们过去往往规划出来以后扔在抽屉里难以切实执行，它在执行的可行性上受到约束，与过去的各部门各自为政、九龙治水有密切关系——发改委有经济社会发展规划、产业布局规划，其他的各个部门也都有规划，包括国土开发规划、城乡建设规划、公共交通体系规划、环境保护规划、科教文卫事业发展规划，财政现在还必须要有中期规划，所有这些规划分头编制，九龙治水便会非旱即涝，各部门在需要互相衔接的方面往往互不买账，拼不到一起，不能有机结合。这个问题要真正解决，当然也是一个难题，但如果大部制改革、扁平化改革真正实施以后，规划的状态上最后是要“规划先行而多规合一”。现在的京津冀一体化，就是要强调规划先行、多规合一，三地打破行政区划的界限，合在一起把所有的相关因素统统放在新的一轮京津冀发展的通盘规划里，所有的功能区、交通设施、医院学校、产业园区、宜居城市建设的各种要素，能想到的全部在内，这是靠基层单位、市场主体按“试错法”不可能形成优化结构的，属于全局综合绩效的前置条件。可以说，这也表明政府在某些领域里其实还必须发挥主导作用。政府牵头的这种顶层规划，当然也涉及现在学术界内大家注意到的非常尖锐的不同意见的争议，比如周其仁教授和华生教授，都是我非常敬重的学者，他们都学养深厚，但是他们思路是有明显不同的。我的上述说法更多地接引于华生教授在这个问题上的看法，所谓“建筑不自由”不是说绝对无自由，但是现在各国所能走的路，一定是一个国土开发的顶层规划罩着所有的不动产开发建设和所有的建筑物，这是别无选择的大框架。但这里面又需要掌握好必要的弹性、多样性，应给出市场作用必要的弹性空间，防止偏差也是非常重要的问题，要根据这个机制一起考虑。在规划先行、多规合一之下，政府一定要充分地让专家、智囊、智库发表意见，听取社会公众的意见、建议与诉求，吸收民间智慧，但实话实说，最后还是必须要有一个决策集团来拍板，比如京津冀一体化可能有不同技术路线，专家们提出不同的方案，总得有一个决策问题，新中国成立之初，梁陈方案迅速被否定，就是没有人能够听得进去这个方案，结果半个多世纪以后才发现这个方案的水平真高，现在社会上问一问，大多数人都认为梁陈方案显然体现了专家里真正的高水平、真知灼见，但是扼腕叹息，生米已经做成熟饭。现在新的一轮，又带点儿另外一种梁陈方案的影子特点，在未来的两年多时间，北京所有的管理机构都必须迁出五环落到通州的潞河镇，在那里将有一个城市副中心，这又是一个大兴土木才能解决的基本格局问题，希望这次能够被时间和历史检验为比较有水平的决策。这种事情，是我们供给管理这方面结合着产业政策必须有的框架性决策，整个国土不动产的格局不可能轻易做调整，如果在这样一个制约条件下的顶层规划根本不合格，那么产业政策所支持的那些相关的布局，怎么可能优化？这是一个大前提。

第二，有了规划上的多规合一，后面它的动态优化也还要多轮进行，并加强多重监督。有些相关的具体的产业政策，比如能源政策，通盘规划之后又有必要多轮优化。全中国资源禀赋以煤为主，而且作为世界第一人口大国，我们别无选择。煤之外的能源，原油、天然气现在进口依存度高达百分之六十几，美国的油页岩革命，中国人能借鉴到什么程度现在很难说。原来想进一步发展的水电、核电，现在种种制约之下它们在电力供应中的比重是下降的；我们的风电、太阳能电拼命发展，现在也只占到整个电力能源供应的三个百分点，在可以预见的很长时间内，不可能撑大梁。现在整个社会用的电，80%左右是煤烧出的火电，这个煤怎么清洁化利用，是其他任何经济体和中国相比不可同日而语的问题，对我们形成的压力是在胡焕庸线三重叠加格局之下的非常之局，那么非常之策来自哪儿呢？显然是要有一个高水平的顶层规划带出一系列的产业政策、清洁技术政策，并根据实施情况的追踪分析及时做出必要的动态优化且多轮操作。这方面如果说必须抓住政府要发挥的这个主导功能之外，就还要有阳光化实施的全套的监督制度安排，要严防设租寻租。

搞政策倾斜区别对待，一定会发生设租寻租。日本总结战后财政投融资经验特别强调的，就是两条：一是专家集体决策，二是多重审计监督，就是尽可能把设租寻租的空间压到最低限度。尤其在不动产投融资这种双轨制格局里，这种多重监督的意义是不言而喻的。我注意到有学者特别强调中国应该取消所有的双轨制，但我个人观察下来，实际上不可能。比如说与房地产相关，有市场轨，一定还要有保障轨，在可以预见的历史时期之内，不可能取消公租房、共有产权房这个保障轨，必然要双轨运行，处理不好就是前一段时间以经济适用房为名生出五花八门的扭曲方式，到现在指导方针上清晰了，就是公租房、共有产权房两种主导的方式，这就体现了一定的进步。金融方面不可能只有商业性金融，必然还要有政策性金融，我们有时候把它称为开发性金融、绿色金融等等，实际上是一个有别于市场轨的大轨道上的不同表述，它们必然要在可以预见的相当长的时间内加入双轨运行，而且政策性金融、开发性金融、绿色金融等，显然是要匹配产业政策、技术政策来做倾斜支持的。掌握得好，就是我们得分，掌握得不好，就是丢分。

第三，就是绩效考评一定要努力发展，虽然很有难度——因为它是超越微观经济主体的直观的成本效益分析眼界的，还要加上综合效益、长远后劲、社会经济的正负外溢性这些复杂问题，但是我们必然要做这方面的努力。在供给侧管理、供给侧改革这个方面，对其复杂的结构问题，现在我们很难拿出一个量化模型，但至少先要拿出个理论模型，再由粗到细争取在量化上对它做出进一步的把握。

第四，还要有纠偏和问责机制。既然是要走阳光化的现代化之路，既然要全面依法治国，那么这个纠偏和问责显然也是要在全面法治化框架下通盘设计的，这里面应该有奖也有罚，必要的奖励机制与问责机制，应该是结合在一起设计的事情。

王勇：贾老师在开始时提到新结构经济学和新供给经济学的异同点，我非常受启发，其中您对新结构经济学的一个批评是说它主要侧重于比较优势、禀赋结构，的确是。您提到像中国怎么赶超，有些想买的技术外国人就是不卖给你，这里面的确涉及很多其他需要思考的问题，特别到了中等收入阶段，作为一个国际性的大国，这个时候在林老师的理论框架里除了禀赋结构还是有“软的基础设施”和“硬的基础设施”，“软的基础设施”就是制度，这里面还是需要进一步探讨。我非常同意您的看法。只是这样一个补充，没有什么具体的问题。

贾康：我接着王教授这个话题再谈一点自己的体会。林教授他显然也特别侧重了制度问题，他也反复强调他原来说的中国还应该有 20 年 8% 左右的发展的潜力是有前提的，就是要进行制度改革和结构优化，才可能达到这样一个中长期发展。但是在这里面如回落到他现在已经展开的从资源禀赋推到比较优势方面的框架，总是觉得他还不能回应我前面提到的中国的资源禀赋以煤为主到底怎么对接这个比较优势战略呢？我跟美国人讨论过，美国人说你们现在这么有钱，你买我们的清洁技术多好？我说我们了解美国的清洁技术在煤这方面并不世界领先，美国的油页岩跟中国矿藏的情况可能又大相径庭，我们现在能够切入做事的是不能等你那边再发展出什么煤的清洁技术，也可能你们没这个刺激多少年也出不来这个技术，我们只能寻求自己赶快在煤的清洁技术方面实现突破。在煤的清洁利用方面按照比较优势，不是它不卖给我们的问题，而是它手里没有我们要用的技术的问题，可能全世界都没有能对应中国这样一个基础能源结构的高端技术。再设想如果它真的手上有那种非常好的高端技术，它会不会也像我们过去碰到的情况，迟迟不肯卖给我们，又是另外一个问题。所以，这个时候要掌握主动，中国要从追赶到赶超，我们从这个角度观察就是比较优势战略不够用，并不是它不能用，它可以适应很多的中高端以下的那些具体的问题和产业领域，但到真的关键性的类似于中国基础能源格局以煤为主怎么样有非常之策来破解非常之局，比较优势战略似乎就没有多少突破性的能力了。

左学金：我经常听到贾康学长您的高论，我很多是赞成的，今天您谈这个问题我想归根到底还是政府和市场的关系问题，特别在中国当前的形势下我们到底是要加强政府对经济的干预还是政府干预过多。我提两个问题，第一个问题是能源的问题，从一个视角可以用产业政策来做，比如刚说到的太阳能为什么中国没有市场需求，主要是我们没有政策。但是另外一个角度也可以从消除外部性来说，比如我们每消费一吨煤要产生多少环境的破坏，我们愿意付多少社会成本来买走这个破坏，消除这个破坏。我们可以从这个角度对使用煤加环境税，这就很简单，这也不用政府太多的干预，加了环境税适当就可以解决了，这是一个思路，很多外部问题是可以通过消除外部性来解决，不一定要通过一个政府行政干预的产业政策。这是我第一个问题。

第二个问题，我们现在的供给侧改革，我感觉最大的问题是我们公共产品的供给侧既没有效率，也不公平，这个大家看得很多了。比如我们养老金非常不公平，大家已经呼吁很久了，中央也表示要改革，但是一直改革不起来。我们最近开了医疗卫生大会，讨论了医患矛盾严重的问题。一个号要卖几千块钱是全世界很少见的，这也是我们政府高度干预的一个结果。当然，还有义务教育，我们的义务教育公平性非常差，因此义务教育也要创新。我感觉我们现在供给侧改革不谈公共产品，公共产品很少纳入供给侧改革这个视野，但是要去产能、去库存，首先要有好的社会保障才能把僵尸企业关掉，如果社会保障很成问题，一关大家就上街了，这些问题我想听听您的看法，从供给侧改革的角度，公共产品的供给侧改革我们到底有什么重大的想法。这样两个问题。

贾康：谢谢左教授。左教授是我非常敬重的兄长，回忆起来80年代那时候到匹兹堡大学做访问学者，是左教授和当时的美国方面主管到机场接的我，非常感谢左教授。

左学金教授这两个问题也非常重要。第一个问题是这样，在咱们产业政策这方面如果简单的以行政干预这个思路来做，肯定是要出毛病的，我前面提到的很多产业政策它的贯彻实施的机制问题就是要努力的以经济手段、规范的参数方式来发挥作用。现在如果具体说到在煤炭等清洁利用方面，逼着大家节能降耗，开发有利于清洁低碳发展的工艺技术和产品，显然应该有一个规范的税收因子，就是左教授说的环境税，以及有些人所说的我们可以借鉴欧洲人现在的碳税概念，但事实是，这个事情在操作部门来说，就变成"简单的思路很不简单"了，内部讨论里最极端的说法，碳税是敌对势力用来打压中国的一个具体方式，我们绝对不能接受碳税的概念。我当然是不同意这个观点，但是怎么把它加进去呢？现在社会上方方面面，大家一提到税都是非常厌恶，只能提减税。

左学金：降增值税，降所得税。

贾康：对，应该是争取"双重红利"，但怎么样说清楚我们环境税、碳税增税方案的旁边，我们降什么税？但现在正在降这个税的方面已经有了营改增，终于推出全面的覆盖方案，以后还有一大堆的很具体的企业方面的不满，需要给出细则做处理才能解决的问题。

在环境税和碳税方面，有待于再一轮通盘设计。税制改革现在提到的六大任务里有一个环境税，现在只敢提到费改税，就是负担不变，但是把费的形式改成税的形式，下一轮还应该按照左教授刚才提到的思路，在配套的情况下考虑怎么把这个税收因子的份量提升起来，当然在宏观税负方面在哪些地方可以减税，怎么能对社会交代过去，让企业和民众可接受，那是一个通盘设计的问题，这个思路显然是非常重要的，也带有攻坚克难的特点。

第二个问题是在公共产品供给方面。大量的公共产品是准公共产品，某些纯公共产品如果打到准公共产品的那个包里去，采取连片开发或者打包开发的方式，也是可以一并处理的。这方面最新的机制就是供给侧改革里一个非常重要的我们称为制度供给的伟大创新的PPP，左教授您可以在网上搜搜相关的学术文献，案例已经很多了，但是这方面方兴未艾，社会上也有很多的疑虑和风凉话我们可以继续探讨。

时间关系，只能就此打住，感谢各位，谢谢大家！

（在北京大学、复旦大学联合举办的产业政策研讨会上的发言，根据录音整理）

如何把握供给侧改革中的“三去一降一补”

贾　康

一、把握供给侧三个词语的联结关系

大家都很关心的供给侧结构性改革，其一般实践中的要领，首先是“三去一降一补”。为正确理解和掌握它，首先应把“三去一降一补”放在供给侧结构性改革整体逻辑关联之内。习近平总书记的讲话里表述出这一战略方针后，大家都在深化理解。如果从直接字义上来看，有三个词语：供给侧＋结构性＋改革。我认为首先要注意到它是落在“改革”上，这表明什么呢？可知现在决策层所强调的这个概念，不是横空出世的东西，它就是在邓小平于改革开放之初就设定为大政方针的改革之路上“继往开来”的要求，当然它必是战略方针层面的要求。最高决策层有这样一个明确的要求，在继往开来的改革这一内容里，又突出了一个新意，即新在“供给”，直接表明了改革就是要解决供给侧的有效制度供给问题——这个供给侧改革的鲜明表达，是得到学理支撑的，就是现在最高决策层所说的“社会主义政治经济学”的发展支持下，通过学理分析而认定，我们新阶段的主要矛盾方面，在于供给侧，必须抓住这个供给侧，那么就必须面对与需求侧总量问题迥然不同的供给侧结构问题，就需要攻坚克难推进改革，首先解决有效制度供给的问题，进而可以提高整个供给体系质量和效率。需求和供给是在经济生活中互动的、互为存在条件的、相反相成的一对概念，而主要矛盾方面抓供给，就是要抓住我们现在要发力的优化结构这样一个着眼点：在“供给侧”的后面标注“结构性”的表达，也就意味着我们要正视以攻坚克难的改革带动整个供给体系质量效益提高、进一步解放生产力的复杂性。因为供给侧改革是制度供给问题，制度供给首先就要涉及所谓利益格局的问题、制度结构的问题，就必须解决“冲破利益固化藩篱”这样的啃硬骨头、涉险滩、攻坚克难的挑战性问题。它又要落在整个供给体系通过结构优化而总体质量与效率的提高上。

基于以上三个具体概念联结在一起理解，我想结合现实经济生活中的切入点，对于“三去一降一补”这样的具体要求，以及应怎样认识这个“三去一降一补”的要领，简要地做些分析。另对于“大众创业，万众创新”，谈些观察到的问题与对策建议。

二、“三去一降一补”是侧重供给管理的方略组合

第一，说到“去杠杆”，直截了当地讲，这是一个宏观间接调控体系，是由货币政策当局主导的意在控制广义货币供应量（就是M2）与“适度扩大总需求”，这与宏观审慎地防范风险的权衡有关，与如何更好掌握总量型的需求管理有关。实话实说，它和我们各个地方、各个行业、各个企业，并没有直接关系。其他宏观管理部门，则需要对我们的货币当局提供协调和配套。比如今年的财政政策，强调要提高赤字率，而提高赤字率意味着举借债务的规模要扩大，财政部门的领导说，这是以财政的“加杠杆”服务于全局的“去杠杆”，这就体现了全局观与国家层面的部门协调。这是从宏观角度来说的必须把握“去杠杆”概念。实际上也是对于相关管理主体的要求。另外，从地方的角度来说，应有一个清醒的认识：全局的“去杠杆”并不排除局部的“加杠杆”，而且局部的“加杠杆”一定是要求“理性供给管理”的结构性“加杠杆”。比如我们知道，在重庆，黄奇帆同志非常明确地提出，在全局“去杠杆”的同时，在自己发展战略实施过程中需要发力优化结构的一些关键点上，是要“加杠杆”的。这当然需要以一种理性的供给侧的管理方案来设计，以求达到优化结构，从而也服务于降低总体杠杆风险程度的意愿。总之，所谓“去杠杆”，主要是从宏观角度，从间接调控来说，管理当局要协调好的事情，地方、行业在这方面往往要理性处理好怎么样以必要的结构性“加杠杆”来顺应全局“去杠杆”，从而贯彻

好发展战略的问题。这就是典型的供给管理的任务了。

第二，是“去产能”。至少要从以下几点来说。

其一，我不太同意笼统地讲去所有的“过剩产能”。我们现在必须聚焦的是要去落后产能。各个行业里产能的过剩还是不过剩，是不断变化的，而更准确的说法是，在行业里靠下的落后产能，相对而言是较好把握的概念。放在去落后产能上，实际上更直接、更聚焦地对应我们所说的打造升级版。

其二，所谓过剩产能，是可以通过我们的一些创新机制比如PPP——过去所说英文“Public-Private Partnership”直译的“为公私合作伙伴关系”，即现在官方文件所称的“政府和社会资本合作”的机制，这一创新显然会把一部分过剩产能转为有效产能。原来政府要做的公共工程、基础设施，以及产业园区连片开发这些事情，现在可以拉着雄厚起来的民间资本、社会资本，包括外资一起来做，只要把这个事情做得好，便会产生一系列正面效应，包括缓解政府未来很长时间段上城镇化和老龄化压力之下的财政支出压力；使老百姓得实惠而且实惠可持续，因为它是政府、企业和中介机构“1+1+1>3”的绩效提升机制，也正是落实共享发展的机制创新；它还会给一批跟政府合作的企业打开取得“非暴利但可接受”的长期投资回报这样的生存发展空间；它又对接混合所有制改革；以及对接中国必须推进的法治化、民主化制度建设，是一种对全面法治化的倒逼机制和催化剂。同时，它又是非常重要的引领新常态过程中把一部分所谓过剩产能成功转为有效产能，进行有效投资、聪明投资的新制度机制。比如我们在北京，在地铁四号线PPP项目的基础上，继续运用这种成功经验引进外资建设地铁16号线，正是缓解首都的公共交通体系有效供给不足的一个重要的建设项目。PPP可以把这种建设项目投资做得更快，“好事做实，实事做好”的同时，加快建设所需要的钢材、建材、水泥是什么产能呢？是原来很多人指责的“过剩产能”，但是PPP这个机制创新会把一部分过剩产能转为有效产能。所以，我认为一定要在去产能概念的实质上作准确把握。

其三，我们要意识到在行业、企业升级换代中，如果做得成功，也就是把所谓的一部分过剩产能转为有效产能，并不能说所有在竞争力上有一定劣势的企业，就认定为僵尸企业，“僵尸企业”这个概念是可以用的，但是它会带来某些认识误区。因为某些企业在竞争中已经感到有压力、有困难，但是如果能成功地实现升级换代的创新，就可能改变面貌，它原来被人们认定为是过剩产能的代表，可能转为有效产能的组成部分，这是可变的，是要有“事在人为”的努力加入进去的。所以，在去产能这方面，一定要真正聚焦到在整个行业或者某一个领域里那种实打实的落后产能能不能去除这个关键问题和“真问题”上。

其四，这一点非常重要：去产能的主体与机制何在？去产能中，对于某些成规模的企业，政府可以认定它就是落后产能代表，在没有挽救的可能性的情况下，就可以由政府为主体实施关停并转的操作，这是最便捷的操作，但是这种方式的适应性非常有限。中国现在整个企业数量、市场主体数量接近七千万个，大量的中小微企业中谁是落后产能代表，政府没有本事一一甄别，因此需要依靠政府维持公平竞争的制度环境，让整个市场机制在发挥作用的过程中，以竞争中的优胜劣汰解决去除落后产能的问题。这是一个最重要的去产能的主导机制。

再往下说一说排在第三的“去库存”。其实大家都意识到，去库存首先针对的是房地产，而房地产现在的情况是什么？一定要有结构分析。大面上说，房地产现在叫作“冰火两重天”，而我们现在所说的房地产的去库存，绝对不能施加于火那一面。北上广深早已经火得一塌糊涂，它还去什么库存？它要赶快组织有效的供给，要缓解这种供需矛盾，平息民众的不满。大量的二线城市，原来更多的感觉是“冰”的压力，现在要开始转成“火”的压力了，就要未雨绸缪，要赶快借鉴现在一线城市的一些做法，以及一些教训，要有提前量地准备提供有效供给。相匹配的制度供给的问题，我认为一定要提到日程上：中央所说的“加快房地产税立法并适时推进改革”，这个方针怎么跟现实对接已经可以看得更清楚了。所以，房地产去库存，现在真正要抓住的主要是三四线城市怎么去库存，冰的这块怎么去库存的问题。在三四线城市去它们的库存，又必须注意不是简单依靠现在已有的商业性消费信贷、商业性的融资支持，就可以如愿地达到去库存目标的，因为三四线城市最值得争取的住房主体是所谓“农民工”，未来几十年，还要有差不多四亿人从农村到城镇来定居，一开始他们被称为农民工，是因为户籍还在农村，但是需要在城镇中“住有所居”地形成与他们的需求所对应的供给，最主要的部分不是一般商品住宅——他们的支付能力大多还对不上，而是低价的共有产权房或者公租房，要把这样的供给在现在的存量基础上提供出来，就一定要使用政策杠杆。所以，这又是一个鲜明的例证：在房地产去库存方面，在全局的去杠杆、控制杠杆的同时，还必须处理好“政策性加杠杆”的合理解决问题，这才能如愿地在三四线城市真正使一大批农民工住有所居，得到有效供给的共有产权房，在他们支付能力更低下的时候，对应的则只能是公租房。如果做得好，确实可以把一些房地产库存，从原来的“存”的状态转为“用”的状态。

另外，还有“降成本”，很显然，对于企业自己可以降低的成本来说，不用政府太操心，政府只要维护了公平竞争环境，企业会千方百计把事情做到极致，在“细节决定成败”的所有的节点上去控制成本、降低成本。从政府角度来说，真正需其发力的降成本，一定要针对制度性成本。在制度性成本里，税收上已经在做一系列的减税改革，但税收之外的非税收入这方面的成本，比如说各种各样的行政性收费，以及我们社保体系的“五险一金”，还有降的空间和必要。特别是隐性的成本，比如开办一个企业要盖几十个章，每个章后面都要打点，这种综合成本能不能降下来，绝对不是减税概念能覆盖的事情，一定是综合配套改革概念才能覆盖和解决的问题，要抓住这个实质。

最后一点“补短板”，我认为一定要清晰地注意到供给侧结构性改革和供给体系质量效率提高，在补短板方面的哲理和原则是非常鲜明的：它一定是要解决结构问题，但这个结构问题的具体分析基础上的对策，必须在各地、各行业、各企业专门“对症下药”地做出方案，绝对没有一个笼统拿来就可以套用的补短板的什么标准化解决方案。这就是供给管理明显区别于需求管理的特点之所在：需求管理是一个非常清晰的指标单一、政府以调控作反周期操作的模式，而到了供给管理、供给侧的补短板，特别强调的是因地制宜、因企制宜、因行业制宜，一定要有高水平的特定的解决方案设计，这是大家必须面对的供给侧结构性改革的挑战。但在实践中应充分意识到，为了能在新的历史起点上继续大踏步跟上时代，我们只有紧紧抓住供给侧结构性改革，这样才能“守正出奇”，把有效市场和有限、有为的政府结合在一起，真正解决“攻坚克难”的改革与发展历史任务。

联通“中国梦”的真问题

——跨越“上中等收入陷阱”：何谓？何从？

贾　康

“中等收入陷阱”这个概念最早是世界银行于2006年在《东亚经济发展报告》中，用来形象地描述经济体特殊的停滞徘徊期，它并不是一个绝对意义上的概念，而是在比较全球范围内不同经济体经济发展水平的基础上产生，属于在实证数据的比较中可明确观察到的一种统计现象。世行对全球经济体收入阶段的划分标准是动态变化的。基于人均国民总收入（GNI）这一指标，其将全球各个经济体划分为四个发展阶段：低收入、下中等收入、上中等收入和高收入，划分标准的上下阀值逐年上升。中国2012年的人均国民收入为4270美元，排在全球第107位，但已站在了当年世行上、下中等收入分界值4085美元的上方，成为上中等收入经济体。

世界银行的研究表明，近50年来全球100多个中等收入经济体中，仅有13个国家和地区跨越“中等收入陷阱”，即从上中等收入再上升为高收入的经济体。而我们研究发现，这13个经济体中的毛里求斯已在近几年又从高收入经济体群组中退出，回落至“陷阱”内。剩下的12个经济体中，韩国、新加坡、中国香港、西班牙、葡萄牙等绝大多数，从经济体量上来看都是小经济体，若探寻成功之路，它们可为中国借鉴之处寥寥。从世行2014年最新发布的2012年人均GNI数据来看，处于下中等收入阶段的经济体有49个，处于上中等收入阶段的经济体有48个，而这些经济体中的绝大部分，都已在现所处的经济发展阶段中挣扎了许多年。我们测算，目前正处于上中等收入阶段的经济体中，有20

个已经居于其中超过16年，有的甚至达到了三、四十年之久，始终冲不破上中等收入阶段的天花板，跨越不了“上中等收入陷阱”。其中，巴西、塞舌尔、委内瑞拉等国家，都经历过“晋级—退出—再晋级”的痛苦过程。有鉴于前面半个世纪全球100多个中等收入经济体约90%不能如愿进入高收入经济体的经验教训，需要特别指出：我国讨论如何避免“中等收入陷阱”——具体而言是跨越上中等收入陷阱这一问题的现实意义是显而易见的，不要以为前面三十几年总体发展得还不错，GDP年均增长近两位数，总量已成世界第二，今后只要一路发展下去，就可以衔接高收入阶段的到来实现现代化“中国梦”了；如不能有效化解矛盾、攻坚克难，实现升级换代式发展，则大量“中等收入陷阱”的案例正等着看我们重蹈覆辙！所以我们强调，**跨越“上中等收入陷阱”是一个关乎现代化“中国梦”命运的顶级真问题。要做到“高瞻远瞩”、“老成谋国”，保持战略思维的应有水准，当前阶段特别需要居安思危、预警清晰、防患未然。**虽然中国改革开放后已成功跨越了“下中等收入陷阱”，但是现已站在“上中等收入陷阱”边缘，“黄金发展期”的特征正在消退，而“矛盾凸显期”的特征日益显著，近年来经济增长步入“新常态”形成了一系列的纠结和“两难”：现阶段中国经济社会类型仍属“两个轮子自行车”，要求必须守住“可接受区间”的速度底线，严防“翻车”危机，同时“去杠杆、稳物价”和“保就业”之间，“去产能、去库存”和“保稳定”之间的权衡，“有效市场”和“有为政府”的兼顾与结合等等，无疑都形成了挑战性的问题。粗放式发展模式显然不可持续，“帕累托改进”空间已大为缩小，改革进入步履维艰的“深水区”，冲破利益固化藩篱的考验横亘于前，正所谓“好吃的肉吃光了，剩下的都是难啃的骨头”。中央十八届五中全会所指出的矛盾累积、隐患叠加情况下，“改革”和“社会矛盾累积”这“两只老虎的赛跑”中，我们唯有坚定不移地推进改革保证它跑在前面，从而化解种种矛盾和风险的威胁，才能引领新常态而力求跨越上中等收入陷阱。

现阶段我们面临的困难和考验包括：**第一，产业革命加速更迭，“技术赶超”压力巨大。**工业革命以来，第一次产业革命（蒸汽时代）使英国一跃成为“世界工厂”和头号强国，美国和德国引领的第二次产业革命（电气时代）使它们得以迅速发展，美国进一步主导20世纪60年代之后的第三次产业革命（即信息技术革命时代），稳固成就与维持全球经济霸主地位。技术水平的提高提升了全要素生产率，帮助这些经济体实现了经济长期增长。然而，进入信息时代以来，技术创新在不断加速，当下云计算、大数据、人工智能等新技术革命的到来已先声夺人，产业革命正加速更迭，使后进赶超者的发展时间更加紧迫，越紧迫则越容易追赶不上，越容易落入“中等收入陷阱”。**第二，全球发展格局钳制，贸易摩擦制约接踵而至。**占尽先机的先行发达者也是全球经济发展格局的主导者，更能够按照自己的意愿发展。而对于后发追赶者来说，经济发展的环境往往更为险峻，先进经济体和“霸主”在贸易摩擦中的打压，以及需要按照先行发达者制定的“游戏规则”来发展，后发赶超者的发展势必于全球经济发展格局中承受先行者的压力和排挤。我国在实力上仍无法与美国相提并论，但经济总量排序上已然跃至“世界老二”，全球经济发展格局的钳制已今非昔比，种种摩擦、制约因素接踵而至。随着国际竞争进入新阶段，除“老大”（美国）压制外，“老三”（日本）以下者有更多的怨怼因素和麻烦制造行为，原来的“穷兄弟”们也容易离心离德。**第三，能源资源环境“三重叠加”制约，集约增长刻不容缓。**我国基于“胡焕庸线”所表达的基本国情在资源、能源消耗方面之“半壁压强型”，和资源禀赋客观形成的最难清洁使用的煤为基础能源绝对是主力的格局，加上前面三十年外延为主的粗放发展阶段的污染积累因素，合成了资源、环境压力异乎寻常的“三重叠加”，是中国在进入中等收入阶段后为保持可持续发展必须以“非常之策”来破解的“非常之局”。**第四，人口基数、结构挑战方面，“未富先老”已成定局，创新领军人才匮乏。**我国人口总量世界第一，追赶起点低，从以人均指标划分不同经济发展阶段看，我国整体步入高收入阶段难度更大，加之人口结构已呈现明显老龄化，势必对经济发展带来很大负担与拖累。还存在由于教育不合理而导致的劳动力供给结构问题，苦于面临“钱学森之问”，难以造就高水平的创新领军人才，劳动力与经济发展的现实需求存在较明显的错配。**第五，文化“软实力”不足，“大众创业、万众创新”难免遭受制约。**在特定文化背景下，人们往往不敢为天下先，不善于思辨和冒险创造，社会弥漫“官本位”的思想意识，善于遵循较为森严的等级制度而不敢、不能发表真知灼见。这些文化与传统意识特征，形成“软实力”的不足、感召力的欠缺，也在实际上制约着我国经济社会的发展。**第六，制度创新亟待实质推进，管理技术创新空间迫切需要得到拓展**。有效的制度供给是打开技术创新与管理创新潜力空间、造就人才、推动升级的核心要素，是创新发展这个“第一动力”的龙头和经济运行绩效提高的关键。走上市场经济之路，从某种意义上说，技术追赶易，制度模仿难，当技术的“后发优势”逐渐淡化时，“高水平法治化营商环境”方面的“后发劣势”便更显其拖累，如不能以攻坚克难的改革进一步解放生产力对冲下行因素打造发展升级版，我们必将面临“劳动力低廉方面竞争不过低端经济体，高新科技与投资环境方面竞争不过高端经济体”的窘境，极易落入中等收入陷阱（还可能会伴随民粹主义“福利陷阱”和政府公信力的“塔西陀陷阱”）。

在中国引领新常态、跨越“上中等收入陷阱”之路，就是“供给侧结构性改革”。经济增长动力机制的转型升级主要在供给侧实现，“三驾马车”所强调的消费、投资和出口需求三大方面的动力体系认知，只有联通至基于结构优化的消费供给、投资供给和出口供给，才可能完整。**而结构的优化机制，必须依托于以“改革”为核心的“制度供给”**。目前，我国一般产品市场已基本放开，但要素市场和大宗基础能源、资源市场仍然存在严重扭曲，人为压低要素价格，从而是粗放地（高能耗、高污染地）促进经济增长。与此有关，对生产者和投资者实际上的非规范补贴，又使经济增长严重依赖投资从而形成大量过剩产能，导致结构失衡矛盾迟迟不能有效化解，甚至趋于突出。因此，必须在实质性推进十八届三中全会以来“顶层规划”的全面配套改革中，依靠有效市场优胜劣汰机制的力量，加上有为、有限政府理性的政策供给，对经济结构进行“升级版”调整，实现向可持续增长路径的转变。最为关键的要领，在于以中国特色社会主义政治经济学的集大成包容性理论框架下支持科学决策和优化政策设计，来面对中国改革深水区寻求重大现实问题解决之道，打开“制度红利”这一转轨中最大红利源的释放空间，形成激发经济社会活力、潜力的有效制度供给长效机制。中国独特的市场发育和经济赶超正是改革中最难处理的一项基本矛盾：国际竞争的基本现实已不允许我们再常规地、跟随式地经历和等待以平均利润率机制主导的漫长的市场发育及经济结构优化的自然过程，需要从供给侧得到一种比自然、自发的市场配置在某些领域、有限目标下更强有力的机制——政府“理性主导”机制，并使之与市场机制“1+1 ＞ 2”式地叠加，才能逐渐接近并最终实现“追赶—赶超”的现代化战略目标。把全球市场中可利用的技术后发优势与我们自身保持理性的政府主动作为结合在一起，寻求守正出奇，就要形成凌驾于“政府与市场绝对冲突”或“要么政府，要么市场——二者必居其一”旧式思维之上的新思想、新理论、新方法，来指导改革与发展的实践。在尊重市场、培育市场的旁边，供给侧的特定作为，必须包括政府积极有效地建设市场、组织市场和与市场主体“合作式”成功地超越市场平均利润率机制的自然过程。“混合所有制”有望成为中国发展现代市场体系的重要产权基石，进而推进国有经济部门的实质性改革和“现代市场经济”在中国的发育和成型。“十三五”时期正是我国“全面深化改革”的攻坚克难时期，并以在实现“全面小康”同时的“全面依法治国”和“全面从严治党”相互配合。四个全面战略布局下供给侧制度创新的实质性推进，将总体上成为现代化路径上进一步打开管理创新和技术创新空间的“关键一招”。立足于“十三五”时期，放眼中长期经济社会发展，在十八大之后关系国家前途、民族命运的关键阶段上，**只要我们紧紧抓住供给侧这个矛盾的主要方面，以实质性的结构性改革冲破利益固化的藩篱即克服既得利益的强大阻力和障碍，把“硬骨头”啃下来，获得解放生产力、引领新常态、打造升级版的成功，必将能够守正出奇地使我国经济社会相对顺利地跨越“中等收入陷阱”，在未来如愿跻身于世界发达经济体之林，去联通“中国梦”伟大民族复兴。**

（感谢苏京春博士对本文的贡献！）

PPP创新

政府与社会资本合作的善治之路
——构建 PPP 的有效性与合法性

欧纯智

一、导言

政府与社会资本互动的日益增加带动了政府治理方式的转变。这种互动被认为是提高公共部门与私人部门合作的有效性与合法性的努力。然而，当前有一种声音认为“PPP 是政热企冷”，贾康认为：“近两年在中国的改革发展中，PPP 合乎逻辑地成为我们在新的阶段上的重要创新内容，其发展总体而言仍属动员和培育期，可说是方兴未艾，而且从潜力上和现在的态势上讲，是很有希望在以后逐渐进入如火如荼的境界的。”[①] 无论这种有关 PPP 的争论是表象也好，还是当前暂时的态势也罢，尚处于探索阶段的 PPP 能否尊重公共价值，具有有效性与合法性并实现善治，是影响 PPP 在全国范围内推广的重要因素。PPP 在分配机制等政治经济效应方面可以显著地影响各个利益主体，所以，其各个利益主体的权力关系及其有效性与合法性问题是本文关注的焦点。

任何一种特定民主的稳定，不仅取决于其经济发展，而且取决于其政治系统的有效性与合法性。有效性指政治权力的运行效果，是政治权力对社会进行统治的实际业绩，它是工具性的。合法性指政治权力在对社会进行统治时获得

---

① 贾康：《PPP“政热企冷”之说有偏颇》，《新供给经济学论坛》2015 年 11 月 20 日，http://www.taooil.net/huzang/2015/1120/6087.html，2015 年 11 月 20 日。

民众认可，它是评价性的。[①]有效性与合法性都是极为重要的政治学概念。一般而言，政权主体一旦取得执政合法性，那么在执政期间就会通过善治获得执政有效性，并以此巩固和提高自身的合法性。李普塞特认为，对于现代的公共权力来说，如果长期缺乏有效性，其合法性水平也会出现危机。[②]PPP在强调规则作为合法性基础的同时，也非常重视有效性对于合法性所具有的重要意义。优质的有效性有助于PPP的稳定运行，相反，如果有效性不足，则会造成PPP运行失范。对于PPP项目来说，即使项目暂时缺乏合法性，只要它能成功地回应参与者的利益诉求，其合法性也会得到逐步加强。PPP的有效性与合法性相辅相成，互相促进。就PPP的提供者（提供者由层级制政府、社会资本组成）与使用者（具体指使用由PPP模式供给的公共产品和服务的人群）的关系来看，PPP要求政府在法律框架下与社会资本互动合作运行项目，社会资本也被置于主导的位置。而PPP的矛盾性集中表现在权力与公共利益相连，我们知道，PPP模式可以算是社会价值的权威性分配过程，这个过程为PPP的提供者利用权力谋取个体私利从而背离公共利益提供了机会和条件。此外，来自于上级政府的有关制度或指令由于层级链条过长往往脱离实践。如果没有对PPP的权力行使做出限制和规范，缺乏符合使用者意志的客观标准，不能回应使用者的诉求，那么PPP权力就有可能沦为失控的滥权，进而远离公共利益，其有效性的问题更是无从谈起。为了防止PPP提供者对权力的恣意妄为，必须由使用者采用具有普遍约束力的权威性规则对PPP权力进行制约和整合，使其运行更有序、更规范、更可预期。就提供者伙伴关系来看，PPP是政府与社会资本共同制定决策的互动合作，这会导致与参与者利益相匹配的私人风险迫使公共利益屈服，也可以导致一个不公平的分配政策或项目缺陷（对使用者利益的潜在伤害）。此外，PPP提供者伙伴间的多元冲突无法通过彼此之间的相互谦让得到有效解决，而过于强调伙伴间民主分权或分权不当有可能会造成伙伴们有如一盘散沙，处于无

① 〔美〕西摩·马丁·李普塞特著，张绍宗译：《政治人：政治的社会基础》，上海人民出版社1997年版，第55页。

② 〔美〕西摩·马丁·李普塞特著，张绍宗译：《政治人：政治的社会基础》，上海人民出版社1997年版，第58页。

政府状态，造成合作混乱，使 PPP 的合法性遭遇前所未有的挑战。

社会资本参与公共服务供给会带来个体利益、群体利益与公共利益之间的矛盾，这样一来，PPP 的有效性与合法性不可避免地遭到削弱甚至破坏，所以 PPP 的权力分配机制及其有效性与合法性问题需要仔细斟酌。而权力要想拥有对社会进行政治统治的实际业绩，就必须具备有效性基础。同样，权力要想持久并被民众自愿服从，就一定要有合法性基础，否则权力就会危机迭出。获得有效性与合法性对于政治权力主体来说极为重要，PPP 权力的有效性与合法性问题也概莫能外，我们希望通过权力整合以及有效性与合法性构建实现 PPP 的善治。

二、PPP 的权力整合

权力是利益冲突的终极解决途径。权力决定着什么人得到什么东西，何时得到，如何得到。[①] 人类有史以来的治理活动都是与权力密不可分的，权力结构的变化不但能够引起治理结构的变化，甚至能够引起社会结构的变革。PPP 的权力决定其运行，所以，要想构建有序的 PPP 运行机制就需要对其权力做出分析：就 PPP 的权力结构来说，可以按照权力的运行方向将其简单地划分为水平方向的民主型与垂直方向的权威型两种模式，前者是权力的水平模式，后者是权力的垂直模式；就严格的法律视角来看，PPP 的水平权力划分指的是提供者伙伴间的合作——政府与社会资本合作，政府以平等的身份与社会资本共同决定项目合作，PPP 的垂直权力划分将层级制政府与社会资本组成的提供者视为一个整体为使用者提供公共服务，尽最大可能实现公共利益；就实践结果来看，PPP 的民主与权威是和谐统一的，因为民主是提供者伙伴关系的基础，强有力的权威是依托其法治特征实现公共利益的保障，二者纵横交织实现了政府与社会资本合作；就实践过程来看，PPP 的民主与权威这两个维度也有很多不尽如人

---

① 〔加〕加雷思·摩根著，金马译：《组织》，清华大学出版社 2005 年版，第 159 页。

意的地方，在这里我们尝试将二者加以改善并进行有机整合。[①]

（一）PPP提供者伙伴间水平民主分权机制分析

PPP的民主维度以伙伴间制定一个共同的战略为目标。在这样的安排下，政府与社会资本均保留自己的任务、权力和责任。它是由提供者利益引发的交易，有共同战略和伙伴间的协调。政府与社会资本自愿平等地参与，要承担与收益相当的责任，如果因为自身的利益而背叛共同利益，那么可能会被排除在外。政府作为提供者之一，像其他提供者一样加入PPP，以完成共同的目标。该类型指PPP提供者伙伴间关系，重在内部。

"假若绝对集权的制度安排有大量非意愿的和（或）非要求的结果，那么分权可以提供一个符合逻辑的选择。"[②]PPP提供者伙伴间民主分权机制的优势在于：一是可以平衡各方由于利益诉求不同而造成的多元失衡，进而使原来不可能实现的合作变成可以实现；二是可以整合各方的利益分化，进而形成优势互补、风险分担的绩效提升机制；三是对引入潜在的合作伙伴更具竞争力，尤其是当该项目在拥有标准成本曲线的市场中，在与商业公司进行竞争时，其民主模式在吸引成员方面能够提供比较优势；四是为合作伙伴提供更为丰富的"表达"选择，每个提供者都能够在他们认为更有效的方向上影响团体决策，这在一定程度上可以增加其实现共同利益的主观影响；五是能够确立PPP的合法性表征。合法性作为政治利益的表述，内生地要求与PPP相关的政治体制应该尽可能体现公平正义。因此，PPP提供者（各个伙伴）间的民主型权力模式是用于识别和确认成员偏好的良好制度。[③]

许多PPP发展实践表明，合作伙伴对民主决策的需求极为强烈。然而，为响应这些关于民主决策的需求而进行的分权改革极少能真正产生所期望的积极结果。伙伴间为了所谓的形式民主而民主，往往会犯本末倒置的错误，其结果

---

① Michiel Heldeweg and M. Sanders, "Good Legal Governance in Authoritative Public-Private Partnerships", *European Procurement & Public Private Partnership Law Review,* vol. 2 (2013), pp. 175-185.

② 〔美〕埃莉诺·奥斯特罗姆著，陈幽泓等译：《制度激励与可持续发展：基础设施政策透视》，生活·读书·新知三联书店2000年版，第26页。

③ 〔英〕帕特里克·敦利威著，张庆东译：《民主、官僚制与公共选择》，中国青年出版社2004年版，第87页。

不但不能促进伙伴间的民主分权模式，反而会导致 PPP 在无序的状态下运行。这样一来，PPP 无法承担弘扬公共利益的职责。比如在 PPP 实践当中，社会资本方与公务人员合谋达成共识，公务人员默许社会资本方自行雇佣可以为企业代言利益和规避风险的咨询公司，使得政府与社会资本合作的顶层设计框架有利于社会资本方，从而导致公共利益无法得到有效保障。这也为未来的上下届政府的工作延续性留下障碍——下届政府不能有效地承继上届政府的 PPP 合同。形式民主的结果未必只有皆大欢喜一种模式，往往被扯皮、推诿和拒绝履行合同替代。究其原因在于：一是伙伴间的偏好多元，根据阿罗定理可知民主决策很难自动将这些多元偏好进行排序；二是各方的决策享有同样的权重，根据布坎南和塔洛克的集体决策理论可知各方的偏好强度往往被粗暴地忽略掉；三是当发现自己的决策很难影响大局时，正如艾莉诺·奥斯特罗姆所认为的那样，提供者可能不会努力搜索相关信息，导致不负责任的决策；四是形式民主恰恰可以成为政府与社会资本共谋默许社会资本为所欲为的借口。上述的民主桎梏再一次证明民主需要合理的顶层设计以避免这些危害民主的事情发生。无数的实践表明，为民主而民主的提供者伙伴间平行权力分配机制往往不能为 PPP 提供一个稳定的运行秩序，使项目的运行如履薄冰，而失败的 PPP 项目经常要付出惨重的社会代价。形式上的民主分权只能带来表面上的民主狂欢，或者说在一定程度上实现了 PPP 提供者某一方的利益。但是，令人遗憾的是这不能算是公共利益，顶多算是群体内的共同利益。如果 PPP 不能实现公共利益，它既往的民主化努力可能会在瞬间化为乌有。

尽管伙伴间水平民主分权优势明显，然而想要实现依然任重而道远。PPP 的有序运行离不开有效的分权机制，只有有效的民主分权机制，才能提高合作伙伴参与的积极性。伙伴间的民主分权机制关系到收益与风险分担、决策的制定和执行，不容忽视。如果 PPP 在权力分配中存在强制力，而不是伙伴间平等自愿地共同决策，那么合作伙伴间失衡的权力分配结构就会蚕食 PPP 制度的合法性。比如说，如果我们将实现某些个别利益的权力称为“特定权力”，将促进合作伙伴共同利益的权力称为“共同权力”，那么减少“特定权力”，提高“共同权力”以促进公共利益则是 PPP 顶层设计的一个关键。权力失衡会衍生出一个十分重要的规范性问题，即如何在正常发挥“共同权力”作用的同时摆脱“特定权力”的阴影，以实现伙伴间的共同利益，进而实现公共利益，这正是构建PPP民主分权机制的着力点。此外，PPP倡导收益与风险匹配。众所周知，很多公共服务是不能供给失败的，所以风险无法完全转嫁给社会资本，收益与风险匹配在很多PPP项目中只能算是一种无法实现的理想。如果机械地强调提供者伙伴间民主分权，那么结果非常有可能是偏离公共利益。既然这样，我们可以确立一个新思路——政府规划先行主导合作，在不破坏伙伴间民主平等的前提下，尝试政府主导下的伙伴间民主分权机制将是一个勇敢的尝试，以民主维系伙伴关系在一定程度上能够促进PPP的合法性。

（二）PPP提供者与使用者之间的垂直权威机制分析

PPP的权威维度将提供者视为一个整体，拥有公共权力的决策，它是因公共利益引发的单边交易，由PPP提供者通过对使用者行使控制权来完成，通常单方面制定和实施对使用者具有法律约束力的行为，利用层级权力推进公共利益。该类型指PPP提供者与使用者之间的关系，重在外部。

PPP提供者与使用者之间的垂直权威机制有很多值得称道的优势：一是以PPP方式供给公共产品和服务，对于某些项目来说可以有效地解决搭便车行为；二是可以取得生产上的规模经济；三是协调成本低，如果没有相当程度的自上而下的权威，很难使中央的命令在地方得到有效执行。然而，权威虽好，其弊端也不容忽视：一是有关PPP的制度很多都是由中央制定，这样做的结果是来自中央的制度往往忽视当地的发展实际，在很多时候不能有效地反映当地的诉求，PPP不是应当地之需而是应中央之需，缺乏回应性；二是长期集权导致公共资源过于集中在首都或者大城市，基层官员更关注上级而不是地方上的官员如何评价PPP绩效；三是地方上与上级决策层关系密切的官员拥有更大的影响力，他们也许并没有为地方治下的潜在发展出力，更可能的是借助自己的影响力而不是地方共识来决定PPP项目间的公共资金分配；四是当PPP项目投建运行需要维护资金时，上级政府与地方政府之间更容易互相推诿，由于上级政府无法准确掌握地方的实际，而在事实上造成维护真空。

尽管PPP提供者与使用者之间的垂直权威机制利弊参半，但是我们不得不承认，自上而下的权威在很多时候成为治理不可替代的必要。我们知道，天然的自由竞争市场从未在人类社会出现过，它只存在于经济学教科书的理想模型当中，甚至连亚当·斯密都不得不承认，没有政府的保护，纯粹意义上的市场一天也不会存在。斯密提到的“市场里的人”已经是“共同体下的社会人”，而不是“自然人”；“看不见的手”也是政府保护下的市场机制而不是丛林法则下的市场自发调节。政府强不能必然导致经济强，但政府如果弱到不足以保护市场经济秩序，那么经济一定不会强。自上而下的权威方式无疑是最有效率的保护市场健康运行的方式，这与我们以前习得的经验看起来是相悖的。是的，这是因为我们忽略了一个非常重要的前提——市场充分竞争，政府在市场充分竞争的情况下不应对其进行干预，不扰乱市场的正常秩序。只有政府权威才具备抵制 PPP 提供者集团利益的强力。与主流意见不同的是，民主分权不但不能解决道德风险与逆向选择在 PPP 契约关系与层级制关系的潜在问题，而且在实际上还会增加提供者道德风险的潜在可能。比如说地方上的 PPP 项目由地方上的基层单位管理，基层单位得到上级单位授权以后，利用自己的信息优势背离高层组织的目标，从而背离公共利益。① 此外，多数权力下放的初衷是为了减少项目所需的有关时间和地点信息的成本，但一般来说，还没有出现太多的成功案例。很多时候，旨在减少逃避责任、寻租、腐败等行为的简政放权也会遭遇挫败。② 在这里并不是说 PPP 在提供者与使用者之间进行民主分权、权力下放以及简政放权的形式不好，而是想说明，自上而下的权威在一些情况下确实是必要和必需的。综合权威型权力机制的利弊让我们感觉有些难以取舍，如何扬长避短是我们需要深入思考的关键所在。单中心权威模式永远无法跳出“一抓就死，一放就乱”的怪圈，而多中心可以是一个新思路，它可以提高公共资源的配置效率。如果由中央政府决策在地方以 PPP 的模式供给公共产品与服务，它会不管各地的实际需求而搞一刀切，这样会造成公共服务的供给与需求不匹配，在某

---

① Terry M. Moe, “The New Economics of Organization”, *American Journal of Political Science,* vol. 28, no. 4 (1984), pp. 739-777.

② 〔美〕埃莉诺·奥斯特罗姆著，陈幽泓等译：《制度激励与可持续发展：基础设施政策透视》，生活·读书·新知三联书店 2000 年版，第 203 页。

些地方公共服务匮乏而在某些地方明显过剩。如果引入多中心机制，每一个地方被允许选择它认为最合适的服务水平（并为此以适当的形式“付费”），则在经济上的综合满意程度会提高。① 在不破坏中央权威的前提下，尝试多中心决策过程比传统的中央单一垂直权威机制能够更有效地回应地方对公共服务的需求，在提供者与使用者的权力划分模式方面，多中心将是取代传统单中心权威的一个大胆尝试，以权威保障运行秩序在一定程度上能够促进 PPP 的有效性。

（三）PPP 民主机制与权威机制的有机整合

PPP 提供者伙伴间的权力关系以及提供者与使用者之间的权力关系一经确定，便会产生一种按照权力作用的方向不断巩固的趋势。这种趋势一方面源自提供者伙伴间的利益博弈，导致个体的理性最终演绎成集体的非理性；另一方面源自 PPP 提供者对使用者的控制欲望，使提供者的利益最大化。无论这种趋势源自哪个方面，最终的结果都是对公共利益的背离。然而，上述仅是 PPP 权力的静态分析，在实践当中，PPP 权力是一场动态的角力过程，不仅是权力主体对客体的单向作用，更是双方互动的结果。PPP 权力的均衡并不完全取决于权力主体的单方面意志，而偏离均衡位置的 PPP 权力是导致冲突的最重要原因。只有由有效性与合法性塑造的 PPP 权力关系，才会处于均衡位置，才能切实避免各个利益主体之间的冲突，形成稳定有序的 PPP 权力关系。在实践当中，我们应该根据 PPP 的提供者与使用者各方的利益诉求，因地制宜地选择权力模式以调整各方利益的格局，有效整合民主与权威这两个权力维度，并在此过程中推进公共利益，实现善治。一旦不当的权力分配机制渗透到 PPP 当中，再试图改变就会遇到意想不到的阻力。当我们提出如何整合 PPP 的民主与权威之时，我们已经清楚地意识到任重道远。

PPP 的权力结构在构建的过程中，有一些挑战无法回避：一是我国正处于政治经济发展的转型期，各种有关配套的法律制度还有待于进一步完善；二是虽然 PPP 不是新生事物，但我国的 PPP 实践还没有广泛推广，缺乏实践指导

---

① 〔美〕埃莉诺·奥斯特罗姆著，陈幽泓等译：《制度激励与可持续发展：基础设施政策透视》，生活·读书·新知三联书店 2000 年版，第 209 页。

的 PPP 理论很难成型，而没有理论指导的 PPP 制度建设必然缺乏理性、远离实践；三是国外的现有 PPP 权力机制如果直接拿来照搬，可能会遭遇水土不服，而本土化改良尚需要一个过程；四是不论 PPP 的提供者还是使用者，其利益诉求是多元的，而整合利益必然会困难丛生。于是，制度不规范或相对滞后、利益的多元对立成为最突出的矛盾，而恰恰是这些矛盾成为 PPP 项目有序运行的掣肘。

尽管困难重重，我们依然力求 PPP 的权力设计遵循这样一种原则：它不仅要平衡提供者伙伴间的权力关系，还要具备规范提供者、使用者行为的运行秩序，既要有效又要合法，既要调和提供者伙伴间以及提供者与使用者之间的冲突与矛盾，也要能够回应并尽可能满足每一个群体的利益诉求，最终实现公共利益和善治。要构建这样的 PPP 制度，我们应该着眼于它的权力结构、有效性与合法性，以及公共利益善治等价值导向之间的关系。这是因为 PPP 的权力模式极大地影响着提供者伙伴间的利益格局，它对 PPP 制度的建立、维持、发展都起着决定性的作用。PPP 的权力模式应该以民主维系伙伴关系的方式增强其合法性，以权威保障运行秩序的方式增强其有效性，使项目在既定的有序环境下运行。

从既往的实践来看，PPP 与善治之间存在矛盾，这种矛盾会引发悖论式的治理现象：在水平方面，政府通过向合作伙伴适当放权（民主模式），希望借助水平的权力共享来适应合作伙伴的诉求，可能的情况是社会力量偏离公共意志，为满足集团利益而忽视公共利益，这样的民主形式不能很好地体现 PPP 的合法性；在垂直方面，PPP 提供者的意志通过层级制权力强加于使用者（权威模式），可能的结果是 PPP 的提供者缺乏对使用者必要的回应，偏离公共利益的目标，从而背离了 PPP 旨在更好地改善公共服务供给、实现公共利益的设计初衷，这样的权威形式也不能很好地体现 PPP 的有效性。

众所周知，公共权力的分配和行使取决于层级制视角下的法律规则和原则，这是基于公共利益与权力的量身定作。从对外关系上看，PPP 的权威维度保留了政府的层级制，但从内部决策的视角来看，还要兼顾“多方参与”。外部关系上的层级制以及内里的水平伙伴关系成为一种必要，特别就复杂重大的项目决策而言，重新系统地评估 PPP 是否具有层级制权威仍然可以被理解为善治的一种方式。但是，如果想要得到积极的评价，那么还要取决于传统民主规则的合法性。水平，或者垂直，或者二者兼而有之，未来的 PPP 如何被设计出来才能同时回应民主与权威、合法性与有效性？其实，PPP 以水平的方式在提供者伙伴间分权，以垂直的方式在提供者与使用者之间分权，结合政府主导、多中心等规避民主掣肘与权威弊端的思路，构建 PPP 的权力结构，才是将民主与权威这两个维度进行有机整合的最佳途径。PPP 内部虽然本质上由多方参与，但是对外关系上还是层级制。政府主导下的内部平行合作与外部的多中心层级制权威结构在 PPP 模式下相互交织，内部合法外部有效，实现合法性与有效性的统一。

现代政治权力在强调法律规则和原则作为政治合法性基础的同时，也会强调有效性作为合法性基础的重要地位。政府积极追求有效性的同时伴随着合法性的累积过程。那么，也可以这样理解，政府追求善治的过程其实就是追求有效性与合法性的过程。PPP 必须把自身的有效性与合法性结合起来，使有效性构建包含有合法性的追求，PPP 的发展实践就是在这个逻辑中展开的。为此，我们使用由比瑟姆（Beetham）创建的公共管理通用框架，这是我们从善治的角度构建 PPP 的有效性与合法性。

三、PPP 的有效性与合法性构建

PPP 的有效性与合法性关系到该机制的可持续发展和善治的实现，关系到公共利益与私人利益的整合，不可小觑。比瑟姆开发了一个有关合法性的跨学科视角，非常适合于在公共行政与法治行政边界构建关联，以便有效合法地行使权力。他将合法性作为一个“多维”的概念，有三个维度：（1）合法；（2）共同价值观；（3）同意。[①] 在这里借用比瑟姆的分析框架，从这三个维度分别对我国 PPP 的有效性与合法性进行阐释：（1）PPP 制度的法定化；（2）PPP 的共同价值观；（3）PPP 的使用者同意。这三者共同构成 PPP 的有效性与合法性。

---

① David Beetham, *The Legitimation of Power*, Humanities Press International, 1991, pp. 15-16.

（一）PPP 制度的法定化

“恶法非法”是现代法治的重要理念，PPP 制度的善恶与否是关乎其有效性与合法性的根本问题。PPP 的有效性与合法性不仅涉及 PPP 制度的制定与行使是否符合法律规定的问题，而且涉及该模式下公共服务的使用者对提供者的公共权威性的认同。规则对于公共权力来说“是必要的第一道关口”。[①] 我们知道，PPP 的提供者作为公共权力的代表，并非总是能够有效履行为使用者提供公共产品和服务的义务。一方面，PPP 的提供者之间存在不同的群体利益；另一方面，PPP 的提供者相对于使用者有其自身的利益。这些利益并不总是指向公共利益，这些利益的存在会逐步蚕食公共利益，瓦解公共服务的使用者对提供者的权威性认同，进而削弱其有效性与合法性。

只有当 PPP 的法定性遵从公共利益时，遵从法律才能成为 PPP 有效性与合法性的标尺，才会得到提供者与使用者的服从和认可。PPP 权力应该在这一框架下行使，进而由成文法律划定 PPP 所有相关者的权利和责任的界限，并起到公共服务的提供者拥有全体使用者都必须服从权威的象征作用。PPP 制度的法定化，需要在以下两个方面有所建树：

（1）PPP 亟待立法，立法是公共意志的表达。PPP 与十八届四中全会关于“全面依法治国”以及“依法行政”的指导方针具有天然内在的契合。[②] 为了保证 PPP 能够健康有序地进行，为了该模式的可持续发展，PPP 必须设立相关的法律制度，且这种法律属于“良法”的范畴，即“已成立的法律获得普遍的服从，而大家所服从的法律又应该本身是制订得良好的法律”[③]。PPP 的各个主体在利益存在分歧的时候，法律可以提供一种让任何一方通过咨询和协商来调节分歧的方法。PPP 的使用者之所以服从提供者的基本公共服务供给安排，其原因在于提供者赋予了使用者公民角色所应具有的使用基本公共服务的权利，这也是 PPP 模式合法性的来源。有关 PPP 立法并不意味着法定性等同于合法性，只要这一法律侵犯了某一方，它仍然不具有合法性。显然，遵守公认的法律是重要的，

---

① David Beetham, *The Legitimation of Power*, Humanities Press International, 1991, pp. 68-69.

② 贾康：《PPP——制度供给创新及其正面效应》，《光明日报》2015 年 5 月 27 日。

③ 〔古希腊〕亚里士多德著，吴寿彭译：《政治学》，商务印书馆 1965 年版，第 199 页。

但这不是充分的。据此，对 PPP 法定性的信念必须要符合两个条件。首先，有关 PPP 的法律必须和社会公共价值相一致，只有直接从价值中产生出来的法律才能被认为是合法的。其次，有关 PPP 的法律必须以某种值得信赖的方法促进社会公共价值的实现。因此，只有当 PPP 法定性遵从社会的公共利益时，遵从法律才能成为 PPP 合法性的标尺，才会得到使用者的服从和认可。

（2）PPP 的法律实施亟待有效保障，行政是公共意志的执行。再完美的制度如果在执行环节出了问题，也会使制度的效力大打折扣。PPP 的立法要独立于某些特定群体或特定的个人，在一定时限内、在全国范围内具有普适性。在上下级政府之间，各区域的同级政府之间，同一个政府的不同届之间，都要严格遵守 PPP 的相关法律，使其具有可预期性、可持续性、可信性，切实做到 PPP 相关法律的共享。只有这样，PPP 的相关法律才会受到各方的尊敬和承认，当人们认为自己在某一领域具有掌控权并且同时具有服从义务时，这个法律就是合法的。如果，存在为了特定的群体或个人利益而置 PPP 相关法律于不顾的行为，那么这种行为必须受到严厉的制裁，而且制裁的方式必须是依据事前制定的法律做出。PPP 的有关法律只有得到有效执行，才能确保 PPP 的运行质量，才能在实践中不断积累有效性。

对于法治社会来说，法律作为调整群体之间、人与人之间关系的行为规则，是重要且必要的。为了 PPP 制度的法定化，为了权威性规则有效实施，PPP 的提供者与使用者的共同价值观与法律必须协调一致。

（二）PPP 的共同价值观

共同价值观指为个体或群体所普遍认同并自觉维护的关于价值关系的观念形式。它在共同信仰方面体现了合法性原则，要求我们按照预期的行为规则行事。PPP 共同价值观的存在回应了其权力建构的需要，因而获得高度的政治合法性。如果缺乏共同价值观，放任 PPP 的无序运行，无疑将危及该制度的合法性。

共同价值观对 PPP 提供者和使用者的思想和行为具有引导作用，是各方利益的集中体现和表达。由于个体的价值是多元的，共同价值观可以整合 PPP 提供者和使用者的意志。所以遵循共同价值观就意味着 PPP 找到了一种更少冲突、更多协调和互助的实现利益的方式。使任何一方都会以最小的代价实现最大的利益追求，从而实现群体内的共同利益，乃至公共利益，这是PPP有效性的最完美诠释。

构建PPP共同价值观的提法一定会得到各方的积极响应与支持，这反映了各方对秩序的渴望以及对运营风险的担忧。从功能角度看，如果说确保PPP自身的存在是秩序的底线功能，那么保证PPP有序运行则是秩序的一般功能。我们知道，秩序的本质是各方对权力的认同与接受，是基于共同价值观下的对制度的遵守和服从，尽管有可能并非完全出于自愿，甚至被强迫。在PPP提供者与使用者之间构建共同价值观势在必行，需要在以下两个方面有所作为：

（1）设立共同纲领。PPP提供者与使用者会存在一个共享的占主导地位的价值观——公共利益，当该价值观内化为各个群体的共同观念时，就构成了集体行动的共同纲领，具有规范各方行为以及行为导向的作用。在维系提供者伙伴间关系正常化的层面：共同纲领让水平民主结构能够维持现有状态，促进和谐的伙伴关系；共同纲领让提供者与使用者之间维持现有的垂直权威结构，提供者能够更好地满足使用者的诉求。对于日益复杂且多元的PPP来说，政府主导下的伙伴间民主机制有利于生成以公共利益为导向的共享价值观，在此过程中PPP的合法性得到有效巩固；提供者与使用者多中心权威关系导致使用者的诉求能够得到提供者更及时、更有针对性的回应，在此过程中PPP的有效性得到不断的积累。

（2）引导和制约非共同价值观下的PPP权力。PPP提供者和使用者的行为并非始终完全符合共同价值——公共利益。共同价值观引导和制约提供者或使用者的非共同价值行为，二者利用政治上组织起来的垂直权威，使政府完成了从小政府“守夜人”到积极的“福利”国家的转换。福利国家是对民众诉求的最好回应，政府提供的公共产品和服务在民众的要求下日益增多。共同价值观通过对各行为主体的评价，以奖惩的方式实现对各方行为的激励和引导，使PPP运行的确定性和可预测性成为可能，从而使各方行为处于PPP秩序的实际控制之下。无论是自觉自愿还是被迫，各方的行为都被引导到公共利益的轨道上来，使其行为更可预期、更符合公共价值、更好的为使用者提供公共产品和服务。在共同价值观下，PPP提升民众福利，实现公共利益。而在和谐一致的伙伴目标与行动下获得的民意基础，意味着PPP内部合法外部有效。

共同价值观在尊重各个群体利益的前提下，强调了一致同意、协商、宽容的精神，它为群体的相对自由度和群体与群体之间的妥协同意找到了一条中间道路。

（三）PPP各个利益群体的同意

同意不仅是政治合法性的来源，也是公共权力的来源，它具有同公理一样的确定性。同意能够改变当事各方的权利结构——使统治者拥有统治权利，以及赋予民众遵守法律的义务。此外，“同意”会带来更高的效率，更少的冲突，也是有效性的重要来源。洛克认为“同意”是基于个人自由“不受他人束缚和强暴”。[①] 霍布斯认为“所有主权者的权利(中译本此处误译为‘权力’)从根源上说都是经过被统治者每一个人的同意而来”[②]。只有以“同意”为PPP的合作基础，以保护PPP提供者和使用者的自然权利为目的，才能获得PPP的有效性与合法性。

公民社会的兴起培育了民众的权利意识与参与意识，民众具有公众参与以及影响公共政策的权利和自由。“经同意而统治”是一切合法性的最终来源。PPP的伙伴间共识以及使用者同意需要该制度的某些安排将决策过程与相关的政治活动联系起来。当前，伙伴间共识需要不断地讨价还价与妥协，就目前看，共识还有待进一步加强，其合法性也令人堪忧；此外，PPP的项目运行还是由提供者操控，使用者缺乏参与其中必要的民主制度，使得现有PPP提供者所提供的公共服务很难适应使用者的需求，有效性更是堪忧。为了弥合制度设定与实践的差距，不断累积PPP的有效性与合法性，需要在以下两个方面有所突破：

(1) 多数人同意。建立PPP相关人的有效参与机制。同意是政治合法性的唯一来源，集体行动效率取决于集体中的所有人对公共事务的同意程度。只要使用者当中的多数人对提供者供给的公共服务表示同意，即使有少数人不同意，也要因此负有服从义务。PPP权力一旦符合公共利益并得到绝大部分使用者同意，

---

① 〔英〕约翰·洛克著，叶启芳等译：《政府论》，商务印书馆1964年版，第35页。

② 〔英〕托马斯·霍布斯著，黎思复等译：《利维坦》，商务印书馆1985年版，第464页。

就会在使用者内部产生一种群体压力，这种群体压力不仅迫使那些持不同意见的使用者屈服于来自 PPP 提供者的权力，还会形成一种制约其反对 PPP 权力的约束力。这样一来，反对的声音被削弱了，它免除了 PPP 提供者为了强迫某些使用者服从而经常实施制裁的必要。无论是洛克还是卢梭都认为将民众的政治义务建立在多数人同意的基础之上。在现实的公共生活中，多数规则显然起着支配作用，使 PPP 的运行更具合法性。此外，从追求效率的角度考虑，应该是以尊重各个利益主体为宗旨。政府虽以 PPP 的方式供给公共产品或服务，但是 PPP 所需的费用直接或间接的由使用者共同分担。市场化的组织方式指公共产品和服务的使用者报出自己购买数量和价格的意愿，个体意愿被汇总用于公共产品和服务的生产。毫无悬念，以这种方式形成的集体行动必定能实现集体行动的效率，从而改善其有效性。

（2）有效表达。构建 PPP 提供者伙伴间以及提供者与使用者之间的沟通机制以便于有效表达。尽管同意是如此重要，我们依然不能忽视表达而单纯地追求同意，如果缺乏政策构建过程中的充分且有效的表达，未经过充分的论证，没有各个利益主体间在公平程序中的有效博弈，那么同意并不能增添 PPP 制度的有效性与合法性，无法提高 PPP 的运行质量以及对 PPP 制度的认同。只有各个利益主体的意见能够得到充分表达并能得到政策制定者的认真权衡，公共意志才会得以形成和认可。公共意志的表达是 PPP 制度法定化的基础，只有公共意志被有效表达并及时地得到妥善处理，各个群体的利益才不会出现失衡的局面。群体之间、个人之间的诉求是多元的，如果群体与个人的诉求能够及时有效地表达出来，那么政策就能够得到及时地改进。只有当 PPP 权威性规则同时获得伙伴间的民主基础以及使用者的民意基础，PPP 的内部合法外部有效才能得到切实保证。所以，我们不能片面地强调某一群体的利益而忽略另一些群体的利益，我们要将 PPP 提供者伙伴间的利益诉求加以整合，并以适当的方式，将提供者的利益融合到使用者的利益当中，从而使 PPP 制度真正成为实现公共利益的制度，始终秉持内部合法外部有效。

PPP 相关各个利益群体的同意赋予 PPP 以有效性与合法性。

四、结论

政府与社会资本合作应在整合权力、追求有效性与合法性、弘扬公共利益的轨道上，逐步实现善治。在实践中，特别是在复杂的 PPP 项目当中，不当的权力设计会造成 PPP 的运行失序，会蚕食 PPP 的有效性与合法性，使 PPP 无法踏上善治轨道。无论从公共利益的角度还是从私人利益的角度看待 PPP，对其认可并推广是顺应善治规律的事情。上述研究结果强调进一步在理论与实践两个方面整合 PPP 权力机制的内部合法外部有效，构建 PPP 的有效性与合法性是通往政府与社会资本合作的善治之路。

PPP对公共治理框架下实现公共利益的促进与创新

欧纯智

一、导言

工业革命开始后的城市化早期，由政府提供公共产品和服务，并进行公共工程、基础设施投资。从那时起，根深蒂固的公私分野基本上将社会资本排斥在外，折射出国家干预与市场机制分道扬镳的态势。随之而来的城镇化、老龄化等城市和社会问题凸显了社会应对机制在功能上远远落后于社会期待的现实。传统上我们将政府视为征税者和公共产品和服务的唯一提供者，而随着时代的进步，现代政府承担的角色越来越多：刺激经济、激励并维护市场健康有序地竞争、提供就业、减少贫富差距等。在这样的大背景下，政府需要承担的支出责任越来越多，其独自包揽公共基础设施建设，绩效产出往往远非合乎民众意愿，且呈现当局心劳日绌之态，亟待社会资本参与其中，政府与社会资本合作的创新机制呼之欲出，应运而生。

社会资本通过PPP投资公共服务，具有一些显而易见的相对优势，政府要利用私人部门的这些优势，探索新的能够自觉改进效率的政策供给，并借鉴更具市场回应性的私营部门管理模式。然而，就全局而言，PPP的核心意义将在于最大化公共利益而实现“共享发展”。确切地说，PPP涉及一个介于管理概念与民主法治概念之间的权衡取舍与有机结合。它是管理机制，更是治理机制。

政府与社会资本合作不足为奇，从公共性的维度来看，所有的组织都是公共的。[①]PPP是分享或重新分配风险、成本、效益、资源和责任的管理机制，不是一般人所理解的单纯的跨部门参与，它既涵盖又已超越了委托—代理契约关系，致力于以机制创新实现某种共同目标。因此，跨部门伙伴关系意味着参与者可以通过协商缔结合作发挥1+1>2[②]、1+1+1>3[③]的资源整合优势。PPP的表现形式，具有对非公共部门主体"让利"的直观特征，但正是由于非公共部门的伙伴式参与，如处理得当，将带来"好事做实，实事做好"、"蛋糕做大"的正面效应，在"共赢中"可望实现一种公共利益的增进式"最大化"。

该模式应该具备以下特征：合作各方共同决定目标；以合作和共识作为决策的基础；基于信任的正式或非正式的关系；合作伙伴之间的妥协让步和互动，共同分担收益、风险、责任和权利。[④]PPP更是天然对接混合所有制改革和法治化制度建设的治理创新机制，它是从融资到管理再到治理的新型制度供给，特别是对于当代中国建成全面小康社会和实现"中国梦"的伟大目标，向纵深推进行政体制改革和全面依法治国，PPP具有不容忽视的重大历史意义。[⑤]

二、背景：新一届领导集体与治理变革

党的十八大所形成的新一届领导集体履职以来，在改革问题上所呈现出的新作风、新气象和新思路，引起了全国人民的强烈反响。就某种意义来说，中国政府自1978年以来一直处于改革的过程中，虽已取得举世瞩目的成绩，但以强政府弱市场、高能耗低产出为核心特征的粗放发展经济模式，积累了巨大的

---

① B. Bozeman, "All Organizations Are Public: Bridging Public and Private Organization Theory", Jossey Bass Inc, (1987), p. 5.

② Tony Bovaird, "Public-Private Partnerships: From Contested Concepts to Prevalent Practice", *International Review of Administrative Sciences,* vol. 70, no. 2 (2004), pp. 199-215.

③ 贾康：《PPP模式是1+1+1大于3》，新浪环保，http://news.sina.com.cn/green/ 2014-12-28/132131336601.shtml，2014年12月28日。

④ Derick W. Brinkerhoff and J. M. Brinkerhoff, "Public-Private Partnerships: Perspectives on Purposes, Publicness, and Good Governance", *Public Administration & Development,* vol. 31, no. 1 (2011), pp. 2-14.

⑤ 贾康：《PPP——制度供给创新及其正面效应》，人民网，http://theory.people.com.cn/n/2015/0527/c40531-27061850.html，2015年5月27日。

社会风险，经济正进入中高速增长的新阶段新常态。其中，城镇化进行时、人口红利不再、老龄化社会、较高基数上投资“报酬递减”、工业化与后工业化两步并作一步走等社会问题，使得中国的形势变得更加复杂。政府与社会资本在基本公共服务供给的设计和交付中，将以合作为取向发挥核心作用，标志着我国公共行政从管制走向合作治理。

当前，政府提供的公共产品和服务越来越难以满足日益增长的创新需求和不同形式的治理需求。尽管困难重重，各级政府依然要继续承担传统的公共责任，承担民众要求它们承担的广泛而多种多样的任务。民众天然地具有在不增税的前提下要求更多基本公共服务供给的诉求，这便使政府陷入两难困境——利用有限的资源提供更多的基本公共服务。在这种情况下，民众希望政府“钱都花在刀刃上”，将效率提升到前所未有的高度，就是人们常说的“少花钱多办事”，其实这也是所有现代民主国家都会面临的压力。更具体地说，新一届政府决心要表现出良好的治理能力，彻底摆脱官僚作风浓厚的刻板印象，保证社会资本健康有序的发展壮大，很明显，已顺理成章地下定决心在诸多领域开展PPP。该机制早在前面几十年间就已经小试牛刀，它被看作是一种解决财政支出压力、缓解社会矛盾的有效方案，同时也表达了政府对社会资本所寄予的希望和信任。新一届政府努力发挥社会资本高效和专业知识的优势，扩大公共产品与服务供给的范围，提升公共产品与服务的质量。据发改委公告显示，2015 年 5 月间该委发布的 PPP 项目共计 1043 个，总投资 1.97 万亿元，项目范围涵盖水利设施、市政设施、交通设施、公共服务、资源环境等多个领域。①2016 年财政部 PPP 中心公布，当年 6 月底全国 PPP 入该中心项目为 9785 个，涉及能源、交通、水利、生态环境、片区开发等 19 个行业，总投资额 10.6 万亿元。②

PPP 之所以得到政府的积极推行，在很大程度上源于引入社会资本能够有效缓解政府的财政约束，尤其当政府遭受沉重债务负担时，PPP 的应用会比以往更为普遍。由图 2-1 可知，1999—2010 年度我国地方债务余额量值节节攀升，适

① 《国家发展改革委发布政府和社会资本合作推介项目》，中华人民共和国国家发展和改革委员会网，http://zys.ndrc.gov.cn/xwfb/201505/t20150525_693162.html，2015 年 5 月 25 日。

② 《截至 6 月末全国 PPP 总投资额 10.6 万亿元 加快落地》，《人民日报》2016 年 7 月 29 日。

当、逐步地引入PPP是我国现实发展的需要。此外，即使未来财政资金压力得到有效缓解，也要继续推广PPP合作。这是因为PPP的优势并不仅仅局限于缓解财政紧张，该模式能够倒逼有效投资、对冲经济下行，有助于我国治理改革创新，尤为重要的是，可以增进公共利益。PPP由政府提供资本作为“引子钱”来拉动社会资本，并通过与社会资本缔结契约的方式提供公共服务。其实，纳税人对“谁”来提供公共产品和服务并不感兴趣，他们只是关心服务的标准和质量。以前由于财政资金不足，造成公用基础设施投入不足，或者勉强投入使用却遭遇质量不过关，服务不热情不周到，导致这样或那样的使用问题，并不能让老百姓满意。政府投资的目标应当是以罗尔斯的正义原则“最小受惠者最大利益”的方式形成，特别是改善那些“最小受惠者”（低端弱势者）的福利，让他们切实地感到受益。唯有如此，公共资源的分配才能更好更快地促进“中国梦”的实现。

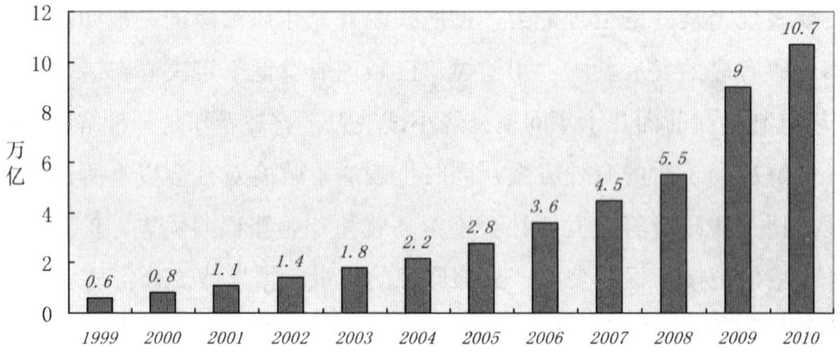

图2-1：1999—2010年间中国地方政府债务余额（单位：万亿元）

数据来源：贾康等：《全面深化财税体制改革之路》，人民出版社2015年版，第53页。

三、PPP对公共治理框架的挑战

社会资本通过PPP投资公共服务具有显而易见的相对优势，政府要利用这种优势探索新的能够自觉改进效率的政策体系及其实施机制，并借鉴更具市场回应性的私营部门管理运营模式来摆脱早已声名狼藉的繁文缛节。PPP的初衷是美好的，它基于这样五种假设前提：（1）社会资本以PPP的方式提供公共服务有利于提升效率、改进服务质量；(2) PPP 已经将与收益对应的一部分风险从政府转移到社会资本；(3) 社会资本的优势可以应用到公共项目当中，而政府可以公开透明；(4) 政府有能力维持充满竞争性的紧张局势，杜绝唯一竞标人的情况出现；(5) 公私合约和政策是兼容的并且稳定不变，合约可以在法治保障和民众监督约束之下有效执行。而实际情况有可能是：(1) 社会资本以 PPP 的方式提供公共服务确实在一定程度上可以提升效率、改进服务质量，然而不能很好地兼顾公平正义；(2) 政府向社会资本转移的风险不足，风险不能与收益对应，这样做往往会导致社会资本不负责任；(3) 由于受政策压力以及商业机密等因素制约，社会资本的优势不能完全应用到公共项目当中，政府无法完全公开透明；(4) 政府没有能力维持充满竞争性的紧张局势，唯一投标者找来规定数目的社会资本进行围标，提高竞标价格，以高出市场价格的竞标价获得项目，导致风险与收益的匹配性下降；(5) 合约由于受政策变化影响，并不具备稳定性，有的时候出现争端需要仲裁和问责，而由于仲裁和问责机制缺少法治化环境条件的匹配，合作方即使对簿公堂也往往“不得善终”，“一地鸡毛”。显然，PPP 导致对公共治理框架的严重挑战。更确切地说，PPP 涉及一个介于管理概念（比如效率）与民主法治概念（比如公平正义、公共利益、民众参与、问责与合法性）之间的权衡取舍与有机结合的创新问题。

我们知道，由多人共享、由集体提供、向受益人融资的物品和劳务具有潜在的效率。但是，这些受益者将以怎样的集体方式或政治程序将自己组织起来，以便从集体行动中获得真正的公共利益，同时可确切地使自己免受损害呢？我们知道，社会的运转必须有规则，必须有法律秩序，必须有限制措施。① 本部分旨在围绕我国的 PPP 探讨一些现实问题。五个特定的主题组成分析框架：效率、风险、复杂性、问责、治理。

（一）基本公共服务供给重效率但不唯直接效率

一般而言，政府比其他任何组织的效率都更低下，以前我们经常会将其归

---

① 〔美〕詹姆斯·M. 布坎南、理查德·A. 马斯格雷夫著，类承曜译：《公共财政与公共选择：两种截然不同的国家观》，中国财政经济出版社 2000 年版，第 40 页。

结为机构臃肿、公务人员的官僚作风浓厚，其实，这些只是看起来的表象。政府与私营部门是有差异的，这种差异导致私营部门的效率更高，但这种效率不是源于组织形式，而是源于目标的单纯。如果定期派给公务人员任务，让他们用“商业方法”改善行政效率，这意味着误解行政效率这个概念。在许多情况下，需要让政府做事的原因之一，恰是我们并不想让政府的某些行为按利润最大化的方式来运行。如果政府想追求所谓效率的话，他们能够成功地用谋利的方式来经营自己。我们知道，政府赋予自己一种垄断地位便会使谋利来得更容易。[①]从这一视角看政府的低效恰恰是其公共性的天然属性决定的。[②]在此，并不是为政府所谓的“低效”开脱，而是反衬地说明政府需要适当借鉴私人部门的高效优势，“择其善者而从之，其不善者而改之”，在合作的过程中有意识地学习、权衡、取舍。社会资本通常被认为比政府具有更高效的管理，这一点也被普遍视为政府引入 PPP 旨在提高效率和有效性的重要着眼点。然而，外包以及公私之间较之以往更频繁的交互安排，也容易显著地降低政府的监督管理能力，而该能力正是为了确保回应民众关于公共利益的更为宽广的、更多战略视角的诉求。换言之，我们还没有充分地回答“为了谁的有效性”的问题。[③]笔者认为有必要从全局根本层面上进一步明确 PPP“为谁提供服务”的问题，以及如何从多维的角度平衡公私部门之间的效益、效率和效能。

采用 PPP 的核心理由是服务外包与先前由国家以传统的方式提供基本公共服务相比效率得到了极大提高，相较以往，PPP 看起来能够带来更基础的基本公共服务供给、更高的服务标准。然而以 PPP 的方式建设基础设施并非没有争议，争议的焦点围绕着是否真正需要将基础设施外包给社会资本展开。政府期望 PPP 为纳税人节约成本和效率是否可行？长期的 PPP 是否会锁定政府的安排以及限制政府的灵活性？就我国既往的 PPP 发展中的某些案例来看，政府治理并未因

---

① 〔美〕戈登・塔洛克著，柏克译：《经济等机制、组织与生产的结构》，商务印书馆 2010 年版，第 47—48 页。

② Barry Bozeman, et al., “Red Tape and Task Delays in Public and Private Organizations”, *Administration & Society,* vol. 24, no. 3 (1992), pp. 290-322.

③ Keith G. Provan and P. Kenis, “Modes of Network Governance: Structure, Management, and Effectiveness”, *Journal of Public Administration Research & Theory,* vol. 18, no. 2 (2008), pp. 229-252.

此获得所期望那样的成功，甚至治理风险似乎有所增加。已有的 PPP 大都是政府和社会资本之间的契约缔结，独立第三方中介咨询往往参与不足，更缺乏民众参与，公务人员出于政绩考虑，可能只关注 GDP 的增长而非公共利益，这就使得政府以招商引资为工作导向，努力推进项目建设，缺乏合理的全面战略布局，不少失败案例皆由此导致。

不容否认的是，PPP 确实能够在某些领域提升直接效率，但是那些不能立刻见到收益的领域，或许更值得关注，实际运行也在印证该模式并非适合所有领域。比如，将基本公共服务供给外包给通过用户收费收回成本的私人供应商，一些评论家就此表达疑虑，认为这种模式的 PPP 拒绝了那些不能出钱的穷人和被边缘化的人获得基本公共服务供给的权利。[①] 此外，资产负债表的收益与成本也可能误导企业缺乏从过去的合作总结经验教训的责任意识，更为严重的是，它还腐蚀了民众的责任感，甚至可能出现以牺牲多数人利益而使少数人获益的政策安排，无法保障民主授权。如果以公共利益作为社会综合效率的评判维度，那么显然，这种类型的 PPP 案例是低效的或者说无效的。

毫无疑问，PPP 的效率极大地受制于政治支持。很明显，PPP 作为一种公共政策与当地的政治环境有着直接的关系。如果没有必要的政治支持，则项目得不到及时的审批、批复，政府固有的繁文缛节和当地民众的抵制，可以成为导致效率低下的致命原因。当地政府的必要支持会吸引更多的投资者，使项目的运转更具效率。在政治支持不强的管辖区，投资者会对政治风险望而却步，不愿意在这样的环境中与政府展开合作。民众对项目的接受和理解也会影响项目的进展，项目初始阶段的民众支持可以减少延误，在项目后期的运行当中也不会因为受到民众投诉压力而中断，反之则反是。民众参与可以化解这种矛盾，使 PPP 能够得到更多的民众支持，使其更具效率。案例观察，天津市双港垃圾焚烧项目因为不能得到民众支持而步履维艰，双港垃圾焚烧发电厂选址缺乏必要的听证程序，距离居民区较近，焚烧垃圾排放二噁英等致癌气体，该项目导

---

① 〔美〕威廉姆 •A. 尼斯坎南著，王浦劬译：《官僚制与公共经济学》，中国青年出版社 2004 年版，第 206 页。

致上访投诉等群体事件接连不断。实现公共利益是PPP的初衷，真正符合公共利益的PPP项目永远也不会遭到民众的反对。本例即是危害公共利益的失败案例，即使是这样一个危害当地公共利益的项目，也是天津市政府曾提供许多激励措施才引进的，并承诺如果收益不足，政府将给予补贴，但是就补贴标准没有明确定义。2012年政府的财政补贴不足5800万元，仅占公司主营业务收入的1.25%，公司运行难以为继。政府由早期的"越位"变成后期的"不作为"，引发信任危机。[①]民众的抵制加之政府的有限支持使得企业进退维谷。从原理上说，PPP天然地具有被民众接受的优势，比如项目可以吸纳当地人就业，然而本例中民众的抵制导致该项目数度搁浅，磕磕绊绊。诚然，民众对PPP项目的接受和理解有赖于当地政府进一步的宣传和推广，有鉴于此，政府应该事先承诺向民众提供优质服务以及合理的终端用户收费，构建民众参与机制，尽最大努力获得民众的最大支持。因此，可以这样理解，民众的了解、参与还不够充分，项目的优化还没有到位。而积极、充分的阳光化、民主化、民众参与可以化解这些矛盾，使PPP能够得到更多的民众支持，也使其更具效率。实现公共利益是PPP的初衷，真正符合公共利益的PPP项目自然不会遭到民众的反对。所以民众参与基础上的政治支持是决定投资者信心、提高PPP综合效率的关键。

我们一直认为PPP模式下的效率提高来自私人部门对风险的承担，然而在现实中这是值得怀疑的，这是因为没有透过现象看到本质，私人部门有可能承担风险，而民众一定承担风险，这将是下一节的主题。

（二）公私风险分担应是理想化目标取向下正和博弈和专业化方案的探索

PPP是一种新生事物，我国政府与社会资本在普遍缺乏经验的情况下参与其中，在实践当中遇到诸多实际问题，有的项目遇到较大问题甚至宣告合作失败。与任何投资项目一样，在PPP模式下，政府与社会资本也均会不可避免地面临风险，而各方面临的风险不同，并不是一纸合同就能够完全约定的。在分析基本的社会机制和制度时，要把政治和经济适当地联系起来，大部分政治是经济

① 李香玉：《PPP项目的失败案例》，中国工程建设网，http://www.chinacem.com.cn/PPP-alfx/2015-02/182873.html，2015年2月12日。

性的，而大部分经济亦是政治性的。[①]我们在分析 PPP 经济风险的同时，也要将政治风险纳入其中。

从企业面临风险的角度讲，参与 PPP 的外资企业、跨国公司在全球竞争中，不仅面临经济约束，更要面临由于政府的介入而形成的政治约束。PPP 项目涉及的政策比较多，由于我国尚处于起步阶段，相关法规政策还有待于进一步完善。此外，政府具有极其多元、复杂的目标，并且拥有广泛的资源及政治权威，这将在一定程度上增加 PPP 合同执行和修改的不确定性，很容易出现前后政策不一致的风险。例如上海延安东路隧道项目[②]由于政府政策变化，项目公司被迫与政府就投资回报率重新进行谈判，最后以政府收购告终。在国际投融建的模式中，再也没有比东道国政府将跨国公司财产和分支机构国有化更能引起争议和投资恐慌。[③]延安东路隧道项目中的收购就是东道国政府将外国投资国有化的一种方式，尽管本例中政府收购的初衷是为了收拾残局，这又衍生一个新问题，即政府应该以什么样的价格收购。如果收购的价格高于项目的实际价格就会涉及国有资产流失，甚至会有腐败寻租隐含其中，而国有资产流失的买单人是纳税人；如果收购的价格低于项目的实际价格，那么企业将面临投资失败，这会在一定程度上挫伤外资来华投资的积极性，不利于我国开放型经济的健康发展，表面上看我们似乎以较小的代价获得了较大的收益，然而从长远来看，如果经济发展不好，那么最终挫伤的还是公共利益。所以，在合作共赢的理想化目标取向下，建立健全寻求共赢的 PPP 风险评估机制，是一种必备的谈判（博弈）任务，合作方风险分担方案的专业化设计要落实到合同当中，合作方自愿签字生效。项目执行过程中，风险一旦发生，对于各个合作方来说，以最专业的方式寻求解决办法是规避损失的最有效途径。政治风险往往比经济风险对企业造成的伤害更大，而评估机制和预案设计也可以力求将政治风险进行经济量化并

---

① 〔美〕查尔斯·林德布洛姆著，王逸舟译：《政治与市场：世界的政治—经济制度》，上海三联书店 1995 年版，第 8—9 页。

② 张维然、林慧军、王绥娟：《延安东路隧道复线 BOT 模式之评价》，《中国市政工程》1996 年第 9 期。

③ 〔美〕弗雷德里克·皮尔逊、西蒙·巴亚斯里安著，杨毅译：《国际政治经济学》，北京大学出版社 2006 年版，第 344 页。

将风险处置预案机制化，尽量让合作各方的损失最小化。

从政府面临风险的角度讲，PPP 模式的本质内含着将适合由企业应对的那些风险因素转移到企业部门从而提升绩效，然而，这种风险转移也会有争议。就经济角度而言，有些公共服务是资本密集型的，并不能从收费中筹足必要的收入。以北京地铁 4 号线为例，在 2015 年涨价以前，与北京其他的轨道交通线路一样，实行全程票价 2 元的低价票制。根据《城市轨道交通成本构成分析》可知，4 号线投入运行，2 元票价难以覆盖运营成本，更谈不上收益盈利。为保证京港公司的盈利性，财政对票价进行补贴以吸引社会资本参与其中，该项补偿每年约 6 亿—7 亿元。[①] 如果没有政府财政补贴，那么可能的情况是这类资本密集型公共服务要在合同期内收回全部成本就会提高票价，这样做会使该线路拒绝为支付不起票价的民众提供基本公共服务。正是由于这些现实中的政治考量，才使得北京地铁 4 号线由公共财政进行补贴，使其健康运营，为民众提供基本的公共交通服务。由于政府不允许基本公共服务提供失败，所以过度指望与过高评估将风险转移到私人部门可能只是一厢情愿。[②] 政府设立 PPP 的初衷是远离风险或将风险转嫁到私人部门，然而最终的结果是 PPP 把风险转嫁给了政府和纳税人。可以这样说，PPP 模式下的基本公共服务风险转移在概念本质上是有缺陷的。[③] 北京地铁 4 号线可以说是成功运行的 PPP 案例，由于法律和政治因素，政府除了参与并补贴之外别无选择，随着政府财政压力日趋增大，北京地铁经过听证会程序与广泛宣传，终于推出了票价提升方案，在风险收益分担方面形成了新的均衡点。PPP 的核心本质之一，是社会资本在获得适当奖励回报的同时承担相应的风险，社会资本方应该具有正确合理的心理预期，即失败也会赔本，成功则会有“非暴利而可接受”的利润入账。如果社会资本没有经营运行好，也别指望让纳税人买单。而现实的情况令人遗憾，基本公共服务供给的经营风险很难按照风险

---

① 靳明伟：《北京地铁 4 号线背后的 PPP 故事》，中国建设工程网，http://www.chinacem.com.cn/PPP-nljs/2015-02/182562.html，2015 年 2 月 9 日。

② Declan Gaffney and Allyson M. Pollock, “Pump-Priming the PFI: Why are Privately Financed Hospital Schemes Being Subsidized?” , *Public Money & Management,* vol. 19, no. 1 (1999), pp. 55-62.

③ Jens Sorensen, “A Financial Analysis of the National Air Traffic Services PPP” , *Public Money & Management* , vol. 23, no. 3 (2003), pp. 185-194.

收益共担原则进行转嫁，政府和纳税人承担了更多的风险。事实上基本公共服务供给不允许失败可能意味着日益多元化的治理机制的民主成本，将包含人们常说的“不算经济账”，这虽然在长期中杜绝了短视化与局部化的局限性，但企业可能并没有如我们先前想象的那样，承担与收益相匹配的风险。既往的风险依旧由政府承担，也就是由纳税人承担风险。无论从政府还是从社会资本的角度讲，最终承担风险的一定是民众，虽然民众有可能不是唯一承担者。所以，风险评估与防范、分担机制在充分照顾各方利益的同时，一定要以专业化的高水准，使合作各方的共同利益的平衡点更趋向于综合意义上的公共利益。

构建 PPP 的风险评估机制是大势所趋，其中有三点不容忽视。首先，在评估的过程中要兼顾各个利益主体，包括政府、社会资本以及民众，在弘扬社会公共利益的前提下，尽量不让任何一方的利益受损；其次，评估机制要广开言路，将民众吸纳进评估体系，充分听取和尊重民众的意见，维护公共利益；最后，也是最重要的一点，风险评估组织应该是独立于政府的第三方机构，只有这样才能保证评估的客观中立。PPP 的蓬勃发展使国家结构越来越复杂，这将是下一节的主题。

（三）公私长期合作面临变数

当前政府以市场化的方法提供公共服务的模式挑战了传统公共价值观。[①] 方兴未艾的 PPP 合作模式被寄予更多社会治理改革创新的希望。本届政府大力推行 PPP 作为治理创新的工具，反映了国家对各级政府适当角色的重新评价与定位，并要就此做出相应的变革。PPP 被视为政府与社会资本的技术与资源的有机整合，以民主法治为前提条件，因制度创新而允许社会资本受合理适度的自利驱动，由公共政策将私利引导到公共利益的轨道上来。这一前景颇为诱人，不仅是因为它符合以市场机制为导向的传统社会价值观，而且也向我们展示出这样一种场景：政府调动社会资本的积极性，使其参与到社会治理当中，为社会治理问题找到恰当的解决办法。众所周知，当利益碰撞时就会产生冲突。[②] 每一

---

① Torben Beck Jørgensen and B. Bozeman, “Public Values an Inventory”, *Administration & Society,* vol. 39, no. 3 (2007), pp. 354-381.

② 〔加〕加雷思·摩根著，金马译：《组织》，清华大学出版社 2005 年版，第 156 页。

种合作机制都包含了一系列特定的利益、利益相关者，而利益与利益相关者的客观存在可能会在所需要实现的目标与实现的方法方面产生与预期相悖的协调问题，问题的关键不在于何为最好的制度、是否已经选择最好的制度，而在于在既定的公共政策目标下各合作主体的和谐共生。

当前越来越多的社会资本主体参与国家治理，也使国家经济生活进一步复杂化。我国 PPP 尚处于探索阶段，现行法规无法涵盖该机制运行的每一个方面，在实践操作当中矛盾频出。[①]它涉及国家的法律、法规、规章、投融资、项目管理移交、专业技术等方方面面。其中，投融资模式选择、风险收益分担、监管等重要方面皆与项目本身的建设条件禀赋等因素息息相关。[②]各个 PPP 项目之间可以借鉴但不可能完全照搬，因为不可能存在完全一样的 PPP 项目。不难想象，在未来的运行当中，有关 PPP 的合同纠纷还会层出不穷。就目前看，现有的仲裁机构一般尚不具备相应的能力仲裁 PPP 模式下极具专业性的纠纷，可能需要一个专门的仲裁部门来处理此类问题。

PPP 还会涉及政策稳定性问题。政治承诺对于 PPP 的可持续性是十分重要的，政府政策缺乏连贯性容易导致项目的重复谈判、诉诸法律或提前终结。很多项目的时间跨度是 15 至 30 年甚至更长，这使得合同可能会遭遇未来政府不共享上届政府政策目标的困境，或者面临政策或市场环境的调整变化。泉州刺桐大桥建设之初，原有泉州大桥的收费权隶属省里，但当刺桐大桥建成以后不久，泉州大桥的收费权也随之下放到泉州市，新旧两桥并行相隔数百米，每年近亿元的车辆过桥费在事实上形成了市政府与民资争利的格局，导致出现“泉州刺桐大桥连不上高速路”的怪相，实际上是泉州市政府方面恶意不让刺桐大桥连上高速路。[③]在青岛威立雅污水处理项目中，当地政府对 PPP 的理解有限，导致合同谈判历时较长，又由于政府没有深入了解污水处理市场的运行机制，合同签约价格远远高于市场价格，使得项目尚处于初始运行阶段，政府就单方

① 靳明伟：《PPP 模式失败案例之长春汇津污水处理厂》，中国建设工程网，http://www.chinacem.com.cn/PPP-nljs/2015-03/183741.html，2015 年 3 月 6 日。

② 同上。

③ 黄全权、吴亮：《泉州刺桐大桥连不上高速路》，《中国青年报》2002 年 9 月 26 日。

面撕毁合同，要求重新谈判以降低承诺价格。[①] 在本案例中，显然政府是具有优势的一方，尽管政府重新谈判的价格更贴近市场价格，然而令人遗憾的是，这还是不可避免地为后续的 PPP 社会资本方带来政府信用低下的预期，不利于未来持续开展健康的政府与社会资本合作。此外，政府导向的政策变化一旦涉及重新谈判合同，冗长的时间和昂贵的成本是不可避免的。PPP 合同经常涉及与各式各样的利益相关者进行复杂的谈判，在廉江中法供水厂项目中，供水量 6 万立方米与用水量 2 万立方米成了不可调和的矛盾，旷日持久的谈判使得当初的合同水价已经偏离市场价格，现实情况造成企业无法履行合同，该水厂被迫闲置，继续合同对于公司而言没有任何经济意义。[②] 当发生这类问题时，追究各方责任又成为一个新问题，每一方都会想尽办法推卸责任。

构建 PPP 的仲裁机制是不可避免的发展趋势，值得注意的是，它会面临两个严峻的挑战。首先，需要仲裁机构的工作人员具备相应的法律知识和执法经验，避免恣意专断，仲裁的规范化与国际化直接影响我国 PPP 的发展前景以及吸引外资的能力。其次，与其他法律制度相比，仲裁的严谨性并不突出，仲裁的好坏直接取决于仲裁机构工作人员的好坏，重视仲裁人员的职业操守就是重视仲裁机制本身。如何对仲裁员公正行事施加外在的道义约束是 PPP 无法回避的一个关键问题。仲裁机构虽然作为事后补救机制，无法真正减少 PPP 纠纷，但是会在一定程度上改善政府与社会资本合作的预期，“推卸责任”将会变得比以往更困难。

（四）问责可以敦促公私合作谨慎负责

当前，PPP 项目已经出现几个由于缺乏问责机制而导致的失败案例，引起社会的广泛关注，包括武汉汤逊湖污水处理厂项目[③]、杭州湾跨海大桥项目[④]、鑫远

---

① 史尧尧、杜涛：《地方报送项目 8000 亿　银行慎对 PPP》，《经济观察报》2015 年 2 月 14 日。

② 《广东廉江引资 1669 万美元建成水厂后空置 8 年》，《广州日报》2007 年 6 月 19 日。

③ 《武汉汤逊湖污水处理厂 BOT 项目夭折》，《中国建设报》2004 年 9 月 24 日。

④ 《谁动了杭州湾跨海大桥的奶酪？》，长三角视点浙江在线新闻网，http://www.zjol.com.cn/05delta/system/2005/03/03/004356436.shtml，2005 年 3 月 3 日。

闽江四桥项目[①]、山东中华发电项目[②]、北京第十水厂项目[③]。每一个案例都警示我们要跟进明确清晰的问责机制。

公共政策的制度性框架以及公私责任分担权重在国家之间存在着很大的差异，在一国之内的不同地域之间同样也会存在或多或少的差异。就私有化政策而言，无论从深度、广度和连续性来看，美国都走在英国的前面，而像中国这样高度集中、以中国特色的社会主义市场经济为导向的国家，中央政府往往主导着地方政府、社会资本的活动。由于我国幅员辽阔，各地域的情况千差万别，社会治理的地方性差异以及行政层级差异往往被忽视，而这种差异性的存在往往导致契约失灵。如果由缔结项目合同的政府上级部门负责管理政府与社会资本合作，而并不是与社会资本进行合同谈判的政府，并且由于地域差异或者行政隶属层级差异的原因而不能共享价值观和政策，那么紧张的冲突就不可避免。例如鑫远闽江四桥项目：1997 年，福州市政府为吸引外资，向外商盲目承诺根本不能兑现的优惠条件，以 PPP 方式修建鑫远闽江四桥。2002 年 9 月 10 日国务院为制止盲目吸引外资的行为下发了《关于妥善处理现有保证外方投资固定回报项目有关问题的通知》，明确指出："保证外方投资固定回报，不符合中外投资者的利益共享、风险共担的原则，违反了中外合资、合作经营有关法律和法规的规定。今后任何单位不得违反国家规定保证外方投资固定回报，并提出必须在年内整改完毕的限期，要求各地政府对固定回报投资项目进行清理和妥善处理。"2004 年福州鑫远城市桥梁有限公司因数亿投资血本无归，向中国国际经济贸易仲裁委员会提出仲裁申请，要求受理因政府违约造成的高达 9 亿元人民币的合同纠纷。该事件使福州市政府陷入两难境地。如果兑现承诺，福州市政府将支付巨额补偿且违背国务院的新政策；如果不兑现承诺，政府信用遭到严重损害。这在无形之中造成了问责困惑，谁之过？ PPP 的基本逻辑是"利益共享、风险共担"，由于当年国内基础设施建设落后，财政资金远远不能满足建

① 《盲目承诺出恶果：港商索赔 9 亿元》，新华网，http://news.xinhuanet.com/comments/ 2004-08/04/content_1708128.htm，2004 年 8 月 4 日。

② 赵燕凌：《中华发电命系电力改革 竞价上网危及当年 BOT 承诺》，《财经时报》2003 年 5 月 15 日。

③ 《中国第二个水务 PPP 项目北京第十水厂 16 年后终将建成》，《东方早报》2014 年 8 月 18 日。

设需求，为引进外资，不少项目都有15%的回报率承诺，国务院的“及时叫停”无疑是在维护PPP的基本逻辑，然而是否适当也是一个问题——这涉及上面讨论的风险转移问题，会对未来的社会资本参与PPP造成阻碍。明智的做法是问责，伴之以中期调整而非终止合同。令人遗憾的是我们只看到终止合同而未看到问责。

PPP将是经济新常态下混合所有制改革的具体实践，与之相对应的问责机制也要与时俱进。问责制对于控制腐败是至关重要的，无论是民主制还是独裁制国家都有可能非常腐败。问责制甚至在不进行选举，或者有一个在选举中始终稳操胜券的支配性政党的国家里也可以发挥监督作用。来自民众的外部压力，可以起到限制腐败的作用，避免公务人员通过牺牲公共利益来获得个人利益。① 此外，PPP的发展有望提供一种新型的责任机制以及一定程度的民主潜力，为问责创造新的机遇，也为民众参与治理提供一种渠道。无论是社会组织还是私营部门，只要参与到公共服务的提供过程当中，都会接受消费者——也就是民众的检验与选择。竞争是需要竞争规则的，较好的竞争是通过改变规则引导产生的。② 这是一个市场模式下落于法治形式的集体选择过程。正是由于PPP改变了政府提供公共服务的传统模式，使得民众、社会资本、第三方独立的中介咨询机构在此过程中参与到公共领域。只有民众监督真正参与到PPP当中，才能使问责机制更好地发挥防范腐败、寻租、渎职等作用，才能引导PPP主动实现公共利益。

20世纪90年代末以来，我国逐步推进行政体制改革，由管理型政府转向服务型政府，将基本公共服务供给职能以公开招标的形式转移给社会资本，这也是PPP的对接机制。政府由此完成从基本公共服务的提供者到监督者的身份转换。在政府的引导下，社会组织持续稳定地提供质量有保障的基本公共服务，这项改革在一定程度上使社会资本在民众参与的阳光化环境中承担了相应的公共责任。但是构建PPP多元问责机制可能会面临两个严峻的挑战。首先，在实

① 〔美〕苏珊·罗斯·艾克曼著，王江译：《腐败与政府》，新华出版社1999年版，第187页。

② 〔美〕詹姆斯·M. 布坎南著，吴良健译：《自由、市场和国家：80年代的政治经济学》，北京经济学院出版社1989年版，第34页。

践当中理想的政府与民众之间清晰高效的问责机制由于现实的复杂多样而变得支离破碎，使问责之路变得困难重重。问责的执行通常是民众关注的焦点，为了给民众一个满意的交代往往会使问责变得更空洞、更脆弱，离事实真相更远。其次，如果想要发挥问责机制的民主潜力，那么信息要有一定的开放度和透明度，而当前有关 PPP 的合作框架并不能确保信息公开透明。私营部门会以“商业机密”为由拒绝发布信息，政府也会以各种理由拒绝公开透明。路易斯•布兰代斯有一句著名的判词曾经风靡天下：“阳光是最好的消毒剂，而电灯则是最有效的警察。”促进政府政务公开，让民众获得更多的公共信息是确保政府责任实现与维系行政伦理水准的重要途径。[①] 一个有关 PPP 的全面信息发布机制将有助于培养民众参与公共事务的意识，从而鼓励民众参与问责并对政府进行有效监督，抵制公务人员腐败。PPP 如果运用得当可以在一定程度上促进服务型政府的公开透明，也催生民众参与的新民主机制。其他治理问题将在下一节中讨论。

（五）治理和基本公共服务供给的未来

基层财政困难问题在 1994 年分税制改革以后逐渐凸显，于 2000 年前后以矛盾爆发的形式集中反映出来。1995 年，全国 2159 个县级单位中，有赤字的还仅为 132 个，占比 6.1%；至 1999 年，全国 2030 个县级单位中，有赤字的县达到 706 个，财政补贴县 914 个，两者共计 1620 个，占比达到 80% 以上[②]，数字不可谓不触目惊心。而公共服务的水平取决于财政支持，“巧妇难为无米之炊”。事实上，如果政府提供的基本公共服务供给标准不能与可获得的财政资源相匹配，那么纳税人会质疑，这会进一步挫伤纳税人的纳税遵从，在一定程度上导致政府更大的财政压力，用于基本公共服务供给方面的可支配资源将更加有限。[③] 民众想在不增税的前提下要求政府改善基本公共服务供给，使得政府除了充分探索 PPP 的潜在效率节约之外别无选择。尽管有一些 PPP 的失败案例，却

① 〔美〕戴维 •H. 罗森布鲁姆等著，张成福译：《公共行政学：管理、政治和法律的途径》，中国人民大学出版社 2007 年版，第 578 页。

② 贾康等：《全面深化财税体制改革之路》，人民出版社 2015 年版，第 58 页。

③ Valerie Braithwaite and E. Ahmed, “A Threat to Tax Morale: The Case of Australian Higher Education Policy”, *Journal of Economic Psychology,* vol. 142, no. 1 (1996), pp. 129-140.

并未阻止也不应阻止该合作模式参与到更多的公共服务领域。而财政支持下的公共服务能否取得预期效果，又是另一个值得关注的问题，它与整个治理体系的改革息息相关。加强和创新社会治理变革，提升治理绩效，改善民生，迫切需要机制和观念的转变创新。

PPP 逐步推广到曾经被视为政府传统核心服务的公共工程领域（例如水利设施、市政设施、交通设施、资源环境等基本公共服务支撑条件），它可能成为一种主流的治理工具而不应成为政府懒政的避风港，这在一定程度上已经引发了关于政府、社会资本在参与基本公共服务供给过程中所应承担的角色的深入讨论。政府必须严肃地面对而不是回避有关政府与社会、市场的角色与责任的基本问题。市场作用不可忽视，应该加强并尊重市场的调节规律，在处理“市场失灵”的时候政府应该较以往更为合理和有力，并尽量避免在干预市场的同时自己也患上“政府失灵”。官僚机构的繁文缛节以及效率低下，使得治理改革势在必行，然而市场不能完全取代政府，市场一旦离开政府调控也会陷入失灵。治理变革的政治风险给我们留下了在操作层面上也许只有 PPP 才是有价值且可行的改革的印象，这也是当前国有企业改革和混合所有制发展的良机，尽管当下这种重建和改革仍显得任重道远、步履维艰。

实际生活中，政府的角色错位可以使其深陷矛盾的泥潭无法自拔，它既是政策的制定者，又似乎可以是政策的执行者；既是基本公共服务的出资人，又是基本公共服务的融资者；既是项目的合作方，又是合同纠纷的调解人，而各级政府责任意味着国家将继续以最小的成本尽最大的可能承担民众要求它们承担的广泛而多种多样的职能。那么，政府应该在哪些重要领域有所作为？并能在财政开支有限的情况下尽最大可能地提供基本公共服务呢？由图 3-1 可以看到，近年交通运输业领域的财政投入增长比例明显大于全年财政收入的增长比例，充分显示出基础设施建设需求强劲，而 PPP 有利于那些大型的、超长期建设的基础设施；教育领域的财政投入增长比例在 2011 年、2012 年与财政收入的增长比例尚属匹配，而 2013 年、2014 年急剧下降，已经无法跟上财政收入增长的脚步，这并不是说我们的教育投入已经足够，而是在现有财政资源有限、其它领域对财政投入的需求更紧迫的情况下的权宜之举；医疗卫生支出领域的财政投入增长比例与全年财政收入的增长比例基本相当，而我国正进入老龄化阶段，当前 60 岁以上人口为 2.1 亿，占人口总数的 15.5%，根据预测，2020 年 60 岁以上人口占比将达到 19.3%，2050 年将达到 38.6%。可以这样说，在不远的将来，医疗卫生支出需求将呈现爆发式增长的趋势，公共医疗问题不可小觑，在医疗卫生领域适当推进 PPP 势在必行。[①] 就政策前瞻性而言，引进 PPP 可以满足国内的大型基础设施建设需求，弥补当前的教育投入不足，改善基本公共医疗服务，满足老龄化社会对公共医疗服务的需求。额外引入的社会资本应该可以显著改善民众认可的服务标准，并以此重建政府的公信力。理想是丰满的，但现实是否同样丰满还需要拭目以待。面对经济新常态，政府虽然反复强调要加快改革步伐，但依然步履维艰，政府根深蒂固的利益固化藩篱虽被削弱但依旧存在。如果若干年后，虽有财政资金与社会资本持续投入，而相关的配套改革和制度体系建设不能如愿给力，民众认为有些基本公共服务仍不能提供或提供失败，也就是说公共支出虽然增加却产生相对较低的输出，那么将会引起一个重大的政治反弹，这十分值得我们深思，所以，PPP 作为一个制度创新，在势在必行后如渴望成功，形成全套现代化公共治理的有效制度供给，是其灵魂与关键。

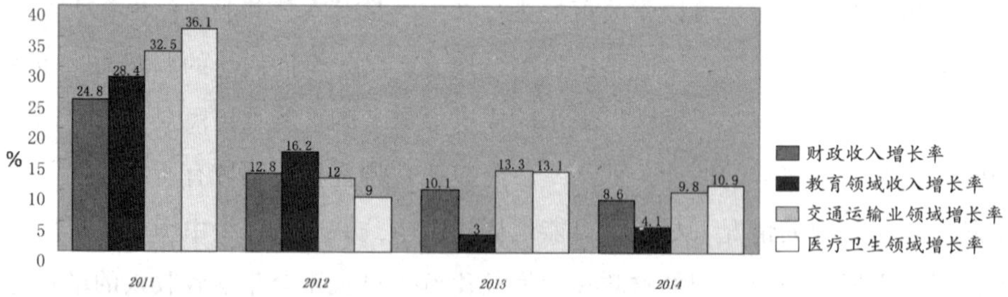

图 3-1　财政收入、教育领域、交通运输业领域、医疗卫生领域的增长率变化对比

资料来源：《中国财政》，2011—2014 全国公共财政收支整理。

① 人社部：《我国退休年龄全球最早将逐步延迟》，人民网财经频道，http://finance.people.com.cn/n/2015/1015/c1004-27701024.html，2015 年 10 月 15 日。

PPP 挑战了我国传统的核心政治原则：承诺普遍均等的基本公共服务供给以及在某些核心公共服务领域拒绝盈利。PPP 机制已经将关注的焦点转为社会资本和消费者之间的市场供需关系而非形式上更为宽广的公共利益，这是由另一套不相容的价值框架——新公共管理造成的。公共利益容易被伪 PPP 或劣质 PPP 极大地忽视或弱化。如果政府不针对 PPP 的失败案例以及公共价值空心化的现象做出一些相应的去伪存真、动态优化的调整，那么将会对国家的治理能力和民主运行机制产生长久的不良影响，这将是下面结论部分的主题。

四、结论：政府与社会资本合作的政治议题——公共利益为根本归宿的制度创新

远在氏族社会的原始时代，就有公共利益的概念，当时的“公共利益”指氏族成员之间的共同利益。在古希腊和古罗马，公共利益的范围得到进一步扩大，已经扩展到城邦和贵族集团。近代先哲又陆续强调公共利益的概念，洛克的“共同体”、亚当·斯密的“共同体下的市场经济”等，都是当代民主社会实现公共利益的社会基础。众所周知，弘扬公共利益已成为社会治理的第一要旨。公共利益可以简单地理解为让最广大的老百姓得实惠、满意且可持续。20 世纪 90 年代末以来，我国开始推进以“小政府、大社会”为目标的政府职能转变，将一部分基本公共产品和服务的供给职能以公开招标的形式转移给社会资本，这是 PPP 的早期雏形。政府完成了从公共产品与服务的提供者到监督者的身份转换过程。在政府的制度建设引导下，社会组织和私营部门可持续稳定地提供质量有保障的公共产品和服务，PPP 在一定程度上使社会资本从在商言商的立场出发更多更好地承担相应的公共责任，这不仅仅是社会治理变革更是社会治理创新。

然而，PPP 存在两个固有的政治悖论不容忽视。第一，过去政府所独有的公共工程建设权力与义务如今已经跟社会资本共同分享，这样做不可避免地削弱了政府的直接控制力，这显然有其合理性，值得深入思考的是，这样一样引出了政府作为合作伙伴一方的权利问题。值得探讨的是公共利益更依赖于市场还

是“不算经济账”的政府。市场缺陷（市场失灵）论告诉我们，即使市场在外力控制下完美运作，仍然可能产生缺陷性的后果，比如宏观经济失衡、厂商逐利行为导致的短期行为、收入分配不公以及外部负效应等[①]，也就是说，市场也并不是完全可以靠得住。第二，政府的法治化改革包括提高政府的开放度、透明度和强化其问责制，然而PPP在合作的过程中也会由其他一些因素冲击这些规则，比如私营部门的商业机密会限制开放，政府的很多正式和非正式规则也会在一定程度上抵制或破坏透明度，伙伴间关系脆弱是问责制最大的掣肘，这最后一点提出了一个更为基本的问题。[②]如果不能对PPP进行有效监督和管理，其为民众提供公共利益的合法性从何而来？PPP的参与机制、评估机制、仲裁机制和问责机制总体而言在我国目前尚属试水期，参与机制可以提高PPP的效率，评估机制可以量化合作各方的风险和收益，仲裁机制使合作各方的权益得到有效确认从而引导纠纷解决，问责机制使合作各方都能更好地承担相应的责任，这些在一定程度上可以帮助合作各方规避风险，但前提是参与机制、评估机制、仲裁机制和问责机制不应抑制PPP的灵活性和必要的自由度。虽然用民主的方式调和PPP的内在矛盾至少在初期将会带来更多的问题，但尽管如此，民主的视角依然不能被效率的视角完全取代，PPP的核心本质是社会资本参与基本公共服务供给以此实现公共利益的长效机制，而公共利益作为根本归宿，却是在相关准公共产品动态的“群己权界”认定中，依托于规范的公共选择多轮“进行时”实现的，也就是说，法制化框架下的民主机制，是公共利益最大化的长效机制。[③]

有关基本公共服务供给的效率、节约和与收益相匹配的风险转移元素，目前看由于参与机制、评估机制、仲裁机制和问责机制的缺失，意味着一部分

---

① 〔美〕约瑟夫·斯蒂格利茨著，周立群等译：《社会主义向何处去》，吉林人民出版社1998年版，第48—49页。

② Flinders and Matthew, “The Politics of Public-Private Partnerships”, *British Journal of Politics & International Relations,* vol. 7, no. 2 (2005), pp. 215-239.

③ 冯俏彬、贾康：《论权益、伦理型公共产品：关于扩展的公共产品定义及其阐释》，《经济学动态》2010年7期。

PPP 项目在不远的将来可能会带来无法准确预期的重大成本。这一预警意味着：首先，需要对 PPP 进行广泛而审慎的研究和分析，具体、准确找出适合 PPP 的合理性原因，区分哪些领域适合而哪些领域并不适合。其次，由政府原因造成的 PPP 失败案例以及由此衍生的公共信任危机，使得严格把关成为大力推进 PPP 的必要前提。这些把关措施包括风险与收益的匹配、“均平”[①] 与效率的权衡、责任与义务的分担、政府与社会资本目标融合程度的达标，等等。这些对应变量之间的权衡取舍通常被描绘为一个零和博弈关系，其中一个变量的增加（例如，风险）必然会带来另一个变量的减少（例如，收益）。可以这样认为，政府在沿“增进式”公共利益最大化轨道上推进 PPP 的时候要做出与合作伙伴博弈中的权衡，并要综合且优先地考虑那些符合公共价值的元素。而实际上，如果设计合理，这些变量之间也可以是正和博弈，支持共赢。PPP 对于实质性地转变政府职能、优化政府行为和全面推进法治化，不啻是一种“倒逼”机制。PPP 的发展，对法治、契约和上述所有这些相关营商文明的培育，都将是一种催化剂，对于降低交易成本、鼓励长期行为和促进社会和谐进步，具有国家治理现代化和包容性发展层面的全局意义。[②] 未来我们面临的主要挑战，在于监督 PPP 的参与机制、评估机制、仲裁机制和问责机制，以及司法作为最终解决机制（责任在法律形式上的认定需要完成全部的司法程序）是如何被正确无误地设计出来的。

因此，将 PPP 引入到基本公共服务供给领域，无疑是一个极具争议性和潜在风险的政治举措，而推行 PPP 又恰恰是政府在现有财政难以满足民众对基本公共服务需求的现实情况下的积极举措，这一事实使得政府绝难放弃 PPP 作为一项有关基本公共服务供给的现代化代表性创新议程。建议政府在越来越多的相关制度规则与政策领域致力于促进 PPP 的有序进行，对于有关 PPP 在公共治理框架下实现公共利益的政治考量，从一开始就应该予以高度重视，如果忽视

---

① 贾康：《论分配问题上的政府责任与政策理性（二）——从区分“公平”与“均平”说起》，《审计与理财》2007 年第 5 期。

② 贾康：《PPP——制度供给创新及其正面效应》，人民网，http://theory.people.com.cn/n/2015/0527/c40531-27061850.html，2015 年 5 月 27 日。

这些政治元素，那么这种举措的长期结果也许会隐患无穷、事与愿违。尽管PPP的运行有可能如履薄冰，稍有不慎就会触礁，但我们依然要在总结前人经验教训的基础上，在创新中以开放的胸襟和优化公共治理的全面努力，来发展和推进PPP，将其作为挑战性的供给侧结构性改革的一个重要组成部分。

以PPP创新破解基本公共服务的传统融资掣肘

欧纯智

一、导言

基本公共服务供给，是社会治理的一个重要组成部分，需要持续稳定的资金作为支撑。如果地方财政收入高且负债低，那么用于公共服务的资金就多，公共服务的供给数量和质量就会有所提高。传统上，我国政府在公共服务的供给方面一直都居于主导者地位，然而，不尽如人意的种种问题不容忽视：一是以税收方式融资支付基本公共服务导致供给不足，而以政府债务方式融资支付基本公共服务往往导致代际负担不公。二是财政拨付往往无序，从纵向上说，上级政府与下级政府之间权责不清，信息不对称，上级政府很难了解下级政府的真实需求；从横向上说，我国幅员辽阔区域间差异较大，地方政府间人为“创造必需”的竞争现象又可能加大区域差异和不平等，地域间的基本公共服务还无法实现均等化。从中央到地方，政府“心有余而力不足”的矛盾长期存在，在社会进入中等收入阶段（我国在2011年后已进入）后，民众的公共服务需求更进一步被激活，充足、公平、均等的基本公共服务供给压力趋于升级，必须在供给机制上寻求另辟蹊径的创新。当前，高税收下的企业出走、政府债的畸高不下、地方财政的持续恶化等问题，无不敦促政府拓宽传统融资渠道。随着政府公共职能的进一步扩张，基本公共服务供给更加多元，财政支出随之会呈爆发式增长，加之增税空间几近于无，使得政府债务问题凸显。截至2015年末，我国地方政府债务余额已达16万亿元。[①]在未来的一段时期内，如果单纯依靠财政资金供给公共服务，那么其供给能力堪忧，公共服务供给不如人意的地方，更是难以有效地改善。社会的不断发展对国家治理提出更高要求，催生公共服务的多元需求，重视和满足民众的诉求和偏好是公共服务更具回应性的最好表达。以上种种现实因素倒逼我国地方政府治理模式转变，基本公共服务供给体系与制度机制亟待改革。在这样的大背景下，政府与社会资本合作（PPP）如雨后春笋，分布在各个行业。在未来三年内，中国如果把公共部门负债率提高到50%左右，可增加公共部门的资金规模有6.5万—7万亿元，可以较好拉动民间资本跟进。[②]

二、文献回顾

基本公共服务指一定阶段内公共服务应覆盖的最小范围和边界。它需要建立在一定社会共识的基础之上而趋向于“均等化”。基于一国经济社会的发展阶段和总体水平，不论民众的种族、收入和社会层级差距如何，原则上都应公平、普遍地享受这种基本的“托底的”公共服务，而这种“均等化”的内在要求，不是相关公共资金支持人均数额的趋于均等化，必然也必须是使用价值形态的教育、医疗等服务供给数量与质量的趋于均等化（只能渐进追求）。我们判断一项服务是不是公共服务，不是看该服务的提供是否由公共政策决定或者是由政府通过公共财政开支。同理，基本公共服务的“公共性”属性也不是由它的提供方式——私人提供还是公共开支——决定的，而是由该服务的使用者是一个人还是多个人决定的。在一个时间段只能为一个使用者提供服务的是私人服务，能够同时为多个人服务的才是公共服务。公共服务包含内容较多，主要有三个方面：一是保障人类基本生存权的基本就业服务、基本养老、基本住房保障；二是满足基本发展权需要的义务教育和文化服务；三是满足基本健康需要的公

---

① 《2015年全国人大地方债调研报告》。

② 贾康：《PPP制度创新打开了民间资本跟进的制度空间》，财新网，http://opinion.caixin.com/2015-01-16/100775317.html，2015年1月16日。

共卫生、基本医疗保障。[①]

本文探讨基本公共服务供给的传统融资掣肘，从两个角度对文献进行梳理：公共服务供给优化和传统财政收支供给两个角度。从公共服务供给优化的角度：G. 布伦南（G. Brennan）和 M. 布鲁克斯（M. Brooks）认为以尊重作为激励可以产生最优的公共物品供给。[②] W. 布克霍尔兹（W. Buchholz）、R. C. 科尔内斯（R. C. Cornes）和 D. T. G. 鲁贝尔克（D. T. G. Rübbelke）认为匹配机制是实现公共产品帕累托最优分配的重要工具，并能有效缓解公共产品私人供给不足的问题，然而，所需的帕累托最优内部匹配平衡，却只出现在非常特殊的条件下。[③] P. G. 沃尔（P. G. Warr）认为私人慈善机构的存在是出于效用的相互依存而非帕累托最优结果，公共物品的"搭便车"问题无法解决，财政再分配依然不能达到帕累托福利改进的效果。[④] S. K. 斯奈德（S. K. Snyder）在一个广泛的公共物品供给中测试帕累托最优假设。[⑤] 从公共服务供给财政收支的角度：B. 洛克伍德（ B. Lockwood）分析了旨在增加收入而扭曲产品税时，产品市场竞争对公共资金边际成本变化以及公共产品供给的影响。[⑥] J. 安德烈奥尼（J. Andreoni）和 T. 伯格斯特龙（T. Bergstrom）研究了三种不同的公共物品私人供给模型。指出在这些模型中，以私人税收为来源的公共财政支付一定会增加公共物品的均衡供给。如果公共物品和私人物品都是正常的商品，那么财政补贴率的增加必然增加公共物品的均衡供给。[⑦] T. 伯格斯特龙、L. 布卢姆（L. Blume）和 H. 瓦里安（H. Varian）得出一些

① 贾康、孙杰：《城镇化进程中的投融资与公私合作》，《中国金融》2011 年第 19 期。

② Geoffrey Brennan and M. Brooks, "Esteem-based Contributions and Optimality in Public Goods Supply", *Public Choice,* vol. 130, no. 3 (2007), pp. 457-470.

③ Wolfgang Buchholz, R. C. Cornes and D. T. G. Rübbelke, "Matching as a Cure for Underprovision of Voluntary Public Good Supply: Analysis and An Example", *Economics Letters,* vol. 117, no. 3(2011).

④ Peter G. Warr, "Pareto Optimal Redistribution and Private Charity", *Journal of Public Economics,* vol. 19, no. 1 (1982), pp. 131-138.

⑤ Susan K. Snyder, "Testable Restrictions of Pareto Optimal Public Good Provision", *Journal of Public Economics,* vol. 71, no. 1 (1999), pp. 97-119.

⑥ B. Lockwood, "Imperfect Competition, the Marginal Cost of Public Funds and Public Goods Supply", *Journal of Public Economics*, 87(7-8)(2003), pp. 1719-1746

⑦ James Andreoni and T. Bergstrom, "Do Government Subsidies Increase the Private Supply of Public Goods?", *Public Choice,* vol. 88, no. 3-4 (1993), pp. 295-308.

显著的非常具有可比性的统计结果，表明收入再分配会改变私人供给公共产品。① R. D. 罗伯茨（R. D. Roberts）认为公共物品供给可以通过直接征税或对私人支出的补贴来资助，但补贴总是比直接税收更有效，就分配效应来说纳税人更喜欢税收减免。富有的纳税人相较于其他类型的补贴更喜欢直接税。②

由上述文献可知影响公共服务供给优化的因素很多，我国既往的基本公共服务供给都是由财政资金支付，其供给的质量、数量和效率往往会有一些不如人意的地方，下一节将分别从以传统方式融资支付基本公共服务供给以及政府之间争夺财政拨付的角度建模剖析，虽然模型是基本公共服务供给融资拨付案例，但在一定程度上也具有层级制政府以传统融资拨付方式提供基本公共服务的普遍特征。

三、地方政府的传统融资拨付方式已经成为基本公共服务供给的掣肘

众所周知，基本公共服务供给不当也会发生市场失灵：消费不足（underconsumption）和供给不足（undersupply）。对于非竞争性的基本公共服务，排他不可取，排他会导致消费不足；然而如果没有排他，又会衍生供给不足，本文只讨论供给不讨论消费。我们知道，一些非排他性的公共服务供给无法通过价格体系分配，也可以这样理解，竞争性市场不能带来帕累托数量的公共服务。如果公共服务不能用价格进行分配，那么政府责无旁贷，只能由政府提供。然而，地方政府的传统融资拨付方式已经成为基本公共服务供给的掣肘，不容忽视。

（一）以传统方式融资支付基本公共服务导致供给低效

当每个人使用一种服务存在边际成本时，如果价格体系运作成本极高，那么，由税收融资来提供该服务可以作为替代选择。理论上，个人林达尔税收机

---

① Theodore Bergstrom, L. Blume and H. Varian, "On the Private Provision of Public Goods", *Public Econmics,* vol. 29 (1986), pp. 25-49.

② Russell D. Roberts, "Financing Public Goods", *Journal of Political Economy,* vol. 95, no. 2 (1987), pp. 420-437.

制可以为基本公共服务供给提供有效支付。如果政府可以得到实施林达尔税收机制所需的个人收益信息，那么基本公共服务供给和支付可以由林达尔税收机制完美解决。有趣的是，在现实世界中，没有哪个地方采用这种税收[①]，因为政府根本无法解决个人信息问题。基本公共服务的自愿林达尔税收支付机制与强制性税收不同，税收通过对市场中的买方卖方征税而不是在公共服务市场中征税。这种征税是对市场的侵扰，因而可以这样理解，税收侵扰是一种成本负担。

我们在考虑以税收方式为基本公共服务供给融资的时候，假定公共服务是非拥挤性的，不会产生拥挤效应。当公共服务具有拥挤效应，比如高峰时间的公路，那么税收的作用就不仅是用来支付基本公共服务供给，而且是用来限制公共服务的过度使用、降低使用程度。而对于非拥挤性的基本公共服务，税收存在的理由就是为公共支出融资。这里只讨论税收作为基本公共服务供给的融资手段。

基本公共服务供给数量是政府善治无法回避的一个基本问题，以传统的税收方式融资支付基本公共服务供给，其供给数量是否受到影响？图 3-1 描述了税收的超额负担是如何影响基本公共服务供给数量的公共支出。ΣMB 为个人基本公共服务边际收益总和，MC 为用于基本公共服务供给的投入物边际成本。当图 3-1 的基本公共服务供给数量为为 G_2 时 $\Sigma MB=MC$ 的效率条件要求，对基本公共服务进行公共支付时不能有税收的超额负担损失，人们要像市场交易一样对基本公共服务供给自愿支付，而不是通过强制性税收对基本公共服务供给进行支付。MC_T 是包括税收超额负担后的基本公共服务投入边际成本，$MC_T > MC$。如果政府通过成本—收益分析的方法计算出 ΣMB，位于 $\Sigma MB= MC_T$ 的有效基本公共服务供给数量 G_1 就能确定下来。税收超额负担使得以税收方式融资支付的基本公共服务供给数量低于自愿支付的基本公共服务供给数量。

① 〔美〕戈登•图洛克著，范飞等译：《收入再分配的经济学》，上海人民出版社 2008 年版，第 42 页。

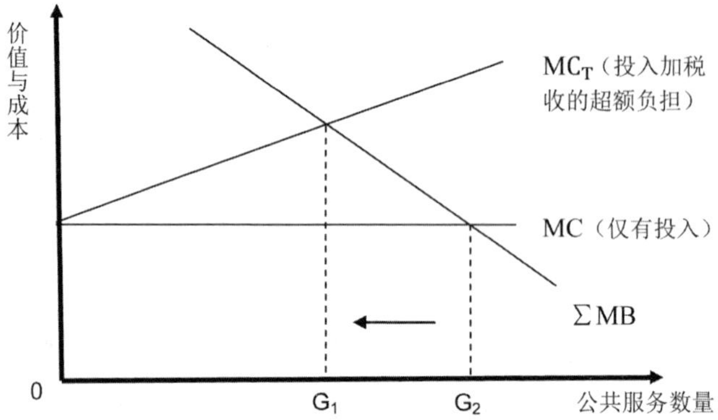

图 3-1　以税收方式融资支付基本公共服务供给

此外，我们通过图 3-1 还发现如下关系：

（1）以传统的税收方式融资支付基本公共服务供给，如果想要增加基本公共服务供给数量，那么只能增加税收收入。而增加税收收入要提高税率。

（2）增加每一单位的税收收入都会导致税收超额负担上升。随着由税收支付的基本公共服务供给数量的上升，MC_T 会随之增加。

（3）如果想要更多的基本公共服务供给，就要有更多的税收作为支付，就会导致更高的税率，MC 与 MC_T 之间的差额就会扩大。

（4）以传统的税收方式融资有效支付基本公共服务供给是由 $\Sigma MB=MC_T$ 决定的。

（5）在没有税收超额负担的特殊情况下，MC 与 MC_T 重合，基本公共服务的供给数量 G_1 与 G_2 也重合。当有税收超额负担时，MC 与 MC_T 的差额就会产生，其结果就是以传统的税收方式融资有效支付基本公共服务供给数量少于多元融资下的供给数量。[①] 这个结论恰好与斯蒂格利茨的结论一致，他认为，当所有人的边际替代率之和等于边际转换率时，纯公共物品的供给是有效率的，而扭曲

① 〔以〕阿耶·L. 希尔曼著，王国华译：《公共财政与公共政策》，中国社会科学出版社 2006 年版，第 116—124 页。

性征税会造成基本公共服务供给低效。[①]

从以上分析可知当期的税收超额负担造成基本公共服务供给低效，现在假设完全由政府自筹资金，那么除了税收筹资就是政府借债筹资。政府债由政府用未来的税收或重新借债偿还，无论是税收还是政府债说到底都是由纳税人负担，只不过偿还的期限延后了。毫无疑问，从本质上说，政府债实际上是一种让纳税人延期支付的税收和延期超额负担。这样一来，就把当前的开支推延到未来，也可以这样理解，把当前的税收和超额负担转移给未来的纳税人。而未来的纳税人无法参与当前的政府决策，无法表达意愿。

尽管未来的人被动地承担前人债务看上去有失公允，但事实并非如此，只要能够保证未来的人可以从过去的基本公共服务开支获得相应的收益，那么前人通过政府债务为基本公共服务供给融资就是公平的。简而言之，只要付出与收益相对应，债务融资与税收融资就是等价的。举个例子，政府通过借债形式提供基本公共服务，而这项服务可以延续很久，比如一个净化水厂，政府以公债融资建成净化水厂，并用下一代人的税收偿还前一代人留下的政府债本息，将该净化水厂的成本分摊到未来的受益者。如果政府债务的还款年限比较短，由同一个人支付当前的税收或者将来用于政府偿还债务的税收，那么税收或者政府债就没有区别；如果政府债务的还款年限比较长，那么税收就不能等同于债务，政府债的偿还就会转移到下一代或更往后的代际，这衍生一个问题——代际再分配公平。如果该净化水厂的实际受益期与当初计划的受益期不符，会导致代际之间的收入再分配。如果实际受益期长于当初计划的受益期，那么就会存在未来代际不必付出成本就可以使用该自来水厂提供的清洁自来水，享受“前人栽树后人乘凉”的益处；如果实际受益期短于当初计划的受益期，那么就会存在未来代际不但不能享受该自来水厂提供的清洁自来水还要承担前人建设净化水厂的成本。

代际之间的再分配公正问题是由前人为建设该净化水厂而发行政府债的还

① 〔美〕约瑟夫·E. 斯蒂格利茨著，郭庆旺等译：《公共部门经济学》，中国人民大学出版社 2012 年版，第 120—126 页。

款年限和贴现率、该净化水厂受益期决定的。以上分析是一个静态的过程，而在实际运行当中经济和社会都是向前发展的。如果经济保持增长（实际上，如果不出意外，经济也确实是应该增长的），经济规模就会不断扩大，后代人会比前代人生活得更好，后代人有足够的能力比前代人承担更多的债务成本。这也是当前很多地方政府通过以较少的税收、较多的债务来支付基本公共服务供给的依据，而这种依据是虚幻的，因为前人根本无法预测后代人所经历社会的经济发展程度，也就是说他们无法推测后人的债务承担能力。即便未来的人有能力比前人承担更多的债务成本，但是如果收益与所承担的成本不匹配，那么对未来的人来说依然是不公平的。

李嘉图等价（Ricardian Equivalence Proposition）被用来解释父母与子女的财富传递行为使得通过税收或政府债券为基本公共服务供给融资之间成为等价关系。也就是说父母可以弥补自己孩子一代将来需要承担的政府债务，其隐含的前提假设是父母拥有可留给孩子的足够物质财富。[①]然而这个隐含假设太极端，不能够普遍适用。所以说李嘉图等价并不能完美解决这个问题。在某种程度上说，李嘉图等价只是先人补偿后人的一种理想，或者说是政府发行债务的借口。尼斯坎南的“官僚个人预算最大化”理论真真切切地告诉我们政府需要收入，无论是来自税收还是政府债务。纳税人与政府之间的“委托—代理”理论清清楚楚地告诉我们，代理人会经常违背委托人意愿，利用人们无法区分税收与政府债务的财政错觉，增加政府债务。让未来的纳税人承担巨额债务以及还本付息的巨大压力，而未来纳税人正是当前纳税人的子孙。未来政府无法回避的政治难题即如何筹集足够的税收偿还前任政府遗留下来的巨额债务。可以看出，以政府债融资提供基本公共服务，往往会导致代际再分配不公。[②]

众所周知，以税收或政府债方式融资支付基本公共服务供给是政府的职

① James M. Buchanan, “Barro on the Ricardian Equivalence Theorem”, *Journal of Political Economy,* vol. 84, no. 84 (1976), pp. 337-342.

② 〔以〕阿耶·L. 希尔曼著，王国华译：《公共财政与公共政策》，中国社会科学出版社 2006 年版，第 128—133 页。

能和责任，能够有效避免囚徒困境和搭便车问题，尽管其效果不如林达尔税收机制有效，但是在现实中具有可操作性，只是税收融资导致的供给数量收缩以及政府债融资有可能引发代际不公等问题值得决策者深入思考。引入多元融资方式支付基本公共服务供给，既能有效避免囚徒困境和搭便车问题还能避免供给低效和代际不公，是我们一直探索的基本公共服务供给模式创新。民众对传统基本公共服务供给的单一主体——政府的绩效日益不满，对比私营部门的效率优势，使我们有充分的理由相信，基本公共服务供给应该进行更多的尝试，比如引进社会资本。由于基本公共服务供给是基于地方政府的中长期财政规划做出的，毋庸置疑，PPP 更有利于优化地方政府的中长期财政规划，是地方政府化解融资平台债务风险的现实选择。引入 PPP 模式将在一定程度上改善基本公共服务供给低效的问题，不仅使其更有序更可预期，还可通过政府、企业、专业机构风险分担、利益共享的机制带来“1+1+1 > 3”的绩效提升效应。①

（二）政府之间争夺财政拨付造成基本公共服务供给无序

2008 年奥运会前后，在我国的很多地方，社区健身器材一时间出现在大街小巷，受到民众喜爱。而现在，真正还能正常发挥健身作用的器材已经所剩无几；甚至很多已经废弃，鲜有维修，有些在等待统一的专项维修或更新；还有一种比较特殊的情况，一些健身器材处于繁华闹市，当毁损到有碍观瞻的程度就直接替换掉。大多数器材在一次性安置后鲜有后续维护更谈不上替换，我们也许会认为资金是最大问题。是政府没有钱吗？令人困惑的是，很多看起来很新的步道板、景观绿化却年年更换。为什么会是这样呢？最为根本的理由是：对于社区来说，如果及时维护健身器材，那么费用一般会由社区全额承担；如果推迟一段时间，由于健身器材需求迫切，就一定会有别的什么人或部门（小区物业、上级政府）支付成本。因此，拖延是明智之举。而对于那些不太重要并且还很好的步道板或景观绿化来说，情况正好相反。这样分配公共资金，可以营造最大的“政绩”。

---

① 贾康、苏京春：《供给侧改革：新供给简明读本》，中信出版集团 2016 年版，第 101 页。

让我们以更加审慎的态度分析这件事，如图 3-2 所示，横轴表示时间，表示由某个任意点开始的年份；纵轴表示金额，要么是成本，要么是收益。为简便起见，假设：a. 某些健身器材在第一年安装好，在以后的任何一年重新安装的成本用 R 线表示；b. 这些器材实际维护的有形成本不会受到器材自身毁损状况的影响；c. 这些器材最终还是会得到维护的。由假设可知，某年的维护成本是没等到来年而放弃的那笔钱的利息。也可以这样说，如果重置健身器材的成本是 10 万元，而当前的利率是 10%（这两个数的取值完全是为了计算方便，便于分析），那么今年进行维护而不是等到明年，社区就要支付 1 万元的利息。如果社区打算推迟几年再维护，以复利计算，是不是很可观呢？

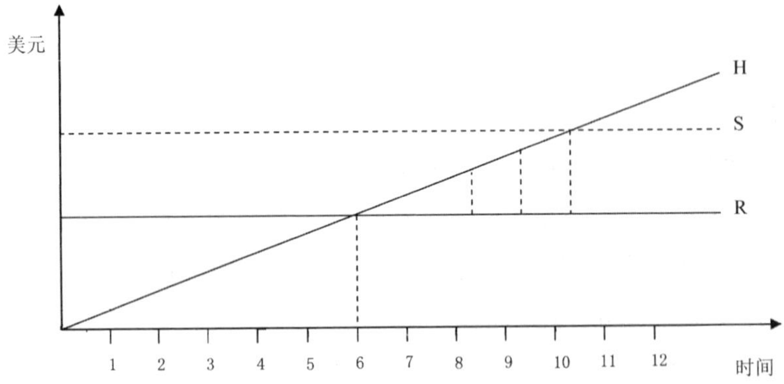

图 3-2 政府之间争夺财政拨付

H 线表示的是让这些器材得不到维护的状况再延续一年所造成的社会成本，由于财政资金按年拨付，这使维修器材被分成了以一年为周期的几个不连续的期间。H 线不断向斜上方发展。在健身器材投建初期可能由于其缺乏维护带病作业，使用户体验不是那么完美，但是毕竟还能使用，随着时间的推移，用户体验越来越差。假定社区的融资渠道单一，只能靠上级政府拨付，且社区能够充分代表辖区内居民利益，那么如图 3-2 所示，社区将在第六年底替换已毁损的健身器材，第六年是 H 与 R 的交点，是非修不可的时间点。从这一点考虑，每等待一年，替换已毁损的健身器材的成本会上升，超过维护成本。当然，“社区能够充分代表辖区内居民利益”的假设基本上是不成立的假设，但是，社区很可能比任何更高层级的政府部门都能更好地掌握当地百姓的偏好。在一般情况下，上级政府都会有一个健身器材维护计划，且款项不能及时满足维护的实际需要，这样一来，上级政府会有一些政治上的考量，会把钱用在最急需维护的器材上。如果上级政府可以在第六年内完成这些器材的维护，一切都好。然而，这只是小概率事件。我们通常碰到的情况可上升为假定：维护资金要么不足，要么过多。

现在从资金不足开始分析。由于社区认为上级政府很难恰好在第六年承担健身器材的所有维护费用，因为也许其它社区的健身器材更加破烂不堪，社区必须做出权衡：如果它完全依赖上级政府资金，那么维护大概会耽搁多长时间。假定上级政府的维护资金还有一定数量可用，上级政府可能会看到，当一年后继续使用这笔资金的成本是在 S 线而不是 R 线时，所有的健身器材都能得到维护。在这样的情况下，社区就会预期它辖下的健身器材将在第九年得到维修。这意味着在等待上级政府行动的三年时间里，健身器材会进一步毁损，图 3–2 显示社区花在这额外三年等待上的成本，大致与它现在就自己集资维护的成本是一样的。因此，如果社区认为上级政府的维护标准高于 S 线，也就是说，拖延不止三年，社区就会选择在第六年底自己维护，如果社区认为拖延会少于三年，它就会依赖上级政府维护。从社区的角度看，这是利益最大化的决定。但是，这只是想当然的理想状态，更可能的情况是：由于信息不对称，上级政府做出错误估计是不可避免的；或许可支配的维护资金不足，在第六年后的三年中器材已经毁损到不能用的程度，器材才能得到维护；或许上级政府资金非常有限，它会维护其他社区更亟待维护的器材，而依然轮不到本社区的器材。上述的三种情况皆有可能发生，社区在第九年还得重新进行权衡：它因没有维护而已经出现的成本，如果再拖一两年，上级政府是否真会拿出资金来维护本社区的健身器材。如图 3–2 所示，如果从第九年再拖一年，对于社区还是可以承受的；但是如果从第九年起还要再拖延的时间超过一年，那么社区最好还是自己维护。如果是这种情况，即使社区在第十年自己维护健身器材，就效用来看，也不如在第六年的时候就自己维护健身器材。此外，如果社区在第九年可以确保再耽搁一年健身器材也不会毁损到上级政府来维护的程度，那么社区就会自己承担维护责任，因期待上级政府出资维护却落空而导致的三年未维护造成的损失，无疑是社区的净损失。对于社区来说，数年的耽搁显然是为获得上级政府资金的努力而付出的成本，是为获得一笔转移支付而做出的尝试，毫无疑问，这种尝试也是有成本的。当上级政府对社区的支付是以“帮助”为动机时，转移支付的根本问题就无法回避了。在这样的情况下，社区被迫为获得转移支付而竞争，这并不是一个合意的结果。尤其值得关注的是，假如由上级政府提供的维护资金只是拉低了S线，低到足以使社区通过推迟维护获利，那么社区本身就已经从收到这笔转移支付获益了。各个社区为了获得这类来自上级政府的支付，其竞争的结果是健身器材维护的普遍推迟，那么上级政府提供支付的最终效果实际上伤害的是使用这些健身器材的民众。

尽管上级政府资金充裕的情况并不常见，然而我们为了全面分析，在分析完资金不足之后，再从资金充裕的角度进行分析。第一种情况，假设来自上级政府的资金足够充裕，完全能够满足每个社区的公共服务供给的需求，各个社区不必竞争资金。如果上级政府提供的资金数量正好能够把S线降到R线，那么社区会得到上级政府的资金支持，这样看起来比较完美。然而，这种情况在实践当中的操作性差，因为不同社区的健身器材的毁损程度是不一样的，因此对维护的需求也是千差万别的，各个社区对资金的需求很难达到一致。上级政府对辖区内提供同等水平的服务显然是低效率的。第二种情况，假设上级政府的资金多到足以完全承担社区开支仍然有余，使S线降低到H线与4的交点。在这种情况下，假定忽略税收等成本，社区会每四年重新购置一批新的健身器材，这样做显然会比每六年重新购置新的健身器材要好。然而，换一种思路，如果上级政府把每四年购置新健身器材的全部费用一次性给到社区，而社区依然每六年购置新健身器材，那么社区的状况一定会更好。正像以前讨论的维护不足一样，过度维护也会导致浪费。

我们知道，征税的合法性在于税款“取之于民，用之于民”，而在这里，无论上级的财政资金是否充足，纳税人非但没有得到更好的基本公共服务反而因此受害，这不能不使政策制定者反思以传统财政全额方式支付基本公共服务所造成的结果。改革势在必行。

通过以上分析可以看到，无论上级政府的资金是否充裕，各方博弈的结果均毫无悬念地指向福利损失，博弈造成的基本公共服务供给低效不能不说是制度的遗憾。然而，我们一直假定，上级政府在决定优先把资金分配给哪个社区的时候，只看该社区对某种公共服务的“必需”程度有多大。这样一来，就会鼓励社区主动创造“必需”，由此造成低水平的社区满意度。此外，上级政府想要帮助社区解决健身器材维护不足的初衷，却恰恰鼓励了社区创造这种不足，因为只有健身器材最亟待维护的社区才能优先得到上级政府的资金支持，这在一定程度上导致了各个社区之间“创造必需”的竞争。说实话，这有点像乞丐为了获得更多的同情和援助而把自己弄残废的情形，个体行为合意并不必然意味着整体上的合意。在这里，既不是要谴责官僚，更不是要谴责社区政府，从效用的角度分析，这恰恰是官僚与政府的理性选择。然而，个人或个体的理性却导致群体的非理性，这才是政策的失败所在。

由于社区对上级政府资金支持无法准确预期，以及各个社区间“创造必需”的恶意竞争使得社区活动缺乏灵活性、自主性，很难实现帕累托最优，治理效率无从谈起，更不要说实现公共利益。当前我国地方政府债务节节攀升，使得用于基本公共服务供给的资金越来越少，可想而知社区之间竞争资金会较之以往更为激烈，传统单一渠道融资造成的基本公共服务供给低效既无处不在又无法避免。提高财政资金的分配效率，积极扩宽基本公共服务融资渠道成为国家治理面临的新挑战。

我们知道，PPP 是一种融资机制，政府带动社会资本跟进，提供基本公共服务；PPP 还是一种管理机制，在可能的情况下有意识地借鉴私营部分的效率优势；PPP 更是一种治理机制，使政府在有限的税收、公债以及财政拨付下提供更多更好的基本公共服务，实现公共利益。PPP 不仅可以转变公共服务的供给机制，避免上下级政府由于责任不清以及同级政府财政竞争所造成的基本公共服务供给低效，还可以剥离一部分政府性债务以便减轻政府的债务压力，使地方政府从传统单一年度的“预算收支管理”，逐步转为“资产负债管理”。PPP 在带来财政革新的同时，也带来了管理、治理的革新。然而，基本公共服务供给是重效率还是重公共利益？这是围绕 PPP 机制需要厘清顺序的两个概念。

四、基本公共服务的公共性议题——效率还是公共利益

基本公共服务传统融资拨付掣肘倒逼供给方式的革新。财政部于 2014 年 9 月下发《关于推广运用政府和社会资本合作模式有关问题的通知》（财金〔2014〕76 号，下称“76 号文”），将 PPP 作为基本公共服务供给的创新模式引用到公共服务当中，也是地方治理模式多元化创新的自主选择。PPP 被认为是解决紧迫社会问题的有效管理方式，它倡导政府、企业与公民社会发挥比较优势。所以，当财政压力得到有效缓解时，我们是否还需要社会资本参与公共服务供给呢？答案是不言而喻的，引入社会资本不仅可以缓解眼前的资金不足，还可以带来治理模式的变革，更重要的是在一定程度上带来公共服务供给的效率革命。PPP 将市场机制和企业管理引入到公共服务供给中，用于改造传统公共服务的供给模式。其主要做法是：（1）引入市场机制，利用与市场兼容、对接的方式提供公共服务，并参与建设经营，回应市场压力，降低服务成本并提高服务质量。（2）政府引入社会资本进行合作，以外包的形式引导社会力量提供公共服务。（3）强调效率，不再是传统公共服务“不算经济账”的模式。然而，衡量公共服务的价值尺度应该是“不算经济账的公共利益”还是“效率”？这真是一个“仁者见仁，智者见智”的问题。PPP 通常被用来作为提升政府治理效率的有效手段，同时，公私合作被赋予了尽最大可能促进利益相关者和民众诉求的实现，以及消解冲突等价值内涵。有鉴于此，我们有必要及时明确 PPP 的公共性以及如何从多维的角度平衡公私部门之间利益与效率的关系。尽管 PPP 的设计初衷是实现公共利益，然而在实践当中，一些 PPP 项目并没有使初衷成为现实。

公共部门推行以 PPP 模式提供基本公共服务的底线，是至少要追寻公共利益，以及体现善治原则。如图 4-1 所示的 PPP 利益分配矩阵。从善治的角度来看，2、4 区域可以较好的实现公共利益。然而，2 区域是公私共赢，综合意义上的高公共利益，就私人部门利益而言的投资回报，量化为等于或高于“可接

受”的临界点即可，这是最合意的结果，公私利益都高的 PPP 会得到更大的公众支持，并被公民给予更多的合法性，政府推动将更顺利；而 4 区域虽然能够较好的实现公共利益，然而对私营部门来说是低于可接受水平的，不具有吸引力和可持续性，容易出现“政府热企业冷”的情况——PPP 不是政府的独舞，而应是合作伙伴的组舞，该区域的这种情况是我们应努力避免的。1、2 区域里可以很好的实现私人利益，但 1 区域的公共利益实现程度较差，这违背了 PPP 的设定初衷，一些公共部门投融资 PPP 项目的失败伴随有扭曲和腐败，都是出现在这里。3 区域是低公共利益、低私人利益，不能启动 PPP，或者即使启动也不可能持续。通过分析我们看到：1 区域，失败、腐败多生，必须防止；2 区域，实现共赢，值得推广；3 区域，无法合作，不可行，可以忽略；4 区域，低效，企业不愿进入或不可持续，需要改进。从图 4-1 分析我们看到，不符合公共利益的 PPP，一定不是有效治理，再讨论效率显然没有意义。

私人利益 ＼ 公共利益	低	高
高	1 腐败	2 可行
低	3 不可行	4 不可持续

图 4-1　PPP 利益组合的分布图

私人部门通常被认为比公共部门具有更高的效率，公私合作也被普遍视为政府旨在提高效率和有效性的努力。然而我们所谓的政府低效在很大程度上恰恰是为了确保回应公民关于公共利益的更为宽广的、更多战略视角的诉求，而这导致了政府在公共服务提供方面所扮演的角色不能得到正确的评价。外包以及公私之间较之以往更频繁的合作，有可能削弱政府提供并监督公共服务的形象。以前我们经常会将政府低效归结为机构臃肿、公务人员的官僚作风浓厚以及程序上的繁文缛节。其实，这些只是看起来的表象。“政府的模棱两可、无效率的甚至不具操作性的限制都是由那些曾经生活于权力不受限制的专制政府下的智者做出的无奈选择……在面对所有明显的延误、混乱以及权力滥用的威胁时，我们依然未找到一种比使权力的运用受制于宪法规则更好的方式来保障自由。"[①]公共部门的低效恰恰是其公共性的天然属性决定的。[②]在此，并不是为政府所谓的"低效"辩护，政府要适当的借鉴私人部门的高效优势，"择其善者而从之，其不善者而改之"，在合作的过程中有意识的学习、权衡、取舍。公私合作要效率，更要公共利益，是以弘扬公共利益为前提的合作，是要审慎把握"伙伴"各方妥协与利益均衡点的合作。

众所周知，公共利益是思考治理的逻辑原点，包括政府在内的所有公共组织都应当以服务公共利益为己任，展开广泛合作，共同探索图 4-1 的 2 区域治理新模式。全钟燮认为"社会建构过程旨在在多元的行动者之间建立广泛的互动和合作"[③]。在历史的发展进程中，社会治理经历了管制—管理—服务模式的进化，社会力量伴随着此过程成长起来，政府与社会力量合作应运而生，可一起弘扬公共利益。一方面，政府与社会力量合作会促进治理变革，使政府能够更多地做出维护和增进公共利益的行为选择；另一方面，为政府与社会资本合作奠定牢固的社会基础。

五、结论——基本公共服务的善治之路

政府权力的功能，就在于把利益争斗控制在既有的社会秩序允许的范围之内，平衡好各方利益。但政府不是万能的，托克维尔 150 多年前有言："一个中央政府，不管它如何精明强干，也不能明察秋毫，不能依靠自己去了解一个大国生活的一切细节。它办不到这一点，因为这样的工作超过了人力之所及。当它要独力创造那么多发条并使它们发动的时候，其结果不是很不完美，就是徒

① 〔美〕戴维·H. 罗森布鲁姆等著，张成福等译：《公共行政学：管理、政治和法律的途径》，中国人民大学出版社 2007 年版，第 31 页。美国最高法院对"移民与归化局诉查达"一案的判词。

② Barry Bozeman et al., "Red Tape and Task Delays in Public and Private Organizations", *Administration & Society,* vol. 24, no. 24 (1992), pp. 290-322.

③ 〔美〕全钟燮著，孙柏瑛等译：《公共行政的社会建构：解释与批判》，北京大学出版社 2008 年版，第 51 页。

劳无益地消耗自己的精力。”[①] 托克维尔在这里肯定了国家治理不可替代的同时，道出了国家治理并非无所不能的本质，并强调社会自治是国家治理不可或缺的补充。也可以这样理解，在国家治理的同时，也需要社会力量参与合作。而当前社会远比托克维尔所处的时代更加复杂、多元，不仅需要社会自治力量协助政府进行社会治理，而且需要政府与社会自治力量推进创新式的合作进行治理。[②] 当前治理理论强调在公共事业管理上构建一种通过多方参与、协同解决的方式去维护现有社会基本秩序的管理机制，其中蕴含了有限政府、责任政府、法治政府、公共参与以及民主、社会正义等理念。

当前，以传统方式融资支付基本公共服务导致供给低效，政府之间争夺财政拨付造成基本公共服务供给无序等问题在某种程度上对社会矛盾起到了推波助澜的作用。中国政府的政策议程已经无法回避基本公共服务供给方面的捉襟见肘、有所加大的贫富差距、严峻的社会人口结构老龄化等社会问题。纵观国际环境，近 20 年，很多国家都陷入了仅仅依赖本地公共资源难以满足日益增长的基本公共服务需求的困境，与中国类似的贫富差距、老龄化、失业率等问题同样困扰着西方发达国家，因而政府与社会资本合作作为新治理实践合乎逻辑地受到广泛关注，如何引导私营部门参与 PPP 成为很多国家面临的共同课题。

各方面已普遍认识到，PPP 可以缓解地方财政压力，是一个比较见效好用的融资工具。然而，缓解我国财政支出压力固然值得看重，而解决基本公共服务供给的低效、公平、均等问题是更具建设性和创新意义的举措。PPP 凭借其得天独厚的协作优势和创新效应，在一定程度上可以提升供给效率、延伸基本公共服务供给、提高公共服务的质量、降低公共服务成本。政府通过融资、管理、治理等机制整合引导社会资本的同时，还可有序对接混合所有制改革推动国有企业改革的深化发展。[③]

---

① 〔法〕托克维尔著，董果良译：《论美国的民主》（上卷），商务印书馆 1997 年版，第 100—101 页。

② 张康之：《走向合作治理的历史进程》，《湖南社会科学》2006 年第 4 期。

③ 贾康：《借助 PPP 推动国企改革》，财新网，http://video.caixin.com/2015-05-06/100806835.html，2015 年 5 月 6 日。

融资是 PPP 的一个最为基本的功能，地方政府以多元融资的方式提供数量更多、质量更好的基本公共服务是治理变革的一个升级式创新。就政府而言，选择在 PPP 这个概念之下，积极地推进现代国家治理中的制度创新，是充分尽责地实施和谐社会管理、贯彻中国梦发展战略的客观必然要求。[①]PPP 将标志我国政府开启现代治理、推进基本公共服务善治的新篇章。

---

① 贾康：《PPP 模式是融资机制、管理体制机制的创新》，中国环保网，http://www.chinaenvironment.com，2014 年 8 月 25 日。

PPP 项目中政府的身份定位问题辨识

贾　康

PPP 原来直译是“公私合作伙伴关系”，讲的是公共部门（当然公共部门公共权力具体的执行者是政府）和私人部门、非政府的民营经济、私营经济这些市场主体在一起，按伙伴关系来合作；中国现在官方的文件用语，是意译为“政府和社会资本合作”。我作为研究者观察，这样的翻译当然有它的好处，一般的社会公众听起来更容易马上理解这是政府和企业和持有非政府预算资金的社会资本的主体在一起，来实施合作，共同去做公共工程、基础设施、包括产业园区开发这样的项目的建设。

具体结合中国国情做一个点评的话，就要说到，政府和社会资本合作里，包括政府和国有企业，有可能形成 PPP 合作关系，这就主要是中国特色了。国际上的 PPP，一般自然而然是不考虑国有企业的，但在中国实际情况里，民营企业、国有企业都可以成为和政府合作一起来做 PPP 的伙伴关系一方。当然，文件也规定国有企业是需要“符合条件”的，这方面我们也可以把握一下：所谓符合条件，实际生活里就是国有企业如作为政府的合作伙伴，双方是平等民事主体的关系，要签合同的，这个关系处理上，作为企业一方的国有企业对于要合作的政府一方而言，不能存在行政隶属关系，也不能存在控股这样的产权纽带。这是中国特色，我们今天也不展开讨论这个问题。

中国实际生活中对于 PPP，近年各个方面高度重视，企业界也在寻找自己相对应的投资发展机会，我想在这里，把其中一个在学理层面值得探讨的问题稍微展开说一说，就是政府和市场主体——无论国有企业也好，民营企业也好，都是微观市场主体定位，一起来做伙伴关系这样的合作，虽然关于其重要意义大家已有很多值得肯定的探讨，但是确实还有不少人有认识上的困惑。我们研讨了这么多年的政府和企业、政府和市场主体的关系，过去已经认识到政府和企业要划清边界，各有各的活动范围，各自要把自己的定位处理好，不要越界——政府这边既不越位，又不缺位，那就进一步推进到“井水不犯河水”、各行其道这个认识。学术界过去反复说过，流传下来的说法是“让上帝的归上帝，凯撒的归凯撒”，到了这里就是让政府的归政府，市场的归市场，本来已达到这样一个认识——这个认识当然有它的进步意义，那就是在我们改革过程中树立起市场要充分发挥作用、政府要实行自己职能调整的观念，对政府越位、缺位这种错位问题，必须改变，这是有很明显的认识进步意义的，三中全会更是明确表达为整个资源配置中市场要发挥决定性作用，跟着的一句，是要求政府更好地发挥作用——这些如果说是在改革开放中我们已经取得的基本共识，而新的疑惑、提问是：到了 PPP 这里，怎么又开始糊涂了，过去所讲划清边界、井水不犯河水，早已强调了政府不能既当运动员又当裁判员，怎么到了 PPP 里面看，政府的裁判员、运动员身份都没少？

我觉得这个问题提得很好。必须注意到，三中全会所说的市场发挥资源配置决定性作用和政府更好发挥作用，这里面实际上包含着一个挑战性、创新性地处理政府职能转变，以及政府和市场主体之间关系的命题。政府的职能转变，政府和市场主体的关系，到 PPP 这里，已经明显表现出一个认识框架内的“螺旋式上升”，哲学上叫“否定之否定”。原来的政府直接操控企业，改变为分清边界、各有各的范围，这是第一重否定，新的“否定之否定”，是螺旋式上升地认识到政府和企业又可以一起做事了，而且是伙伴关系，不是“划清边界”这样一个简单的命题了。在一起和衷共济地以伙伴关系来从事 PPP 项目建设，这个否定之否定，不是简单回到原来的层次或原点，是螺旋式上升的，是在提升认识基础上要应对现实而做出我们必须有的成功创新。

这里面具体的裁判员和运动员的定位是怎样的呢？首先要注意 PPP 带来的项目投资机制，鲜明的新特征是阳光化，每个 PPP 项目从一开始都要经过相关方面的识别、过滤、筛选，锁定一部分可能项目以后，政府、企业和专业机构要在一起做这些项目可行性研究基础之上的“物有所值评价”、“财政承受能力论证”，再推到进一步锁定合作项目以后，形成政府和企业作为伙伴关系的项目合同，其中要包括所有相关风险的分担方案。把这些都做到双方认为可以讨论的问题已经穷尽了的情况下，经政府、企业自愿签字，项目就取得了一个要受法律保护的合同形式，然后就可以进入实际的建设过程了。

在这种 PPP 阳光化流程里的不同环节上，总体看政府的裁判员和运动员身份，确实都不缺少，但是可以在不同的环节上合乎客观规律地合理到位。比如，我认为没有签合同时，在前面的项目识别、信息发布、相关的政策研讨等方面，政府显然有裁判员的身份——手上有公共权力，作为社会管理者必须对辖区国土开发的通盘规划给出必要信息，还要负责这个规划的水平达标，规划要经受时间和历史的考验。这些是政府不能不承担的责任，不可能靠市场主体以“试错法”形成一个政府辖区内通盘规划、结构的优化和整个国土开发合理化，政府手上握有公权，“规划先行，多规合一”，给出高水平的规划，显然这是带有裁判员身份定位的，把那么多专家和社会成员互动中各种各样的意见整合在一起，最后拍板，是以裁判员的身份对这个规划做出决策。再往后面的推进过程中，政府还要按照规范掌握流程，必须披露相关各种公共政策的信息，这时候它有没有裁判员身份？显然也是有的，因为公共事务的规则、政策导向，只有政府作为公权在手的裁判员身份才可能有权威性的发布，全局性地给出必要政策信息，让有意愿参加 PPP 的企业做到对政策了然于胸，来通盘考虑自己的生产经营战略策略，进而考虑是不是足以下决心推进到跟政府签协议，来从事 PPP 的投资和建设。

但是如果我们再往下走，推到政府和企业已经把合同文本都谈好了而正式签订合同的环节，到正式启动 PPP 项目的时候，我认为这时候作为具体伙伴一方的政府的身份，就是运动员了，它和签约的企业这个时候一定应是平等的，即以平等民事主体的身份来签这个协议，进而这个协议是要受合同法保护，受与合同法相关的我们整个法律法规体系的保障和制约的。这家政府这时候，就是定位为一个运动员，签约意味着作为伙伴的一方，和企业一起，要通过一个正规的隆重婚礼，继而要维持好、经营好一段“百年好合”的婚姻，完成整个

PPP 全流程。这期间如果政府自己毁约、不守约，和企业在这方面出现毁约、不守约行为一样，都要受到依据法律形成的制约、问责。所以，我作为学者也一直强调，在法律上，应该认为 PPP 的合同就是民事合同，政府和企业是真正的、实打实的伙伴关系，这样才可能有长效机制，才可能让企业有信心：这种受法律保护的伙伴关系里面双方是平等的，政府也是运动员。

可能有朋友马上就要问：这时候裁判员到哪里去了？我说，到了这个环节，裁判员是在法那里显身，具体的这家政府，作为伙伴一方，他就是运动员，就这个 PPP 项目推行的全流程而言，这个身份是不能改变的。政府签约了，也就必须恪守这个身份，必须履约守约。法是这时候的裁判员，政府如果不遵守这套规则、不履行合同的话，法这个裁判员会实施问责，这就是习近平总书记所说的“把权力关进笼子”，具体来讲我的理解就是把政府权力关进法治化的笼子。

上面所说这样一个关系，显然是在“否定之否定”的循环中，我们面对 PPP 的创新，很值得在学理上说清楚的一个重要关系。政府的裁判员身份和运动员身份在 PPP 里面都有，但是在不同的环节上都是阳光化的，应该是合理到位的。特别是在签约以后，具体的伙伴关系定位情况下，项目中的政府一方就不能再设想自己同时还要兼任本项目裁判员的功能。上级政府这时候可能还有裁判员的身份，比如这个地方政府它签约以后是运动员，但是上级的政府是否可能在某些事务上发挥裁判员的作用？显然有可能。因为不一定有了什么纠纷马上对簿公堂，上级政府可以做调解，上级的政府必要时以裁判员的身份出面，给出信息，给出一些指导，应是可以的、必要的，但调节无效后最终的纠纷解决机制，最后可以“一锤定音”的裁判员，还是由法律来充当。

讨论这个问题，它的意义在于可以消除一部分关心 PPP 的朋友、特别是企业人士的疑虑。在理论上完全可以说清楚：政府和企业以伙伴关系来做的 PPP 建设里，裁判员和运动员两种身份的真实的、合理的情况，既有制度创新特点，又符合市场经济发展客观规律的要求。

医疗健康服务供给的PPP模式探讨

欧纯智　贾　康

一、导言

2015年3月30日，《国务院办公厅关于印发全国医疗卫生服务体系规划纲要（2015—2020年）的通知》（以下简称《纲要》）正式发布。在这份5年规划中规定：县级原则上只设一个综合性医院和一个中医院；市级每100万—200万人口设置1—2个综合性医院（含中医类医院），服务半径一般为50公里左右；省级每1000万人口规划设置1—2个综合性医院，同时可设置儿童、妇产、传染病、职业病、肿瘤、精神以及口腔、康复等省办专科医院。其余的医院由社会资本经营，为社会资本进入医疗健康行业打开制度大门。①

据统计，目前我国共有各类县级医院达1.16万家，如果按照《纲要》规定，以每县保留两家公立医院计算，那么在未来会有8000家左右的县级医院将面临属性和级别的转换。②由此来看，县域医疗健康市场必将是社会资本比较活跃的领域。

---

① 《国务院办公厅关于印发全国医疗卫生服务体系规划纲要（2015—2020年）的通知》，国办发〔2015〕14号，http://www.gov.cn/zhengce/content/2015-03/30/content_9560.htm，2015年3月30日。

② 《全国1.16万家县级公立医院8000家将面临改制》，《第一财经日报》(上海)2015年4月10日。

二、国内外医疗健康服务供给的 PPP 模式应用

PPP 不仅仅是有效融资工具，在管理与治理层面都有不俗表现和巨大的潜能，在基本公共服务供给方面，尤其是本文讨论的医疗健康服务供给方面，也有很广阔的应用空间。该模式下的公立医院与社会资本合作在我国一些大城市已经有一些比较成功的应用案例。

（一）PPP 管理模式的内涵

PPP 即 Public-Private Partnership 的字母缩写，官方文件译为“政府与社会资本合作”，已成为规范用语，是指政府与社会组织之间，为了共同建设基础设施，或是为了提供基本公共服务，以契约明确双方的权利和义务，彼此间形成一种伙伴合作关系，最终使合作各方均获得比单独行动更大的收获。[①] 政府与社会资本合作（PPP）在市政基础设施和城市服务方面历史悠久。PPP 定义的关键在于，在基础设施融资、建设、运行、维护中，政府引导私人部门参与或提供支持，通过与私人部门签订合同允许私人部门提供公共服务。PPP 是关于计划、建设、开发基础设施，分享或重新分配风险、成本、效益、资源和责任的管理机制；[②] 是公共组织与非公共组织之间工作安排的相互承诺（暗含任何合同），这个概念的重要性在于强调了政府与社会资本合作（PPP）不是简单的跨部门参与，而是致力于实现某种共同的目标，超越了委托—代理的契约关系。因此，跨部门伙伴关系意味着参与者可以通过协商进行合作（发挥 1+1>2 的资源整合优势）。[③] 政府与社会资本合作（PPP）应该具备以下特征：合作各方共同决定目标、以合作和共识作为决策的基础、水平而非纵向的结构和过程、基于信任的正式或非正式的关系、合作伙伴之间的协同互动、对于结果共同分担责任。[④]

---

① 贾康：《PPP——制度供给创新及其正面效应》，《光明日报》2015 年 5 月 27 日。

② J. F. M. Koppenjan, “The Formation of Public - Private Partnerships: Lessons from Nine Transport Infrastructure Projects in The Netherlands”, *Public Administration*, vol. 83, no. 83 (2005), pp. 135-157.

③ Tony Bovaird, “Public–Private Partnerships: From Contested Concepts to Prevalent Practice”, *International Review of Administrative Sciences,* vol. 70, no. 2 (2004), pp. 199-215.

④ Derick W. Brinkerhoff and J. M. Brinkerhoff, “Public-private Partnerships: Perspectives on Purposes, Publicness, and Good Governance”, *Public Administration & Development,* vol. 31, no. 1 (2011), pp. 2-14.

归纳起来，PPP 是从融资到管理再到治理的有效工具：

第一，PPP 是一种新型的项目融资模式，在一定程度上弥补政府资金的不足。

第二，PPP 也是一种管理模式，使社会资本更多地参与到公共服务的供给管理当中，以提高效率，降低风险。

第三，PPP 更是一种治理模式，千千万万个 PPP 项目多赢式的包容性发展，标志我国政府开启现代治理的新篇章。

作为基本公共服务供给机制的创新，PPP 模式打破了政府在基本公共服务供给中独舞的传统做法，改由政府与社会资本合作供给。PPP 以契约为约束机制，政府与社会资本以合作的方式提供基本公共服务，但又并非订立契约那么简单，它是基于长期信任和法律、契约所保障的合作，其中所承诺的责任共享、联合规划、混合服务，无不彰显了 PPP 伙伴关系的特征，并充分体现了新公共管理的内在取向，包括放松管制、对市场机制的依赖、顾客导向。

（二）国外医疗健康服务供给的 PPP 模式应用

在医疗健康服务领域中实现政府与社会资本合作，可以缓解财政压力与医疗资源短缺的困境，提升医疗健康服务，满足患者多元需求。健康与医疗服务属于公共产品或准公共产品，关联社会公共责任，无法完全走市场化、商业化的道路。众所周知，公共服务的供给不可缺少资金支持，如果民众想在不增税的前提下改善基本公共服务供给，那么除了充分探索和实现 PPP 模式的潜在效率之外别无选择。尽管已经有一些 PPP 失败案例，却并未阻止该模式参与到更多的公共服务供给领域。英国的政府与社会资本合作发展得最早，处于领先位置并极具代表性。有关英国医疗健康服务领域的 PPP 模式研究成果丰富。在建立医院的融资方面，可以通过短期内削减产能、资产出售和转移收入流来解决；[①] 还可以通过 PIC（PPP 的一种）模式融资，完全或大部分由政府资助，或在政府主导下从民间市场借贷资金，直接负责向当地社区和用户提供公共服务，

---

① Declan Gaffney, et al., “PFI in the NHS—Is There An Economic Case?”, *BMJ* ,319.7202(1999), pp.116-119. Allyson M. Pollock, J. Shaoul and N. Vickers, “Private Finance and ‘Value for Money’ in NHS Hospitals: a Policy in Search of a Rationale?”, *BMJ*, 324.7347(2002), pp.1205-1209.

从当地社区选出的董事会管理以这类方式运行的医院。①在效率方面，以PPP模式构建医疗健康服务机构确实可以提升效率。②在民主方面，可以通过PPP参与公民治理，无论是什么样的机构提供医疗健康服务，公众都可以在公共领域以选票方式表达自己的意见，但是也有可能发生公众参与不足的问题。③医疗健康服务供给的PPP模式不仅仅为了缓解财政压力，也可以独立于政府为缺医少药人群提供专业服务。美国布什政府放松管制，禁止宗教组织接受政府资金用于所传教国家的紧急救援。然而，FBOs（faith-based organization）在全球范围内提供当地所需的公共服务已有一些时日，在非洲以PPP模式提供医疗服务却依然保持相对独立地运行。他们对难以接触到的人群进行跟踪记录；当前的可持续服务将FBOs更紧密地融入世界卫生系统。④综观英美的研究成果我们也可以发现，PPP不仅是融资工具，更是先进管理乃至国家治理的工具。

（三）国内医疗健康服务供给的PPP模式应用及案例

政府与社会资本合作（PPP）作为新兴事物成为当前基本公共服务供给的一个重要手段，以崭新姿态呈现在世人面前，在此发展轨道上公共事务离不开公共部门、私人部门和社会组织的合力。整合各方资源，包括积极整合跨部门业务一直是PPP发展的着力点，实现优势互补仍将是一个持续的议题。正如霍奇（Hodge）和格列韦（Greve）所言，PPP在全球治理的最显著成就是优化基本公共服务供给。⑤

北京儿童医院是公立儿童医院，同时也是亚洲最大的专科儿童医院，日均

① Matthew Flinders, "The Politics of Public-Private Partnerships", *British Journal of Politics & International Relations,* vol. 7, no. 2 (2005), pp. 215-239.

② Matthew G. Dunnigan and A. M. Pollock, "Downsizing of Acute Inpatient Beds Associated with Private Finance Initiative: Scotland's Case Study", *BMJ*, 326.7395(2003), pp. 905-908. Declan Gaffney and Allyson M. Pollock, "Pump-Priming the PFI: Why are Privately Financed Hospital Schemes Being Subsidized?" *Public Money & Management,* vol. 19, no. 1 (2011), pp. 55-62.

③ Rudolf. Klein, "The First Wave of NHS Foundation Trusts", *BMJ*,328.7452(2004), p.1332.

④ Derick W. Brinkerhoff and J. M. Brinkerhoff, "Public-Private Partnerships: Perspectives on Purposes, Publicness, and Good Governance", *Public Administration & Development,* vol. 31, no. 1 (2011), pp. 2-14.

⑤ G. Hodge, C. Greve, "The PPP Debate: Taking Stock of the Issues and Renewing the Research Agenda", Paper presented at the International Research Society for Public Management, Annual Conference, Brisbane, Australia, March 26-28 (2008).

门诊量 8000 人次。如此强劲的市场需求导致该医院始终无法满足病患方的多元医疗需求。基于此，院方决定引入 PPP 运营模式，在此大背景下，北京新世纪儿童医院应运而生。采用 PPP 合作模式以后，两家医院的资源得到有效整合，效益较以往也有显著提升，能够更好地服务于患者的多元需求。应用大数据分析，鉴于北京儿童医院 MR（核磁共振）、CT（电子计算机断层扫描）这种大型医疗设备的利用率不足 5% 的现状，北京新世纪儿童医院如果盲目购入该类设备，收益显然无法覆盖成本。因此，新世纪儿童医院决定分享北京儿童医院的医疗设备资源：由新世纪儿童医院购买北京儿童医院的医疗与设备服务，即北京儿童医院的专家到新世纪儿童医院坐诊，新世纪儿童医院可以有偿使用北京儿童医院的医疗设备，北京儿童医院则借鉴新世纪儿童医院的管理模式，两家医院实现资源共享优势互补。[①] 对于民营医院来说，医疗资源与设备一直是自身发展的瓶颈，加之制度桎梏，想要谋求发展只能是蹒跚前行步履维艰。新世纪儿童医院与北京儿童医院的合作既充分利用北京儿童医院的闲置资源，又降低了自身的运营成本，是双赢的合作。对于北京儿童医院来说，新世纪儿童医院作为美国儿童医院协会的唯一亚洲会员，可以为北京儿童医院的医护提供先进的医学理念和管理经验。从合作效果看，目前北京新世纪儿童医院已经成长为我国首家依照国际医疗标准建立并运营的儿童专科医院。

当前，PPP 模式在医疗健康服务供给领域的应用还仅局限于大城市，在县域一级的医院尚没有全面推广，而医改给 PPP 模式的推广打开了制度通道。我国有望在未来几年，在县域一级的医院广泛推广 PPP 模式。然而，前景虽然美好，当前的现实却不容乐观。

三、当前我国医疗健康市场面临的挑战与机遇

当前我国县级公立医院一方面资金投入不足，另一方面产能过剩，而社会

① 谭伟峰：《医疗 PPP 模式成功案例汇总及分析》，大不六文章网，http://www.wtoutiao.com/p/X4feYf.html，2015 年 11 月 5 日。

资本进入医疗健康领域尚有一些制度桎梏难以逾越，使得我国医疗健康供给在一定程度上体现出量和质都难以满足患者日益增长的多元健康医疗诉求的特点。问题多多，不容忽视。

（一）县级公立医院投入不足和“产能过剩”并存

国务院医改办在2014年度的调研中认为，地方政府投入不足再次成为医改的重要问题。部分地方政府有关公立医院补偿机制的构建还不完善，补偿不到位的情况时有发生。事实上，地方政府对公立医院的补偿力度在很大程度上决定着该地区改革的进度，因为废除以药养医制度之后，如果财政支持不到位，医院就会陷入经营困境，医疗健康服务质量缩水是无法避免的结果。[①]而国家当前提倡远程医疗、智慧医疗，都实实在在地需要加大投入。

另一方面，过度用药、过度检查、过度治疗等状况也极为普遍，简言之：“过度医疗”泛滥。当前，很多县级医院都有昂贵的医疗设备，比如CT、MR，如果不加大使用频率很难收回设备购置成本，过度检查不可避免。如果患者去县医院与去市医院、省医院一样都要用CT或MR这种高端设备的话，可能导致患者即使小病也会首选医疗条件更好的上一级医院，县医院的这种过剩产能会使自己的医疗健康服务萎缩甚至因入不敷出而濒临破产。

（二）社会资本的机遇和挑战并存

随着我国医疗健康市场越来越多元化，进入该市场的社会资本也呈现蓬勃发展的态势，包括医疗设备供应商、医药制造商、养老相关产业、公立与私立医院等。需求创造供给，医疗健康需求层级的提升为大健康产业提供了前所未有的巨大机遇，由此带来医药、医疗器械、医疗服务、养老等产业的饕餮盛宴。

机遇往往都伴随着挑战，大健康产业的准入门槛和风险也是相当高。当前，民营健康医疗服务所面临的问题，首先是技术门槛高，医疗健康行业的专业性技术性要求都很高。其次，政府管制准入严格，私立专科医疗服务由于受政策所限，不能进入公立综合性医院。第三，医疗资源分散，无法做到资源整合优

---

① 《医改调研将出：各地政府投入不足仍存在》，经济观察网，http://finance.sina.com.cn/china/20141225/093321162036.shtml，2014年12月25日。

势互补，缺乏跨区域的资源整合。由于缺乏政策和资本支持，民营医疗健康产业往往以提供专科医疗服务进入医疗健康市场，如体检服务、专科医院，或借助互联网开展“移动医疗”。然而，不难看出，医疗健康领域的社会资本往往并没有很好地发挥其优势，其潜力还有待进一步挖掘，创新必不可少。

（三）财政投入捉襟见肘

基层财政的捉襟见肘曾于 2000 年前后集中反映出来。1995 年，在全国 2159 个县级单位中，拥有赤字的县域仅 132 个，占比为 6.1%；至 1999 年，在全国 2030 个县级单位中，拥有赤字的县域达到 706 个，财政补贴县达到 914 个，两者共计 1620 个，占比高达 80% 以上。[①] 当前的社会治理变革、改善民生、提升治理绩效，迫切需要相关机制和观念的转变创新。如果政府提供的基本公共服务不能与可获得的财政资源匹配，那么会进一步挫伤纳税人的积极性，纳税人会质疑、纳税不遵从，从而导致更大的财政压力、用于基本公共服务供给的可支配资源更加有限。[②]

对比近些年我国医疗健康支出领域财政投入增长比例与当年财政收入增长比例，可以看到，医疗健康投入比例始终没有跟上 GDP 的增长比例。而当前我国正进入老龄化社会,60 岁以上人口达到 2.1 亿，占总人口的 15.5%。根据预测，至 2020 年，我国 60 岁以上人口占比将高达 19.3%，2050 年更是直逼 38.6%。可以这样理解，在不远的将来，医疗健康支出需求将呈现爆发式增长趋势，医疗健康领域的问题不可小觑。[③] 在当前的大背景下，引入社会资本参与医疗健康服务供给有利于显著改善民众认可的既往服务标准，满足老龄化社会对医疗健康服务的需求，并以此作为重建政府公信力的契机。理想是如此丰满，而现实是否同样丰满还需要我们拭目以待。十八大后首先面对的是经济新常态，政府虽然已经反复强调加快改革步伐，但依然步履维艰，根深蒂固的政府部门利益

---

① 贾康等：《全面深化财税体制改革之路》，人民出版社 2015 版，第 58 页。

② Valerie Braithwaite and E. Ahmed, “A Threat to Tax Morale: The Case of Australian Higher Education Policy” , *Journal of Economic Psychology,* vol. 26, no. 4 (2005), pp. 523-540.

③ 人社部：《我国退休年龄全球最早将逐步延迟》，人民网财经频道，http://finance.people.com.cn/n/2015/1015/c1004-27701024.html，2015 年 10 月 15 日。

形成的“利益固化的藩篱”依然存在。

四、PPP 模式在县域医疗健康领域应用的实践探索

PPP 模式在县域医疗健康领域应用的实践探索应注重两个方面：公私资源的有效整合、医疗健康服务作为公共产品的公共性。

（一）PPP 有望成为整合公私医疗健康资源的有效工具

很难笼统地讲公立医院是产能过剩还是产能不足，但是可以肯定的是它的产能结构出了问题，需要优化整合。新供给改革所倡导的“去产能”实际上指的是去“落后产能”，我们现在应该聚焦去落后产能的议题。该领域产能是否过剩，是一个动态变化的过程，“去产能”更准确的说法是去在行业里垫底的落后产能，相对而言这是较好把握的概念。如果改革重点放在去落后产能上，那么在实践中可以更直接、更聚焦地对应我们所强调的打造医疗健康服务供给的升级版。同时，公立医院投入不足等问题也可以依托改革创新模式得到有效改善。

解决所谓过剩产能以及公立医院投入不足等问题，可以通过 PPP 创新机制把一部分曾经的过剩产能转为有效产能，同时也通过雄厚的社会资本注入解决公立医院投入不足的问题。只要把合作做好，就会产生一系列正面效应，其中包括缓解政府未来很长一段时间内的城镇化和老龄化带来的财政支出压力，使患者得实惠且实惠可持续，因为它是公立医院、社会资本和中介机构“1+1+1>3”的绩效提升模式，是落实共享发展的机制创新。PPP 开拓了公立医院与私立医院合作并取得“非暴利但可接受”的中长期投资回报的发展空间；它对接混合所有制改革，对接非常重要的法治化、民主化制度建设，毫不夸张地说，它也是对全面法治化的一种倒逼机制和催化剂。同时，它又是引领经济新常态过程中把一部分所谓过剩产能成功转化为有效产能、弥补政府投入不足、进行有效投资、智慧投资的新制度机制。

PPP 模式可以把医疗健康领域的公立医院与私立医院以多快好省的方式进行资源优化整合重组，在“好事做实、实事做好”的同时，加快建设远程医疗、智慧医疗，改善公立医院过度医疗这些原来被患者指责的“过剩产能”，即 PPP

创新机制能够把公立医院的一部分过剩产能通过与私立医院合作的形式转化为有效产能。

医改后，8000 家县级医院要面临属性和级别的转换，这里可能会存在一些设备陈旧医疗资源匮乏短缺、在竞争力上有一定劣势的“僵尸医院”（我们仿照“僵尸企业”的称呼，把类似于“僵尸企业”存在形式的医院称为“僵尸医院”）。如果这些“僵尸医院”能够吸收社会资本，整合盘活国有资产，把所谓的过剩产能转化为有效产能，就是变废为宝，这样一来不但提升医疗健康服务的数量和质量，还为社会资本提供了发展空间，可谓一举两得。然而，对“过剩产能”、“僵尸医院”的认定和把握，是一件仁者见仁、智者见智的事情，应该谨慎，防止认识上的误区。我们不能仅仅因为该医院在一定程度上存在竞争劣势就马上认定其为“僵尸医院”。当前很多公立医院，尤其是曾经转制的企办医院，由于历史遗留原因，跟企业脱钩失去了企业输血，转为公立医院以后财政投入不足，使得原本就不是特别活跃的企办医院在转制后直接就变成“僵尸医院”，它们在市场竞争中备受压力，积重难返，陷入不能持续发展的困境，而社会资本的有效注入正是盘活这类医院的切入点。我们知道，挑战的另一面即机遇，挑战与机遇并存，当前医改面临的挑战，正是公立医院吸收社会资本实现升级换代创新的机遇期。原来被视为过剩产能的代表，现在可以转化成有效产能的组成部分，关键要靠“事在人为”的努力。所以，在当前医改背景下的医疗健康服务领域的“去产能”方面，以优化重组为主，一定要真正聚焦到在整个医疗健康服务领域那种落后产能的甄别与去除这个关键问题、“真问题”上。

如果经过甄别，某些具备一定规模的公立医院确实可以被定义为落后产能，那么政府可以认定它们是落后产能代表，在没有重新盘活挽救可能的情况下，由政府主导实施关并停转操作，可以说这是最便捷的操作，然而这种方式的适应性极为有限，或者说基本上不适用于中国医疗改革。当前，有 8000 家县级医院需要改制重组，究竟谁是落后产能代表，显然政府没有能力去一一甄别。只有依靠政府提供规范的政策引导和维持公平竞争的市场秩序，让市场机制发挥其应有的作用，让“凯撒的归凯撒，上帝的归上帝”，厘清政府与市场的关系，以优胜劣汰为竞争原则，以吸引社会资本参与盘活改制公立医院的方式解决医改问题，解决医疗健康服务供给领域去落后产能的问题。

医疗健康服务在广义上被视为公共服务或准公共服务，无论该服务供给主体是否是政府，公共服务都要突出其公共性的内涵，尤其是引入社会资本采用PPP模式以后，这一点尤为关键。

（二）PPP模式在医疗健康服务供给体系的公共性原则

PPP的顶层设计历来强调政府在伙伴间应当正确行使公共权力，以有效地提供基本公共服务，回应民众的需求和实现公共利益，这些因素使得PPP呈现出应有的公共性特点。医疗健康服务PPP的公共性应以尊重社会资本可接受的回报为基础，以依法正当行使公权力为保障，以改善医疗健康服务供给为手段，以弘扬公共利益为目标。唯有如此才能使政府与社会资本合作更具有合法性，在协调公共利益与资本盈利的过程中，有效地调和各个参与主体的利益。PPP的公共性在于弘扬公共利益。然而，关于什么是"公共性"、什么是PPP的"公共性"，还有必要厘清。对有关公共性问题的阐述可以有众多学科视角，且不同学科也会有分歧。在这里将从治理的视角，对PPP模式在医疗健康服务供给体系的公共性原则进行阐述，归纳为以下五个方面：

1."公共性"的目标。PPP的"公共性"是用于描述政府与社会资本合作的基本性质和行为归宿的重要概念。在一般情况下，医疗健康服务供给的"公共性"是指公立医院与社会资本作为PPP的提供者，应按照社会成员的共同利益和意志，从保证公共利益的基本点出发，提供医疗健康服务供给，具体表现为公立医院与社会资本应着眼于经济社会的可持续性以及公共利益来开展其业务活动。由此，衡量公立医院与社会资本合作是否符合公共性的基本标准指合作是否坚持并维护了患者的基本权利，是否充分体现和表达了公共利益诉求并加以满足。此外，医疗健康服务供给的"公共性"也意味着在涉及医疗健康服务供给等集体行动上，存在着公立医院与社会资本之间权力分配结构、有效决策和权衡选择机制。在这里，"公共性"具体化为公立医院与社会资本利益导向的权衡选择过程，包含PPP决策与执行的公开透明，以使患者能够充分了解有关公立医院与社会资本合作的相关信息，并能够与其进行磋商；公共利益能否以民主化程序得到表达与整合；社会将依靠怎样的规则来决定公立医院与社会资本的权衡与决策选择，决定基本公共服务供给方案等。评价医疗健康服务供给的“公共性”价值是否得到满足的核心标准，应是以 PPP 模式提供的医疗健康服务的目标取向——实现公共利益，兼顾社会资本回报。

2.“公共性”的公共精神。医疗健康服务的“公共性”可以归结为公共精神而包括以下四个方面：民主精神，即社会公众的意愿是公立医院与社会资本合作合法性的唯一来源；契约精神，它意味着合作应遵从预先确定并宣布的规则和制约；正义精神，即承认患者应具有平等权利且受到保护，不受公权力所侵害；公共服务精神，指以 PPP 模式提供的医疗健康服务应尽可能公平分配。这四种公共精神在医疗健康服务供给实践中具体表现为：逐步实现医院与患者的地位平等共和共赢；公立医院与社会资本的权力既要受到规则保护同时又要受到制约，使其无法滥权侵权；公立医院与社会资本合作要既符合效率原则又担负起公共责任；医疗健康服务 PPP 是由公立医院与社会资本主导、患者参与驱动的合作。

3.“公共性”的治理创新。医疗健康服务的“公共性”揭示了治理目的的公益性，强调了为患者服务的出发点；它明确了 PPP 的范围是医疗健康服务供给，揭示了治理所依据的权力为社会公众所授予，因而必须接受公众的监督；它体现着公立医院与社会资本供给过程中的责任约束，要求公立医院与社会资本必须对其所提供的服务无条件承担责任；它强调了 PPP 过程中必须有公众参与，强调听取患方诉求，吸纳患者意见，这就要求 PPP 运行过程中的公开与透明；它强调以 PPP 模式提供的公立医院与社会资本必须取得患者的认可，接受人民群众监督。

4.“公共性”的价值基础。由于治理体系的价值基础是公共性，因而公立医院与社会资本合作的制度安排所要构建的价值观念就在于明确地反映和认可 PPP 的公共性。公立医院与社会资本的合作方式、权力秩序、运行机制、制度规范、合法性等，都无一例外地指向公共性。在 PPP 模式下公立医院与社会资本掌握资源的配置权力，有共同利益诉求，然而，这并不妨碍与之对应地使公立医院与社会资本承担医疗健康服务供给的责任，并为实现公共利益而构建有效的问责机制。公共性最直接的表现是其规范体系和运行系统的公正性，涵盖制度公正，也包含在运行机制之中，是一种治理制度的安排。

5.“公共性”的正义观。针对既往有关 PPP 研究过分追求理性与效率忽视公共性的问题，新公共行政理论主张治理应该涵盖以下几个方面。一是公平性。在这里强调医患之间平等的主体地位与参与机会。它同样代表着对所有患者而不是对 PPP 项目本身。二是代表性。尽管患者没有影响决策的直接权力，但代表性可以成为激励因素，促使患者以积极参与的方式实现代表性。三是回应性。主张 PPP 能够更好地回应患者的诉求，患者的积极参与可使以 PPP 模式提供的医疗健康服务更具有回应性。四是责任性。公立医院与社会资本所要努力实现的第一是公共利益，其次才是它们之间的共同利益，要提供高效且符合正义原则的医疗健康服务。

尽管在 PPP 的公共性问题上，不同的学科视角存在理解差异，但对于治理而言，基于这是一种为弘扬公共利益而进行的政府与社会资本合作，它的这种公共性内涵主要体现在以下三个方面。一是主体的公共性。公立医院与社会资本共同构成 PPP 的主体，它既不是纯粹的公共组织也不是私营组织，它是一种混合体，该混合体既有盈利诉求也要实现公共利益。二是治理价值的公共性。与一般意义上的私营部门效率至上的做法截然不同，PPP 的价值导向更多地体现为弘扬公共利益、实现患者高度参与、促进社会公平正义以及承担为民众谋福祉的责任。三是手段的公共性。权力是社会的基石，是解释一切政治现象的基础。因为，有关公立医院与社会资本之间以及医患之间的权力划分关系到 PPP 的运行秩序，PPP 权力的公共性充分体现了治理手段的公共性。

五、结论：基于公共性的医疗健康服务供给 PPP 模式构建

从政府的角度来看，应在公立医院与社会资本合作中起引导作用，规范制度以及双方的行为，维护医疗健康服务的公平性，弘扬公共利益。政府需监管 PPP 模式下公立医院与社会资本的行为，保证社会资本参与的医疗健康服务供给符合规范，尽力满足患者的多元需求，加强信息披露，公开医疗服务以及药品

的价格，维护患者利益。

从公立医院的角度来看，其定位应该是满足患者的医疗服务需求，从而弘扬公共利益。我国公立医院集聚了好的医疗人员和医疗设备，然而运行的压力形成引进社会资本的动力,PPP 模式有助于提升公立医院的效率、灵活性和创新。响应医改，8000 家县级公立医院的出路摆在面前，能否积极吸收社会资本，盘活已经部分陷入“僵尸医院”状态的公共医疗健康资源，依然任重道远，我们理应以开放的姿态大力吸引社会资本参与公共医疗健康服务供给。

从社会资本的角度来看，PPP 模式能够有效发挥市场机制的作用，通过与公立医院的资源共享可以进一步优化资源配置，提升社会资本的使用效率，通过参与医疗健康服务领域的竞争打破公立医院既往的垄断地位，开拓民间资本的生存与发展空间，并改善医疗服务质量，使患者真切享受到公共医疗健康服务质量以及数量的提升成果。

由于既往医疗健康服务的公共性特征和患者需求的多样性，公立医院作为当前我国医疗健康服务的主要提供者占据着较大的市场份额，在一定程度上已经形成垄断。为遏制过度医疗和不当医疗，承担弘扬社会公共利益的责任，PPP 模式宜针对医疗健康服务供给主体的市场边界引入竞争机制，建立多层次、多种所有制并存、满足不同患者需求的服务体系。我们要通过发挥政府的监管主导作用尽可能规避 PPP 模式带来的潜在风险与隐患，以盈利、稳健、提升医疗健康供给质量、弘扬公共利益为宗旨，以共和共赢的包容性发展为相关哲理，大力倡导 PPP 模式在医疗健康服务领域的应用。

PPP“政热企冷”之说有偏颇

贾　康

前段时间媒体上曾经有一种说法，是认为我国的PPP(政府与社会资本合作，过去直译为“公私合作伙伴关系”）遭遇了“政热企冷”，即政府方面热，企业方面冷，我认为这种报道的表述是有偏颇的，依据是有问题的。

我看到这个表述的时候，注意到后面还有一个具体的数字依据，就是有关部门一段时间后形成的统计数据是有1.6万亿元和PPP相关的项目规模，但是谈成做起来的只有不到2000亿元，两个数字差距很悬殊，给人的印象就是论证了前面的冷热之说。

其实，这一两年在中国的改革发展中，PPP合乎逻辑地成为我们在新的阶段上的重要创新内容，其发展总体而言仍属动员和培育期，可说是方兴未艾，而且从潜力上和现在的态势上讲，是很有希望以后逐渐进入如火如荼的境界的。前面所说的1.6万亿，只是一个时点上我们在推进建设过程中加总起来的和PPP项目有关的可能对应的资金数量，如果后面签约了，项目落地了，就开始进入实际操作。实际上动态进程中这前后两个数字都会变，因为以后各方面有意向按PPP形成具体操作机制的项目，会不断增加，而且会增加得相当快，绝对不止1.6万亿元规模，而且我估计一段时期以后16万亿元都打不住——我们可以想想若干年内仅“一带一路”会展开多少PPP的项目。而后面这个数字，它也必定会增长，因为随着政府、企业、各合作方大家一起来磋商、交流，有可能往前推进到最后形成可以签约的合同所合计的资金规模数，也会不断增长起来。如果在实际过程中我们想到现在中国总体还是处在一个PPP的初创阶段，后面这个数字占前面数字的比重，我认为未来的趋势是会越来越高，即比重会提高。因为经验在积累，法治条件在改进，人才队伍在成长，总体的做事成熟程度在提升，所以对项目的前期筛选、识别将逐渐靠近“八九不离十”，走完规范程序而得以签约的项目比重，也一定会上升。

当然，如果说得绝对一点，这两个数永远不可能重合起来：如果我们有100% 这样一个盘子的意向，就达成 100% 做实的项目，这是不可能的，得考虑到 PPP 有些项目可能最后谈不下来，签不了约，这完全合乎规律，不是一开始看着按 PPP 可能可以做，我们后面就注定要做成，就不可能出现原来有意向最后做不成的这样一部分所对应的实际情况。肯定要有一块一开始有意向，无论怎么谈最后落不了地的部分。我相信，只要我们的法治建设在推进，我们方方面面专业团队的水平在提高，我们在这个过程中能够越来越积累有益经验，也会越来越有信心并运用各种各样的手段把 PPP 的潜力发挥出来——这个进步过程往前走，一方面不可能百分之百实现所有意图，另外一方面会逐渐提高有意图以后又做实的项目比重，我认为这是个大趋势。

于是可以形成一个基本的看法：如果我们理性看待 PPP 创新推进过程，PPP 的意向和最后落实之间的差距，初期可能比较大，以后可能相对来说要收敛，它同时印证的就是我们这样一个方兴未艾、以后还带有如火如荼特征的发展过程将一步步趋于成熟。

在这里面最实质性的问题，就是 PPP 对于法治的要求是相当高的。换句话说，全面推进法治化、全面依法治国这个四中全会精神的贯彻，伴随的必须是政府职能实质性的转变，政府相关管理部门在努力推进法制建设的同时，还要在全面改革中使政府自己的思维框架、行事的方式、习惯，乃至到最后对自己行为的约束完全对接到 PPP 所要求的高标准法治化营商环境、政商环境上去。前面政府作为管理者、调控者无论有多少通盘的考虑，有多么权威的特许权认定地位和管理者身份，但到最后 PPP 合作方案签约的时候，政府一方和企业一方都是合作伙伴的关系，我的理解即法律上所说的平等的民事主体的身份，大家都是合作伙伴里的一方，这个合约、协议签了以后，是由法律保障它的履行。我们已有合同法，有相关的一系列的法律规范，政府违约同样有法律去约束，这不也就是把政府的权力关进笼子的一个具体表现吗？从这个角度来说，PPP 不可能一哄而起、一拥而上，我们必须要在立法和法治建设方面取得实质性的进展，使更多的企业越来越抱有信心和稳定预期加入到这样一个发展过程中。

对于 PPP 这样的创新，从三中全会到四中全会以后，我们看得很清楚：最高决策层的指导框架前所未有地清晰化，全面依法治国现在已成为习近平为总书记的新一代领导集体总体的治国理政框架中“四个全面”的重要支柱。全面改革，全面依法治国，全面从严治党，结合起来将义无返顾地推进中国先于 2020 年全面建成小康社会，再往后于 2050 年基本实现现代化“中国梦”伟大民族复兴。PPP 的创新就是在这里面发挥它的正能量。

所以，前述的时点数据，并非就可以拿来反映 PPP 是“政热企冷”。我们近一两年接触了大量企业界的朋友，大家高度关注这个事情，踊跃参加相关活动。应当看到，中国大地上现在有广泛的 PPP 潜在参与者，有很多的管理部门，很多的地方政府，很多的企业，都在做关于 PPP 的研讨和准备，很多的项目现在正在商讨，然后将有越来越多的项目推到实际操作过程。

往后，我们需要乘势更加注重推进法律的优化完善，培养契约精神，提高专业素质，弘扬诚信文化，这些都是我们 PPP 创新过程中应该紧抓不放、紧密结合在一起的要领。我深信，方方面面可以在交流信息的基础上进一步按照 PPP 的精神，对接政府方面、企业方面意愿中想推进的具体项目工作。同时，作为研究者我一开始就在强调：企业参与 PPP，不能首先定位为它在“学雷锋”来尽社会责任，企业首先的定位是“在商言商”，它作为商品生产经营者，作为市场主体，努力生存发展争取做大做强这才是它第一位的社会责任，要释放潜力，发挥活力，在参加竞争中争取市场份额，而且以后的竞争是全球化的国际竞争，这是企业真正履行社会责任的安身立命之本。所以，参与 PPP 的企业在商言商，应首先考虑怎么参与进来发挥自己的相对优势，和政府的相对优势合在一起以后，实现企业方面“非暴利但可接受”的投资回报。政府方面则是提高公共工程的绩效。政府、企业与设计师事务所、律师事务所、会计师事务所等等专业机构，伙伴式合作在一起，是 1+1+1 大于 3 的绩效提升。这样的舞台上，企业界朋友们，并不是参与信息互动交流后就一定要有所动作，可以继续观察，企业的决策是“不见兔子不撒鹰”，完全可以理解。政府则要真正抓好改革，职能转换，兴利除弊，和企业积极互动，大家一起要做的仍然是一个合作中的“取势、明道、精术”：顺应“四个全面”就是中国发展的大势，要取这个势；市场经济中所须尊重的市场在资源配置中发挥决定性作用是基本的规律，要明这个道；同时政府还要更好地发挥作用，政府不能在过去已经暴露出弊病的官僚主义、形式主义的轨道上给实际的PPP推进过程带来不利障碍，而应切实转型为“服务型政府”，企业则应在“决定成败”的一切“细节”上发挥自己的特长与相对优势，这都是“精术”。多方努力兴利除弊，最后落在一个一个的PPP项目上，就可以精益求精，做得越来越漂亮，越来越多地使人民群众得到实惠，而且这样一个创新机制，一定是使这种实惠可持续、使绩效不断提升的机制。

治理变革

传统基本公共服务供给模式的反思与批判

欧纯智

一、导言

基本公共服务供给被党的十八大报告列为重要议题。报告要求加快形成覆盖城乡、政府主导、可持续的基本公共服务供给体系。加快完善基本公共服务供给是我国行政体制改革、改善民生、实现善治的重要途径。然而，传统基本公共服务供给低效的问题由来已久并广受诟病，这是因为涉及公共支出的项目要通过特定的政治过程，这关系到众多的官僚和官僚组织。官僚们有着不同的偏好、目标和信念。最终能够获得通过的基本公共服务项目也许不是所有项目当中最被迫切需求的，但一定是官僚们各自看法的妥协，是经过妥协让步磋商的结果。通过的项目至少在一定程度上能够回应对该项目具有偏好的官僚诉求，尽管通过的项目在实际当中可能既不经济也无效率，这是因为官僚对项目具有强烈偏好并不代表项目是真正为民众迫切需要的，比如官僚之间互投赞成票。此外，特定的基本公共服务项目可能对特定人群有重要的分配结果。如果一个群体由于某种诉求被恰当地组织起来，他们会不惜一切办法努力推动政治过程采纳对他们有利的项目，比如民意裹挟公共政策。官僚是政治程序的主导者，而官僚不是天使，不难想象，官僚的行为并非总是指向公共利益。马克斯·韦伯作为理性官僚制理论的奠基人曾毫不讳言地指出，逐利是人的天然本性的一个方面，受私利驱动是人类行为动机的不变法则。[①] 唐斯承认官僚的行为动机是受私利驱动，哪怕官僚行为是在促进全社会福利最大化也不例外，官僚组织和官僚自身之间的互动决定了公共部门产出。

二、官僚与政治程序

官僚有私利取向，也有追求道德正义的本性。在此必须承认，关于道德和公平的价值观念确实可以影响许多非经济行为（比如政治、宗教、家庭行为）。指出道德的好处确实为人类自愿遵守道德的行为提供了一种非自利的原因。但这种机制只有在人类感受到这些好处并受这些好处引导而采取行动时才起作用。无意识的道德很难维持，当看到自己的同伴在合作中没有恪尽职守，个人的无意识道德动机就会很容易被摧毁瓦解。在很多情境下，人类很难消除对他人没有认真履行职责的疑虑。对他人的动机和表现，人类可以通过强制来确认，但这绝不是成熟完备的解决方案。在多数情况下，善行在一定程度上都是由制裁和动机激发出来的，其中的道德成分难以辨识。

社会行为的本质可以理解为个人有目标的行为。然而，大多数现有关于官僚的研究要么将官僚视为天使，要么将官僚视为追求个人利益最大化的计算器。这种错误假设不可避免地导致前者的结论认为官僚的行为符合公共利益，后者的结论认为官僚的行为违背公共利益。学界对于官僚的行为研究不应该基于非黑即白的二元论。我们应该承认，官僚既不会是天使，也不会是计算器，官僚是活生生的有血有肉的人，他会结合自己的处境权衡个人得失，也会在个人生活得到基本保障的前提下，适当考虑自己肩上的社会使命。官僚都会有一点点儿利己倾向，但这并不意味着他从不考虑他人的利益。应该承认，官僚不是或者说至少不完全是只受个人私利驱动的理性人，他会从事有目标的行为，还会从事包括诸如追求社会福利、公共利益等等完全与个人

① 〔德〕马克斯·韦伯著，于晓译：《新教伦理与资本主义精神》，生活·读书·新知三联书店1987年版，第7—8页。

利益无关的行为。

在实践当中，官僚组织对官僚主动提高工作绩效的行为鲜有激励，很多激励指向更政治化的目标，所以，官僚不会因为工作绩效的显著提高或者对民众诉求的更高回应而获得额外的薪酬奖励。但是，他们依然很享受配置公共资源的权力，这也是他们会努力最大化官僚组织规模的原始动力。官僚组织增加中央集权旨在提高效率，但是却往往因此降低了效率，这是因为官僚有了更大的空间，可以通过牺牲效率和公共利益来实现个人效用的最大化，这就引发了委托—代理行为，即官僚违背官僚组织的意愿行事。委托—代理问题是现代公司治理的逻辑起点，但该问题不是企业的专属。罗伯特·克里特加德（Robert Kritgard）认为委托—代理问题广泛地存在于腐败高发的官僚组织内部。[①] 在大型组织当中，尤其是官僚组织中，委托—代理问题从来就没有被真正解决过，尽管奖优惩劣作为一种激励机制能够解决代理问题，但是官僚组织很难对官僚的高绩效表现予以相应的补偿，所以官僚组织内部的委托—代理问题似乎更难解决。

尼斯坎南的官僚追求个人效用最大化理论能够解释官僚的那些看起来不符合公共利益的行为选择，此外，虽然激励对官僚的作用有限，但是激励依然是不可忽视的解释因素。尽管官僚的薪酬在短期内也许与他们的实际工作绩效无关，但是从长期来看，他们的晋升至少部分取决于他们既往的能被观察到的绩效。在中国，可以将 GDP 作为官僚绩效考核的量化指标，所以说 GDP 导向的政绩观使得官僚天然地具有拉高 GDP 的冲动，项目的大干快上已经蔚然成风。然而，除了个人政绩，官僚还有一个更紧要的问题——政治风险规避。因为一旦潜在的政治风险被触发，再多的政绩都是零。为了规避政治风险，官僚遵循特定的政治程序，即集体决策行事，以确保他的所有行为都是经过其他官僚评估的，从而降低自己的政治风险。尽管集体决策会在一定程度上降低官僚对某一具体项目的贡献，但是官僚必须在政治风险与个人功绩之间做出权衡取舍，官僚似乎更愿意进行这样的取舍。集体负责意味着个人不必负责，所以，繁琐

---

① 〔英〕罗伯特·克里特加德著，杨光斌译：《控制腐败》，中央编译出版社 1998 年版，第 51 页。

的审批和集体决策是项目获得通过的必由之路。[①]

官僚组织的特定政治程序不可避免地会产生繁文缛节，却依然通行，这是因为：一是官僚并没有对自己的工作承担成本，而是社会以通过税收供养更多官僚的方式来承担，此外，跟官僚机构打交道的民众也承担了一部分由官僚拖沓、延误所造成的成本。二是政治程序规定每个事由除了主管官僚以外，其他官僚也要参与决策。该规定也有其积极的一面，如果我们一定要说这是官僚规避政治风险、追寻个人效用最大化未免有失偏颇，它自然地遵循着官僚与所配置的公共资源之间的受托关系。作为普遍接受的规则，一个人在花他人钱的时候应当比花自己的钱的时候更谨小慎微，官僚掌握公共资源配置权力，理应更谨慎。而更谨小慎微意味着必须遵循特定的政治程序，这样一来，可以保证公共资源的配置不是出于官僚的一己私利，不是一时兴起的不负责任，更不是为了寻租腐败。因为要经过集体决策，所以就没有任何一个官僚有权签订一个价格离谱的合同。集体决策似乎既可以帮助官僚规避政治风险，还可以得到同僚的普遍认同，是一个看起来非常理想的政治决策模式。然而，这是基于以下三种无法实现的假设得出的结论：一是官僚的个人私利取向总是指向公共利益，官僚是为公共利益服务的天使；二是每个官僚关于待决策项目所掌握的资料和信息与主管该项目的官僚一致，也就是说同僚的决策是基于信息对称下的理性选择；三是每个官僚都能够独立公正地进行项目投票表决，不存在选票交易、民意裹挟等因素。

我们知道，这在实践当中几乎是不可能的。官僚有自己的私利取向，对他人的工作也不可能做到全面了解，其最大的行为可能就是在 GDP 导向的政绩观下，支持有利于增强其自身利益的政策和他所提倡的项目，反对那些损害或不能增进其自身利益的政策或项目。[②] 为了方便自己支持的政策落实或自己管辖的项目落地而跟其他官僚进行选票交易以求共赢。也可能在被民意裹挟的时候为了顺应形势而违心地做一些不符合公共利益的事情。

---

① 〔美〕约瑟夫·E. 斯蒂格利茨著，郭庆旺译：《公共部门经济学》，中国人民大学出版社 2012 年版，第 170—173 页。

② 〔美〕安东尼·唐斯著，郭小聪等译：《官僚制内幕》，中国人民大学出版社 2006 年版，第 82 页。

由以上分析我们看到，官僚组织的特定政治程序——集体决策使得其既不经济也没效率，那么，官僚以集体决策的方式供给基本公共服务会造成怎样的成本收益变动呢？

三、传统基本公共服务供给的成本收益分析

政府以传统的方式提供基本公共服务，不可避免地会发生官僚之间互投赞成票造成项目捆绑从而导致供给过度，也可能发生民意裹挟公共政策造成被动供给从而导致供给低效甚至无效。在此将以官僚之间互投赞成票与民意裹挟公共政策为例建模分析政府以传统的方式提供基本公共服务的成本收益变动情况。

（一）只由三个官僚组成的决策层简化模型

假设将政府决策层的需求加以简化，按需求偏好强度将其粗略地分为三个人：官僚 A、官僚 B、官僚 C。官僚 A 代表对基本公共服务供给的需求大，用直线 A 表示；官僚 B 代表对基本公共服务供给的需求适中，用直线 B 表示；官僚 C 代表对基本公共服务供给的需求为 0，用横线表示。我们将这三类需求相加可以得出决策层的需求之和，能够得到直线 A+B，显然，该直线也包括了官僚 C 的需求，因为官僚 C 的需求为 0。纵轴表示以人民币计价的成本，横轴表示基本公共服务的项目数量。我们将基本公共服务的成本用每单位人民币进行衡量，那么直线 CC 表示每单位数量基本公共服务的供给成本。社会的最优选择在 O 点，它是基本公共服务供给的总需求与总成本的交点，是剔除成本后的社会净收益最大化点。

我们知道，传统的基本公共服务供给由政府独自提供，由税收来负担。为了简化分析，我们假设官僚 A、官僚 B 和官僚 C 都支付等量税收，也就是说每个官僚为自己偏好项目获得通过需要支付总成本的 1/3，用直线 TT 来表示。在这样的安排下，官僚 C 宁愿政府不提供任何基本公共服务，官僚 B 只想要政府提供 O_B 数量的基本公共服务，而官僚 A 想要政府提供 O_A 数量的基本公共服务。折中一下的话，政府将提供 O_B 数量的基本公共服务，但这对于整个社会来说并不是一个最理想的选择，而是权衡各方偏好强度的折中之举。这种

情况由于极其简化，并不会真在实践中发生，我们分析它只是为了描述未经扭曲的自然状态下的情况应该是什么样，这对简化分析并快速得出结论有一定的帮助。

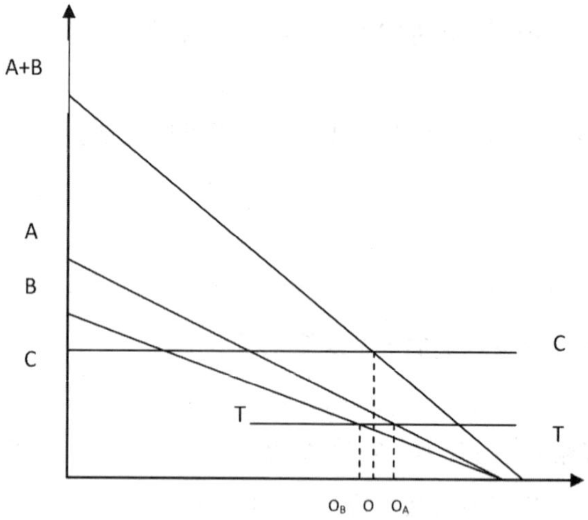

图 3-1 简化模型

（二）官僚之间互投赞成票造成基本公共服务供给过剩

我们现在进行一般的假设，官僚 A、官僚 B 和官僚 C 只是决策层的三个官僚，而在这个决策层里还有其他官僚，如图 3-2，我们把官僚 A 与官僚 B 视为一个集团 D，我们将集团 D 称为基本公共服务供给的高需求者，直线 AA 表示他们对基本公共服务的需求，每单位服务的社会成本仍用直线 CC 来表示。从整个社会的角度来看，最优选择是 O 点。然而，这个社会中的数量很大的包括官僚 C 在内的很多人对政府提供的这些基本公共服务根本不感兴趣却要为此而支付庞大的税收。同样为了简化分析，我们假设税收 T 在市民中平均分配。

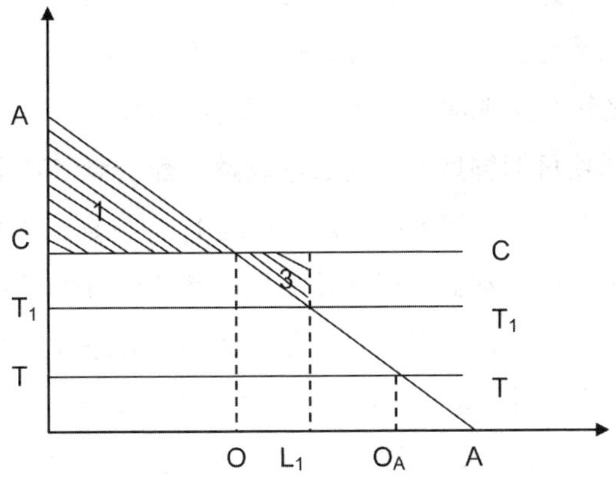

图 3-2　互投赞成票

如图 3-2 所示，高需求曲线 AA 与其成本曲线 TT 的交点决定的，最优选择是 O_A。然而在实践当中，最优选择并不是这样想当然地发生，因为不是所有的高需求者所需求的项目都可以落地。从功利主义角度分析，如果没有此需求的人的数量远远多于高需求群体，其结果就是不提供这些基本公共服务。这似乎与官僚的政绩导向发生了分歧，官僚要政绩，而政绩是由 GDP 奠定的，所以说，一些非必要的基本公共服务供给也会在 GDP 导向的政绩观下以官僚之间互投赞成票捆绑项目的方式催生出来。然而，对于官僚 A 是低需求的项目往往对于官僚 B、官僚 C 或者其他官僚却成了高需求项目，决策层为了经济的大干快上拉高 GDP，将某个官僚的高需求项目与其他官僚的低需求项目进行打包捆绑搭配，从而解决每个官僚的低需求项目不能上马的问题。这个时候，成本曲线会发生移动，不再是原来的总成本直线 CC，而是比直线 TT 稍高一些，介于直线 CC 与直线 TT 之间，即直线 T_1T_1。如图 3-2 可知，此时的基本公共服务供给总量是 L_1，比社会的最优选择 O 要高出一些。需要说明的是，过度供给造成的社会成本由阴影 3 来表示，民众从最初提供的服务中得到的收益用阴影 1 来表示。过度供给造成的社会成本阴影 3 与民众从最初提供的服务中得到的收益阴影 1 是由直线 CC 与直线 T_1T_1 决定的，所以，这两个三角形的大小比例关系可以是任意一种搭配，而在本例中，笔者人为画出来的阴影 3 小于阴影 1 的面积，仅仅是表达笔者希望过度供给造成的社会成本小于民众从最初提供的服务中得到的收益，而实际情况并非常常如此，过度供给造成的社会成本大于或等于民众从最初提供的服务中得到的收益的情况也是存在的。

我们可以看到项目捆绑后的新的成本收益分配。对于某个项目来说，高需求群体增加的收益在数量上等于由纵轴、直线 T_1T_1 与直线 AA 所围成的三角形面积。那些低需求群体的利益可以在被捆绑的其他项目中得到补偿，而在此项目中他们也可以妥协同意。值得注意的是，那些没有进入此类交易的群体，将会为这个捆绑项目集支付一定的成本，在数量上等于纵轴、直线 L_1、直线 T_1 以及直线 CC 所围成的矩形面积。从严格意义上说，既然政府的决策层里每个群体都是互投赞成票交易的利益获得者，同时也是其他交易的利益损失者，则总产出的净效应就会大大减小，此外，由于不太严格的对称性，社会中会存在大量的转移支付。也可以这样理解，如果决策层的每个官僚的选择仅仅是为了符合其个体理性，那么其结果就是群体的非理性，会给社会造成福利损失。在这里笔者不是要呼吁杜绝官僚之间互投赞成票造成的项目捆绑行为，因为互投赞成票并不必然意味着基本公共服务供给失败，它也可以使政府提供令人满意的基本公共服务，比如图 3–2 所示的收益与成本关系，收益大于成本。但是，值得思考的是，收益并不总是大于成本，当收益小于成本，社会发生转移支付的时候，由政府提供基本公共服务明显不如由非政府组织提供。[①] 如果说由政府提供基本公共服务存在官僚之间互投赞成票的可能性，那么引入社会力量参与治理是否可以缓解或者说改善基本公共服务供给过剩的现状呢？

（三）民意裹挟公共政策造成基本公共服务供给低效

民意裹挟公共政策也许是政府提供基本公共服务效率最低的一种形式，虽然对某些固定群体来说确实能增加其社会收益。但是，令人遗憾的是，社会收益远远低于其成本。现在，让我们看一个新近发生的民意裹挟公共政策的案例，2016 年 5 月 24 日《新京报》以《悬崖上的村庄》为题，报道四川省凉山彝族自治州昭觉县支尔莫乡阿土勒尔村，15 个孩子走崖壁，爬藤梯，大约用了 2 个小时，

① 〔美〕戈登·图洛克著，范飞等译：《收入再分配的经济学》，上海人民出版社 2008 年版，第 41—44 页。

到达位于“悬崖村”的家，该村 72 户人家，通向外界需要顺着悬崖断断续续攀爬 17 条藤梯，此事一经报道便引起广泛关注。报道当晚，凉山彝族自治州州委书记林书成表示：先施工一条钢筋结构梯道，解决群众出行安全问题，接下来马上组织论证彻底解决方案。钢筋天梯造价在几百万上下，而中央在“一方水土养不活一方人”的地域实行异地扶贫搬迁政策，“悬崖村”符合该政策“距城镇和交通干道较远、基础设施和公共服务设施难以延伸的地方”的规定，可以享受异地扶贫搬迁政策。单就本例来说，以移民搬迁的方式解决悬崖村问题，才是标本兼治的解决之道，孩子们及他们的后代不必再回悬崖村。

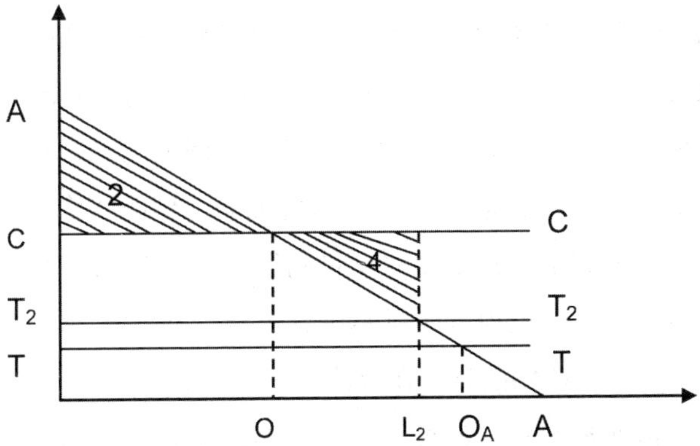

图 3–3 民意裹挟公共政策

此例的成本收益变动如图 3–3 所示，成本线发生移动，肯定也不再是原来的总成本直线 CC，因为民意裹挟不需要官僚之间的讨价还价、收买、谈判、妥协、让步，所以其成本会低于官僚之间互投赞成票的成本直线 T_1T_1，民意裹挟公共政策的成本直线 T_2T_2 介于直线 CC 与直线 T_1T_1 之间。如图 3–3 可知，此时的基本公共服务供给总量是 L_2，比社会的最优选择 O 要高出一些。需要说明的是，过度供给造成的社会成本由阴影 4 来表示，民众从最初提供的服务中得到的收益用阴影 2 来表示。过度供给造成的社会成本阴影 4 与民众从最初提供的服务中得到的收益阴影 2 是由直线 CC 与直线 T_2T_2 决定的。将图 3–3 与图 3–2 进行比较，我们发现，1=2，4 ＞ 3，也就是说民意裹挟舆论造成的成本要高于官僚之间互投赞成票。可以这样理解，民意裹挟比官僚之间互投赞成票造成的社会福利损失还大，当然，对其取舍也可以参照官僚互投赞成票的取舍方法。

毫无疑问，民意裹挟公共政策造成行政效率极其低下，对于这72户悬崖村居民来说该项目一定能带来生活上的改善，但是这些改善无疑比它耗费的总成本要小很多。我们应该把这个项目看成是一种转移支付吗？如果该项目算是一种转移支付，而资金是用来修建钢筋天梯的，并没有转移给任何人，资金在修建钢筋天梯的过程中耗尽了。钢筋天梯减少了回家的危险度，是这72户人家的收益所在，而他们得到的这个收益仅仅是其他纳税人支付几百万总成本中极其微不足道的一部分。如果把悬崖村天梯称作由其余的纳税人对该村的一种转移支付，或者说这个项目是民意裹挟公共政策的一个效率极低的产物，那么，与官僚之间互投赞成票造成的项目捆绑相比，它以其他纳税人的福利大幅度降低为代价，稍微改善了悬崖村72户人家的福利。经济上的不合意并没有阻止这类项目的落地完成，这是由于这72户人家希望钢筋天梯能够修建，因为他们希望得到特定的、有限的收益，接受转移支付的欲望是他们的行为动机。在悬崖村钢筋天梯这一事件中，由政府提供基本公共服务，遭到民意裹挟，在经济上无疑是极其低效的。令人遗憾的是，在政治上也不合意，这72户人家有了钢筋天梯以后，要世代留在悬崖村，显然不符合改善民生的政治诉求。如果说由政府提供基本公共服务存在被民意裹挟的可能性，那么引入社会力量参与治理是否可以缓解或者说改善基本公共服务供给低效的现状呢？

（四）小结

由以上分析可知，政府独自以传统的方式提供基本公共服务，无论是官僚之间互投赞成票造成基本公共服务供给过剩，还是民意裹挟公共政策造成基本公共服务供给低效，都不是善治的积极表现。我们知道，帕累托效率未必总是指向公共利益最大化，但是厘清传统基本公共服务供给决策过程与帕累托效率之间的关系，有助于我们理解官僚之间互投赞成票，民意裹挟公共政策的产生机理以及对效率的影响，所以对其分析还是必要的。

四、传统基本公共服务供给决策过程与帕累托效率分析

布坎南与塔洛克在《同意的计算——立宪民主的逻辑基础》中反复提到“一致同意”(unaminity)，该规则指每个人都同意的集体决策规则，如果个人意愿用投票来表达，即全票赞成。布坎南与塔洛克的公共物品理论的逻辑起点是：一致同意规则下的自愿交易。其中在私人物品方面，自愿交易发展出竞争性市场制度，而在公共物品方面，自愿交易发展出一致同意规则下的集体决策制度。基本公共服务供给具有“不可分性”，其决策过程是集体参与的过程。有关主流经济学的公共物品理论建基于帕累托效率的基础之上，而一致同意规则下的集体决策恰恰与帕累托效率规则下的决策有异曲同工之妙。这是因为，布坎南与塔洛克的一致同意规则的前提假设是任何人的外部成本为零，即没有人受到来自他人的强制。也可以这样理解，任何偏离一致同意的决策，都将导致至少一个人要承受来自他人的强制，即外部成本，此时外部成本不再为零。而帕累托效率指任何偏离帕累托效率的决策，都将导致至少一个人的状况变得更差。如果说帕累托效率是竞争性私人物品的效率标准，那么一致同意无疑是公共物品集体决策的效率标准。布坎南在其《宪政经济学》中曾指出：“如果我们把帕累托的分类法换成维克塞尔的语言，则我们可以说，如果存在着真正的困境，那么从理论上说肯定能够进行某种得到共同体全体成员同意的变革。提议对现行规则进行变革，至少从理论上有可能得到‘一致同意’。”[①] 这段话正是我们此前分析过的帕累托效率与一致同意规则的等价关系。“只有采用全体一致原则，集体决策才会产生必然是帕累托最优的改变。”[②]

我们知道政府的集体决策项目在数量上是离散的，所讨论的项目只有“同意”和“不同意”这两种情况，如果尝试把“不同意”的项目变成“同意”，就会涉及选票交易，也就是互投赞成票。然而，官僚之间以互投赞成票捆绑项目

① 〔美〕詹姆斯·M. 布坎南著，冯克利等译：《宪政经济学》，中国社会科学出版社 2004 年版，第 154—155 页。

② 〔美〕詹姆斯·M. 布坎南、戈登·塔洛克著，陈光金译：《同意的计算——立宪民主的逻辑基础》，中国社会科学出版社 2000 年版，第 207 页。

的形式进行选票交易，使得原本离散型的项目决策具有了某种类似于在数量上连续可变的特征，意味着原本僵化的“同意”和“不同意”式的投票决策能够以互投赞成票的方式进行调整。

（一）一致同意

首先，我们只讨论由三个官僚组成的决策层简化模型来分析一致同意规则，假设官僚 A 主管市政道路，官僚 B 主管森林防火，官僚 C 主管城市环保，待通过的政府项目分别为：市政道路、森林防火、城市环保。显然，官僚 A、官僚 B、官僚 C 对以上三个项目持有不同偏好且偏好强度不同，其偏好组合如表 4-1 所示：

表 4-1　官僚 A、官僚 B、官僚 C 对项目的偏好

	市政道路	森林防火	城市环保
官僚A	100	50	0
官僚B	0	100	50
官僚C	50	0	100

如果市政道路、森林防火、城市环保在数量上具有某些连续可变的特征，那么结合政府的集体决策项目可以预见，官僚 A、官僚 B、官僚 C 将根据以上三种公共物品的数量通过互投赞成票的交易方式进行调整，交易的结果可能是 60 单位市政道路、60 单位森林防火、60 单位城市环保，也可能是 80 单位市政道路、70 单位森林防火、75 单位城市环保等情况，具体交易结果取决于官僚 A、官僚 B、官僚 C 对以上三种公共物品的偏好、偏好强度、三方的谈判能力、来自上级的财政支持、来自民众诉求的迫切程度等等。

现假设官僚 A、官僚 B、官僚 C 就这三项进行投票表决，A 提出“100 单位市政道路、50 单位森林防火、0 单位城市环保”的项目，如果官僚 B 与官僚 C 要么“同意”，要么“不同意”，那么官僚 A、官僚 B、官僚 C 无法就以上三种公共物品的数量进行调整。如果使用“一致同意”的决策规则，官僚 B 与官僚C拒绝，那么该项目就无法通过。可以想见，如果官僚A主管的基本公共服务不能通过，那么官僚B与官僚C主管的基本公共服务能够通过的可能性也不会太大，因为官僚A可能不会配合通过。也可以这样理解，存在这样一种可能，即官僚A、官僚B、官僚C主管的相关基本公共服务均不能落地，这对三人来说显然是最差的一种决策结果。因此，官僚B与官僚C的理性选择是“同意”，并在随后官僚B提出“0单位市政道路、100单位森林防火、50单位城市环保”，以及官僚C提出“50单位市政道路、0单位森林防火、100单位城市环保”的项目时，官僚A也将选择“同意”，以此作为对官僚B与官僚C接受自己项目的某种“政治回报”。布坎南与塔洛克在《同意的计算——立宪民主的逻辑基础》中是这样解释互投赞成票的：“对于任何个别的投票者来说，所有可能的项目都可以按照他的兴趣强度来排列。如果他在某个其偏好很弱的领域接受一种与其愿望相反的决定，以便在一个偏好更为强烈的领域换得他所喜欢的决定，那么他的福利就能得到改进。因此，投票人之间的种种通过讨价还价而达成的协议能够使各方共同受益。”[①]毫无疑问，官僚之间的互投赞成票从根本上说是对自身福利的有效改进。显然，官僚A、官僚B、官僚C的提案最终都将在数量上进行调整，而调整的结果一定是三方共同认可的一个稳定的均衡。

（二）简单多数

其次，我们来讨论更一般情况下的简单多数规则，官僚A、官僚B和官僚C只是决策层的三个官僚，而在这个决策层里还有其他官僚。即除了官僚A、官僚B和官僚C，还存在官僚D、官僚E、官僚F，等等。我们也可以将除官僚A、官僚B、官僚C之外的所有官僚作为一个官僚群体Z来考虑，Z的偏好为25单位市政道路、35单位森林防火、45单位城市环保。如果采取简单多数规则，那么官僚A、官僚B和官僚C为了形成多数联盟，会以互投赞成票的方式以推动自己偏好的项目得到通过。引入官僚群体Z参与其中的情况，甚至“100单位市政道路、100单位森林防火、100单位城市环保”的项目也有通过的可能，因为

① 〔美〕詹姆斯·M. 布坎南、戈登·塔洛克著，陈光金译：《同意的计算——立宪民主的逻辑基础》，中国社会科学出版社2000年版，第160—161页。

在这种情况下，官僚群体 Z 将被迫分担一部分公共物品成本。由此可见，官僚 A、官僚 B、官僚 C 以互投赞成票的方式使得项目获得通过概率大大提高。我们看到，无论是使用一致同意规则，还是使用简单多数（基于各方参与人具有偏好上的对称性的前提）规则，都实现了帕累托效率的结果。但在简单多数规则下，公共物品往往更倾向于供给过度。

（三）民意裹挟

最后，我们简单讨论一下官僚的决策行为不是出于主观偏好以及偏好强度的情况，比如上文提到的民意裹挟公共政策。修建钢筋天梯并不是官僚 A、官僚 B 和官僚 C 的分管领域，所以对于该项目根本谈不上偏好或者偏好强度。然而，经过媒体大肆报道，从讲政治的角度考虑，每个官僚都懂得大势不可逆，不但要修，而且要修好。所以，即使内心并不支持修建，但表现出来的支持程度往往不会低于自己分管领域的项目，且中间并不需要妥协让步、讨价还价，很快就会达成共识，无论使用一致同意规则还是使用简单多数规则都会高效通过本不该通过的项目，具备帕累托效率的特征。

（四）小结

在当前的政府实践当中，项目往往是以“一揽子”公共物品集的形式出现，开一次会议鲜有只讨论一件事的情况，所以很少会有“一事一议”的形式。“一揽子”公共物品集的决策过程，使得“互投赞成票”有了赖以生存的土壤，导致基本公共服务供给过度。此外，随着网络的兴起，舆论传媒发挥了前所未有的传播能力，目前很多由民意裹挟公共政策的政府项目能够得到迅速通过，往往源于媒体掐头去尾、断章取义式的报道，导致基本公共服务供给低效，尽管决策效率是前所未有地高效。然而，以这样的方式形成的决策高效虽然符合一致同意规则，这个一致同意却不是主观上的一致同意，而是遭受民意裹挟后的一致同意，所以，这样的一致同意虽然在形式上符合帕累托效率却依然难改其内容上的低效甚至无效。

因此，无论政府项目决策过程使用一致同意规则，还是使用简单多数规则（基于官僚们具有偏好以及偏好强度上的对称性的前提），只要存在官僚之间互投赞成票的决策方式以及民意裹挟公共政策的现象，均可以实现帕累托效率。

然而令人遗憾的是，实现帕累托效率的同时伴随着基本公共服务供给过度和低效，以帕累托最优的表象掩盖了其对公共利益的偏离，民主社会中的集体决策问题似乎没有完美解。

尽管许多官僚按照自己理解的方式自认为在服务于公共利益，但这并不等同于：他们仅受个人私利动机的驱动，或者他们天然地就具有公共服务的精神。在现实中，这两个状态恰好是坐标的两个极，他们最大的可能是处于两极之间的某一点。如果有一个合适的制度安排，那么，他们的私人动机将引导他们按照他们自己确信的公共利益行事，即便这些动机跟其他官僚的动机相似，即部分地源于个人利益。因此，公共利益是否真正被弘扬，主要取决于那些为实现公共利益的社会制度的设计和运行效率，也就是说不该对官僚或者说对人有过高的不切实际的期望。社会本身不能确保，仅仅指派一些人服务于公共利益，这些人就恰恰愿意提供服务。①

结合上节的分析，官僚组织难以克服对官僚激励不足的客观事实，集体决策模式下的基本公共服务供给会不可避免地造成公共利益的损失，使供给陷入低效或无效。在现有官僚集体决策的行政模式下打破政府垄断基本公共服务供给势在必行。

五、基本公共服务由谁供给

尽管市场失灵提供了政府干预的理由，但市场失灵本身并没有提供政府垄断基本公共服务供给的依据。此外，市场也不是效率的代名词，市场只有在具有竞争性的时候才是有效率的。公共利益具有多维性，不仅仅是最有效、最大收益最小成本，还包括社会价值、全民福祉。

（一）对基本公共服务供给效率提法的反思与批判

效率是管理的核心议题。有关效率的研究在传统上存在两个明显的缺陷，一是沿袭管理学效率的研究范式，忽视研究对象的公共性，二是局限于综合研

---

① 〔美〕安东尼·唐斯著，郭小聪等译：《官僚制内幕》，中国人民大学出版社 2006 年版，第 92 页。

究的模式，忽视实践的适用性。这两个缺陷在基本公共服务供给的研究中尤为突出。管理学的效率研究范式不完全适用于政府，政府工作的公共性决定了其在诸如效率的合理定位、体现方式、低效成因、提高方式等一系列问题上具有自身的特点，这些都是基本公共服务供给研究应该关注的重大课题。基本公共服务供给的公共性属性给效率研究带来前所未有的挑战，强调这一点，目的在于引起我国基本公共服务供给学界的关注，从而把效率研究引向纵深。不论对"效率"做什么样的概念界定，效率研究都不能回避"为了谁的效率"这一问题：私人效率还是公共效率？企业效率还是政府效率？主体不同，其效率的体现方式和效率的成因必然有巨大差别，所以说效率研究应当体现和适应这些差别。基本公共服务供给的效率研究充分体现了研究对象的特性，适应公共责任、公共目标和公共组织的基本特征。"效率"在管理学研究中一直都居于优先地位。然而基本公共服务供给的公共性本质为其带来了多元目标，而多元目标又意味着目标间的选择和权衡。由于效率与基本公共服务供给的其他价值及目标之间存在替代或竞争关系，所以不同情境下的效率合理定位会成为凸显基本公共服务供给公共性的标志之一。当前由基本公共服务供给效率引发的公共性危机不容小觑：

（1）基本公共服务供给的公共性必然带来效率与公平的权衡取舍。经济学家们普遍认为，"虽然市场机制倡导公平，但仍无法单纯靠市场机制保证公平"。[①] 这是因为，市场机制所做的，正是人们要它做的——把资源交到出价最高的人手中。所以说，有效率的市场机制可能会产生极大的不公平。然而，不是市场的过错造成收入分配不公平。"看不见的手可以引导我们到达生产可能性边缘的外围极限，但是，它并不一定是以可以接受的方式来分配这些产品的。"[②] 也可以这样理解，市场机制的优势在于效率，效率以外的价值要靠其他机制来弥补，而政府正是弥补市场缺陷的机制之一。政府不同于私营部门，效率不是

---

① 〔美〕查尔斯·沃尔夫著，谢旭译：《市场或政府——权衡两种不完善的选择》，中国发展出版社 1994 年版，第 136 页。

② 〔美〕保罗·萨缪尔森、威廉·诺德豪斯著，萧琛等译：《经济学》，中国发展出版社 1991 年版，第 83—84 页。

政府所追求的唯一目的，政府还有很多其他目标。[①]政府是公平的守护者，追求公平是政府的天职，传统管理学中的效率优先并不完全适合于政府，所以毫无疑问，也不适合以政府为主导的基本公共服务供给。

（2）基本公共服务供给的公共性也会带来效率与民主之间的权衡取舍。基本公共服务供给如果单纯追求效率，那么在某种程度上会与政府的其他价值发生冲突，即效率与民主之间的潜在冲突。民主往往会导致表面上的低效，但并不能因此牺牲必要的民主议程，因为民主是政府的核心价值之一。以前我们经常会将政府低效归结为机构臃肿、公务人员的官僚作风浓厚以及程序上的繁文缛节。其实，这些只是我们对官僚的刻板印象，官僚日常所要履行的职责常常彼此矛盾，还要接受来自民众对于官僚组织的竞争预期，公众既要求低成本又要高质量，官僚既要保证内部信息安全又要对媒体公开。最难解决的矛盾是，民众期望官僚既要保持执政的灵活性又要保证法律的严肃性。这些都是我们所谓的繁文缛节，恰恰也是公共性的必要保障，但必须承认，在执行的过程中确实存在走样的现象。巴里·博兹曼（Barry Bozeman）将繁文缛节定义为："这是一些规则，人们必须遵循这些规则并且承担规则所规定的责任和义务，但这些规则的事实却并未达到当初规则制定时候的最初目的。"政府之所以相较于私人组织有更多的繁文缛节，在于政府更多地受到来自外部力量的监督压力，比如说权力实施程序、审计，等等。所有的这些监督都源自于我们的法律、权力制衡机制以及社会的核心价值。[②]

（3）基本公共服务供给的公共性因效率至上而遭受重创，其合法性在一定程度上逐步被蚕食。管理主义的基本价值在于经济、效率与效能，它注重业绩评估和效率，用市场或准市场的方法再造政府运行，用目标导向、顾客导向、限期合同、节约开支、物质奖励以及较之以往更大的管理自由度等方法来强化政府工作的竞争性。管理主义只强调工具理性而忽略其公共属性的价值内涵，

---

① 〔美〕英格拉姆：《公共管理体制改革的模式》，载国家行政学院国际交流合作部编译：《西方国家行政改革述评》，国家行政学院出版社1998年版，第62—63页。

② 〔美〕查尔斯·T. 葛德塞尔著，张怡译：《为官僚制正名——一场公共行政的辩论》，复旦大学出版社2007年版，第96—104页。

是对公共价值的背离。基本公共服务供给在本质上说以民主框架为基石，是多元价值冲突的一个均衡，它追求社会公正、公民权利，强调公共利益、国家责任以及公众参与等多元价值。基本公共服务供给效率至上的管理主义视角会在一定程度上忽视基本公共服务供给的根本价值和目的，这与以市场的方式提供商品还有什么区别？管理主义已然沦为执行与管理的工具，无法捍卫公共利益、社会公正以及公众参与等民主价值的责任。基本公共服务供给在工具理性下的种种行为，将使基本公共服务供给与社会价值渐行渐远，只重高收益低成本从而忽视其肩负的国家责任。以管理主义为导向的基本公共服务供给与以政治价值为导向的国家责任之间存在不可调和的冲突，即自治与问责、个人愿景与公民参与、私密性与公开性、风险分担与公共物品监护之间的冲突，等等。[①] 基本公共服务供给的正当性或合法性必须奠基于其足以承担肩负的公共责任、实现公共利益的价值前提。

综上所述，基本公共服务供给的公共性对传统管理的效率优先原则提出了挑战。效率与公平、民主之间的潜在冲突意味着多元价值之间的权衡取舍，要求效率在基本公共服务供给当中的合理定位。值得强调的是，效率之于基本公共服务供给的合理定位不能陷于刻板。对于提供基本公共服务供给，政府与私人部门、政治体制与市场机制，谁更合适呢？

（二）公私对比与合作

历史清楚地向我们表明，国家制度中公共部门与私营部门的合理配置与使用决定着经济甚至国家的兴衰。而一国制度的设计和运行，不仅仅取决于该国的政治和经济生态，还取决于该国的历史文化传承和精英的群体意识和管理智慧。官僚政治和市场经济是控制国家政治经济活动的两种基本方法，官僚政治可以领导经济活动，相应地，自由市场的价格机制可以控制经济产品和资源配置决策。[②]

从严格意义来说，政府，企业或是社会组织，都是以追求自身效用作为存在

---

① C. J. Bellone and G. F. Goerl. "Reconciling Public Entrepreneurship and Democracy", *Public Administration Review,* vol. 52, no. 2 (1992), pp. 130-134.

② Hal G. Rainey, "Understanding and Managing Public Organizations", San Francisco: The Jossey-Bass Public Administration Series 15,1996, p.61.

的基础。政府的效用是公共利益，企业的效用是盈利，社会组织的效用是为某一特定的事务或人群服务。它们在一起合作追求的是 1+1+1 ＞ 3[①] 的效果。政府代表公，企业代表私，所以二者在管理和运行上应该有本质区别。雷尼（Rainey）在对有关组织的公私区分进行文献整理时发现，目前对于组织的公私划分还没有找到切实有效的方法。他认为政府与企业的区别主要在于以下三个方面：一是在压力源方面，政府组织较少受到来自市场的压力，它更多地受到法律的约束以及政治的限制，企业的压力主要源自市场和消费者；二是组织与外部互动方面，政府组织决策具有垄断性、强制性等特点，同时接受民众监督，回应民众诉求，企业决策依据的是市场方法，接受消费者监督，回应消费者诉求；三是管理机制方面，政府采用官僚制，部门具有多元性，管理程序繁杂等，企业相对政府而言比较单一，程序简单。[②] 哈佛大学的艾利森（Allison）认为，公共管理与私营管理在不重要的地方可能是相似的，而在所有重要关键的地方都是不一样的。[③]

然而，在现代社会，公私分野早不如过去那么明显，美国在二战时期，航空工业产品的 92% 由政府购买，直至 20 世纪 50 年代，海军飞行器需求才开始萎缩，航空企业减小生产规模，关闭生产线转产。但就航空工业而言，公共性基本改变了传统的市场模式。[④] 传统意义上的私营企业随着时代的变迁早就不存在了。从质上说，企业一定具有公共性，只是在量上多与少的问题。这也是巴里·博兹曼“所有组织都是公共的”经典表达想传达的含义之一。公共性将政府与私人部门联结到一起，给政府与社会资本合作奠定了必要的基础。他将政府与私人部门进行了非常详细的对比：[⑤]

通过表 5-1 的公私对比，我们发现官僚与私人部门雇员有很大不同，这会

---

① 贾康：《PPP 模式 1+1+1>3》，新华网，http://www.hn.xinhuanet.com/2016-04/19/c_1118673958.htm，2016 年 4 月 19 日。

② Hal G. Rainey, R. W. Backoff and C. H. Levine, “Comparing Public and Private Organizations”, *Public Administration Review,* vol. 36, no. 2 (1976), pp. 126-145.

③ See Barry Bozeman, J. Perry and K. Kraemer, “Public Management: Public and Private Perspectives”, *Journal of Policy Analysis & Management,* vol. 2, no. 4 (1983).

④ B. Bozeman, *All Organizations are Public: Bridging Public and Private Organization Theory*, Jossey-Bass Inc, 1987, pp.10-12.

⑤ Ibid., pp. 14-29.

导致官僚组织与私人部门产出及产出方式的不同。官僚组织是目标多元且为公共利益服务的组织。盈利是企业存在的逻辑，效率是企业的生命。政府通常找不到简单有效的干预方式以保证企业为公共利益服务。同样的道理，市场在有限竞争等局限性下为政府提供了参与基本公共服务供给的理由，但是，就如同上节分析的那样，政府往往是低效的生产者，由官僚之间互投赞成票以及公共政策被民意裹挟造成的供给低效或无效等问题，无一例外地在一点点蚕食公共利益。显而易见，政府或市场作为基本公共服务供给的独立主体都是存在缺陷的。因此，政府在弘扬公共利益的前提下，在适当参考市场效率的同时，与社会资本展开合作，优势互补、资源整合、发展民生，已经成为历史发展的不二选择。

表 5-1　政府与私人部门的区别

类别	官僚组织	私人部门
个人感受	官僚对组织认同度低、工作满意度低、对现有人事管理系统的奖优惩劣不抱有太多幻想。支持功绩制，但不支持现有人事评价程序的主观随意。	私人部门雇员组织认同度高、工作满意度高、对现有人事管理系统的奖优惩劣充满信心。
个人关注	关心公共责任和目标。	个人报酬。
工作权限	官僚还要说服议员和上级以证明他们的计划是有价值并可行的。官僚由于分工和利益的原因，决策权由中上层掌控。 官僚组织的一线管理者只拥有有限的人事权。	决策管理和操作多在一线做出。
人事管理	官僚组织不必要的规则和章程代替了管理控制，限制了官僚的自主选择。《1883年彭德尔顿联邦文官法》后的文官制度开始注重官僚实绩、工作安全以及个人权益。	私人部门雇员享有一定的自主权，个人权益基本能够得到保障。 业绩考核相对更公平。
工作压力	官僚受到外部监督决策的风险较大，影响工作节奏，很难做到深思熟虑。 时间安排也和组织的政治周期相联系，给了官僚们追求快速绩效的压力。	私人部门雇员工作节奏受外界影响较小，压力也更小。
工作风险	官僚组织决定的目标比较广泛，也更重要，风险也相对较大。	私人部门决策相对简单，风险也相对较小。

（三）PPP 的兴起

政府与社会资本合作（PPP）并非新生事物，早在一百五十年前，托克维尔将非政府协会作为遗产留给民主制。PPP 源于政府再造运动，新公共管理理论是其理论支撑，20 世纪 70 年代后期，美国卡特政府期间，将政府与社会资本合作（PPP）的概念首次落实到实践中。部分地利用盈利性或非盈利性社会资本来提供基本公共服务，无论政府或者政治制度是否因此而发生改变，PPP 都是值得推广的。社会资本参与提供基本公共服务的主要价值在于可以削弱传统上由政府独家提供所造成的垄断权力，以及由政府特定政治程序通过的项目所造成的供给低效和无效。然而，将基本公共服务供给外包给通过用户收费收回成本的私人供应商，一些评论家就此表达了疑虑，认为这种模式的 PPP 拒绝了那些不能出钱的穷人和被边缘化的人获得基本公共服务供给的权利。[①] 管理主义的核心思想从根本上说，是政治人物所信仰的意识形态，由于大众对官僚制的繁文缛节已经失去耐心，而效率至上的管理主义恰逢其时，成为社会愿意接受的观点，因此在实践当中被广泛推广。诚然，PPP 的兴起在一定程度上是民心所向的结果。具体分析其成因，以下四个因素尤为重要：

（1）政府的低效。改革开放以后，政府职能范围不断扩大，权力不断扩张，基本公共服务供给也呈现多元化态势，民众的福利保障较以往有很大的提高。政府管制渗透到政治经济生活的方方面面，由此导致寻租腐败横生，而需要政府管制的领域往往还出现管制真空。尽管政府的初衷在于构建基本公共服务均等化，然而对政府的抨击从来没有如此猛烈，改革的呼声甚嚣尘上。对政府的抨击集中在以下三个方面：一是政府机构过于臃肿，消耗了太多的公共资源；二是在市场不需要政府的时候，政府对市场往往干预过多，而在市场需要政府的时候，政府经常缺位；三是对官僚制的刻板印象导致我们认为以政府的传统方式提供基本公共服务必然导致平庸和无效率。PPP 是政府引进社会资本，高效地提供基本公共服务的实践创新。

---

① 〔美〕威廉姆·A. 尼斯坎南著，王浦劬译：《官僚制与公共经济学》，中国青年出版社 2004 年版，第 206 页。

（2）政府的经济压力。基本公共服务供给顾名思义就是要使民众获得更多更好的基本公共服务保障，这样一来，政府每年都要承担数目庞大的转移性财政支出。我们知道，财政收入的最大来源是税收，也可以是政府债。提高税率并不必然意味着提高财政收入，可能在短期内收入会有提高，但是长期来看可能会把企业逼走，将资本转移到税收相对低的国度，因而从长期来看，提高税率不但不能提高财政收入，有可能还会带来未来财政收入的锐减。政府债就是提前透支未来的钱，会给未来政府运转带来困难甚至是灾难。以多元融资方式替代政府的传统融资方式成为现实的选择。此外，政府再造运动的此起彼伏使世界各国的政府改革压力逐渐加剧。如何使政府更高效地提供基本公共服务、如何降低政府的施政成本、如何使公共服务供给更具有回应性成为改革的焦点和难点。在此情况下，PPP 不仅可以有效地提供基本公共服务，还可以在一定程度上缓解财政压力。也可以这样说，政府在不增加税不增加债的同时，以 PPP 的方式提高了基本公共服务供给的质量和数量。

（3）政府的合法性危机。随着工业社会、后工业社会的不断兴起，一些社会问题凸现出来，政府的政策议程已经无法回避公共产品与服务供给方面的捉襟见肘、逐年加大的贫富差距、严重失衡的人口年龄结构、居高不下的失业率等等。类似的问题层出不穷，往往是旧病未治，又添新伤。政府面临前所未有的高度复杂性、高度不确定性和社会多元性，政府经常会陷入失灵不可自拔，表现出力不从心的疲态。此外，官僚机构本身固有的消极保守，以及官僚制的墨守陈规、繁文缛节、寻租腐败、行政傲慢、行政低效等等正一点一点地蚕食政府的合法性，并引发民众对政府的信任危机，甚至由此引发公共危机。基本公共服务供给的对象是公民，公共利益源于共同价值的对话，而非个人利益的简单相加。政府应该与民众建立良好的互动和信任关系。[①] 当前，这种不信任广泛蔓延，甚至以民意通过媒体来裹挟公共政策的方式爆发出来。民众呼唤政府改革的声音不绝于耳，特别是基本公共服务供给回归社会、回归市场的呼声不

① Robert B. Denhardt and J. V. Denhardt, “The New Public Service: Serving Rather than Steering”, *Public Administration Review,* vol. 60, no. 60 (2000), pp. 549-559.

断地得到践行，社会资本以伙伴合作的关系加入基本公共服务供给，PPP成为时代的选择。

（4）政府与市场的意识形态之争。从某种意义上说，“管理主义”是一场意识形态运动，是新右派思考国家问题的路径。官僚以及官僚组织的预算最大化，公共支出的大幅攀升，垄断低效的基本公共服务供给，公权对个人自由的侵犯、政府对市场的压制、社会正义的缺失等，这些问题都比较突出，最要命的是政府会经常陷入比市场失灵还可怕的政府失灵。对于新右派的信仰者而言，PPP提供了这样一种制度，社会资本进入公共领域，对社会资本的控制可以因合作而得到强化，还可以医治官僚制与生俱来的低效。正是在这种意识形态之下，政府引入社会资本参与基本公共服务供给，PPP是不容置疑的实践创新选择。[①]

（四）小结

自20世纪80年代以来，各种非政府组织以及社会治理力量不断地涌现出来，呈现出治理主体多元化的态势，政府必将成为其中的一元。从历史上看，几乎所有时代所有地域的政府面对社会进步都会扮演保守角色，往往是被社会进步力量推动前行，而且，更经常地，是政府首先诉诸暴力去扼杀社会进步力量。即便如此，社会前进的步伐还是无法阻遏的。无论是社会对政府的刻板印象，还是政府与非政府组织的互动都无法克服文化与制度上的障碍，双方既往的互动不尽如人意。当前的合作治理把政府与非政府组织整合成一种“合作制组织”，它源于官僚制而超越官僚制，最后实现对官僚制的扬弃，用合作制组织代替官僚制组织。PPP即为合作制组织的一种形式。

六、结论

效率为基本公共服务供给的理论与实践提供了一种视角。对于基本公共服务供给而言，多元视角的透视是必要和必须的。然而，效率至上是否应该成为政府将社会资本引入基本公共服务供给的理由，还是一个值得怀疑的问题。不

---

① 张成福：《公共行政的管理主义：反思与批判》，《中国人民大学学报》2001年第1期。

容忽视的是，官僚互投赞成票以及民意对公共政策的裹挟不仅仅是供给低效的问题，更是对公共利益的最大偏离。“市场机制”、“小而美”、“顾客导向”、“企业家精神”、“效率至上”的企业型政府是新公共管理理论的核心，被市场主义奉为圭臬，从而扭曲了基本公共服务供给的特质。政府与市场，一个都不能少，政府与社会资本合作将开启社会治理的新篇章。

当前有关基本公共服务供给构建需要关注和思考以下问题：

（1）PPP 作为当前基本公共服务供给的新模式应更多地被视为一种民主国家治理的过程，而不仅仅被视为一种融资、管理过程。

（2）基本公共服务供给应承认政府在国家治理过程中的正当性地位，避免过度强调市场、效率，造成“空洞化的基本公共服务供给”。

（3）基本公共服务供给应更多地关注其公共性，遵循公共精神、公共价值，弘扬公共利益。

（4）基本公共服务供给固然要向市场学习效率，但不能舍本逐末，应考虑情境适用的特殊性。

（5）基本公共服务供给的研究，要采取学科整合的途径，结合政治学、经济学、行政学、法学、哲学的学科视角，避免单一视角带来的盲点。

公共利益视角下的关于行政审批存废的再思考

欧纯智

一、导言

在国家行政体制改革的热潮中，行政审批改革呈越改越少之势，大有要彻底废除行政审批之势，更有学者提出当前的寻租腐败都是由行政审批过多过滥造成的。我们到底需不需要行政审批成了理论界与实践界争论的焦点。要研究行政审批其积极作用、消极作用、产生、发展、危害，均可由行政管制的一般性演绎而来。在借鉴一般意义上的行政管制等方面的研究结果，结合行政审批导致寻租腐败的相关研究，会避免我们以管中窥豹的方式看行政审批改革，会给我们更多的启发和思考。

西方经典管制理论认为市场会失灵，引入行政管制可以纠正市场失灵，使扭曲的资源重新配置达到帕累托最优。然而，行政管制在许多方面是市场参与者之间的一个讨价还价过程。① 政府、公务人员、经济中的赛局参与者、公民，这四方是在一个高度制度化的环境中相互影响、相互作用、各有其利益的。② 西方国家往往把行政审批作为制度的补充措施，认为行政审批是解决市场外部性的必要手段，一旦可以将外部性内化，就应当放弃行政审批 ③，而管制不当的最

① 〔美〕丹尼尔•F. 史普博著，余晖等译：《管制与市场》，上海三联书店 1999 年版，第 512 页。

② 〔英〕简•莱恩著，赵成根等译：《新公共管理》，中国青年出版社 2004 年版，第 6 页。

③ 张康之：《行政审批制度改革：政府从管制走向服务》，《理论与改革》2003 年第 6 期。

大恶果就是寻租腐败交易[①]，也就是原本以公共利益为导向的管制滑向管制捕获。布坎南将政府纳入经济学的研究框架，分析个人在政治市场中的决策，他认为政府失败的根本原因在于政治市场存在缺陷，而政府管制自然也不例外。[②]

二、管制理论

行政审批的理论源泉是西方管制理论。就管制主体来看，可分为政府管制和非政府管制两大类。本文不涉及非政府管制，以下只讨论政府管制。政府管制也可以称为公共管制、行政管制，本意是纠正市场失灵，然而政府自身也会失灵。寻租理论刚好验证了诺思对政府失败的描摹，政府在致力于纠正市场失败的同时经常会引发自身失败，即政府失败，尤为重要的是，政府失败的后果非常有可能比市场失败更为严重。

从一般意义上来说，管制是普遍存在的。自有人类社会组织以来就有管制，最早的管制可以追溯到原始部落时期。[③]当前对政府管制的研究源于现代政府理论。无论是霍布斯的“利维坦”、洛克的“共同体”，还是亚当·斯密的“社会人”，都是建立在“发达国家政府”的基础概念之上的，承认了大“公”的存在，以及个体为了寻求政治保护和经济利益而对个人权利的部分放弃。换句话说，公共利益的存在是不可否认的。也就是说，微观经济学里假设的纯“个人利益”和“自由选择”不能完全成立。在现代社会，人们被迫放弃他们在自然状态下拥有的绝对选择权，接受了共同体的保护和法则，所能做的就是追求这些法则的公平、公正、清廉和执行效率。纵观世界上近300年来的发展历程，从政府职能的角度来看，也有一个明显但相对缓慢的进步过程。发生在19世纪英、德等国残酷的资本原始积累，遭到社会主义者的强烈谴责，也促使这些国家进行反思，逐步加强在规范市场、劳动保护、保障妇女儿童权益，以及教育、

---

① 〔美〕戴维·H. 罗森布鲁姆等著，张成福译：《公共行政学：管理、政治和法律的途径》，中国人民大学出版社2002年版，第441页、第427页。

② 〔美〕詹姆斯·布坎南著，平新乔等译：《自由、市场和国家》，上海三联书店1989年版，第67页。

③ 曾国安：《管制、政府管制与经济管制》，《经济评论》2004年第1期。

公共卫生、社会治安等方面的职能，各国政府开始大规模地介入宏观经济管理和基本公共服务供给。①

行政学者对行政管制的实质研究，起源于美国对镀金时代 (Gilded Age) 铁路营建事业的高投机现象进行的管制。②植草益③、布兰代斯（Brandeis）④等提出了以公共利益 (public interest) 为核心的行政管制理论，以施蒂格勒（Stigler）⑤、波斯纳（Posner）⑥为代表的经济学家则提出了管制捕获 (regulatory capture) 理论。

（一）以公共利益为核心的管制理论

在相当长的时期里，基于公共利益的管制理论始终以正统身份居于政府管制经济学的核心地位，其假设前提是管制机构代表公共利益。政府管制是从公共利益出发针对个人或集团而制定的规则，其目的是为了避免经济主体侵犯消费者利益，后者表现为肆意控制他人进入、对价格进行垄断、对消费者和劳工滥用权力、确定服务条件和质量等。正因为如此，政府应该代表公众对市场做出一定的理性计算；该管制思想符合“帕累托最优”原则，不仅在经济上取得成效，而且促进了整个社会的完善。

该理论把政府管制视为政府对社会公正及效率需求所做出的仁慈的、无代价的、有效的回应，是从公共利益出发而制定的管制，哪里有市场失灵，哪里就有政府相应的干预。斯蒂格利茨（Stiglitz）认为，政府在处理市场失灵方面，确实具备一定的优势。然而，按照此种逻辑，以倡导公共利益为核心的政府管制将变得无处不在，以应对不可避免的市场失灵，这招致了理论界对此理论的激烈批评。人们并不会想当然地认为政府是以公共利益为导向，因为当前为避免市场失灵而采取的很多管制政策最终却牺牲了消费者的利益，这大大削弱了该理论的吸引力，并使管制捕获理论呼之欲出。

---

① 〔美〕侯一麟：《政府职能、事权事责与财权财力：1978 年以来我国财政体制改革中财权事权划分的理论分析》，《公共行政评论》2009 年第 2 期。

② 〔美〕伯纳德·施瓦茨著，王军译：《美国法律史》，中国政法大学出版社 1997 年版，第 157—159 页。

③ 〔日〕植草益著，朱绍文等译：《微观规制经济学》，中国发展出版社 1992 年版。

④ 〔美〕布兰代斯著，胡凌斌译：《别人的钱——以及银行家如何使用它》，法律出版社 2009 年版。

⑤ 〔美〕G. J. 施蒂格勒著，潘振民译：《产业组织和政府管制》，上海人民出版社 1996 年版。

⑥ Richard A. Posner, “The Social Costs of Monopoly and Regulation”, *The Journal of Political Economy*, vol. 83, no. 4(1975), pp. 807-828.

（二）以个人或集团利益为核心的管制捕获理论

与公共利益管制理论相对的，是以乔治•施蒂格勒为代表的管制捕获理论(regulatory capture theory)。施蒂格勒认为，国家可以提供给被管制者如下优惠：一是政府直接的货币补贴，比如减免退税金返还；二是政府通过控制许可证的数量限制或者禁止后来的竞争者，如福利企业资格；三是政府管制与本产业有替代或互补关系的行业和部门；四是政府管制价格，如固定价格。[①] 该理论认为，"捕获"政府管制也就是促使政府进行管制，要么是被管制对象本身（深受市场失败的影响），要么是其他有可能从管制中获益的人，比如因依法纳税而相较于逃税企业市场竞争力更低的企业，不够减免退税资格的企业希望通过减免退税优惠达到少缴税目的的主体。换言之，政府管制与其说是为社会公益的目的，毋宁说是为某一个人或某一群人"寻租"的结果[②]，这是管制捕获理论的前提假设。由此看来，政府管制遂成为公权侵犯私权的利器，比如税务人员利用强制征税的权力与企业形成征纳共谋实现寻租腐败交易。如果说政府管制受管制者的需要而产生，这将在本质上颠覆政府管制的目的。否认倡导公共利益的管制，从而否定政府管制手段存在的必要性。众所周知，国家拥有资源的配置权力，当这种通过政府配置得来的资源能够给企业带来收益的时候，后者就会趋之若鹜。诚然，政府管制在某些时候可能会给企业带来一些收益，但这并非政府管制的初衷，充其量不过是管制的意外收获而已。以芝加哥学派为首的管制捕获理论反对政府管制，这一理论也为政府制定和实施管制政策提出了警告。

公共利益管制理论和管制捕获理论是管制理论谱系的两极，现实中很难找到只存在公共利益的管制或只存在个人或集团垄断利益的管制，二者的界限很难划清。需要指出的是，管制的两个理论都存在缺陷，一种更易被接受的观点是：只要存在自然垄断，自由的市场竞争被扭曲，就需要有政府管制以保护消费者利益。然而，应当引起注意的是，当前为实现公共利益目的的管制在实践

---

① 〔美〕G. J. 施蒂格勒著，潘振民译：《产业组织和政府管制》，上海人民出版社1996年版，第212—215页。

② 〔美〕理查德·A. 波斯纳著，蒋兆康译：《法律的经济分析》，中国大百科全书出版社1997年版，第475—476页。Jack Hirshleifer, "Toward a More General Theory of Regulation: Comment", *Journal of Law & Economics,* vol. 19, no. 19 (1976), pp. 241-244.

当中总是不可避免地滑向管制捕获一极，不能不说是管制的遗憾。

三、我国行政审批现状

在我国，行政审批带来的诸多弊端当中，很多都是显而易见的，比如审批过多过滥、职责交叉、审批真空、行政效率低下等，这里不再赘述，而隐藏在表象之下的弊端往往被忽视却又实实在在地影响和谐社会的发展和中国梦的实现。

（1）我国当前一些审批部门存在只重审批、不重监管的现象，甚至存在各个相关部门内部争夺审批权力，而由审批造成不当后果时互相推诿责任和义务的现象。我国现阶段对审批制度尚缺乏严格的监管和责任义务划分，一旦出现违规审批、违纪审批、越权审批、当批不批，甚至违法审批等审批权滥用情况，竟很难落实到具体的责任部门和责任人，这就使得很多公务人员热衷审批，热衷审批职位所赋予的审批职权。呈现在我们面前的是，负责审批的部门和主管审批的人很多，而真正为审批负责的人很少，一项审批，公务人员要分好几个批次去企业检查，出了问题要集体负责，而集体负责意味着在一定程度上个人不必负责。审批的后续监管乏力，一审定终身，只批不管。更有甚者，审批权被当成“摇钱树”，审批已经失去了政府为实现公共利益而进行管制的初衷，成了一种垄断的收费渠道，甚至为收费而审批，根本不管被审批事宜是否适当、是否合法、是否应该通过审批。当被审批过的事宜发生丑闻或违法被刑事制裁的时候，有关部门只是挖掘该事宜是否经过审批，是否符合审批程序，似乎经过审批且程序合格的审批事由出了问题不关审批部门的责任。这种对审批的问责机制鼓励了不负责任的审批权滥用，从而更进一步导致了各部门对审批权的争夺，扩大了审批的权限和范围，这样一来，公务人员主动寻租的机会就会大大增加。这种现象衍生了更多不负责任的审批，可想而知，企业的上访事由、申诉事由只会更多不会更少，然而在实际当中，上访或者申诉很难获得满意的结果。为了避免处于劣势，企业往往会主动寻求负责审批人员的庇护，当然这种庇护是有收益有成本的，就是我们常说的企业主动寻租。无论是公务人员主动寻租还是企业主动寻租，最终的结果都是相互勾结完成寻租腐败交易。

（2）审批是如此烦琐却引来各部门争夺的最好解释就是权力可以用来交换资源，也就是我们常说的“权力寻租”。那么，行政审批如何将“权力”与“资源”整合到一起呢？由于我国相关的法律体系还不太完善，公务人员被赋予较大的行政审批权和酌情自由裁量权，而优惠政策的适用标准模糊，并且行政审批基本上没有一定之规。“自由裁量”完全可以帮助“权力”和“资源”联姻，从本质上说行政审批权就是一种酌情自由裁量权。在实践中，行政审批是国家规定的制度，而“批”与“不批”是公务人员酌情裁量决定的，所以审批的结果往往是不确定的；审批的时限也可以人为调整，可以走“绿色通道”现场办公会审批，也可以经过漫长的所谓正规的审批程序；审批分类更是界限不清，即属于哪个范畴的涉税事宜，由于界限划分不是很明显，归在相关的几个类别里似乎都可以，但是每个类别能够得到的待遇是不同的，这就需要被审批对象好好“动动脑筋”力争使自己能够被划分到对自己最有利的类别当中。如果企业在行政审批过程中获得了自身本不该获得的某些政策优惠，那么可想而知，腐败交易已经在神不知鬼不觉的情况下完成了。

所以说，审批权越大，能交换的资源就越多，也就是说寻租腐败的机会就越大，这就是“单位利益部门化、部门利益个人化、个人利益金钱化”的最原始动力。越不能倡导公共利益，越扭曲自由竞争，问责机制越差的审批，越会导致更多的审批权力滥用，这也是当前行政审批制度导致“寻租腐败”的最好诠释。可以这样说，哪里有审批权，哪里就有审批权滥用，哪里就有公务人员寻租腐败，这是一个完整的寻租腐败链条。

四、行政管制滋生寻租腐败

我国于2001年开始在全国范围内进行以精简审批事项和规范审批过程为主要内容的改革。[①] 我国原有的行政审批制度是体制转型中行政计划指导逐渐弱化时政府实行行政规制的权宜性措施，是计划经济向市场经济转变过程中衍生的

① 陈天祥、张华、吴月：《地方政府行政审批制度创新行为及其限度》，《中国人民大学学报》2012年第5期。

过渡性的制度安排。审批事项缺乏法律、法规、规章依据，审批条件模糊，带有很大的随意性和盲目性。这种复杂低效的行政审批已经难以适应市场经济所要求的竞争性和效率性，所以说行政审批制度改革已经迫在眉睫。

针对行政审批制度存在的问题，2001 年 9 月，国务院成立行政审批改革工作领导小组(下简称“审改办”)，积极、稳妥地推进行政审批制度改革，标志着改革工作全面启动，如表 4-1 所示。

表 4-1 我国历次行政审批制度改革

批次	数目	时间	政策成效
第一批	取消789项	2002年10月	完善社会主义市场经济体制； 建立“廉洁、勤政、务实、高效”政府； 将行政审批制度改革与政府机构改革、实行政务公开和“收支两条线”管理以及其他有关工作紧密结合起来
第二批	取消406项； 改变82项管理方式	2003年2月	将行政审批制度改革与政府机构改革、财政管理体制改革、电子政务建设、相对集中行政处罚权和综合行政执法试点等工作紧密结合起来
第三批	取消409项； 改变管理方式39项； 下放47项； 25项涉密事项另行通知	2004年5月19日	贯彻实施《中华人民共和国行政许可法》； 进一步规范行政权力和行政行为； 更新管理理念、创新管理方式； 提高社会主义市场经济条件下政府管理经济和社会事务的能力和水平
第四批	取消128项； 下放29项； 改变管理方式8项； 合并21项	2007年10月9日	依法对行政审批项目实行动态管理； 加强对行政审批权的监督制约； 规范审批行为、创新审批方式、完善配套制度、建立长效机制
第五批	取消113项； 下放71项	2010年7月4日	创新审批的方式，规范审批的流程； 健全行政审批的制约监督机制，加强对行政审批权运行监督
第六批	取消184项； 下放117项； 合并13项	2012年8月22日	对非行政审批项目进行了更加有广度和力度的清理； 转变经济发展方式； 使企业、社会组织、地方政府更加有自己的独立性

截至 2012 年，国务院分六批共取消和调整了 2497 项行政审批项目，占原有总数的 69.3%[①]，这也是我国政府不当管制过多过滥造成经济发展不健康、不

① 马庆钰：《从全能政府到服务型政府》，中国机构编别网，http://www.scopsr.gov.cn/rdzt/xzspzd/zcjd/2012/12/20121206_191677.html，2012 年 12 月 6 日。

均衡、不正义的恶果后，痛定思痛的应对措施。行政审批的改革成效更是有目共睹的，来自透明国际的腐败排名印证了我国行政审批改革的硕果，我国的腐败排名正在前进中，如表 4-2 所示。

表 4-2 行政审批的改革成效——中国历年腐败指数及世界排名

年度	得分	参评国家排名	参评国家总数	世界排名
2012	3.9	80	176	45
2011	3.6	75	183	41
2010	3.5	78	178	44
2009	3.6	79	180	44
2008	3.6	72	180	40
2007	3.5	72	179	40
2006	3.3	70	163	43
2005	3.2	78	158	49
2004	3.4	71	145	49
2003	3.4	66	133	50
2002	3.5	59	102	58
2001	3.5	57	91	63
2000	3.1	63	90	70
1999	3.4	58	99	59
1998	3.5	52	85	61
1997	2.9	41	52	79
1996	2.4	50	52	96
1995	2.2	40	41	98

说明：全球腐败指数自 1995 年开始发布，采用十分制统计计算，但 2012 年的统计计算方法采用百分制，报表显示是 39，为了便于比较，把 2012 年百分制的 39 换算成以往通用的十分制 3.9，特此说明。腐败指数得分越低，在世界排名越靠后，表示该国家（地区）的腐败程度越严重。数据来源：透明国际网站 www.transparency.org。

表 4-1、表 4-2 的数字告诉我们行政审批滋生腐败，行政审批改革有助于我国减少寻租腐败，也可以这样说，管制滋生腐败。那么，管制与腐败是如何连

接起来的?

我们知道，管制是一种有效的进入壁垒，管制通过意味着可以进入，管制未通过意味着不能进入。既然管制的通过与否由行政机关决定，这就为公务人员提供了配置该资源的机会。企业经营收入取决于从事该行业的竞争对手和平均收入，这两个变量反映了该行业的总收入。行业收入大体上是成功的政治行动可能产生报酬的指数，发放执照的数量与受管制行业的均衡收入成比例。对一种行业所提供服务的需求弹性越小，则管制越能提高该行业的收入。回顾中国行政体制的改革历程可以发现放松管制减少了寻租腐败空间。

新中国成立后，从资源配置到生产领域，我国严格实行计划经济体制，由于政府通过管制手段直接控制了各种经济资源的分配，在这种体制下，公务人员、个人或企业很难从寻租中获得利益，缺乏寻租动机。各级政府面临的唯一决策集 $A_1=\{1\}$，只能选择唯一的管制策略，（a_1，a_1）构成了稳定的纳什均衡。

1978 年改革开放以后，我国从封闭的计划经济向开放的市场经济转轨，在许多方面政府已开始逐步放松或放弃对大多数行业的管制，市场竞争的局面在逐渐形成。管制阶层的策略决策集合由 $A_1=\{1\}$ 变为 $A_2=\{1，2\}$，即由原来的只能选择管制的单一策略变为既可以选择管制策略又可以选择放松管制策略。由于市场经济的发展，那些少部分垄断阶层的策略集合发生了改变，选择采取放松管制策略（b_2，b_2），构成新的历史条件下的纳什均衡（$b_1<a_1$，$b_2>a_2$）。图 4-1 是渐进式的改革第一阶段：

	管制	放松管制
管制	a_1，a_1	0，0
放松管制	0，0	0，0

（a）改革开放前

	管制	放松管制
管制	a_1，a_1	a_2，b_1
放松管制	b_1，a_2	b_2，b_2

（b）改革开放后

图 4-1　渐进式的改革第一阶段

20 世纪 90 年代以来，伴随着我国经济的快速发展，改革不断深化，许多领域的行政管制格局基本被打破，形成了竞争局面。由于加快了建立社会主义市场经济体制改革的步伐，行政管制所面临的策略决策集合也由 $A_2=\{1, 2\}$ 进一步变为 $A_3=\{1, 2, 3\}$，即由选择管制策略或放松管制策略变为选择管制策略、放松管制策略或放开管制策略。管制，或放松管制的策略的转移途径也表现出根据不同时期、不同文化、经济发展状况、政府介入经济领域的程度等多重影响因素，显示出丰富多样的演化途径。如下图 4–2，在一些政治、经济没有得到充分发展的地方，管制的方式如大跃进似的直接从计划经济的单一管制向多元化的混合模式演化，在这里不存在纯策略的纳什均衡，而只存在混合策略纳什均衡，图 4–2 代表一步到位式的改革：

	管制	放松管制
管制	a_1, a_1	0，0
放松管制	0，0	0，0

（a）改革开放前

	管制	放松管制	放开管制
管制	a_1, a_1	a_2, b_1	a_3, c_1
放松管制	b_1, a_2	b_2, b_2	b_3, c_2
放开管制	c_1, a_3	c_2, b_3	c_3, c_3

（b）20 世纪 90 年代后期

图 4–2　一步到位式的改革

在社会政治、经济发展相对成熟的地方，经济已经经历了从管制向放松管制转变的阶段，开始从放松管制向多元化的混合模式演化。在这里如上图，不存在纯策略纳什均衡，而只存在混合策略纳什均衡，图 4–3 是渐进式的改革第二阶段。

	管制	放松管制
管制	a_1, a_1	a_2, b_1
放松管制	b_1, a_2	b_2, b_2

（a）20 世纪 80 年代以来

→

	管制	放松管制	放开管制
管制	a_1, a_1	a_2, b_1	a_3, c_1
放松管制	b_1, a_2	b_2, b_2	b_3, c_2
放开管制	c_1, a_3	c_2, b_3	c_3, c_3

（b）20 世纪 90 年代后期

图 4–3　渐进式的改革第二阶段

求解图 4–2（b），图 4–3（b）部分的混合策略纳什均衡，

即混合策略纳什均衡（p，q，r）

其中，$p=\frac{D_1}{D}$，$q=\frac{D_2}{D}$，$r=1-p-q$

$$D=\begin{vmatrix} a_1-a_3-b_1+b_3 & a_2-a_3-b_2+b_3 \\ a_1-a_3-c_1+c_3 & a_2-a_3-c_2+c_3 \end{vmatrix}=b_2+c_1-b_1-c_2$$

$$D_1=\begin{vmatrix} a_1-a_3-b_1+b_3 & b_3-a_3 \\ a_1-a_3-c_1+c_3 & c_3-a_3 \end{vmatrix}=c_1-b_1$$

$$D_2=\begin{vmatrix} b_3-a_3 & a_2-a_3-b_2+b_3 \\ c_3-a_3 & a_2-a_3-c_2+c_3 \end{vmatrix}=b_2-c_2$$

$$p=\frac{c_1-b_1}{b_2+c_1-b_1-c_2}\quad q=\frac{b_2-c_2}{b_2+c_1-b_1-c_2}\quad r=1-\frac{c_1-b_1}{b_2+c_1-b_1-c_2}-\frac{b_2-c_2}{b_2+c_1-b_1-c_2}$$

混合策略纳什均衡（$\frac{c_1-b_1}{b_2+c_1-b_1-c_2}$，$\frac{b_2-c_2}{b_2+c_1-b_1-c_2}$，$1-\frac{c_1-b_1}{b_2+c_1-b_1-c_2}-\frac{b_2-c_2}{b_2+c_1-b_1-c_2}$），人们将分别以概率 p，q，r 的值选取管制、放松管制和放开管制策略。有竞争才有选择，所以说，改革开放后人们面临的选择更多元。

本模型的基本假设前提是群体中可供选择的行动集合（策略集）是固定的，也就是把经济改革放松管制当成唯一的变量，没有考虑其他外部环境的变化，比如文化背景、地域差异、政府政策的介入程度等，是比较粗糙的分析。①然而正是这样一个粗糙的分析为我们展示了如下的事实——行政管制滋生腐败。改革开放后随着放松管制，市场机制更加趋于完善，充分的市场竞争保持了经济的增长活力，由于寻租腐败是市场化不彻底的产物，所以放松管制可以被认为是治愈寻租腐败的良药。但是，我们尚不能武断地得出只要有管制就会有寻租腐败的结论。管制机制本身既可以成为实现公共利益的杠杆，也极易沦为个别公务人员、企业侵占公利的工具，管制的积极作用不应该被不当管制的消极作用所抹杀。管制的积极作用与消极作用之间的界限相当模糊，有的时候二者兼而有之，这个时候我们就要慎重地评判其积极作用和消极作用，权衡二者之间的取舍。如果说放松管制减少了寻租腐败，那么放松的一定是那种导致政府失灵的捕获管制，而不是旨在纠正市场失灵、自然垄断、外部性、信息不对称等

① 仲伟、周王斌：《寻租行为的理论研究及实证分析》，科学出版社 2010 年版，第 124—127 页。

弘扬公共利益的管制，后者永远都是必要和必须的。

五、行政审批制度不可或缺

如上所述，在实际运行当中，很多管制已经违背了政策制定者的帮扶弱势群体、实现社会正义的初衷，成为某些公务人员和企业侵犯公共利益的合法手段。尽管行政审批有种种弊端，但是我们仍然需要必要、适度的行政审批。行政审批是维护共同体和谐有序发展的不可或缺的制度保证，下面我们来看一个简单的例子——税务年检，让税务年检告诉我们是否需要行政审批。

税务年检要求企业提供与之有关的证件。如果一个企业别有用心，那么即使天天检查也不能阻止其做坏事，但是对于以经营为目的的企业，年检确实可以起到给企业把关的作用，收了对方货款就跑的企业并不多见，毕竟年检的作假成本很高，绝大多数企业还是以长期经营取得信誉、扩大生产从而获得更多的利润为目的。

假设年检靠企业自愿，没有税务机关强制。下面从市场调整和集体调整的角度分析比较年检企业参与年检的比例和企业年检成本。

（一）市场调整

年检保护了通过年检的企业，同时也减少了辖区内其他企业和个人被未通过年检没有资质信用的企业欺骗的可能性。如果在一个辖区内只有一个企业未接受年检，那么就意味着，这个企业之外，其辖区内的所有合作伙伴都是已通过年检的企业。

首先来看一个不连续的例子。假定通过年检的企业在当年都会珍惜年检的高昂成本并且守法经营。如果有企业没接受年检，那么这个未接受年检的企业会由于辖区内接受年检企业数量的增多而受益，也就是说其被骗的几率会随之下降。图 5-1 的纵轴表示成本，要么是年检成本，要么是经过适当计算得出的与被骗的损失相当的预计成本；横轴表示辖区内已通过年检的企业数量占全部企业数量的百分比，假定辖区是封闭的。对于企业来说，年检的成本表示为 OB，预期被未通过年检的企业欺骗的成本由曲线 I 表示，该曲线可以被称为“外部经济曲线”。

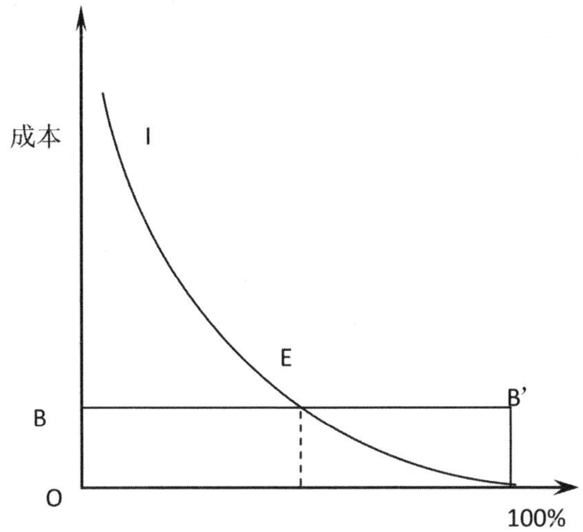

图 5-1　市场调整下的均衡

如果所有企业的决定都可以同时做出，在这个简单的系统内就不存在稳定均衡的位置。起初，假定成本如图 5-1 所描述的，辖区内的所有企业都通过了年检。而一旦决定做出之后，所有的企业都会因其他企业均通过年检而受益，自己不年检也不会存在经营风险，为了降低经营成本，不年检可能会更划算，企业会出于理性考虑不想参加年检。企业是否自愿参加年检的决策取决于企业被骗的成本与参加年检的成本孰高孰低。E 是图 5-1 的均衡位置，在这个位置，已通过年检的企业和未通过年检的企业处于大致相等的情形。那些预期被骗的企业要付出的成本等于年检成本。E 点表示当每个企业独自行动时的群体均衡位置。尽管企业的行动是彼此独立的，但它们确实考虑到了自身行为中的外部经济。企业在曲线 I 上的位置不取决于它自己的行为，而取决于辖区中所有其他企业的行为。E 点成为其做出自己决定的基础。当然，我们不能确定哪些企业会被未通过年检的企业欺骗，哪些企业不会。

（二）集体调整

假定该模型使用的条件没有改变，在私人调整时达到的群体均衡位置可以与在集体调整时达到的群体均衡位置相比。同以前一样，假定该辖区内的所有企业目的一致。集体行动将如何影响单个企业所面临的两个成本函数呢？如图 5-2 所示，模型中的企业缴纳同样的年检费用，也可以这样说，每个企业的年检成本一致。由此可得出一个成本函数 T。T 在图 5-2 中从 O 延伸到 B’。只有辖区内每个企业都接受年检时，企业的年检成本才会等同于企业安全经营的实际成本支出。

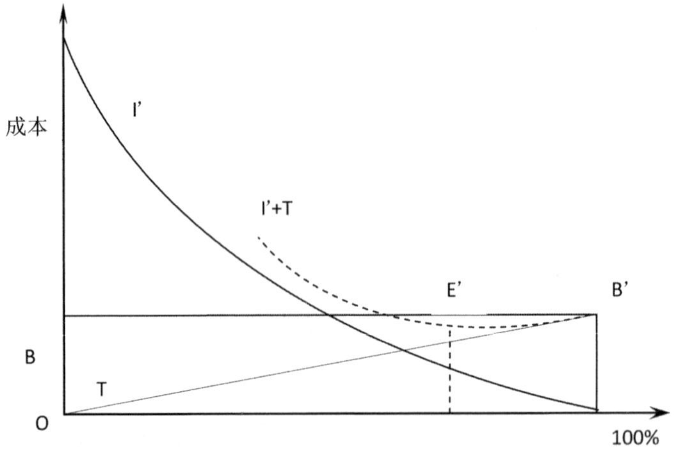

图 5-2　集体调整下的均衡

在集体组织的情况下，辖区内已通过年检的企业数量占总企业数量的百分比，会以某种随机的方式选定要去接受年检的企业。这样，无论集体决定如何，企业都有一定机会与已经通过年检的企业进行交易。在得出集体组织的外部经济曲线时，必须得考虑这个事实。对于这个群体通过年检的每一种比例水平，都有可能计算出与之相匹配的企业被骗的预期成本。当个体参与集体决策过程时，这些成本将变得与企业自身相关。由于不论在哪种百分比的水平上，某个企业与接受年检的企业进行交易的概率均为正值，假定该模型的基本参数保持不变，集体的外部经济曲线——如图 5-2 中的 I’ 所示，将位于图 5-1 整个范围中的相似曲线 I 之下。

利用图 5-2 中的两个成本函数 I’ 和 T，描述集体组织中的群体均衡就变得可能了。这个位置并不是由两个曲线的交叉点表示。而且在集体调整模型中，总成本曲线与在市场调整模型中不同，企业可以通过某种政治投票的方法为这个“群体”选择位置。对于单个企业来说，最佳位置由总成本曲线 I’+T 的低点表示，这个低点得自这两个要素的纵向和。集体均衡在市场调整达到的均衡位置的右下方。也就是说，集体调整产生了比独立调整或市场调整更高的年检程度、更低的个人成本，而集体调整是通过强制年检来实现的。

我们看到税务部门强制年检对企业来说是必须的和必要的，由于人们在经济上的相互依赖，管制使得许多经济行为具有可预测性、可靠性和稳定性。①然而，管制的选择应以不扭曲经济为宜，尽量不干预有效的市场决策，将管制的“过度负担”减小到最低。②通过以上分析我们看到，行政审批是如此重要，毫无疑问我们需要适当的行政审批。

六、结论

近几年来，学界对废除行政审批制度的呼声一浪高过一浪，似乎行政审批扰乱了正常的市场，破坏了经济的和谐有序发展。此外，随着行政审批数目的减少，寻租腐败的公务人员数量也呈减少之势。即便如此，我们仍然不能简单武断地认为行政审批应该彻底地退出历史舞台。其实，行政审批就是一剂疫苗，没有它疾病会泛滥，如果严格按照要求生产、保存、使用，则百利而无害，然而，我们经常会看到原本为了防止人类得病的疫苗也会常常发生致人死亡的事故。是疫苗防疫的理念出了问题吗？不是的，人类永远都需要疫苗防疫。当经济出现了萧条、通货膨胀、经济过热等情况，当三聚氰胺奶粉、地沟油、毒疫苗横行的时候，政府都会重新强调审批或者变相审批的重要性。2016 年 4 月，魏则西事件不断发酵，矛头直指百度搜索，如果网络搜索有审批监管，魏则西事件也许就会避免，血的教训再一次告诉我们审批是必要和必须的。当前精简审批的呼声甚嚣尘上，使得行政审批改革陷入两难的境地，存废都有道理。如果没有行政审批，

---

① 〔美〕戴维·H. 罗森布鲁姆等著，张成福译：《公共行政学：管理、政治和法律的途径》，中国人民大学出版社 2002 年版，第 441 页、第 427 页。

② 〔美〕理查德·A. 马斯格雷夫、佩吉·B. 马斯格雷夫著，邓子基等译：《财政理论与实践》（第五版），中国财政经济出版社 2003 年版，第 228 页。

那么毫无疑问，市场也会得病，只有使用得当，它才能解决市场自身不能解决的市场失灵问题。以公共利益为核心的管制理论认为政府应该代表公众对市场做出一定的理性计算，该管制思想符合“帕累托最优”原则，促进整个社会完善。然而，当管制机构代表的是某一个人或某一群人利益的时候，管制就变成了公权侵犯私权的利器，比如本文所指的公务人员与企业共谋寻租腐败交易。由行政审批的一般性使我们充分意识到，当前行政审批存在的问题皆源于本应以公共利益为导向的行政审批最终沦为个别人为私利侵占公利的法器，公共部门与企业不再是管制与被管制的关系，而是捕获与被捕获的关系，形成寻租腐败共谋。所以说，我们的任务不是要彻底废除行政审批，而是确保行政审批符合公共利益。行政审批如果背离了实现公共利益的初衷，转而成为利益集团侵夺公共利益的合法庇护，那么这样的行政审批就应该被精简或者说废除。

如果说，当前的行政审批制度在某些领域发挥了消极的作用，导致公务人员的寻租腐败，我们应该尽快地加以修正和弥补相关的制度，而不是任其发展，随着时间的推移彻底地动摇企业对行政审批制度的信心。施蒂格勒在论证政府管制导致寻租的同时，也不得不承认政府在一国经济运行当中具有不可替代的作用，通过政府的资源配置功能而不是单纯靠市场去干预经济往往会使经济运行的效率更高。施蒂格勒并没有全盘否定管制，他提出了管制变革的方向——不该由政府管制的领域，政府就该尽快退出，让企业在市场竞争中配置资源；在政府管制能够纠正市场失灵的领域，政府亦该遵循效率的原则，与时俱进、因地制宜地改革管制方式，实现最佳管制。由于市场自身不可避免的缺陷所致，根本否定政府管制是不现实的，而问题的关键在于如何合理地设定行政审批的限定、程序和制约机制。政策制定者应从有利于促进公共利益的目的、因地制宜地设定行政审批制度，管制与自由竞争并用，给企业更多的选择，才会有和谐健康的经济秩序，使寻租腐败无所遁形。

由以上分析可知，我们要对制度的薄弱环节进行完善以发挥其应有的积极作用。尽管在当前新供给侧改革倡导简政放权的大背景下，我们依然强调能够弘扬公共利益的行政审批宜加强，容易导致管制捕获的行政审批宜精简。

新制度供给下的公共利益对个人利益的引导

——基于税收征纳博弈分析

欧纯智

一、引言

当下，逃税已经成为一种世界性的普遍现象，大规模的逃税极大地影响了资源配置、收入再分配，公共物品和服务的供给，也使据以制定经济政策的宏观经济指标发生扭曲。中国随着经济改革不断深化，近十几年来改革带来的一些不良后果导致纳税人的税收道德均值节节攀升（税收道德均值越大表示纳税遵从越差），与此同时世界税收道德均值却在呈整体下降趋势，如图 1–1 所示，我国纳税遵从度堪忧。而较低的纳税遵从度导致影子经济大量存在，逃税占 GDP 的比重依然很大，如图 1–2。长远来看，这不是良性经济的可持续发展模式，应该引起相关部门的关注。

纳税人向政府缴税在短期看是零和博弈，似乎交多少税就是实实在在的付出多少经营成本。然而从长期看，纳税人与政府也可以是正和博弈，良好的社会秩序和经济秩序更有利于人民总体福利的提高。那么，如何将短期的零和博弈转化成长期的正和博弈呢？这根指挥棒恰恰在政策制定者的手中。本文试图根据征管实践现状，应用博弈论建模分析导致现状的原因，希望通过制度供给加以改进。

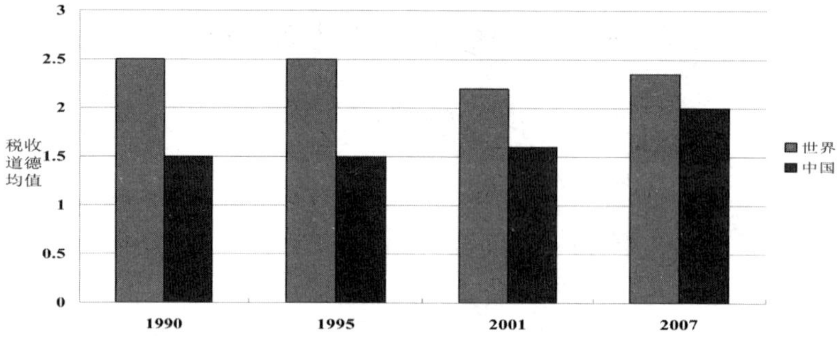

图 1-1　中国税收道德与世界税收道德变化趋势

数据来源：WVS 网站，http://www.wvsevsdb.com/wvs/WVSData.jsp。

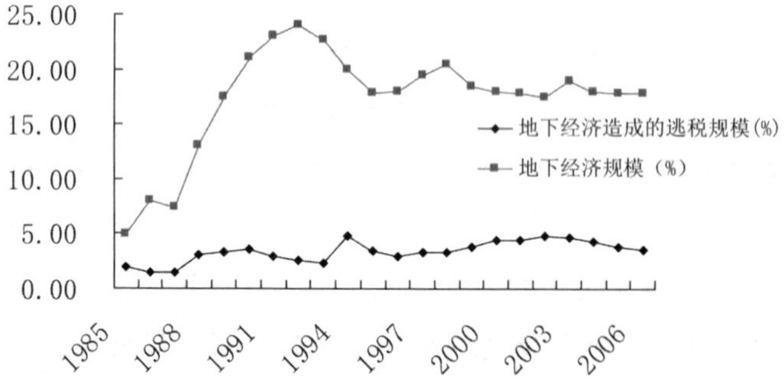

图 1-2　我国地下经济及逃税规模占 GDP 的比重变化（1985—2007）

数据来源：①地下经济规模，苏飞：《中国地下经济规模、成因及影响》，《吉林工商学院学报》2012 年第 1 期，第 10—15 页。②地下经济造成的逃税规模，1985—1993 年数据来源于，易行健、杨碧云、易君健：《我国逃说规模的测算及其经济影响分析》，《财经研究》2004 年第 1 期，第 31—40 页；1994—2007 年数据来源于，白云霞：《我国税收流失现状及治理》，学位论文，吉林财经大学，2010 年。

二、文献回顾

一直以来关于税收遵从的传统研究都遵循两个研究范式，一种是由广泛的实验研究支持的主观判断逃税被抓住的可能性，纳税人认为被税务机关发现的概率要高于实际被发现的概率，纳税遵从源于税务机关的威慑，该理论的发展建基于由行为经济学发展起来的预期效用理论。[①]纳税人会根据他们被逮到的可能概率和受处罚的严厉程度来决定是否逃税，逃税与否一定是能够使个人预期效用最大化的策略。这种主观概率判断在很大程度上来源于对以往税收管理的估量。可以这样说，今日的税收征管规模决定了明天的税收制度威慑力量。另一种研究范式是税收道德，将在其他文章讨论。

鲍德里（Baldry）[②]、阿尔姆（Alm）和麦基（McKee）[③]指出实际的逃税规模比正式测算出来的要多得多。桑德罗（Sandmo）[④]提出标准逃税模型，纳税人通过隐瞒收入达到个人预期效用最大化；迈尔斯（Myles）和内勒（Naylor）[⑤]预测纳税人在不逃税和逃税这两个极端状态之间摆动，当纳税人决定逃税时，纳税人会自动跳跃到逃税的最佳比例位置。B. 弗雷（B. Frey）和 W. 波莫雷纳（W. Puerto Morena）[⑥]经过考察，表明直接的税收负担、复杂的国家规章和日益败落的纳税道德是影子经济发展的主因；戈登（Gordon）[⑦]引入一个声誉成本变量，证明逃税者数量与税率之间的正相关关系；金（King）和谢菲林（Sheffrin）[⑧]指出纳税遵从不只是个人选择，社会规范也会掺杂其中；达拉诺（Dell' Anno）[⑨]关

---

① Gideon Yaniv, “Tax Evasion, Risky Laundering, and Optimal Deterrence Policy” , *International Tax & Public Finance,* vol. 6, no.1(1999), pp. 27-38.

② J. C. Baldry, “Tax Evasion is Not a Gamble: a Report on Two Experiments” , *Economics Letters,* vol. 22, no.4 (1986), pp. 333-335.

③ James Alm, M. Mckee, “Estimating the Determinants of Taxpayer Compliance with Experimental Data” , *National Tax Journal,* vol. 45, no.1 (1992), pp. 107-114.

④ A. Sandmo, “Income Tax Evasion: a Theoretical Analysis” , *Journal of Public Economics,* vol. 1, no. 3-4 (1972), pp. 323-338.

⑤ Gareth D. Myles and R. A. Naylor. “A Model of Tax Evasion with Group Conformity and Social Customs.” *European Journal of Political Economy,* vol. 12, no.1(1996), pp. 49-66.

⑥ 〔瑞士〕B. 弗雷、W. 波莫雷纳，白锡堃译：《影子经济——可测性和形成原因》，《国外社会科学》1984 年第 6 期。

⑦ James P. Gordon, “Individual Morality and Reputation Costs as Deterrents to Tax Evasion” , *European Economic Review,* vol. 33, no.4(1989), pp. 797-805.

⑧ Sharmila King and S. M. Sheffrin, “Tax Evasion and Equity Theory: An Investigative Approach” , *International Tax & Public Finance,* vol. 9, no.4(2002), pp. 505-521.

⑨ Roberto Dell’Anno, “Tax Evasion, Tax Morale and Policy Maker’s Effectiveness” , *Journal of Socio-Economics,* vol. 38, no.46(2009), pp. 988-997.

注公共政策输出，建立纳税人与征收机关的公正平等关系。

在所有国家都有逃税和避税的行为，毫无疑问是税收结构扭曲了这个现实。早期的研究集中在赌徒对抗国家执行力方面，近来，很多研究已转向更一般的避税技术模型。本文涉及的行为预测模型是基于我国税务机关、税收制度与纳税人之间的互动，体现了纳税人根据“信号”如何回应税收政策及其执行。在充分计算各种策略下的个人效用，选择使自身效用最大化的决策。我们知道，制约纳税人逃税的制度工具有很多，而纳税人行为反应的弹性本身也是一种制度工具，既可以优化其选择，还可以用来调整其选择 。①

三、征纳博弈分析

不同的群体渴望通过政治过程或交换过程得到不同的东西，征纳双方亦不例外，可以在征管过程中满足自己的利益需求。纳税人会将逃税的预期收益与依法纳税的预期收益进行对比，也会将依法纳税的成本与企业因良好形象带来的更多商机做比较，还会将虚增收入从而多缴税的成本与因良好的企业盈利形象在市场上多圈钱的收益做对比，并会从中选择收益最大的做法。随着逃税被发现的可能性的增加和对其打击力度的上升，依法纳税的比例会上升；同时，对上市公司的监管力度逐年加大，也使虚增收入的行为受到一定的遏制。作为代表国家的征收主体，税务机关会将加大稽查力度所带来的征管成本与企业逃税引起的罚没收入进行对比。在现阶段，只要罚没收入大于征管成本，似乎就是可行的。然而，从长远来看，敦促纳税人依法纳税是税务部门的根本目标，罚没不是为了收入本身，罚没的意义在于提高依法纳税意识。所以说，税务机关考量的不仅仅是征管成本，纳税检查的根本意义在于提高纳税遵从度。②

如果政策制定者能够根据需要制定出可以引导博弈各方均衡点移动的制

① Joel B. Slemrod and S. Yitzhaki, “Tax Avoidance, Evasion, and Administration”, *Handbook of Public Economics,* vol. 3, no.2(2000), pp. 1423-1470.

② 〔美〕约翰 •L. 米克塞尔著，白彦锋等译：《公共财政管理：分析与应用》（第六版），中国人民大学出版社 2005 年版，第 460 页。

度，那么天然的逃税本能可以得到后天矫正；如果接受一个相比之下更合适的博弈策略选择，那么对个人道德约束的依赖就一定会少一些。应当强调的是，法律约束是道德约束的一种替代，也就是说如果博弈方能够在博弈过程中找到利于自己长期发展的均衡点，对法律约束的依赖就会减少。所以说，研究纳税人个人效用的意义在于引导纳税人，以制度引导替代或部分替代法律曾经扮演的角色。

（一）税务机关与纳税人的信号博弈模型

政府的绝大部分财政收入是通过实行强制权征收的缴款，而不是公共物品的服务和收费，这与消费者在市场购买商品与服务会有本质区别。人们缴纳税款的多少，与得到的公共产品和服务之间并没有直接的联系，这种状况直接导致了自觉纳税意愿要远远低于市场交换的支付意愿。①

纳税人遵从是一个长期困扰各国税务机关的问题。由于我国的税收制度均以纳税人申报为基础，尽管税务机关尽了很大努力来解决纳税人的遵从问题，但仍有大量税款流失，导致财政收入受损、税率畸高、国民收入分配不均等社会问题。到目前为止，还没有一个理想的办法能有效解决纳税人的不遵从问题，因为导致不遵从的原因是多方面的。有些时候是因为纳税人不愿支付税款，有些时候多缴税款是为了圈钱，有些时候是因为计算错误。税务机关稽查企业查补税款只是督促企业依法纳税提高税收遵从度的一个辅助手段，并不能够将流失的税款全部解缴入库，稽查的最大作用在于震慑纳税人。

（二）参数假设

在征纳博弈中，税务机关执行税法，要求企业依法纳税，其向纳税人发送的信号 m_j 依赖于他的战略选择 t_k，纳税人的战略 a_i 依赖于他对税务机关发出信号的应对选择。将参与人记为 i(i=1，2)，设税务机关为参与人 1，作为信号发送者，他具有一些私人信息，掌握 t_k；设纳税人为参与人 2，作为信号接受者，不具有私人信息。

---

① 〔美〕约翰·L. 米克塞尔著，白彦锋等译：《公共财政管理：分析与应用》（第六版），中国人民大学出版社 2005 年版，第 280 页。

（1）为了模型计算简便，将税务机关与纳税人的几种策略组合下的效用以10（添上一些零不会改变我们的分析结果）以内的数字来分别表示效用的大小。

（2）税务机关要求纳税人依法纳税，自觉开展自我检查及时主动补交应交而未交的税款，如果纳税人不能如实申报纳税，有可能会受到税务机关的严厉处罚。税务机关向企业发出两种信号：$m_1=1$，$m_2=2$。针对于此，将 a_i (i=1，2) 作为纳税人的应对行动；a_1 表示依法纳税，a_2 表示逃税。

（3）双方在博弈的过程中受到最大化其自身效用的动机的引导，并且双方有不同的效用函数。效用函数的差异既源于偏好及偏好程度的不同，也与双方在社会中所处的阶级地位有关。即使是不同的纳税人，私利的诉求也是不同的，在这里我们将他们的私利诉求加以简化，一般化为收入与支出的差额最大化。将信号 m_j (m_1，m_2) 作为税务机关对纳税人的要求，也就是发出的信号集。设税务机关要求纳税人依法按期纳税为 m_1，此时税务机关的效用为 $m_1=1$，设税务机关要求纳税人通过自查补交税款及滞纳金为 m_2，此时税务机关的效用为 $m_2=2$；则纳税人的效用分别为 $-m_1$ 及 $-m_2$。当企业采用的策略是依法纳税的时候，$a_i=a_1$，无论企业采用什么策略，双方效用都相等。

税务机关通过机选案件对于申报数据异常的企业进行纳税检查，原则上将查补所得税款及时解缴入库，但在实际操作中，首先，不一定能检查出企业的真实逃税数额①；其次，即使检查出逃税，也不一定就会落实到检查报告里，还可以据此跟企业交换利益；再次，即使检查出来逃税数额也不一定能全部及时入库。

我们通过 1992 年到 2011 年的稽查数据对流失的税款解缴入库占所有流失税款的比例做个大致推断，如表 3-1 所示：选案准确率在 2009 年以前一直是 50% 左右，在 2009 当年飙升到 90% 以上，执法人员不敢就逃税与企业交换利益，因为 2009 年出台执法追究责任制。自此，查补入库率一直在 90% 左右，这是比较正常的现象。

---

① James Aem and M. Mckee, "Estimating the Determinants of Taxpayer Compliance with Experimental Data", *National Tax Journal,* vol. 45, no.1 (1992), pp. 107-114.

表 3-1　税务稽查表

	检查户数（万）	占纳税总户数	有问题户数（万）	选案准确率	查补（亿元）	查补入库	查补入库率
1992	547.78		253.23		70.30		
1993							
1994	208.70		112.00	53.70%	86.67		
1995		17.00%					
1996	313.20	19.00%	159.00	50.80%	300.90	237.10	78.80%
1997	376.20	19.00%	198.20	52.70%	331.60	265.40	80.00%
1998	491.00	22.50%	276.00	56.20%	501.60	459.00	91.50%
1999	402.00	15.90%	228.00	56.70%	493.00	458.00	92.90%
2000	325.00	13.30%	182.00	56.00%	419.40	391.90	93.40%
2001	259.70	10.60%	142.12	54.70%	408.90	370.60	90.60%
2002	206.29	8.10%	108.99	52.80%	393.32	365.74	93.00%
2003	150.50	5.50%	81.30	54.00%	359.10	340.70	94.90%
2004	122.90	4.30%	67.30	54.80%	367.60	339.20	92.30%
2005	107.60	3.50%	63.50	59.00%	361.30	329.80	91.30%
2006	86.00				386.40		
2007	53.71				430.15	387.84	
2008	40.50		22.90	56.50%		513.60	
2009	31.30		28.50	91.00%	1192.60	1176.10	98.60%
2010	23.52		22.05	93.75%	1160.45	1139.53	98.20%
2011	21.21		20.22	95.35%	957.72	923.48	96.43%

数据来源：通过整理 1993—2012 年《中国税务年鉴》数据得到，空白处为《中国税务年鉴》数据缺失。

基于以上原因，保守的估计流失的税款解缴入库占所有流失税款的比例应该在官方数据 50%×90%=45% 以下，由纪检监察表格数据可知仍然存在大量的执法人员徇私舞弊，被发现的永远都是冰山一角。可以推断出这种正确纠正企业纳税行为的概率应该在 30%—40% 之间，以前的征管经验基本也是这个状态，我们在此为了简化计算，将其设定为 1/3，并且此数据信息征纳双方共享。

将 $t_k \in T$，（k=1，2）作为税务机关的决策类型：$a_i=a_2$，设税务机关成功解缴稽查税款入库为 t_1，由经验已知 t_1 发生的概率为 1/3。将参与者 i 的效用记为 u_i（t_k，m_j，a_i），设此时税务机关的效用为 3，设稽查带来的额外征管成本为 1，则此时纳税人的效用为 -（3+1）=-4，；设税务机关对企业进行检查却没有检查出逃税或检查出逃税却不能及时足额入库为 t_2，则 t_2 发生的概率为 1-1/3=2/3，此时税务机关的效用为 -1，纳税人的效用为 0。

（三）博弈过程分析

这是一个不完全信息的序贯行为博弈，该博弈导致，或看起来至少会导致部分参与人相互期望值的无穷回归。如果我们用贝叶斯方法，那么对于给定的不完全信息的序贯模型将不得不从越来越高阶的主观概率分布无穷序列的角度分析，即主观概率分布上的主观概率分布。[①] 征纳博弈可视为一个不完全信息的动态博弈，对于这一类博弈，海萨尼提出引入一个虚拟参与者——“自然”（N），虚拟参与者首先行动，选择类型 t_k。在征纳博弈中，只让税务机关（i=1）知道自己的决策，但不让纳税人（i=2）知道，纳税人只知道 t_k 发生的概率。经过海萨尼转换，征纳博弈模型可以转换成博弈树形式，如图 3-1 所示：

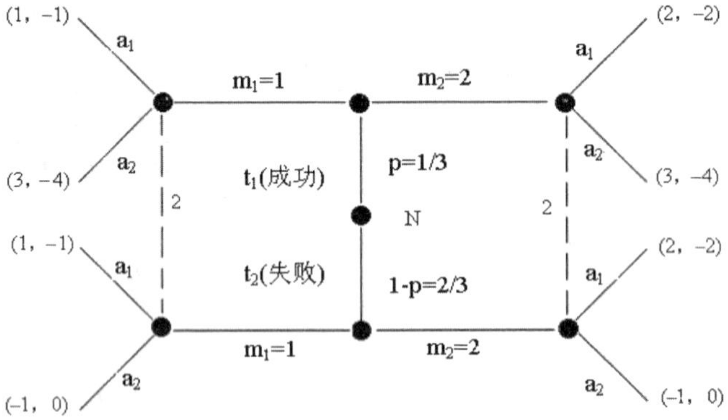

图 3-1 征纳博弈树

① 参见〔美〕约翰·C. 海萨尼著，韩松等译：《由“贝叶斯”参与人进行的不完全信息博弈》，载哈罗德·W. 库恩编著：《博弈论经典》，中国人民大学出版社 2004 年版，第 233—309 页。

纳税人在他的两个信息集上的推断如图 3-1 分别为：

$\tilde{p}_{左}=(\tilde{p}, 1-\tilde{p})$，$\tilde{p}_{右}=(\tilde{q}, 1-\tilde{q})$，

这里$\tilde{p}=P(t_1|m_1)$，$1-\tilde{p}=P(t_2|m_1)$；

$\tilde{q}=P(t_1|m_2)$，$1-\tilde{q}=P(t_2|m_2)$。

（1）纳税人效用

纳税人观察到税务机关的行动，从而选择相对应的行动以使自身效用最大化，这里推断$\tilde{p}$（后验概率）是非常重要的概念，它是 i=2 观察到 i=1 发出信号 m_j 之后，计算出来的。纳税人的依赖推断与信号的最优战略 $a_p^*(m_j)$，$a_q^*(m_j)$。

求纳税人的最优化问题：

$$\max_{a_i\in\{a_1, a_2\}}\sum_{t_k\in T}\widetilde{P}(t_k|m_j)\cdot u_2(t_k, m_j, a_i)$$

$$=\max_{a_i\in\{a_1, a_2\}}[P(t_1|m_j)\cdot u_2(t_1, m_j,a_i)+P(t_2|m_j)\cdot u_2(t_2, m_j,a_i)]$$

当纳税人恐惧税务机关的稽查而按期申报纳税时，即 $m_j=m_1$，上述最优化问题可表述为：

$$\max_{a_i\in\{a_1, a_2\}}[P(t_1|m_1)\cdot u_2(t_1, m_1,a_i)+P(t_2|m_1)\cdot u_2(t_2, m_1,a_i)]$$

当纳税人（i=2）选择行动 a_1（依法纳税）时，上述最优化问题的目标函数值为：

$$p\times(-1)+(1-p)\times(-1)=-1 \qquad (1)$$

当纳税人（i=2）选择行动 a_2(逃税）时，上述最优化问题的目标函数值为：

$$p\times(-4)+(1-p)\times 0=-4p \qquad (2)$$

由式 (1) 与式 (2) 比较可得：

当 $p\geqslant 1/4$ 时，$a_p^*(m_1)=a_1$，

当 $p<1/4$ 时，$a_p^*(m_1)=a_2$

当由于一些客观原因没有按期缴纳税款，但是在被税务机关发现之前及时补交税款及滞纳金时，即 $m_j=m_2$，

如果纳税人选择 a_1，有：

$$q\times(-2)+(1-q)\times(-2)=-2 \qquad (3)$$

如果纳税人选择 a_2，有：

$q\times(-4)+(1-q)\times 0=-4q$ (4)

由 (3)，(4) 可得：

$a_q^*(m_2)=a_1$（当 $q\geqslant 1/2$），$a_q^*(m_2)=a_2$（当 $q<1/2$）

由纳税人的最优策略，生成如下依赖不同的推断与信号的 4 种结果：

①无论 i=1 发出信号 m_1 或 m_2

$a_d^*(m_j)=a_1$；$d=(p，q)\in D_1=\{1/4\leqslant p\leqslant 1，1/2\leqslant q\leqslant 1\}$

②无论 i=1 发出信号 m_1 或 m_2

$a_d^*(m_j)=a_2$；$d=(p，q)\in D_2=\{0\leqslant p<1/4，0\leqslant q<1/2\}$

③当 $m_j=m_1$，$a_d^*(m_j)=a_1$；$d=(p，q)\in D_3=\{1/4\leqslant p\leqslant 1，0\leqslant q<1/2\}$

当 $m_j=m_2$，$a_d^*(m_j)=a_2$；$d=(p，q)\in D_3=\{1/4\leqslant p\leqslant 1，0\leqslant q<1/2\}$

④当 $m_j=m_1$，$a_d^*(m_j)=a_2$；$d=(p，q)\in D_4=\{0\leqslant p<1/4，1/2\leqslant q\leqslant 1\}$

当 $m_j=m_2$，$a_d^*(m_j)=a_1$；$d=(p，q)\in D_4=\{0\leqslant p<1/4，1/2\leqslant q\leqslant 1\}$

（2）税务机关效用

分别在区域 $D_i(i=1，2，3，4)$ 上求税务机关的依赖推断与类型的最优战略 $m_d^*(t_k)$，$t_k\in T$，也就是求解税务机关的最优化问题：

$$\max_{m_j\in\{m_1,m_2\}} u_1(t_k，m_j，a_d^*(m_j))$$

①在 D_1 区域中，此时 $a_d^*(m_j)\equiv a_1$，

当 $t_k=t_1$，$m_j=m_1$ 时，

$u_1(t_1，m_1，a_d^*(m_1))=u_1(t_1，m_1，a_1)=1$

$m_j=m_2$ 时，

$u_1(t_1，m_2，a_d^*(m_2))=u_1(t_1，m_2，a_1)=2$

比较上面的效用值，可得：

$m_d^*(t_1)=m_2$ (5)

当 $t_k=t_2$，$m_j=m_1$ 时，

$u_1(t_2，m_1，a_d^*(m_1))=u_1(t_2，m_1，a_1)=1$

$m_j=m_2$ 时，

$u_1(t_2，m_2，a_d^*(m_2))=u_1(t_2，m_2，a_1)=2$

比较上面的效用值，可得：

$m_d^*(t_2)= m_2$ (6)

由 (5)，(6) 可知税务机关在 D_1 区域的最优战略：

$m_d^*(t_k)= m_2$，(k=1，2)，$d=(p，q) \in D_1$

②在 D_2 区域中，此时 $a_d^*(m_j) \equiv a_2$，

当 $t_k=t_1$，$m_j=m_1$ 时，

$u_1 (t_1, m_1, a_d^*(m_1))= u_1 (t_1, m_1, a_2)=3$

$m_j=m_2$ 时，

$u_1 (t_1, m_2, a_d^*(m_2))= u_1 (t_1, m_2, a_2)=3$

比较上面的效用值，可得：

$m_d^*(t_1)=m_1$ 或 m_2 (7)

当 $t_k=t_2$，$m_j=m_1$ 时，

$u_1 (t_2, m_1, a_d^* (m_1))= u_1 (t_2, m_1, a_2)=-1$

$m_j=m_2$ 时，

$u_1 (t_2, m_2, a_d^* (m_2))= u_1 (t_2, m_2, a_2)=-1$

比较上面的效用值，可得：

$m_d^*(t_2)=m_1$ 或 m_2 (8)

由 (7)，(8) 生成税务机关在 D_2 区域上的四种形式的最优战略：

当 $t_k=t_1$ 或 t_2 时，$m_d^*(t_k)=m_1$

当 $t_k=t_1$ 或 t_2 时，$m_d^*(t_k)=m_2$

当 $t_k=t_1$ 时，$m_d^*(t_k)=m_1$ 或当 $t_k=t_2$ 时，$m_d^*(t_k)=m_2$

当 $t_k=t_1$ 时，$m_d^*(t_k)=m_2$ 或当 $t_k=t_2$ 时，$m_d^*(t_k)=m_1$

③在 D_3 区域中，当 $m_j=m_1$ 时，$a_d^*(m_j) \equiv a_1$，

当 $m_j=m_2$ 时，$a_d^*(m_j) \equiv a_2$，

当 $t_k=t_1$，$m_j=m_1$ 时，

$u_1 (t_1, m_1, a_d^* (m_1))= u_1 (t_1, m_1, a_1)=1$

$m_j=m_2$ 时，

$u_1 (t_1, m_2, a_d^* (m_2))= u_1 (t_1, m_2, a_2)=3$

比较上面的效用值，可得：

$$m_d^*(t_1)= m_2 \tag{9}$$

当 $t_k=t_2$，$m_j=m_1$ 时，

$$u_1(t_2, m_1, a_d^*(m_1))= u_1(t_2, m_1, a_1)=1$$

$m_j=m_2$ 时，

$$u_1(t_2, m_2, a_d^*(m_2))= u_1(t_2, m_2, a_2)=-1$$

比较上面的效用值，可得：

$$m_d^*(t_2)=m_1 \tag{10}$$

由 (9)，(10) 生成税务机关在 D_3 区域上的四种形式的最优战略：

当 $t_k=t_1$ 时，$m_d^*(t_k)=m_2$；当 $t_k=t_2$ 时，$m_d^*(t_k)=m_1$

④在 D_4 区域中，当 $m_j=m_1$ 时，$a_d^*(m_j) \equiv a_2$，

当 $m_j=m_2$ 时，$a_d^*(m_j) \equiv a_1$，

当 $t_k=t_1$，$m_j=m_1$ 时，

$$u_1(t_1, m_1, a_d^*(m_1))= u_1(t_1, m_1, a_2)=3$$

$m_j=m_2$ 时，

$$u_1(t_1, m_2, a_d^*(m_2))= u_1(t_1, m_2, a_1)=2$$

比较上面的效用值，可得：

$$m_d^*(t_1)= m_1 \tag{11}$$

当 $t_k=t_2$，$m_j=m_1$ 时，

$$u_1(t_2, m_1, a_d^*(m_1))= u_1(t_2, m_1, a_2)=-1$$

$m_j=m_2$ 时，

$$u_1(t_2, m_2, a_d^*(m_2))= u_1(t_2, m_2, a_1)=2$$

比较上面的效用值，可得：

$$m_d^*(t_2)=m_2 \tag{12}$$

当 $t_k=t_1$ 时，$m_d^*(t_k)=m_1$；当 $t_k=t_2$ 时，$m_d^*(t_k)=m_2$，是税务机关在 D_4 区域内的最优战略。

(3) 检验对于任一信号 m_j，如果存在 t_k 使得 $m^*(t_k)= m_j$，那么在信号 m_j 之后的纳税人信息集处于均衡路径之上，纳税人关于 t_k 的推断由贝

叶斯法则 $\tilde{P}(t_k|m_j)=\frac{P(t_k)\cdot P(m_j|t_k)}{\sum_{t_k\in T}P(t_k)\cdot P(m_j|t_k)}$ 和税务机关的均衡战略 m* 得到，即 $\tilde{p}(t_k|m_j)=\frac{P(t_k)}{\sum_{t_k\in T}P(t_k)}$，$t_k\in T$。其中，$P(t_k)$ 是关于策略 t_k 的信念（先验概率），$P(m_j|t_k)$ 是在策略 t_k 条件下发送信号 m_j 的条件概率。因为 $m^*(t_k)=m_j$，所以对 T 中的 t_k 发送信号 m_j，就有 $P(m_j|t_k)=1$；而对不是 T 中的 t_k 不会发送信号 m_j，就有 $P(m_j|t_k)=0$。对于均衡信号 $m^*(t_k)=m_j$，如果信号空间中存在 $m_j'\neq m_j$，那么在信号 m_j' 之后的纳税人信息集处于非均衡路径之上。纳税人的推断由贝叶斯法则和征纳双方的可能均衡战略来确定。

在区域 $D_i(i=1，2，3，4)$ 上求得征纳双方的最优战略 $m_d^*(t_k)$ 与 $a_d^*(m_j)$。运用贝叶斯法则求出处于均衡路径上的推断 $\tilde{p}=P(t_k|m_j)$，以及处于非均衡路径上的推断 $\tilde{q}=\tilde{p}(t_k|m_j')$。并将 $\tilde{p}$ 及 $\tilde{q}$ 与区域 D_i 比较，就可以构成博弈的精炼贝叶斯均衡。

①在区域 D_1 上，税务机关最优战略为 $m_d^*(t_k)=m_2$，即共用战略 $(m_2，m_2)$。纳税人在图 3-1 右侧的信息集处于均衡路径上，运用贝叶斯法则，由以前的征管经验可知 $t_k=t_1=1/3$，有

$$p=P(t_1|m_2)=\frac{P(t_1)}{\sum_{t_k\in T}P(t_k)}=\frac{1/3}{1/3+2/3}=1/3$$

但在 D_1 上应有 $1/2\leqslant q\leqslant 1$，这里 $\tilde{p}=1/3\bar{\in}[1/2，1]$，这样 $(m_2，m_2)$ 不能构成征纳均衡战略。

②在区域 D_2 上，税务机关最优战略具有四种形式，检验信号战略 m_j 能否构成均衡战略 $m_d^*(t_k)$，及最后循环能否闭合。

形式一：$m_d^*(t_k)\equiv m_1$，即 $(m_1，m_1)$。因此，纳税人在图 3-1 左侧的信息集处于均衡路径之上，运用贝叶斯法则，有

$$\tilde{p}=P(t_1|m_1)=\frac{P(t_1)}{\sum_{t_k\in T}P(t_k)}=\frac{1/3}{1/3+2/3}=1/3$$

$$1-\tilde{p}=P(t_2|m_1)=1-1/3=2/3$$

在区域 D_2 上应有 $0\leqslant p\leqslant 1/4$，而 $\tilde{p}=1/3\in[0，1/4]$，所以 $(m_1，m_1)$ 不能构成征纳均衡战略。

形式二：$m_d^*(t_k)\equiv m_2$，即 $(m_2，m_2)$。纳税人在图 3-1 右侧的信息集处于均衡

路径之上，运用贝叶斯法则，有

$$\tilde{q}=P(t_1|m_2)=\frac{P(t_1)}{\sum_{t_k\in T}P(t_k)}=\frac{1/3}{1/3+2/3}=1/3$$

$$1-\tilde{q}=P(t_2|m_2)=1-1/3=2/3$$

在区域 D_2 上应有 $0\leqslant q\leqslant 1/2$，而 $\tilde{q}=1/3\in[0,\ 1/2]$，所以 $(m_2,\ m_2)$ 构成征纳均衡战略。这正是此博弈的一个精炼贝叶斯均衡——征纳共用均衡：

$((m_2,\ m_2),\ (a_2,\ a_2),\ (\tilde{p}_{左},\ \tilde{p}_{右}))$

其中，$\tilde{p}_{左}=(\tilde{p},\ 1-\tilde{p})$，这里 $0\leqslant\tilde{p}<1/4$，$\tilde{p}_{右}=(\tilde{q},\ 1-\tilde{q})=(1/3,\ 2/3)$。

形式三：当 $t_k=t_1$ 时，$m_d^*(t_k)=m_1$

当 $t_k=t_2$ 时，$m_d^*(t_k)=m_2$

即 $(m_1,\ m_2)$

这是一个分离战略，纳税人的两个信息集都处于均衡路径之上，运用贝叶斯法则有 $\tilde{p}=P(t_1|m_1)=1$，但在区域 D_2 上应有 $0\leqslant p<1/4$，此时 $\tilde{p}=1\notin[0,1/4]$。所以，$(m_1,\ m_2)$ 不能构成分离均衡战略。

形式四：当 $t_k=t_1$ 时，$m_d^*(t_k)=m_2$

当 $t_k=t_2$ 时，$m_d^*(t_k)=m_1$

即 $(m_2,\ m_1)$

这也是一个分离战略，分析计算同形式三，$\tilde{q}=P(t_2|m_1)=1$，但在区域 D_2 上应有 $0\leqslant q<1/2$，此时 $\tilde{q}=1\notin[0,\ 1/2]$。所以，$(m_2,\ m_1)$ 也不能构成分离均衡战略。

③在区域 D_3 上，税务机关的最优战略为：

当 $t_k=t_1$ 时，$m_d^*(t_k)=m_2$

当 $t_k=t_2$ 时，$m_d^*(t_k)=m_1$

即 $(m_2,\ m_1)$

分析计算同 D_2 形式四，$(m_2,\ m_1)$ 仍然不能构成分离均衡战略。

④在区域 D_4 上，税务机关的最优战略为：

当 $t_k=t_1$ 时，$m_d^*(t_k)=m_1$

当 $t_k=t_2$ 时，$m_d^*(t_k)=m_2$

即 $(m_1,\ m_2)$

分析计算同 D_2 形式三，$(m_1,\ m_2)$ 不能构成分离均衡战略。

经过分析计算验证，此博弈存在唯一一个精炼贝叶斯均衡作为征纳双方接受的共用均衡：

$((m_2, m_2), (a_2, a_2), (\tilde{p}, 1-\tilde{p}), (1/3, 2/3)), \tilde{p} \in [0, 1/4)$

（四）博弈结果分析

此征纳双方的信号博弈在“自然”（N）选择 t_k 后生成的博弈格局，无论税务机关检查与否，战略 m_1 都劣于 m_2，所以税务机关的最优战略是 (m_2, m_2)。不能按期纳税的纳税人最好能自查补税，不必劳税务机关费神，而且在这种情况下，税务机关收益大于企业按期依法纳税的收益，税务机关可以得到税款以及因逾期而发生的与税款本金相对应的滞纳金。

纳税人依法纳税的收益为：

$1/3 \times (-2) + 2/3 \times (-2) = -2$

纳税人逃税的收益为：

$1/3 \times (-4) + 2/3 \times 0 = -4/3$

由 $-(4/3) > -2$ 可知，纳税人的理性选择是逃税。

我们以理性经济人为假设前提，通过严格的数学计算得出唯一一个精炼贝叶斯均衡解就是纳税人逃税。也就是说，当今的稽查覆盖率、税款入库率和罚没力度导致纳税人的效用最大化行为是逃税。

为什么纳税人效用最大化的策略是逃税，却仍然有纳税人依法纳税？[①]由于征纳双方的信息不对称，不可避免地导致纳税人的无知：过高地估计稽查覆盖率[②]，不知会不会被查，被查到逃税可不可以通过非正常手段不交或少交[③]，个别纳税人绝对理性的程度有多大等，这些都是造成纳税人之间策略差异的最重要原因。这种不确定性对纳税人的策略选择必定会起作用，限制了纳税人理性计算个人效用的范围，同时也造成了纳税人之间的效用差异。但是，从模型的求

① James P. Gordon, “Individual Morality and Reputation Costs As Deterrents to Tax Evasion”, *European Economic Review,* vol. 33, no.4(1989), pp. 797-805.

② Gideon Yaniv, “Tax Evasion, Risky Laundering, and Optimal Deterrence Policy”, *International Tax & Public Finance,* vol. 6, no.1(1999), pp. 27-38. Sanjit Dhami and A. Al-Nowaihi, “Why do People Pay Taxes? Prospect Theory Versus Expected Utility Theory”, *Social Science Electronic Publishing,* vol. 64, no.1(2006), pp. 171-192.

③ 欧纯智：《我国基层征纳寻租交易构成的机理分析》，《财政研究》2014 年第 6 期。

解过程可知，当今的征管现状导致了纳税人逃税的最优策略选择。做过基层征管工作的税务工作者会清楚，这个最优选择恰恰符合当今的征管实践。

（五）反例

如果只关注纳税人偷税，还不足以解释纳税人的理性经济行为，受私利驱动，逃税只是普通纳税人的普遍行为，还有很多纳税人用虚增收入多缴税的手段来实现私利。企业这种反常行为的出发点绝不是为了提高财政收入，舍私利为公益。恰恰相反，该行为也是理性的、经济的、受追逐私利的驱动。[①] 虚增收入可以营造上市企业盈利超强的形象，从而可以在资本市场上融资，在股市圈钱。同时，也可以作为减免税企业增加收益的手段，为别人代开发票谋取私利。如果说，虚增税款给企业带来的收益大于虚增税款本身，那么多缴税是企业的优质决策。企业的效用会根据自己的经营规模、竞争伙伴的状况、自身的发展战略和目标、政策环境等相关因素进行调整。

纳税人会衡量虚增税款的成本与由此带来的收益，这绝不是简单的加减运算。对于急于在股票市场圈钱的上市公司而言，对于可以通过为别人代开发票牟利的减免税企业来说，虚增税款能够实现企业的效用最大化。

那么，是不是说非上市公司和不需要圈钱的企业如果依法纳税就违背了理性经济人行为假设？不是的。企业应对税务危机与化解税务危机的能力是不同的，在模型里已经提到能够正确纠正企业纳税的比例不是100%，这就使得有些企业逃税的收益大于依法纳税，有些企业的逃税收益小于依法纳税，也就是说企业之间的效用值有差异。而企业到底是采用依法纳税的策略还是采用逃税的策略，在事前都是经过周密计算的。

四、结论

个人或群体的利益因国家行为的改变而改变，各个利益方之间的冲突是不

---

① James P. Gordon, "Individual Morality and Reputation Costs as Deterrents to Tax Evasion", *European Economic Review,* vol. 33, no.4(1989), pp. 797-805.

可避免但可以调和的，各个利益方面临的是在博弈互动的过程中在各种可替代策略之间进行选择的问题。各个利益主体非常有可能会接受那些看起来与他们自己的利益相悖的策略，这并不是因为他们以某种不切实际的，感性的方式把公利当成自己的私利来接受。接受对己不利的策略只是表面的、暂时的，更大的可能是为了实现长期的经过权衡的私利，只不过长期的利益与短期的利益不一致罢了。在实践当中，企业的行为选择是相当复杂的。受有限认知的束缚，我们只能尽可能地穷尽企业的所有可能策略选择，来分析他们的行为动机受什么因素驱动。但是，从一般状况和反例都可以看出：企业的效用是个因变量，会随着上述那些自变量不断调整；无论现实有多复杂，企业的行为都是围绕利润最大化这一经营宗旨的，多缴税不为公共利益，依法纳税也不为公共利益，逃税更不是为了公共利益。

如果说利润最大化主宰企业的纳税决策，那么税制的设计要有制衡的目标或目的，通过改变纳税人的效用，制约税务执法人员的行为，扩大稽查覆盖率，加大对逃税的惩罚力度，可以将征纳博弈的均衡点移动到纳税人只能依法纳税、不敢逃税的位置上，以此来引导纳税人的自利行为符合公共利益，使纳税人追逐私利的过程变成实现公共利益的过程。利益，哪怕是坏人的利益，都应该经过引导为公共利益服务。通过有针对性的制度供给来改变博弈局中人的效用，约束不符合公共利益的私利，引导私利，使得私利与公共利益相契合。让制度供给接受实践的检验和修正，是制度供给落地、生根、开花、结果的唯一出路。

正义视角下的关于行政酌情自由裁量权使用的再思考

欧纯智

一、导言

新中国成立以来，行政体制改革渐渐趋于完善。当前我国正处于改革的攻坚阶段，面临前所未有的机遇与挑战，部分公务人员滥用权力，寻租腐败猖獗，给社会造成极大危害。本研究关注公共行政中的一个较为核心的命题，也是我国行政改革中最为紧要和迫切、最亟待解决的问题——行政酌情自由裁量权滥用。该问题直接关系到行政改革效率，关系到行政改革成果，关系到公共资源的有效配置，关系到社会正义的实现，关系到和谐社会的构建。行政酌情自由裁量权是现行法律、法规、规章赋予公务人员在法律授权的范围内，并基于行政执法的目的，通过对事实的认定，选择适用的法律条款而做出具体行政行为的权力。裁量的意义在于避免法律的普适性对个案造成的不公正评判。然而，以实现社会正义为初衷的行政酌情自由裁量权由于其执法的灵活性，稍不留意就会滋生对裁量的滥用，而裁量的滥用又恰恰是对社会正义的极大破坏。因此，从实现社会正义的角度对行政酌情自由裁量权进行规范，使其更公正、更公开、更透明，防止其被滥用，同时使行政相对人的基本权利得以保障，具有十分重要的现实意义。

行政酌情自由裁量权被滥用使得理论界和实践界一直对其高度重视，关于行政酌情自由裁量权的研究更是由来已久。既然这不是一个新兴的题目，本研究为何还要致力于关注行政酌情自由裁量权被滥用这个古老的话题？在我国，既有的研究并没有探索出一条能够规范公务人员依法使用行政酌情自由裁量权的现实路径，公务人员滥用权力似乎只是因为行政主客体之间信息不对称、道德建设不足、行政相对人主动引诱等原因，忽视了现有行政酌情自由裁量权的限定、构建和制约等因素。因此，本文以行政酌情自由裁量权为研究起点，回归其被滥用的基本命题，探索其在行政改革大背景下的使用机制，具有一定的理论意义和实践价值。

二、行政酌情自由裁量理论

广受诟病的裁量权被认为是官僚不受约束能够随意做出决定的根源，立法者应该通过构建一些制度影响官僚行为，比如说调整其裁量的范围。公务人员比政策制定者更具有信息优势①，而这些优势会制造官僚违背政策制定者初衷的机会，比如官僚过于热衷行使行政酌情自由裁量权或者干脆懒于行使权力。②一些研究发现，公务人员在行使行政酌情自由裁量权的时候常常会因为理解上的分歧造成制定与执行的割裂。随着割裂的不断增大，不可避免地导致政策制定者降低执行者的行政酌情自由裁量范围。③政策制定者一直幻想执行者会以合理、适度的方式因地制宜地行使他们所制定的完美政策，然而令人遗憾的是，执行者从来都不是韦伯笔下的理性机器，输入什么指令就会输出与之相对应的行为，他们有思想、有私利、有行为动机，所处的环境也不同，所以有些执法者能够极具效率地完成立法机构委托的工作，而另一些执行者的工作就比较懈怠、乏

① Barry R. Weingast and M. J. Moran, "Bureaucratic Discretion or Congressional Control? Regulatory Policymaking by the Federal Trade Commission", *Journal of Political Economy,* vol. 91, no. 5 (1983), pp. 765-800.

② Roger G. Noll, M. D. Mccubbins and B. R. Weingast, "Administrative Procedures As Instruments of Political Control", *Journal of Law Economics & Organization,* vol. 3, no. 2 (1987), pp. 243-277.

③ Matthew Potoski, "Managing Uncertainty through Bureaucratic Design: Administrative Procedures and State Air Pollution Control Agencies", *Journal of Public Administration Research & Theory,* vol. 9, no. 4 (1999), p. 623. John D. Huber and M. Pfahler, "Legislatures and Statutory Control of Bureaucracy", *American Journal of Political Science,* vol. 45, no. 2 (2001), pp. 330-345. B. Dan Wood and J. Bohte, "Political Transaction Costs and the Politics of Administrative Design", *Journal of Politics,* vol. 66, no. 1 (2004), pp. 176-202.

善可陈。[①]

关于行政酌情自由裁量权的争论可以追溯到柏拉图与亚里士多德，目前比较有影响的是戴维斯从裁量的限定、建构和制约三个视角论述正义的实现途径。法律赋予的行政酌情自由裁量权有以下几种含义：一是在某些特定情况下，公务人员难以生硬照搬既有的标准，要根据客观实际运用主观判断；二是公务人员拥有做出最终裁决的权力，他人对此无权撤销；三是公务人员完全可以不受部门制度的约束。詹宁斯认为，"广泛的行政酌情自由裁量权"并不等同于"专断"，能够回应社会需求的行政酌情自由裁量权与法治并不冲突。[②] 威廉·韦德[③]和哈耶克[④]的观点相同，他们认为法律没有要求消除行政酌情自由裁量权，而是要求其应该在法律的控制下行使。

行政酌情自由裁量权作为具有普遍性与合法性的行政权力，应该合乎正义。然而，在行使行政酌情自由裁量权的过程中往往会遇见实质正义与形式正义、个案正义与普遍正义之间的冲突。在这种情况下，行政酌情自由裁量权应该始终秉持实质正义与个案正义为先，坚持法律与个案差异并重的原则；行政酌情自由裁量权作为公共部门的生命，还应该遵循社会正义、效率和经济的指导原则。[⑤]"权力是人类历史上最重要的，但无疑也是最危险的善"[⑥]，权力是实现正义的手段，正义是权力的终极目标，二者相互依存。权力不仅仅是正义的守护神，更是正义最后诉诸的手段，行政酌情自由裁量权的行使要符合正义原则。

（一）个案正义

在实践当中，法律既具有形式正义又具有普遍正义，在适用个案或者个人

---

① Craig W. Thomas, "Government Performance: Why Management Matters", *Policy Sciences,* vol. 38, no. 4 (2005), pp. 293-298.

② 〔英〕W. 詹宁斯著，侯健译：《法与宪法》，生活·读书·新知三联书店 1997 年版，第 38 页。

③ 〔英〕威廉·韦德著，徐炳译：《行政法》，中国大百科全书出版社 1997 年版，第 54 页。

④ 〔英〕哈耶克著，邓正来译：《自由秩序原理》，生活·读书·新知三联书店 1997 年版，第 270—271 页。

⑤ 〔美〕乔治·弗雷德里克森著，张成福等译：《公共行政的精神》，中国人民大学出版社 2003 年版，第 88—89 页，第 91 页。

⑥ 〔美〕M. 沃尔泽著，褚松燕译：《正义诸领域》，译林出版社 2002 年版，第 17 页。

时可能会导致实质上的不公平、不公正。个案正义受到挑战，法律所要弘扬的公平与正义价值难以实现。个案正义强调差别，而普遍正义重视平等对待。强调差别与平等对待之间是矛盾对立的，而行政酌情自由裁量权要在法律的框架下既要承认全体社会成员在法律地位上人人平等，又要对弱势群体进行保护，实现实质意义上的社会正义，这也恰好是罗尔斯的“公平的正义”的差异性原则。运用该原则，公务人员对个案进行个别考量斟酌，及时有效地回应社会的诉求，使个案正义能够得到伸张。也可以这样理解，行政酌情自由裁量权的优势在于能够避免由法律普适性所带来的个案不公。如果因为要适用法律而忽视个案的特殊性就会导致非正义。

（二）实质正义

正义既是立法的目的也是法律存在的价值。法律作为正义的保障要素需要满足形式理性以及价值理性的双重要求。现代法治要求民众应当遵守已经颁布并具有普遍性的法律，即使该法律存在这样或那样不尽如人意的地方，也应该毫无例外地被尊重，因为它考虑的是法律的权威性和稳定性，法治而非人治。过去，我们更多地关注于法律的形式理性，并在一定程度上忽视了价值理性。我们知道，法律的价值理性立足于法律自身的合法性和实质性，并强调法律的实质正义。法律和正义的关系不是一成不变的，二者因势而变，在特定情境下，如果不加分析就把法律规范机械地应用到该情境中，那么非常有可能在形式上看起来是公平的，在事实上却会造成不公平，或者更为不妙的是，导致非正义。事实上，法律根据个案的特殊性而加以酌情裁量更符合法律“实质合理性”的要求。而行政酌情自由裁量权的意义在于，能够积极主动地回应客观现实的复杂性，能够对具体个案做出积极应对，能够彰显法律公平，能够实现法律的实质正义。从这个视角来看，行政酌情自由裁量权以注重实质正义的方式实现法律正义，从而最终实现社会的普遍正义。

行政酌情自由裁量权之正当性在于充分信任和尊重公务人员，赋予其适度的“人治”，以此弥补法律的局限性和法治的不足，强调个案正义以及实质正义的价值取向，弘扬人类基本善——社会正义。裁量导致的寻租腐败使得立法者痛下决心要缩小自由裁量的范围，然而这并不是有效减少公务人员贪污腐败的灵丹妙药。“自由裁量”与“寻租腐败”之间的权衡取舍，对于立法者来说充满挑战。戴维斯认为“裁量之运用既可能是仁行，亦可能是暴政，既有正义，亦有非正义，既可能是通情达理，亦可能是任意专断”[①]。当前我国寻租腐败横生不能简单地归结为自由裁量惹的祸，而是源于行政酌情自由裁量行使得不正义。

三、我国行政酌情自由裁量权不可或缺

行政酌情自由裁量权是指公务人员在法律法规的授权范围内，根据立法目的以及公正、公平、适度的原则，自行判断行政行为的条件、自行选择行政行为的方式、自由做出行政决定的权力。我国当前由行政酌情自由裁量权被滥用造成的公务人员寻租腐败现象已经相当严重。在行政体制改革的大背景下，为避免公务人员滥用行政酌情自由裁量权，裁量权呈现出越来越细化量化的趋势。更有学者提出当前我国各个领域的寻租腐败都是滥用行政酌情自由裁量权造成的。那么，我们是否需要细化量化行政酌情自由裁量权成为理论界与实践界争论的焦点。实践证明，行政酌情自由裁量权是公共部门极为重要的权力，它运用得适合、适度、适当将有利于提高行政效率、维护行政相对人的合法权益、敦促个案正义的实现。

有关行政酌情自由裁量权的争论可以追溯到古希腊时期的柏拉图与亚里士多德。二位先哲对自由裁量的观点是对立的，柏拉图不赞成裁量权，而亚里士多德赞成裁量权。如果想要探讨裁量权，首先要从二位先哲的裁量之正义观谈起。

---

① 〔美〕肯尼斯·卡尔普·戴维斯著，毕洪海译：《裁量正义——一项初步的研究》，商务印书馆 2009 年版，第 1 页。

表 2-1　柏拉图与亚里士多德有关行政酌情自由裁量权的正义之争

	柏拉图《理想国》[①]	亚里士多德《尼各马科伦理学》[②]
正义观	国家中每个阶层都应各司其职、人尽其才、彼此间不相僭越，并指出传统正义观与狭隘利益相联系是不恰当的。	公正是所有德性的总汇，公正本身是一种完全的德性。
正义的划分	将正义分为两种：个人正义与城邦正义。 个人正义即理性，使人的心灵处于和谐安宁之中。 国家正义即每个人都要找到自己的位置，履行好各自的角色，遵守自己的社会分工并坚守它。	将正义分为三种：　分配正义、交易正义和矫正正义。 分配正义意味着同等情况应同等对待，不同等情况应依据程度上的差别不同等地对待。交易正义和矫正正义适用于在既定的政治秩序下民众的私下交易。矫正正义要由公正独立的第三方通过合法程序来实现；哪怕是自愿交易，交易正义也要依靠公认标准来衡量。
统治	人类只能无限地接近正义，不可能完全实现正义。让正义的美德遍及每一个人是通过少数正义之人的统治来实现的。	不主张个人宰治，而是允许法律宰治。法律是公正与不公正的判别标准。公正的执法者应该得到补偿，这正是人民给他的荣耀和尊严。
行政酌情自由裁量权的存废观点以及原因	公务人员并不需要行政酌情自由裁量权，他们能够中立的使用法律。	公务人员需要行政酌情自由裁量权，行政酌情自由裁量权的模糊性导致公务人员依赖个人的价值判断解释法律配置公共资源。
公务人员	公务人员简单明确地使用法律。将“正义”作为法律解释的标准是凡人并不具备的能力，公务人员是凡人。	公务人员在使用法律的过程中解释法律。有一点值得注意，解释法律如果不考虑公平因素，就会导致非正义。
公务人员执法的准则	公务人员通过牺牲特定案件中的正义以此换取对法律一般形式的遵守。柏拉图承认，简单地依照法律并非充分解决问题之道。	在执行任何法律的过程中，公务人员面对的人和事千变万化。对法律应按照最为普遍的方式进行解释。法律的正义源于所适用法律，公平的正义即依靠实质性原则解决模糊性。公平的正义应该优于法律的正义。
理论与实践	重理论。	重实践。
公务人员应遵循的价值	公务人员应遵循制定的法律，做到一视同仁。他们所需的指导原则仅仅是指中立、效率和经济原则。	公务人员首先应当遵循公平原则。当公务人员做出自由裁量时，必须理解指导其行为的初衷——公平。公平指纠正法律普遍性所带来的缺点，它强调公务人员对公众的责任，避免中立。公平优于合理合法。

① 〔古希腊〕柏拉图著，张子菁译：《理想国》，光明日报出版社 2006 年版，第 139—163 页。

② 〔古希腊〕亚里士多德著，苗力田译：《尼各马科伦理学》，中国人民大学出版社 2003 年版，第 92—117 页。

由柏拉图与亚里士多德的行政酌情自由裁量权的正义观对比分析我们看到，经济与效率的提法是柏拉图的无奈之举，对付腐败、低效、专制政府的最直接方式就是建立一个关心经济和效率的管理型廉洁政府。然而，经济与效率不是万灵药，无法涵盖公共行政的所有诉求。我们知道，由于社会中每个人所处的地位不同，经济状况不同，若不遵循社会正义的理念，不思考政策实施的分配效果，不赋予公务人员一定的行政酌情自由裁量权以纠正法律的普适性所带来个案的不公正，那么公共行政可能就会忽视民众的合法利益。柏拉图主张公务人员应当按照简单的字面含义来解释法律，而亚里士多德则主张公务人员应当依照法律精神和公平来解释法律；柏拉图重视规则限定，而亚里士多德更重视原则引导，应该说亚里士多德比柏拉图更前进了一步。法律无法穷尽所有情境，所以，有关规则的标准制定要体现公正，而原则比规则更具有弹性且包容冲突。[①]以上这些问题正是我国在制定、使用行政酌情自由裁量权时所面临的问题。

由以上分析可知，行政酌情自由裁量权不可或缺。纵观历史，在任何一个法制体系当中，法律与裁量权都是共生共存共在的。亚里士多德认为一个没有裁量权的政府是不能长期存在的，他的正义观告诉我们裁量权是实现社会正义的必要手段。[②]那种试图将裁量权驱逐出行政过程的尝试不仅仅是非理性的，更是徒劳的。

四、我国行政酌情自由裁量权的使用现状

行政酌情自由裁量权应该具备下列特点：一是它是一种行政权，异于立法权；二是它是法律授予的属于法律的一部分；三是公务人员可依据自己的主观判断做出适当的行政决定，这就决定其在使用中具有一定的自由度和灵活度。在我国公务人员行使行政酌情自由裁量权依据主要源于《行政法》及其实施细

① 参见〔美〕乔治·弗雷德里克森著，张成福等译：《公共行政的精神》，中国人民大学出版社 2003 年版，第 88—89 页、第 91 页。

② 参见〔古希腊〕亚里士多德著，苗力田译：《尼各马科伦理学》，中国人民大学出版社 2003 年版，第 92—117 页。

则、《中华人民共和国行政处罚法》等有关规定。

公务人员所扮演的角色、行政酌情自由裁量权的使用范围以及对行政相对人的影响一直都是舆论关注的焦点。公务人员在日常行政活动中“作为”与“不作为”、“罚”与“不罚”之间的弹性调节范围极大，行政酌情自由裁量权是公务人员寻租腐败的最重要原因。在当前，规范工作流程可以简化曾经的繁文缛节，提升行政效率。同时，紧缩的行政管制对于既往政策的过度解释做了一些限制。[①] 尽管如此，仍然不能从根本上杜绝行政酌情自由裁量权被滥用，这是由于行政酌情自由裁量权要求公务人员依靠专业知识做出判断而非严格遵守法律、法规、规章，公务人员行政决定的做出依赖于客观实际对现有制度做出进一步解释。因为人与人的价值观存在差异，所以基层公务人员可能就“是什么”和“应该是什么”存在较大分歧。缺乏基本职业训练的公务人员无法驾驭复杂且有歧义的法律，这就使得他们在执法的时候滥用行政酌情自由裁量权。在当前的实践当中，以下几个方面尤为突出：

（一）公务人员的行政酌情自由裁量权限过大且僵化

行政酌情自由裁量权是行政权的一种，具有行政权的一般性特征，即行政的强制性、意志性、法律性。公务人员既可以就客观实践做出抽象的裁量行为，也可以做出具体的裁量行为。裁量权具有较大的灵活性，单从权力本身的性质看，任何权力都具有一定的侵蚀性，都易被滥用，而裁量权自身的灵活性决定其极易被滥用。立法机关在立法时，给公共部门执法留下一定广度和幅度的自由裁量空间，但裁量权所授予的限度仍超出我国的执法环境。就广度方面来讲，裁量权贯穿于执法全过程。在我国，上至国务院，下至基层部门，每一个政府层级，每一个执法环节，都离不开行政酌情自由裁量权的存在。就幅度方面来讲，其可供酌情裁量的空间太大。公务人员凭借个人经验结合特定案件实际情况，在法定幅度范围内做出选择。由于我国基层公务人员的综合职业素质还有待进一步提高，过于宽泛的裁量权势必会给公务人员留下一定的寻租腐败空间

① P. Sabatier and D. Mazmanian, “The Conditions of Effective Implementation: A Guide to Accomplishing Policy Objectives”, *Policy Analysis,* vol. 5, no. 4 (1979), pp. 481-504.

和余地。我国现行《行政法》条款太过笼统，弹性极大，对行政的过度解释都可以找到法律依据。

（二）行政酌情自由裁量权过程缺乏监督透明

权力是对行政相对人的强制或压制，它往往会因权力异化而逆势侵犯行政相对人的权利。行政酌情自由裁量权的自身特点决定其在授权的同时，要加强对授予权力的制约，只有这样才能防止行政酌情自由裁量权的异化以及被滥用。而我国当前行政酌情自由裁量权存在的问题是既授权过度又控权乏力。在改革的初始阶段，公务人员曾被赋予较大的裁量权，然而在授权之后却没有建立相应的有效控权机制。有关行政酌情自由裁量权的监督机制，无论是内部监督机制还是外部监督机制目前来看都比较薄弱，似乎一提到“裁量权”，连“同事不同罚”都会变得看起来既合情又合理。尽管有关程序的法规在《行政法》中可以找见，但零散不成体系，有些因为缺乏相应法律责任条款而约束力欠强。此外，某些程序的设计也不尽合理。公务人员在做出具体行为时，裁量过程并不为行政相对人所知，所要依据的《行政法》解释空间又极大，似乎每一种行政结果都是有法可依的。行政相对人只知道具体行政结果，缺乏参与权利，只有当行政相对人主张行政结果有违公正的时候，其向公共部门提出申请听证或者向法院申请诉讼时才可以对行政裁量过程有所了解。

（三）行政酌情自由裁量权的救济机制尚不完善

现行《行政法》规定，只要行政相对人对行政裁定结果不满意，就可以申请救济。行政相对人可向做出具体行政行为部门的上一级部门申请行政复议。由于公共部门的层级间存在千丝万缕的联系，以及中国传统“人情”文化，行政相对人几乎无法获得真正的帮助。根据《行政诉讼法》的相关规定，对于公共部门行政处罚明显不公正的，法院有权做出变更。行政相对人还能向司法机关寻求救济。但是在司法实践当中，由于执法的专业性以及技术性都很强，许多案件又极其复杂，司法机关对于具体案件的法律适用很难正确把握，很多案件最终又会返回原公共部门核定审理，因此很多对于行政酌情自由裁量权的司法救济，多流于形式。也可以这样说，无论是来自上级部门的行政救济，还是来自法院的司法救济都无法很好地解决裁量的适用问题，行政相对人救济无门、申诉无门是当前真实存在而又不容忽视的问题。

五、行政酌情自由裁量权滋生寻租腐败

裁量是工具，对个别化正义不可或缺。回顾人类历史，所有政府几乎都兼具法治和人治特征。在没有行政酌情自由裁量权补充的情况下，法律无法应对现代政府与正义之间的复杂问题。然而行政酌情自由裁量权就似一把双刃剑，利弊是它的两面，只有被正确使用，行政酌情自由裁量权才能成为主持人间正义的利器，否则会成为破坏正义的凶器。法律赋予公共部门一定的裁量权总是基于一些特定的目的，因此，其动因一定要符合立法的正义精神，要合乎情理、客观、适当而不挟以任何的恣意妄为、专断蛮横和反复无常。然而，当行政酌情自由裁量权为公务人员所用时，往往会有三个因素被忽视：事实、价值和影响，这使得大部分的行政酌情自由裁量权都是直觉性的，然而对影响的回应却总是排除价值的思考。我国当前的行政酌情自由裁量权非常有可能沦为随心所欲的裁量，以正义为名的裁量权恰恰催生非正义。具体说来，导致我国裁量权被滥用的原因主要有以下几个方面：

（一）裁量限定不明

行政酌情自由裁量权以适度为宜，过于宽泛或过于狭小都会偏离客观公正。如果行政酌情自由裁量权过于宽泛，那么正义就会面临专断蛮横或不平等；如果行政酌情自由裁量权过于狭小，那么正义就会面临具体化不足。比如，在《行政法》及其实施细则中对行政相对人违法行为追究法律责任一栏，有 1 处“情节轻微”字样的条款，有 9 处有“情节严重”字样的条款，却均未对情节的严重程度做出详细的解释，也可以这样理解，情节的轻重程度本身就需要公务人员裁量。所以，确定裁量界限的同时防止裁量超越界限是避免公务人员非正义地行使裁量的重要制约手段。行政酌情自由裁量权界限不明恰恰造成其在使用的过程中具有较大的灵活性，而灵活性是裁量权的最显著特征，当前我国行政酌情自由裁量权被授予的界限仍超出与之相匹配的行政环境。基于权力是一种对他人的统治、强制或压制，它经常会被一些别有用心的公务人员作为谋取

私利的武器，反过来侵犯人权。而裁量权作为行政权的一种，其特点决定它亦是如此。因此，必须在授予裁量权的同时，加强对其限定和制约。当前我国裁量权行使问题的一个最为显著的特点是授权过度却控权乏力。①

（二）裁量过程不当

公务人员决定“作为”或“不作为”，无论是对事实认定还是对法律适用，或在已知事实和法律下采取决定，都存在不同程度的裁量空间。②裁量权的核心是选择，而选择总是会与个人的主观价值判断相联系，以一定的程序进行。法律程序使裁量权的行使更趋于理性和正义，这对于程序公正而言就显得十分重要。随着对行政酌情自由裁量权选择判断的具体化和细致化，控制技术也被引用进来。然而控制的作用还是极为有限的，裁量权的设定初衷是容许判断和选择的空间，然而裁量权的具体化和细致化使判断和选择的空间越来越小，甚至使其失去选择的空间。因此，对裁量权的控制尽管是必要和必须的，但也存在着一定程度的两难，即行政酌情自由裁量权的选择空间和恣意滥用的两难境地。当公务人员做出行政决定时，他应该负有解释该决定所依据具体条款的义务，如果他的行政决定源于一系列可从逻辑上得到证明的理由，那么其合理性也可以得到证明。如果公务人员在行政程序中没有解释说明可依据的理由，那么行政相对人就可以怀疑已做出的行政决定没有理由。公务人员在缺乏理性客观的考量下做出的行政酌情自由裁量权是权力被武断专横恣意妄为行使的结果，尽管该决定也可能是合理或者说是正义的。行政程序应当为所有利益相关人提供代表和参与机制，政策选择应适当地考虑各种利益诉求并进行适度调和，这种尝试使各方利益都能得到代表的模式在某种程度上反映了“行政国”时代民众的普遍渴求。我们应该思考如何设计出一种制度过程，其既可以调和在行政中彼此竞争的私人利益，又能使政府的强权最终得到合法化的运用。③当前，我国

① 王英津：《论我国的行政自由裁量权及其滥用防范》，《国家行政学院学报》2001年第3期。

② 〔美〕肯尼斯·卡尔普·戴维斯著，毕洪海译：《裁量正义——一项初步的研究》，商务印书馆2009年版，第3页。

③ 王锡锌：《英美传统行政法“合法性解释模式”的困境与出路——兼论对中国行政法的启示》，《法商研究》2008年第3期。

公务人员在行使裁量权的过程中，没有强行要求对所做的裁量依据进行合理解释，行政相对人的权利几乎被忽略，而这正是公务人员敢于滥用裁量权的一个重要原因。行政裁量权的使用过程成了一个真正意义上的“黑箱”。[①]

（三）裁量制约不当

政府权力受到限制是立宪政府体制的基本逻辑。[②]戴维斯有关绝对裁量的定义如下：“绝对的裁量意味着不受制约、不可审查的裁量。倘若没有其他权力可以推翻做出的选择，选择专断而且不合理，那么裁量就是绝对的。”[③]法律的意义在于将民众从某个统治者、某个行政官员不受限制的裁量权中解救出来，如果裁量是绝对的，那么民众必然遭殃，绝对裁量权对自由民主的破坏作用甚于任何人类发明。在当代民主政体，如果缺乏监督权的程序化和制度化，不能建立公民参与的政治机制以抗衡权力的滥用，那么就无法确保行政酌情自由裁量权的正确行使。监督权的程序化和制度化对于监督和制约裁量权的正确行使具有非凡意义。现代社会信息化高度发展，使得新闻媒介在监督以及制约行政权力等方面具有得天独厚的优势，是其他力量无可比拟的。然而，如果行政权力的行使游离于新闻监督之外，那么裁量权的行使必将成为滋生权力腐败寻租的温床。

如果政府兼有人治和法治的特征，那么人治往往会扼杀法治。我们既不过分强调裁量的优势，也不过分强调裁量的弊端；不反对行政酌情自由裁量权，反对不必要的行政酌情自由裁量权；不反对能够实现个别正义的裁量，反对应由规则支配的个别化；不反对与政府所从事任务相称的裁量权，反对超越这些任务的裁量权。行政酌情自由裁量权只有被限定、建构和制约，才能被正义地行使。[④]先哲亚里士多德在《政治学》一书中阐释了“法治应当优于人治”，他认为法治的两个核心原则是：“对已成立的法律普遍的服从，而大家所服从的法

---

① 王锡锌：《行政程序理性原则论要》，《法商研究》2000 年第 4 期。

② 〔美〕文森特·奥斯特罗姆著，毛寿龙译：《美国公共行政的思想危机》，上海三联书店 1999 年版，第 145 页。

③ 〔美〕肯尼斯·卡尔普·戴维斯著，毕洪海译：《裁量正义——一项初步的研究》，商务印书馆 2009 年版，第 172 页。

④ 同上书，第 26—27 页。

律又应该本身是制定良好的法律。”然而亚里士多德在承认“法律是优良的统治者”的同时，并没有抹杀人们尤其是政治家的智慧，他认为“如果是贤良政治，那就不会乱法”。[①]

六、我国行政酌情自由裁量权的改革实践评判

当前在我国行政领域只强调裁量权力而忽视与权力相对应的行政责任，使得公共部门痛下决心要对行政酌情自由裁量权做一些变革，使其能够有效地杜绝权力滥用和寻租腐败现象。其改革的契机是2008年国务院发布《关于加强市县政府依法行政的决定》，明确提出“建立自由裁量权行使的基准制度”[②]。然而，对行政酌情自由裁量权的控制必须围绕控制手段以及目标诉求的权衡取舍。对其控制，不是简单地将裁量权范围压缩得越小越好，更不是细化或量化裁量规则以“消灭”自由裁量。事实上，行政酌情自由裁量权的行使要掌握一个适当的度，要考虑裁量权本身各个维度之间的平衡问题：既要考虑行政相对人与法律、法规、规章之间的平衡，又要考虑裁量个别正义与法律普遍正义之间的平衡。执法实践可以被视为检验细化量化裁量权的工具，检验它是否可以成为控制行政酌情自由裁量权的有效手段。然而，裁量规则的细化量化将会带来裁量的“格式化”甚至僵化，在一定程度上丢掉行政法的精髓——裁量，却是不争的事实。目前在行政实践中所存在的自由裁量基准主要指行政处罚和审批，其核心要旨是为了区别过程和结果，其做法是设定相应的处罚幅度，建立一定的“格次”、“阶次”或“档次”，尽量“同事同罚”或“过罚相当”，类似于“量刑基准”，在某种程度上是对量刑基准制度的移植。

我们将行政酌情自由裁量权细化量化制度的主要控制手段和目标诉求进行对应性分析以后，发现二者之间存在潜在的紧张关系：一是如果法律规则的细

---

① 〔古希腊〕亚里士多德著，吴寿彭译：《政治学》，商务印书馆1965年版，第168—171页。

② “要抓紧组织行政执法机关对法律、法规、规章规定的有裁量幅度的行政处罚、行政许可条款进行梳理，根据当地经济社会发展实际，对行政裁量权予以细化，能够量化的予以量化，并将细化、量化的行政裁量标准予以公布、执行。”见《国务院关于加强市县政府依法行政的决定》，国发〔2008〕17号。

化可以达到一定的详尽程度，那么解决滥用行政酌情自由裁量权的问题就会迎刃而解，然而新的问题会接踵而至，裁量权的僵化将不可避免，这违背了行政酌情自由裁量权存在的意义和目的，就如同政府管制一样，往往不能有效解决市场失灵却使自己也跟着患上政府失灵；二是假如相关的法律法规规章细化量化工作还不够详尽，依然有相当大的裁量空间，那么公务人员还是可以根据个人的主观判断来裁量具体事宜，而穷尽所有法律法规规章是无法实现的，所以说完全细化量化法律法规规章在行政实践当中也是无法实现的。在实践中，行政酌情自由裁量权包括以下四个方面：一是是否实施处罚的自由裁量权；二是对情节认定的自由裁量权；三是适用条款选择的自由裁量权；四是处理结果幅度选择的自由裁量权。所以说，以“防止自由裁量权滥用”为目标的行政酌情自由裁量权细化量化手段在实践中难以解决自由裁量被滥用的现状：

（1）公务人员在适用已经细化量化好的规定时，依然要对违法事宜进行主观评判，而对违法事宜的主观评判本身就是裁量性的。例如，“处罚”或“不处罚”，判断何为“情节严重”、何为“情节轻微”、何为“后果严重”，而这些判断本身就是裁量。我们发现，细化量化后的制度也不能完全杜绝行政酌情自由裁量权被滥用。

（2）行政酌情自由裁量权被细化量化的初衷是试图通过细化量化实践的各种可能性来穷尽现实的多样性，这样做的现实可操作性极差。即使可以做到将规则细化量化到一定程度或者说完全细化量化，公务人员在处理相关事宜的同时还要面临一个新问题——公务人员已经没有裁量权可以行使，那么行政酌情自由裁量权本身就失去了裁量意义。在这种情况下，行政酌情自由裁量权细化量化改革的实质就是变相取消行政酌情自由裁量权，与我们当初希望杜绝行政酌情自由裁量权被滥用的初衷已经相去甚远，这就是手段对目标的取代。连裁量都没有了，还细化量化什么？

自由裁量 (discretion) 本身就意味着行为主体的主观判断、斟酌和选择，之所以行政主体被赋予这种判断、斟酌及选择权，是因为公务人员总是要受制于实践的无限多样性、复杂性和人类知识的有限性。此外，如果公务人员的主观裁量空间太大，那么法治主义所强调的确定性、一致性就将被彻底颠覆。应当说，行政引入自由裁量细化量化手段是行政的进步，体现出我们开始认真慎重对待行政酌情自由裁量权。但是，如果想当然地认为通过细化量化规则可以一劳永逸地解决行政酌情自由裁量权被滥用问题，则无异于取消行政酌情自由裁量权，这可能比滥用本身更为可怕。

中西方的法律制度存在较大差异，在中国当前的现有制度当中，行政酌情自由裁量权规定的模糊性和宽泛性，行使中的随意性以及事后监督的不可及性，都是西方发达国家所没有的，所以我们在借鉴西方国家制度的时候首先就要考虑其本土化程度，以及本土化改良以后的适应性。面对当前的行政酌情自由裁量权使用乱象，公共部门提出对其进行细化量化可以被视为是一种积极行政、提高执法服务意识以及法治意识的觉醒。然而，事与愿违，如果过分强调以细化量化手段控制行政酌情自由裁量权，那么就有可能将初始的控制问题转化成规则的制定问题，这是概念上的偷换。相较于对行政酌情自由裁量权的合理控制而言，细化量化规则的制定显然容易得多。对于控制行政酌情自由裁量权这一极具挑战性和复杂性的工程而言，细化量化手段既简单又容易出成果。然而，细化量化并不能从根本上解决行政酌情自由裁量权的问题。

七、构建正义的行政酌情自由裁量权机制

美国法学家肯尼斯·卡尔普·戴维斯（Kenneth Culp Davis）在裁量之限定、裁量之建构、裁量之制约的各个维度分别论述了行政酌情自由裁量权的正义实现途径，从而避免公务人员因自由裁量滥用而造成的寻租腐败。本节将从戴维斯的视角论述行政酌情自由裁量权的正义实现途径。

（一）行政酌情自由裁量权的限定

如果法律规定得很详细，那么公务人员必须依照法律要求处理相关事宜，从而失去对具体问题的判断、选择及斟酌余地。规则规定得越详尽、越明确、越具体，公务人员所能掌握的行政酌情自由裁量权的行使余地就会越小。在这种情况下，最极端的情形就是详尽的法律细则取代了行政酌情自由裁量权，将公务人员的主观价值判断完全排除出去。也许对于消减不必要的行政酌情自由

裁量权具有一些积极意义。然而，规则是确定的指令，再无裁量可言，以规则细化量化裁量显然失去了裁量本质。

与规则不同的是，原则具有指导性功能，原则可以为行政酌情自由裁量权行使划定出一个基本框架。此外，还为公务人员面对具体相关事宜时保留一定的判断、斟酌以及选择空间。通过原则指导，行政酌情自由裁量权既具备正义所强调的基本价值，又基本保留其在复杂多样的现实情境下的弹性和自由。正义是且始终都是行政活动必须遵循的首要价值原则，所有行政酌情自由裁量权在本质上都是为了避免裁量的随心所欲、恣意妄为，其目标是实现个案公正。

当代行政法为规范行政酌情自由裁量权提供了较为丰富的资源，例如行政合理性原则、行政公平原则、一致性原则、先例原则、信赖保护原则、合理期待原则等等，都可以抑制行政酌情自由裁量权被滥用。行政原则可以被进一步细化量化以生成一系列的规则，但不论规则如何被细化量化，受公务人员认知及现实的复杂性所限并不能穷尽所有规则。规则与原则的本质区别在于规则是某个具体且明确的指令，而原则传递的是一个抽象的价值。因此，一个健康完善的法律体系不允许存在规则与规则之间的相互冲突，但原则与原则之间可以相互冲突，这是因为规则冲突会导致执行者无所适从，而原则冲突恰好涵盖了多维的价值诉求。罗森布鲁姆关于行政的管理、政治、法律的三种途径之间的权衡取舍恰好是多元价值诉求的真实写照。以原则控制行政酌情自由裁量权的优势恰好在于原则与规则的区别。因为原则长于引导和控制，既能引导公务人员的行为，又不会过分抑制公务人员应对复杂现实的自由。

然而，要想把原则引导引入到行政实践当中，尚有两个问题需要解决：一是公务人员必须在做出决定时对其裁量权行使的依据进行明确的解释说明，以捍卫裁量的正义价值；二是行政相对人对公务人员的决定有权质疑。引入正义原则来控制行政酌情自由裁量权的行使，也就意味着控制行政酌情自由裁量权是整个社会的公共责任，民众有权监督。[①]

---

① 参见〔美〕肯尼斯·卡尔普·戴维斯著，毕洪海译：《裁量正义——一项初步的研究》，商务印书馆2009年版，第56—107页。

（二）行政酌情自由裁量权的建构

行政酌情自由裁量权的存在是当代行政的现实需求，因此《行政法》对行政酌情自由裁量权的控制应始终关注权力行使的公平与正义问题。行政酌情自由裁量权不仅要做到客观上的公平，还要得到行政相对人的拥护和认可。因此，公平与正义问题均指向了行政酌情自由裁量权行使的合法性问题。有效的、适当的公共服务涉及权力的使用，但这种使用必须有合法性基础。[①]从这个意义来说，公平、正义地行使行政酌情自由裁量权成为控制其被滥用的核心问题，要避免和克服公务人员对相关知识、信息和权力的垄断。

规则和原则控制模式是值得肯定的，它为行政主体与客体之间提供一些共享信息，对于控制权力滥用能够发挥一定的效果。然而，该模式自身也有不可回避的局限性。如果行政主体与客体之间可以作为地位平等的参与者，那么行政酌情自由裁量权的过程就成为真正实现行政主体与客体之间和谐互动的过程。行政主体与客体之间的这种和谐互动关系可以削弱公务人员的权力垄断，迫使公务人员在行使行政酌情自由裁量权的过程中将裁量的依据解释给行政相对人，这不仅可以提升行政酌情自由裁量权过程的公开和透明度，还可以提升行政相对人对裁量结果的接受程度。规则控制与原则控制所不同的是，通过行政相对人的有效参与，构建一种对行政酌情自由裁量权的制约机制，该机制包含行政主体与客体之间的互动、双方的权利界定及保障，使行政酌情自由裁量过程成为一个行政主客体之间信息分享、利益竞争、相互制约的过程，真正实现“以权利制约权力”。仅仅从表面上的角色定位尚不能保证行政酌情自由裁量权的运用合乎公平和正义原则，因为从角色定位到角色实现尚有很长的路要走，既取决于行政主体与客体之间的关系和权力，又取决于双方是否以平等的地位和谐互动，更取决于双方是否能够形成一种防止权力被垄断的制衡机制。[②]因此，行政主体与客体之间的和谐互动模式是行政相对人的“自我维权”机制，通过双

---

① 〔美〕罗伯特 •B. 登哈特、珍妮特 •V. 登哈特、玛利亚 •P. 阿里斯蒂格塔著，赵丽江译：《公共组织行为学》，中国人民大学出版社 2007 年版，第 260 页。

② 王锡锌：《公共决策中的大众、专家与政府——以中国价格决策听证制度为个案的研究视角》，《中外法学》2006 年第 4 期。

方有效制约制衡机制，促进行政酌情自由裁量权的公平和正义。

面对行政酌情自由裁量权，《行政法》的核心任务就是通过设定行政主客体之间的和谐互动结构使行政酌情自由裁量权的行使过程和结果更趋近公平和正义。戴维斯通过“七公开”的方式建构有效的裁量：“公开计划、公开规则、公开政策说明、公开理由、公开裁定、公开先例以及公正的非正式程序。”[①]公开是专断的敌人，是对抗非正义的天然利器。如果行政相对人可以及时指出其所需要的矫正措施，那么裁量就是反对专断的最好办法。以正义构建合理的程序来规范行政酌情自由裁量权的方式凸现了行政相对人参与的重要性。然而，构建和谐互动的程序结构，还有以下三点不容忽视：一是真正意义上的信息共享；二是双方均具有申辩、反驳、申诉等程序权利；三是公务人员负有裁量依据的解释义务。此外，程序公开将行政酌情自由裁量权的过程置于行政相对人的评判和监督之下，彰显行政的正义本性。从程序正义的视角来看，公开始终都是人类追求正义的程序要求，因为公开制度本身就是一种有效的制约机制；反过来，如果缺乏对程序的公开，行政相对人将会质疑所有防止权力滥用机制的有效性。[②]

（三）行政酌情自由裁量权的制约

公共部门通过审查行政酌情自由裁量权的行使过程及结果的合理性来制约行政酌情自由裁量权的使用，是一种事后监控和校正机制。这种监控机制可以分为行政内控和司法外控。尽管在传统《行政法》中对行政行为的司法审查一直被认为是控制权力滥用的重要制度，但就其现实可操作性而言，司法审查尚具有较大的局限性。这是因为：一是行政酌情自由裁量权行使的合理性问题极其专业，涉及行政知识、技术、目标等多种维度的行政考量，还涉及效率、效益、效能等管理考量，法院对此很难进行有效判断；二是如果完全交由法院对行政酌情自由裁量权的合理性进行司法审查，那么行政酌情自由裁量权最终会沦为司法酌情自由裁量权。因此，很多发达国家对行政酌情自由裁量权的司法

① 〔美〕肯尼斯•卡尔普•戴维斯著，毕洪海译：《裁量正义——一项初步的研究》，商务印书馆 2009 年版，第 109 页。

② 参见上书，第 108—159 页。

审查都持比较保守的态度[①]，法院对行政酌情自由裁量权既不会不审查也不会全部审查。

在我国，《行政诉讼法》规定法院有权对所有行政行为的合法性进行司法审查，此举排除对行政行为的合理性审查。但是，如果法院认为某一行政行为的性质是滥用职权，或者说行政处罚显失公正，那么法院有权进行司法审查并对该行政行为做出撤销或变更判决。有鉴于此，对行政酌情自由裁量权的审查控制，在一定程度上需要通过公共部门内部的监督和校正机制来进行，通过层级监督、监察部门监督以及部门之间监督等。内部监督相较于司法监督的优势在于丰富的专业知识、职业经验，以及对相关政策问题的专业理解和把握。此外，通过公共部门内部监督所积累的个案经验，可以成为指导行政酌情自由裁量权运行的原则。当然，公共部门内部监督控制的局限性在于监督部门不能完全独立于所属公共部门的领导和控制，很难做到监督独立，这会严重影响内部监督的力度。[②]

表 7–1　行政酌情自由裁量权的限定、建构和制约的不同表现

	行政酌情自由裁量权之限定	行政酌情自由裁量权之建构	行政酌情自由裁量权之制约
控制时间	事先控制	事中控制	事后控制
控制角色	规则或原则制定者的控制，本质是立法控制	公务人员和行政相对人的互动控制，本质是执法控制	更高阶层的监督主体，本质是司法控制
如何控制	规则控制强调对行政酌情自由裁量权空间的压缩，原则控制强调对行政酌情自由裁量权的指引	建构控制强调征纳双方的竞争和对峙机制	制约控制强调来自公共部门内部和外部的权威评价

如表 7–1 所示，行政酌情自由裁量权的限定、建构和制约控制机制既不相互独立也不相互排斥，这三种机制互相整合将对行政酌情自由裁量权起到很好的控制作用。

① 参见〔德〕格奥尔格·诺尔特著，于安译：《德国和欧洲行政法的一般原则——历史角度的比较》，《行政法学研究》1994 年第 2 期。

② 参见〔美〕肯尼斯·卡尔普·戴维斯著，毕洪海译：《裁量正义——一项初步的研究》，商务印书馆 2009 年版，第 160—183 页。

八、结论

孟德斯鸠说过“一切有权力的人都会滥用权力”[1]，这是亘古不变的真理，无限的行政酌情自由裁量权比起其他统治手段对正义更加具有残酷的破坏性。[2]从权力的本质分析，只有当公务人员做到“权尽其用”的时候，他才会善罢甘休[3]，法律的强制性使其具有行政专断的趋势，自由裁量的问题比其他领域更为凸显。然而，行政酌情自由裁量权的范围既可能太宽，也可能太窄。如果行政酌情自由裁量权限的范围规定得太宽泛，那么承受行政之专横和恣意之苦就会成为行政相对人无法逃脱的宿命；如果行政酌情自由裁量权限的范围规定得太狭窄，那么实践中的个别化缺失会导致正义被扭曲。当前行政酌情自由裁量权被滥用导致的寻租腐败交易主要源于其自身的泛滥、裁量过程中缺乏行政主体与客体之间互动制约机制以及对自由裁量后的监督体系。然而，对当前行政酌情自由裁量权过度限权这一状况用“过犹不及”来解释，再恰当不过。有时候公共部门也可能基于某些现实的考虑，比如竞争机制及监督机制的现实可操作性，而对行政酌情自由裁量权的范围做出过于简单粗暴的限定。因此，慎重对待行政酌情自由裁量权，尽可能寻求并维持行政酌情自由裁量权的法律与正义平衡。所以说，行政酌情自由裁量权问题从来都不是存废之争，也不是大小之争，它是且始终都是法律与正义之争。

正义诉求要求我们消减现有制度产生的大量不必要行政酌情自由裁量权，而限定、建构和制约必要的行政酌情自由裁量权。纵观世界历史，任何法律制度都存在巨大的裁量权。对于创造性的正义、个别化的正义、无人知道如何制定规则的新项目以及某些方面无法细化量化为规则的老项目而言，酌情裁量都是必不可少的。取消行政酌情自由裁量权会使行政瘫痪，并且窒息个案的正义。当前治理权力滥用的合理目标就是消除不必要的行政酌情自由裁量权，而非取

---

① 〔法〕孟德斯鸠著，张雁深译：《论法的精神》（上册），商务印书馆 1961 年版，第 4 页。

② 〔美〕伯纳德•施瓦茨著，徐炳译：《行政法》，群众出版社 1986 年版，第 567 页。

③ 〔英〕哈耶克著，邓正来译：《自由秩序原理》，生活•读书•新知三联书店 1997 年版，第 72 页。

消所有的行政酌情自由裁量权。笔者的观察结果是，行政领域的方方面面都充斥着不必要的行政酌情自由裁量权，而这种行政酌情自由裁量权远远超过了行政的合理限度。改进法律标准在很大程度上只是空想，为了限制不必要的行政酌情自由裁量权，在授予公共部门权力时要制定更有意义的标准，然后根据实践的需要在现有的法律框架下制定规则。通过规则的明确规定，公共部门可以从模糊甚至压根就不存在的原则标准转向相当明确的规则标准，然后随着经验和认识的逐步积累形成指导性原则，最后在相关问题容许的情况下逐渐形成明确详尽的规则。当行政酌情自由裁量权过度或不足时，就应尽早制定更明确的规则。

机制分析

官僚与官僚组织的激励共赢机理分析

欧纯智

一、导言

从传统社会到现代社会，官僚的寻租腐败行为无处不在。我们知道，古往今来，公共权力异化最终都会导致寻租腐败。而公共权力异化的最重要原因就是官僚与官僚组织的利益诉求并不总是一致，两者的工作目标存在明显的冲突。官僚有个人的利益追求和价值取向，如有的追求权力，有的追求经济利益，还有的追求工作成就感等。另外，由于一些基层部门奖惩不明且晋升名额有限，对大部分基层官僚来说，在官僚晋升的“金字塔”格局中，能在仕途上有好的发展的毕竟占少数。在这种情况下，官僚也就更会依仗双方信息不对称的条件(例如官僚组织与官僚二者之间就官僚的工作努力程度和工作实际情况的掌握，具有不对等性)，与官僚组织进行利益博弈，通过谋私利而追求个人效用最大化。如此看来，官僚组织和官僚利益诉求不一致的逻辑，以及双方信息不对称的现实，使得逆向选择和道德风险问题还较为普遍地存在。当前，规范官僚行为、治理普遍的逆向选择和道德风险问题，成为制度供给的新课题。

二、文献回顾

正如引言所述，官僚的自私自利造成其与官僚组织利益不一致，在双方信息不对称条件下的利益博弈中，衍生逆向选择和道德风险问题。对此，一些专家学者主张用严厉的制度监管约束官僚，不过，官僚也是理性经济人，其行为在诸多情境下难以完全摆脱官僚制的影响。因而，要有效规避克服上述负效应，只有承认官僚受私利驱动而追逐个人效用最大化的经济人的天性，以及现实的官僚与官僚组织之间委托—代理关系和官僚制背景，并依此思路以制度供给创新的方式加以解决，才能从根本上改变官僚违背官僚组织工作目标的现状。就此而言，下面的文献回顾将围绕经济人、官僚制、委托—代理博弈等核心概念而展开。

（一）经济人假设

经济人假设是经济理论最基本的逻辑起点，是西方主流经济理论推导和政策选择的基础。官僚首先是自然人，有人的自然属性，然而官僚还拥有社会职务，不可避免地有社会性，且社会属性不可能完全取代自然属性。所以，分析官僚行为，离不开经济人的天然假设，因而，古典经济学的经济人假设在很多情境当中还是相当适用的。然而，管理学的挑战在于它的研究对象是富有情感的人，他的很多行为都不是现有的经济人理论所能够解释的。他既为利益而战，也为荣誉而竞争，甚至为爱情而牺牲。[①]

显然，经济人同时也是社会人，经济私利不是人类的唯一属性，人类在情境切换时常有可能转换他的道德和心理齿轮，其还有集体决策和寻求公共利益的理性和可能，而这正是公共政策的理性基础。而公共政策本身的博弈点在于调节社会矛盾、管理国家；既保障自由、又保障政治经济的有序发展；既鼓励个人寻求效用最大化，又不削弱公共利益。[②]这样看来，问题的关键在于，无论官僚是经济人还是“天使”，只要他能真正地从自己的切身利益考虑，就具备了公共政策的理性基础；与此同时，即使他是理性经济人，也可以通过设计一种制度供给，引导其私利，使其私利符合公共利益。正是基于这些认识，将官僚视为寻求私利最大化的理性经济人，仍成为本文命题解读的基本假设。

---

① Luther H. Gulick, “Reflections on Public Administration, Past and Present”, *Public Administration Review,* vol. 50, no. 6(1990),pp. 599-603.

② 〔美〕蓝志勇：《谈谈公共政策的决策理性》，《中国行政管理》2007 年第 8 期。

（二）官僚制

人类早期的官僚组织是由奴隶、杂工和贵族子弟组成的，这些人要么对金钱的欲望较低，要么其自身的忠诚已经得到很好保障，这样，就发展出一套比较令人吃惊的伦理态度——官僚应该以对官僚组织的忠诚冲动代替个人的利益冲动。但是，这又衍生了一个新问题，当官僚与官僚组织的目标不相吻合的时候，如何控制官僚。[①]官僚制概念虽非韦伯所创，但韦伯系统梳理并建构了官僚制组织理论体系，奠定了现代公共管理范式的基础，使官僚制成为社会组织中占主导地位的组织形态，被视为官僚制组织的设计者。但是，韦伯官僚制倡导的科学化、技术化却从根本上否定了人的价值，它把人当作一种理性工具，否认人的价值与意义。韦伯认为在官僚制支配下，支配者的权力仅限于法律规定的权限和范围，不主张官僚权力的自由裁量，而中国人民大学张康之教授认为没有裁量权的官僚只能算是办事员，不是严格意义上的官僚。[②]

（三）委托—代理

委托—代理理论是20世纪30年代，美国经济学家伯利和米恩斯因在研究了企业所有权兼具经营权的弊端之后，提出“委托—代理理论”，倡导所有权与经营权分离，由企业的所有者保留剩余索取权，将经营权利让渡出来。“委托—代理理论”是现代公司治理的逻辑起点，当前已被广泛应用到官僚组织当中，罗伯特·克里特加德认为委托—代理模式是官僚组织腐败多发的重要原因。[③]霍姆斯特姆（Hölmstrom）的模型比较符合我国的官僚组织生态，委托人主动设计最优契约，代理人没有讨价还价的能力，代理人的选择只能是“接受”或者“拒绝”，代理人只有通过消极怠工来表达反抗。[④]代理问题也是组织理论中的一个重要课题。巴纳德 (Barnard) 是第一个系统研究管理中激励问题的学者，他

---

① 〔美〕威廉姆·A. 尼斯坎南著，王浦劬译：《官僚制与公共经济学》，中国青年出版社2004年版，第20页。

② 张康之、张乾友：《行政裁量为公共行政学注入的新因素——介绍公共行政学发展史中的行政裁量问题研究》，《四川大学学报》2013年第4期。

③ 〔英〕罗伯特·克里特加德著，杨光斌译：《控制腐败》，中央编译出版社1998年版，第51页。

④ B. Hölmstrom, “Moral Hazard and Observability”, *The Bell Journal of Economics,* vol. 10, no. 1(1979),pp. 74-91.

在1938年出版的《经理人员的职能》一书中，强调用激励手段诱导组织成员努力工作的必要性，以及在组织中建立权威关系以解决由激励契约的不完全性所衍生的问题。威尔逊（Wilson）① 和罗斯（Ross）② 将阿罗的道德风险问题进一步扩展，将上述问题重新定义为代理问题。西蒙（Simon）③ 受巴纳德关于权威论述的启发，建立了管理学的正式理论。威廉姆森在《市场与层级制》中循着巴纳德和西蒙的道路，发展出交易费用理论以解释契约双方处于对称但不可验证信息条件下的道德风险问题。格罗斯曼和哈特（Grossman & Hart）④ 建立了一个正式的模型分析道德风险，他们根据委托—代理双方信息不对称问题提出显性激励措施，双方就财产剩余索取权的分配方案设定契约，将工作绩效与奖励挂钩。20世纪80年代以来，以法玛(Fama)⑤ 为代表的隐性激励学派异军突起。经济学将博弈论引入到委托—代理关系的研究之中，系统论证了竞争、个人声誉等隐性激励机制也可以像剩余财产索取权那样发挥激励引导代理人的作用，丰富了委托—代理关系中的激励研究。他认为，委托—代理关系当中即使没有显而易见的激励合同，在自由竞争的劳动市场上，经理自身的市场价值由他过去的经营业绩来决定，所以从长远利益来看，经理必须对自己的行为负责，这亦是私利使然。因此，即使当前没有明显的物质激励，经理为了自己的长远利益也会努力工作，因为这样做可以提高他的未来劳动力价格，具有“能干，会干”的良好声誉，从而提高其未来的收人，这也是符合个人私利的。鲁宾斯坦(Rubinstein)⑥ 使用重复博弈模型来证明，如果委托人和代理人之间想要保持长久的合作关系，那么双方要有足够的耐心，也就是贴现因子足够大，此时帕累托

① Robert Wilson, “The Theory of Syndicate”, *Econometrica,* vol. 36, no. 1(1968),pp. 119-132.

② S. Ross, “The Economic Theory of Agency: The Principal's Problem”, *The American Economic Review,* vol. 63, no. 2(1973),pp. 134-139.

③ Herbert A. Simon, “A Formal Theory of the Employment Relationship”, *Econometrica*, vol. 19, no. 3(1951),pp. 293-305.

④ Sanford J. Grossman and O. D. Hart. “The Costs and Benefits of Ownership: A Theory of Vertical and Lateral Integration”, *Journal of Political Economy,* vol. 94, no. 24(1986),pp. 691-719.

⑤ E. F. Fama, “Agency Problems and the Theory of the Firm”, *The Journal of Political Economy,* vol. 88, no. 2 (1980),pp. 288-307.

⑥ Ariel Rubinstein, “Perfect Equilibrium in a Bargaining Model”, *Econometrica,* vol. 50, no. 1(2010),pp. 97-109.

最优风险分担和激励就可以实现。

三、委托—代理构成、委托人引导代理人的基础

（一）官僚与官僚组织构成委托—代理关系

第一，理论上，官僚组织希望官僚尽职尽责地工作，而官僚却希望实现个人效用最大化。

第二，官僚组织与官僚之间就官僚的实际工作努力程度的掌握，二者具有不充分、不对等性。

第三，官僚组织与官僚的风险偏好不同，官僚组织希望实现公共利益，而官僚甘愿为个人效用最大化冒险，经常会因为个人利益而违背官僚组织的利益。

第四，官僚组织与官僚的责任不对等，官僚可以不为官僚组织的工作目标而努力，而官僚组织显然要努力完成组织目标——实现公共利益。

第五，官僚组织不能事前设置所有可能防止官僚渎职或滥用权力的规定。此外，官僚对官僚组织规定的认同也会影响其行为选择。

第六，官僚组织可通过激励制度引导官僚勤勉工作，符合官僚组织的利益诉求。

基于以上几点，官僚组织与官僚可构成委托—代理关系，双方博弈的过程就是寻找自己效用最大化的过程，直至达到均衡点为止。

（二）官僚组织引导官僚的基础在于双方互惠

从前面的阐述可知，委托人引导代理人行为最优化的基础，即官僚组织引导官僚行为最优化的基础在于双方互惠。我们知道，委托人引导代理人的行为不能仅靠合约，还需依赖合作和政治交易等，以使双方都能获得满意的效用。

（1）官僚的行为是可以引导的。博弈各方的行为结果就是为了促进私利。当努力工作可以促进个人私利时，其最优策略就是努力工作，反之亦然。站在功利主义立场，消极怠工可能是官僚的天然本能。然而，如果制定出相关的制度可以移动博弈各方的均衡点，那么这些天然的本能可以得到后天的矫正。所以，研究私利的意义在于引导私利，以引导调节等手段替代或部分替代法律曾

经扮演的角色。

（2）官僚组织与官僚有政治交换的动机。博弈双方对不同的事物持有不同的偏好，且偏好的强度因情况而异。双方就自己对策略的偏好及该策略为自己所能带来的效用进行排序。如果一方能够放弃某个偏好很弱且效用很小的策略，以此换取对方持有的另一个对于自己来说偏好较强且效用较大的策略，那么他的福利就能得到改进；[①] 另一方面，对方如果感觉到收益得到改善，那么博弈双方将以这种方式去寻求共同的好处。可见，偏好及偏好强度的这种差异性使交换成为可能，双方都能获得“交换收益”，在激励的机理下持续演绎下去。而且，令双方满意的交换会使下一次的交换变得更简便易行。这样一来，时间序列就是非常重要的了。时间序列的引入，使得博弈双方无需就单一问题改变策略，通过交换可能比改变策略收益更大。

通过以上分析可以看出，双方的政治交换会使各方的境况变得更好。合作或交易都是以追求经济效益为目的而存在的，追求的是 1 加 1 至少大于 1 或者超过 2 的效益。如果一个人愿意与他人合作，他就希望借别人的加力来做到他一个人做不到的事情。设想官僚组织给官僚分配工作任务，官僚组织当然希望官僚努力工作，而官僚则希望业绩突出，考核成绩优良，能够得到提拔，或者可以拿到灰色收入。双方都希望能从对方获得自己想要的东西，这就具备了交换的互惠基础。

四、官僚组织与官僚的委托—代理博弈分析

（一）参数假设

将 i（i=1，2）记为参与人，将委托人官僚组织记为参与人 1，将代理人官僚记为参与人 2。将 S_i 记为战略空间，策略选择用 s_i 表示，即 $S_i=\{s_i\}$，官僚的主观努力可以度量化为 a，工作为随机变量 ξ，ξ 服从均值为 μ，方差为 σ^2 的某

① 〔美〕詹姆斯·M. 布坎南、戈登·塔洛克著，陈光金译：《同意的计算——立宪民主的逻辑基础》，中国社会科学出版社 2000 年版，第 160—161 页。

一分布函数。官僚的工作成果可以表示为

$$X=a+\xi \tag{1}$$

官僚经过努力 a 以后，他努力工作的回报为 $-1/2ca^2(c>0)$，$-1/2ca^2(c>0)$ 是一个开口向下的抛物线，此函数可以求得最大值，最大值就是抛物线顶点，也就是说官僚可以极大化他的效用。

官僚组织作为委托人可以认可官僚的工作业绩，也可以不认可官僚的工作业绩，还可以部分认可官僚的工作业绩，设 α（α 为固定正常数）为官僚的应得工资，β（$0\leqslant\beta\leqslant1$）为官僚组织对官僚的工作认可度，认可（β=1）与不认可（β=0）是两个极端状态，$S_1=\{s_{11}，s_{12}\}$={认可，不认可}。官僚组织根据官僚的工作业绩发放官僚的目标考核奖金，βx 为官僚的目标考核奖金。

设官僚的收入函数 S(x)，

$$S(x)=\alpha+\beta x \tag{2}$$

官僚作为代理人，可以努力工作以追求高额的目标考核奖金，也可以懈怠地"等待来场地震，把地里的土豆翻出来"。$S_2=\{s_{21}，s_{22}\}$={努力，不努力}，根据收入决定工作态度。

在这个信息不对称的动态博弈中，参与人 1（委托人—官僚组织）要确定工资合同中的 α 和 β，而参与人 2（代理人—官僚）要确定在接受工资合同后对工作的投入 a。

设官僚组织的收入函数为 t(x)，

$$t(x)=x-S(x)=x-(\alpha+\beta x)=(1-\beta)(a+\xi)-\alpha \tag{3}$$

（二）博弈过程分析

将局中人的收益记为 u_i，参与人 1（委托人—官僚组织）的收益函数记为 u_1，将参与人 2（代理人—官僚）的收益函数记为 u_2，则官僚组织的期望收益为

$$u_1(s_{11}，s_{12}，s_{21}，s_{22})=(1-\beta)(a+\xi)-\alpha \tag{4}$$

官僚的期望收益为

$$u_2(s_{11}，s_{12}，s_{21}，s_{22})=\alpha+\beta a-1/2ca^2 \tag{5}$$

如果说官僚组织与官僚之间的博弈只进行一次，上面的函数式足可以表达官僚的期望收益，而事实上二者之间进行的是无限期重复动态博弈，长期的委

托一代理关系决定了这是一个“胡萝卜加大棒”的行为序列组合，官僚在实现自我效用最大化目标的同时要权衡自己违背官僚组织意愿时给自己的效用造成的损失，并计算按照符合官僚组织利益的方式努力工作能给自己带来的收益。这是一个可信的威胁，由风险规避度大小决定，官僚会有现在不努力工作未来不会有高收益的心里预期。就如同合理预期学派 (school of pation Expectations) 的约翰•穆思 (John Muth) 与罗伯特•卢卡斯 (Robert lucas) 指出的那样，由于人们在对将来的事态作出预期时，不但要考虑过去，还要估计现在的事件对将来的影响，并且根据他们所得到的结果而改变他们的行为。[①][②]而关于理性的限度，西蒙在他的有限理性理论中指出，由于受认知能力和信息处理能力的限制，人们不可能穷尽决策所需的全部信息，因而在进行决策时并不是遵循效用最大化的“最优”决策原则，而只是遵循了“满意”原则。所以说，官僚组织与官僚之间不能做到绝对的理性效用最大化，但是他们可以在受客观条件制约的框架下将未来风险折现，最大限度的实现理性，最大化他们的效用。在征管实践中，官僚组织是风险中性的，而官僚是风险规避的，设官僚的风险规避度为 ρ，则官僚的期望收益函数修正为

$$u_2(s_{11},\ s_{12},\ s_{21},\ s_{22})$$
$$=\alpha+\beta a-1/2ca^2-1/2\ \rho var[S(x)]$$
$$=\alpha+\beta a-1/2ca^2-1/2\rho\beta^2\sigma^2 \qquad (6)$$

设官僚的保留效用（或机会成本）为 w_0，则能够让官僚努力工作的充分条件为：

$$\alpha+\beta a-1/2ca^2-1/2\ \rho\beta^2\sigma^2 \geqslant w_0 \qquad (7)$$

官僚如何努力才能使自身效用最大化?

$$(\partial u_2)/\partial a=\beta-ca=0$$

① J. Muth, “Rational Expectations and the Theory of Price Movements”, *Econometrica,* vol. 29, no. 3(1961),pp. 315-335.

② Robert E. Lucas, “Eexpectations and Neutrality of Money”, *Journal of Economic Theory,* vol. 4, no. 2(1972),pp. 103-124.

即

$$a=\frac{\beta}{c} \tag{8}$$

当官僚组织的目标考核奖金与基本工资刚好等于官僚的保留效用时，将 (8) 代入 (6)

$$\max u_2(s_{11}，s_{12}，s_{21}，s_{22})$$
$$=\alpha+\beta a-1/2ca^2-1/2\ \rho\beta^2\ \sigma^2-w_0$$
$$=\alpha+1/2ca^2-1/2\ \rho\beta^2\ \sigma^2-w_0$$
$$=\frac{\beta}{c}+\frac{\beta^2}{2c}-1/2\rho\beta^2\ \sigma^2-w_0 \tag{9}$$

求 β^*，

$$\beta^*=\frac{\partial u_2}{\partial\beta}=\frac{1}{c\rho\sigma^2-1} \tag{10}$$

将 (10) 代入 (8) 得 a^*，

$$a^*=\frac{1}{(c\rho\sigma^2-1)c} \tag{11}$$

将 (10)，(11) 代入 (7) 得 α^*

$$\alpha^*=w_0+\frac{1}{2c(c\rho\sigma^2-1)}-\frac{1}{c(c\rho\sigma^2-1)^2} \tag{12}$$

$(w_0+\frac{1}{2c(c\rho\sigma^2-1)}-\frac{1}{c(c\rho\sigma^2-1)^2}，\frac{1}{c\rho\sigma^2-1}$和$\frac{1}{(c\rho\sigma^2-1)c}$是该博弈的子博弈完美纳什均衡。

（三）博弈结果分析

α^* 是官僚的日常应得工资，β^*x 为官僚的目标考核奖金。当工作的不确定因素越大，即 σ^2 越大，官僚具有的风险规避度 ρ 越大，官僚组织对官僚的工作认可度 β 越小。二者之间进行的是无限期重复动态博弈，官僚早就知道单方面撕毁合同没有什么好处，威胁是实实在在存在的，所以会提前考虑风险因素。从子博弈完美纳什均衡解可以看出当工作的不确定因素无限大时，官僚组织对官僚的工作认可度为 0，官僚根本就不努力工作了，这时仍有保留效用 w_0 的收益。

在一个无限期的重复博弈中，随着博弈次数的增加，非合作的竞争变得趋于合作，但这种合作并不是来自于契约的规定。合作的基础是否牢固是由官僚的风险规避度大小决定的。风险规避度越大使得背叛这种合作而导致的惩罚越大，合作的置信度就会增加。[①] 显然，风险规避度是个动态变量，可以随着自变量的变化而变化。如果说风险规避度决定了官僚组织与官僚的合作置信度，那么，风险规避度就成为我们研究官僚工作努力程度的重要指标。是什么因素决定了官僚的风险规避度呢？答曰：科学的奖惩机制得以健康执行。

官僚的风险规避度可以人为调节，合理完善的奖惩制度会真切地告诉官僚，渎职是风险很大的游戏，要尽可能规避风险。合理完善的奖惩制度虽然不能从根本上改善官僚的执法态度和价值判断，但是却能在制度上对执法行为加以有效地约束，使理智的官僚清醒地意识到渎职是风险极大的亏本行为。

五、结语

由上述构建的官僚组织和官僚之间的委托—代理博弈模型，以及相关的分析，可得出如下结论。

其一，博弈模型的结果表明，影响官僚勤勉工作的关键因素是：官僚组织对工作信息的掌握程度、完善的奖赏制度及执行情况，以及官僚的工作努力程度。短期内，工作信息的对称问题尚无法实现，但是引入科学有效的奖惩制度并严厉执行，可调整官僚的风险规避度，进而提高官僚工作努力程度，最终规避因双方信息不对称和利益诉求不一致而衍生的逆向选择和道德风险问题。

其二，委托—代理模型没有告诉我们官僚的最优行为策略就是不努力工作，恰恰相反，模型给我们指出了引导官僚努力工作的决定因素，即通过制定相应的奖惩规章制度并严厉执行，使这些决定因素能够有效地调整官僚的风险规避度。理性的官僚会自觉地意识到，符合官僚组织意愿的行为才是个人私利最大化行为，唯有实现公共利益才能实现私人利益。

其三，要认识到，官僚的行为无论是符合还是违背官僚组织的利益，都以实现个人效用最大化为前提和导向。但是，委托—代理博弈不是零和博弈，可能双赢也可能双输。为此，我们要通过科学合理的奖惩制度供给来改变官僚的

---

① 汪贤裕、肖玉明：《博弈论及其应用》，科学出版社 2008 年版，第 94—96 页。

效用。效用一旦改变，直接就会导致官僚行为改变，这就实现了通过相应的制度供给引导官僚的私人利益符合公共利益，实现官僚组织与官僚的共赢。

个人或群体的利益因国家行为的改变而改变，各个利益方之间的冲突是不可避免的，但可以调和。各个利益方面临的是在博弈互动的过程中，在各种可替代策略之间进行选择的问题。各个利益主体非常有可能会接受那些看起来与他们自己利益相悖的策略，这并不是因为他们以某种不切实际的，感性的方式把公利当成自己的私利来接受。接受对己不利的策略只是表面的、暂时的，更大的可能是为了实现长期的经过权衡的私利，只不过长期的利益与短期的利益不一致罢了。如果不能从根本上意识到法律、法规及各种规章制度必须要接受理性选择的修正和改变，那么，去尝试分析解释不可控制变化的各个利益主体的博弈过程就是徒劳的。在可能的范围内，政治制度及法律、法规的改进和完善是可以被设计出来的。通过制度供给来改变官僚的效用，约束官僚不符合公共利益的私利，引导私利，使得私利与公共利益相契合。在调查实践的基础上，分析现状的成因，有针对性的采取制度供给才是我们的唯一出路。

税收征管中寻租腐败行为的效应与机理分析

欧纯智　贾　康

分税制改革以来，我国的税收征管制度虽然经历了几次较大的改革，也取得了一些成效，但当前依然存在很多问题，其中一个比较突出的问题就是在税收征管实践中存在着不容忽视的寻租性腐败行为。众所周知，税收既是政府收入的最主要来源，又是国家存在与公共治理的基础，更是国家实施宏观调控、调节居民收入分配的基本工具，而税收征管是国家财政收入的实现途径。税收征管领域的腐败，直接腐蚀国家的税收机体，侵害国家和社会健康的支柱，影响国家命脉，导致公共利益异化，值得高度关注。从有税务统计年鉴以来，1992 年至 2011 年我国税务人员被举报人数累计达到 124,870 人次，立案数量为 21,393 件，共处理 16,128 件，移送司法机关 2,053 人。税收征管领域寻租腐败状况可见一斑。

一、文献回顾

学界对寻租的社会危害一直存在较大争议，公共选择经济学家对寻租活动的分析从垄断开始，其导火索就是对哈伯格（Harberger）[①] 研究成果的批判。哈伯格对垄断引起的社会成本即社会福利损失进行了测量，得出社会垄断产生的

---

① Arnold C. Harberger, "Monopoly and Resource Allocation", *American Economic Review,* vol. 44, no. 2 (1954), pp. 77-87.

无畏损失（deadweight losses），也就是后人常说的“哈伯格三角（Harberger Triangle）”，哈伯格的这一估算显然低估了垄断引起的福利损失。塔洛克[①]尖锐地批评了哈伯格使用的新古典主义研究方法，认为形成垄断是有费用的，后人用塔洛克矩形图（Tullock rectangle）来表示寻租者的成本，塔洛克进一步指出，垄断社会还要包括寻求垄断没有成功的寻租者，因此，社会成本极其巨大。克鲁格（Krueger）[②]首次使用“寻租”一词，推广了塔洛克关于寻租现象的分析，从此学界对寻租现象的研究蔚然成风。之后，波斯纳（Posner）[③]首次将塔洛克的理论进行数学化处理和实践检验，以严谨的数学模型考察垄断价格、产品供求弹性等因素变化对垄断成本的影响；巴格瓦蒂（Bhagwati）[④]更前进一步，把各种寻租活动统称为没有直接产出的寻求利润的活动，认为寻租就是通过获取某些行业的独家经营权、优惠权、特许权，以及优惠的税率、利率、汇率和其他资源的供给，从而获得更大的收益。巴格瓦蒂与塔洛克的区别在于，后者以寻租是否造成社会财富浪费为立论基础，前者则以寻租行为是否增加社会实际产出为立论基础。布坎南（Buchanan）[⑤]认为，只要政府供给出现短缺，寻租活动就必然发生；只要获得某种特权的机会是不均等地或随机地在所有人当中分配，就必然有产生通过说服当局给予差别待遇或优惠，从而达到满足自利目的的现象。比如说，政府对某一行业管制发放执照，使供给远远少于需求，由此会出现三种不同的寻租：一是寻求该执照的寻租；二是获得发放该执照职位的寻租；三是获得发放执照收入的再分配。这恰恰与托利森（Tollison）[⑥]对寻租三个层次划分如出一辙。

---

① G. Tullock, “The Welfare Costs of Tariffs, Monopolies and Thefts”, *Western Economic Journal, Ecnomic Inquiry,* vol. 5, no. 3 (1967), pp. 224-232.

② Anne O. Krueger, “The Political Economy of the Rent-Seeking Society”, *American Economic Review,* vol. 64, no. 64 (1974), pp. 291-303.

③ Richard A. Posner, “The Social Costs of Monopoly and Regulation”, *Journal of Political Economy,* vol. 83, no. 83 (1975), pp. 807-827.

④ Jagdish N. Bhagwati, “Directly Unproductive, Profit-seeking (DUP) Activities”, *Journal of Political Economy,* vol. 90, no. 5 (1982), pp. 988-1002.

⑤ J. Buchanan, “Rent-seeking and Profit-seeking”, in Buchanan and Tullock, eds., *Toward a Theory of the Rent-seeking Society*, Texas A & M University Press, 1980, pp. 22-36.

⑥ Robert D. Tollison, “Rent Seeking: a Survey”, *Kyklos*, vol. 35, no. 4 (1982), pp. 575-602.

二、征管领域的寻租分类

寻租指旨在借助政府制度的正式与非正式安排使特定公共权力持有者与该权力约束对象的权钱交易，调整改变决策行为及其收益的非生产性人类活动，这些活动无法真正地创造出社会财富[①]。然而，寻租双方却可以借此最大化个人效用，以政府强权做后盾追逐利润，攫取转移支付。[②]其行为本质是不当运用行政权力形成对社会资源的垄断或维持垄断地位，在没有从事生产的情况下得到垄断利润（即经济租 rent），从而更多地导致社会财富不当地再分配。通俗些说，大致相当于公务人员“黑社会化”。在通常情况下，寻租行为主要涉及以下几种形式：创租（设租）、抽租[③]和避租。

（一）创租（设租）

创租是指手里掌握管制权力资源的公务人员，以对某些利益相关方的管制政策为诱饵，引诱这些利益相关方为通过该管制门槛而争相向这些掌握管制权力的公务人员进行行贿，简言之，官僚成为出卖权力的商人。[④]

税务部门因方便管理或为实现其他一些财政目标，经常会就纳税事宜做出一些划分，比如，一般纳税人身份（具有该资格的企业可以通过抵扣途径降低整体税负）、退税身份（福利企业或出口企业等可以根据政策将所缴纳的税款按规定比例退回）、免税身份（所销售的产品属于免税范围的企业）等都是经税务部门认证的少缴税的资格。而这些资格无疑可以提高企业的市场竞争力，单就纳税成本方面就可以不费吹灰之力地拉开与对手的差距，接下来发生的企业竞

---

① James M. Buchanan, “Rent Seeking and Profit Seeking”, in Buchanan J M, Tollison R D and Tullock G. eds., *Toward a Theory of the Rent-Seeking Society*, College Station, Texas: Texas A&M University Press, 1980, pp.22-36.

② Robert D. Tollison, “Rent Seeking: a Survey”, *Kyklos*, vol. 35, no. 4 (1982), pp. 578.

③ F. McChesney, “Rent Extraction and Rent Creation in the Economic Theory of Regulation”, *The Journal of Legal Studies,* vol. 16, no. 1 (1987), pp. 101-118.

④ Anthony Downs, “An Economic Theory of Political Action in a Democracy”, *Journal of Political Economy,* vol. 65, no. 2 (1957), pp. 135-150.

争差异，似乎就“顺理成章”了。再比如，在税务部门纳税检查的过程中，企业为了少缴或少罚税款，直接贿赂税务人员。

如图 2-1 中所示，S_1 与 D_1 分别表示未受到税收资格管制的供给曲线与需求曲线，纳税人结合自身的经营特点选择经营方式，各企业都处于公平竞争之中。当税务部门进行纳税人身份管制以后，由于具有该身份的纳税人可以获得额外收益，加大了纳税人对该身份资格的需求，这时需求曲线上移变成 D_2，税务管制后的结果是企业剩余从三角形 AP_1C 的面积扩大到三角形 BP_2P 的面积，这对企业是极为有利的，可以想见，对这些税收管制的追求，使得众多企业争相贿赂拥有税收管制权力的税务人员。同理，在检查环节中，通过贿赂税务人员达到少缴税目的的纳税人也可以获得同样的收益增加。

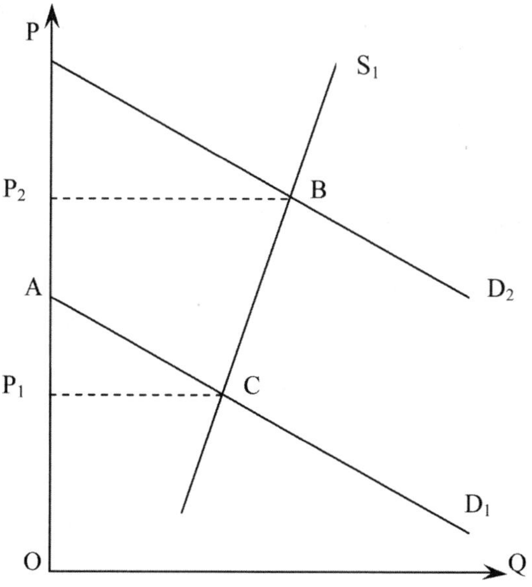

图 2-1　创租

税务人员的工作职责是为实现国家的财政目标而辛勤工作，理应以实现纳税人的公共利益为己任，让符合管制要求的企业享受到优惠待遇，然而，并不是所有符合要求的企业都可以顺利地、不费成本地获得该项准入资格。会有这样一种情况，即应该获得准入资格的纳税人并没有获得准入，而不该获得准入资格的纳税人却获得准入。原本旨在促进公共利益的政策，最后却沦为可供税务人员在政治市场上出售的商品。税收管制在一定程度上扭曲税收政策目标是不争的事实，所以精简税收管制，最大限度减少那些可在自由裁量中扭曲政策目标的税收管制弹性空间，是当前税务部门基层征管需要重点思考的问题。

（二）抽租

税务人员除了创租以外，经常实行的另一种寻租手段就是抽租，创租与抽租是相反的两个过程。创租是指税务人员给予企业准入资格获得优惠从而使执法者本人获得租金，抽租是指威胁企业不能继续享受现有优惠从而使企业为了继续获得优惠而不得不给税务人员付租金。

寻租理论告诉我们企业能够从行政垄断中获得收益，为了保持这种垄断地位，企业还要不断地对税务人员支付租金，这是因为税务人员对一些因行政垄断而享有较高经济利益的产业、行业，随时都能以正当或不正当的理由取消其资格，将其从垄断利润降低到自然利润，确切地说，行政垄断的存在已经扭曲了自然利润，自然利润已经不复存在。如果不能保证原垄断资格，那么新的利润点应该要低于扭曲前的自然利润，最可怕的是，仍然有企业具有垄断利润，所以说，如果企业被取消垄断地位，其竞争力将一落千丈。如果说企业被取消垄断地位的影响是如此巨大，那么企业就会持续按双方默认的频率和数额向相关税务人员支付租金，从而保证其垄断地位不被剥夺。付租与抽租看起来似乎是自愿的，实际上也应该是自愿的，双方在政治交易中都获得了更好的收益，而这个收益是建立在更大的公共利益受损的基础之上。下图 2–2 以垄断地位获得的价格 P_0，与失去垄断地位的价格 P_1 的对比为例，来说明抽租对企业的影响。

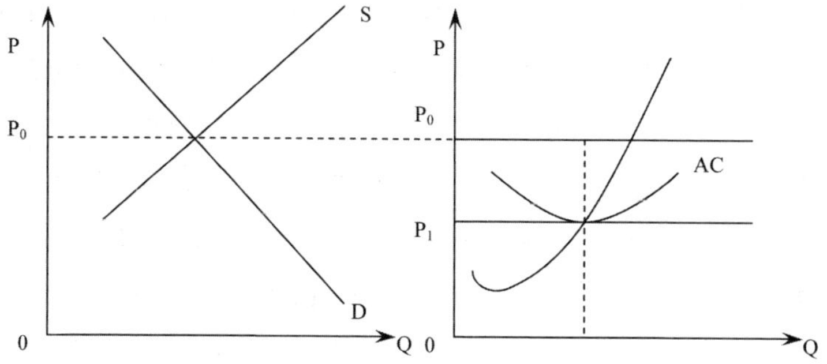

图 2-2 抽租

税务人员作为纳税人的终极代理人，理应以实现公共利益为己任，税收管制的初衷也是为了减少对社会发展不利的因素。如果说，由市场决定的高价格对公共利益有利，那么税务人员不该为了获得租金而取消其获得高价格的地位，比如说香烟卖高价是对全民有利的事情；如果由市场决定的高价格危害公共利益，那么公务人员更应该通过行政管制不让其高价存在下去，比如说当今的高房价。

（三）避租

早期的公共选择理论在分析厂商追求垄断利益时，都会假定消费者被动地任由厂商宰割而无力反抗或无动于衷。托利森①指出这只是垄断厂商的虚妄想法，只要有寻租行为，就意味着有财富转移，就会有阻止其他人享有经济租金的相应行为，这一行为就是避租。奥尔森②认为导致避租的主要原因就是每一个利益集团关心的仅仅是本集团的利益，而不是整个社会的利益。为了争夺租金，他们要不择手段地击败竞争者，阻止其他组织和个人的创新活动，客观上避租会减缓社会技术进步的速度，并降低经济增长率。本文的研究重点是有关税务人员寻租性腐败的相关问题，对于寻租的分类做简要考察，避租不作为本文的研究重点。

（四）小结

从表象上看，我们认为创租比抽租对公共利益的危害更大，然而这是基于

① Robert D. Tollison, "Rent Seeking: a Survey", *Kyklos,* vol. 35, no. 4 (1982), pp. 575-602.

② 〔美〕曼瑟尔·奥尔森著，陈郁等译：《集体行动的逻辑》，上海人民出版社 1995 年版，第 19—31 页。

结果得出的结论，忽视了过程的重要性。可以肯定的是，无论是创租还是抽租都会危害公共利益。如果说税务人员的寻租对象是本来就具有垄断地位的行业或产业，那么税务人员的创租活动会进一步提升其垄断地位和垄断利润，不但没有矫正扭曲的资源配置，还进一步加剧资源配置的不合理；而如果税务人员此时实行的是抽租行为，没有进一步给予该企业垄断特权或者说收回垄断特权，在最低限度上不会加剧资源配置扭曲，或者可以缓和资源配置扭曲。抽租看起来是对社会公共利益极为有益的行为，但这类似于黑色幽默，用“黑吃黑”的办法，纳税人交纳贿金给税务人员获得与税收优惠企业同样的可以“少缴税”的执照，是以“负负得正”的方式在一定程度上纠正了资源配置扭曲。

寻租对社会造成的危害不仅仅是社会福利损失，其自身还有自我膨胀、衍生更多寻租的趋势，不可小觑。

三、征管领域寻租的效应分析

寻租性腐败使当今许多发展中国家表现出严重的市场缺陷、经济落后、社会发展停滞不前。[①] 如果说一个国家的社会制度对资源的非生产性应用或者破坏性应用所提供的报酬要远远高于生产性活动所提供的报酬，那么资源的配置就会自发地从生产性用途流动到非生产性用途。评价一个国家的社会经济发展状况并非取决于该社会拥有的资源总量，而是取决于该国的制度机制对资源的配置引导。[②] 反观征管领域寻租腐败，由于征管权力滥用、个人私欲没有得到适当地引导等原因，造成社会福利损失。此外，由于租金的诱惑，寻租还会自我膨胀，衍生更多层次的寻租。

（一）寻租造成的社会福利变化分析

从市场结构来看，利用权力寻租行为大多与行政管制相关，那么造成的社

---

① Kevin M. Murphy, and R. W. Vishny, “Why Is Rent-Seeking So Costly to Growth?”, *American Economic Review,* vol. 83, no. 2 (1993),pp. 409-414.

② William J. Baumol, “Entrepreneurship: Productive, Unproductive, and Destructive”, *Journal of Business Venturing,* vol. 98, no. 5 (1990),pp.893-921.

会福利损失究竟有多大呢？首先，从经济的合理性来看，市场垄断的存在与行政管制是分不开的，随着行政管制对市场的扭曲不断加重，这种经济合理性将逐渐消失；其次，从消费者的角度来看，行政管制不仅不能给消费者带来好处，反而使消费者利益大量地转移到低效率的生产者或者有能力影响国家制度的社会或政治组织手中。这无疑是社会福利的一大损失，也是管制造成的社会成本。以下将借用塔洛克的分析框架来说明税务行政审批造成的社会福利损失。

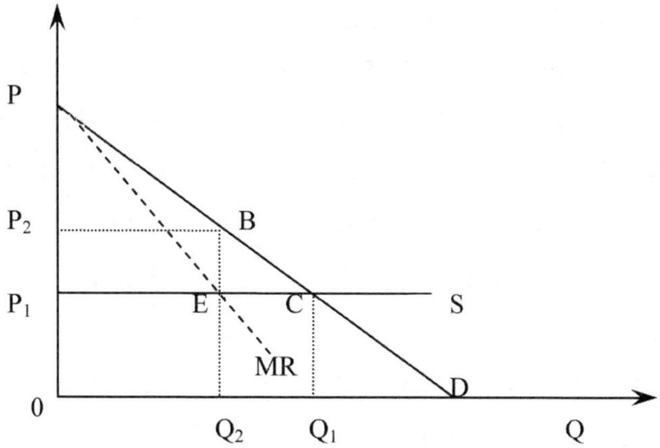

图 3-1　塔洛克矩形图

如图 3-1 所示，PD 表示需求曲线，P_1S 表示供给曲线。当企业处于无税务审批的自由经营没有税务审批的状态时，市场成交的产品价格数量分别为 P_1，Q_1；而当企业处于税务行政审批的状态下，该产品的价格数量变为 P_2，Q_2。此时，由寻租而获取的垄断收益从 P_1 提高到 P_2，消费者剩余从原来的 $S_{\triangle}PCP_1$ 减小到 $S_{\triangle}PBP_2$，消费者剩余损失为 P_1P_2BC，生产者剩余则从零增加到 $S_{\square}BEP_1P_2$。$S_{\triangle}BEC$ 部分是因垄断造成的谁也不能得到的净损失。哈伯格 (Harberger)[①]

① Arnold C. Harberger, "Monopoly and Resource Allocation", *American Economic Review,* vol. 44, no. 2 (1954), pp. 77-87.

将 $S_{\triangle}BEC$ 称为因垄断而造成的社会福利净损失，或称之为“哈伯格三角形”(Harberger triangular)。哈伯格的分析方法极具新古典主义特征，他的这一估算显然低估了由于税务行政审批引起的福利损失。斯蒂格勒（Stigler）认为哈伯格的计算方法存在问题，他认为垄断者通常在价格弹性大于 1 的范围内生产，垄断的某些利益已经包含在资产的账面成本中。针对哈伯格的研究结论，孟德尔(Mundell)[①] 认为如果不对研究进行基础性检验很难正确估算寻租造成的福利损失。

然而，哈伯格三角形理论的重大弱点并不是他对社会福利损失的低估，哈伯格认为，优惠是政府免费给予企业的一种赠与，并不是企业主动追求得到的，是政府的恩赐，这与经济学的经济人假定相矛盾，与事实相悖。对垄断造成社会福利损失做出重要补充的是戈登·塔洛克（Gordon Tullock）。[②] 塔洛克认为图 3-1 中 $S_{\square}P_1P_2BE$ 部分即是由垄断产生的租金，企业为了获取该租金，愿意花费不小于该区域的成本来谋求垄断地位。于是他主张垄断的社会成本不仅只包括图 3-1 中 $S_{\triangle}BEC$ 部分，还应该包括 $S_{\square}P_1P_2BE$ 部分，这个新区域通常被我们称为“塔洛克矩形区”(Tullock rectangular)。塔洛克、帕斯纳 (Posner)[③] 等人的研究表明，由于护租和寻租造成的巨大成本，租金最终将会耗散。

由以上分析可知，寻租不但有损经济秩序，并且破坏经济增长，削弱并扭曲政府配置资源的能力。在税收收入需求具有刚性的前提下，由于寻租不可避免的会造成某个税源损失，为了弥补该损失就会从其他税源中找平衡，这样一来会进一步扭曲劳动力市场和生产要素市场的相对价格，接下来就是税收的超额负担横空出世。因此，税务行政审批所造成的隐性损失比财政收入的直接损失更多，只不过不太明显而已。

寻租只会使支付租金的一方和获得租金的一方获益，使公共利益受损，且公共利益的损失要远远大于个人收益。如果行政管制的行业原本是竞争的，那

---

① Robert A. Mundell, “Review of L. H. Janssen, Free Trade, Protection and Customs Union”, *American Economic Review,* vol. 52, no. 3 (1962), pp. 621-622.

② G. Tullock, “The Welfare costs of Tariffs, Monopolies and Thefts”, *Western Economic Journal*, *Ecnomic Inquiry,* vol. 5, no. 3 (1967), pp. 224-232.

③ Richard A. Posner, “The Social Costs of Monopoly and Regulation”, *Journal of Political Economy,* vol. 83, no. 83 (1975), pp. 807-827.

么市场机制自然会根据竞争规律自发调整，而无需政府提供行政管制，因为那样只会扭曲市场配置。行政管制造成公务人员的创租和抽租行为会导致竞争性市场的效率降低，还会降低经济增长率。[①]

（二）寻租行为的自我膨胀

布坎南[②]和托利森[③]认为只要政府供给不足，就必然催生寻租行为；只要资格准入机会的获取是不公平的或随机地在所有人中分配，就必然会有人通过斡旋关系或寻租共谋试图说服主管部门给予差别待遇或优惠，从而实现个人私利的现象。比如说，政府对某一行业管制发放执照，使供给远远少于需求。这时就会出现三种不同层次的寻租：一是寻求该执照的寻租；二是获得发放该执照职位的寻租；三是获得发放执照收入的再分配。以税务审批为例，如果企业是否享有税收优惠资格完全取决于税务人员的个人主观意愿，那么寻求获得该税收优惠资格的企业就会争相贿赂掌握该审批权的税务人员，这是布坎南所说的第一层次寻租；由于审批使具体办事的税务人员获利，又会吸引其他税务人员争夺该职位而发生第二层次寻租；如果税务人员可以在审批税收优惠的过程中获得审批费用，将其部分或全部转化为小金库或者个人私财，那么可想而知，各个部门可能会为了争夺这笔审批收入的分配而展开第三层次的寻租[④]。

下面以增值税一般纳税人审批为例来解说塔洛克和托利森的寻租范式：由该执照带来的“买路钱”就是布坎南所说的第一层次的寻租，纳税人为了实现自己的经营方式常常需要税务部门批准自己成为一般纳税人或不予批准自己成为一般纳税人。是否成为一般纳税人决定了企业以多高的税率缴税，以及可以与什么层次的企业进行业务往来，一般纳税人认证缔结了企业与税务人员之间

---

① Kevin M. Murphy, A. Shleifer, and R. W. Vishny, “The Allocation of Talent: Implication for Growth”, *Quarterly Journal of Economics,* vol. 106, no. 2 (1991),pp. 503-530.

② James M. Buchanan, “Rent Seeking and Profit Seeking”, in Buchanan J. M, Tollison R D and Tullock G. eds., *Toward a Theory of the Rent-Seeking Society*, College Station, Texas: Texas A&M University Press, 1980,p.22-36.

③ Robert D. Tollison, “Rent Seeking: a Survey”, *Kyklos,* vol. 35, no. 4 (1982),pp. 575-602.

④ James M. Buchanan, “Rent Seeking and Profit Seeking”, in Buchanan J. M, Tollison R D and Tullock G. eds., *Toward a Theory of the Rent-Seeking Society*, College Station, Texas: Texas A&M University Press, 1980,p.23.

的寻租关系；一般纳税人认证岗位一直以来都是基层国家税务局最炙手可热的岗位，因为该岗位几乎要审批辖区内的所有企业，业务覆盖面在所有审批岗位里面是最广的，换句话说也就是“油水”最多的，因为该岗位会给税务人员带来很多工资外的“收入”，要想获得该岗位，税务人员必须拿出资源来“购买”该岗位，一般纳税人岗位的分配缔结了税务人员与主管该岗位分配的领导之间的寻租关系；税务人员收下“买路钱”并不能完全由自己独立支配，因为这个“买路钱”来路不正，税务人员要上下左右打点相关的人以防不测，税务部门内部岗位轮换机制决定了每个人都会参加轮岗，为了保住自己能够继续从事该岗位，税务人员也要将“买路钱”分给决定该岗位分配的领导，这就是布坎南所说的管制执照的再分配收入。

在经济学领域，腐败常常以寻租的面目通过政治过程实现。参加政治交换的个人必然会造成彼此之间的相互依赖，人与人之间即使不存在强制，个人的效用也仍然会受制于他人的行为选择。于是人们会关注他人的行为，将他人的行为以及他人的效用纳入到自己的考虑范围之内[①]，在本例中税务人员如何做出决策或如何引导税务人员做出最符合企业利益的决策是企业经常要考虑的。

布坎南指出为完成某些共同目标的双人以上个人合作，“他们各有所长，并且每个人都能在相互交换中获得好处”[②]。在普通的经济交易环境当中，个人凭借各自的交易能力进入交易过程。[③]尽管人们的偏好、偏好的强度以及才能各有差异，但只要彼此认同并且认为对方可以为自己带来预期收益，就有从事交换或准备从事交换的动力。在本例中，税务人员手里有划分纳税人身份的权力，而纳税人付出资源以换取税务人员手中的权力。

经济正义的双赢指交换双方各自就交换过程及交换结果，在价值评判意义上产生的个人主观感受。交易者会认为交换只是在以下程度上增加了自身的效

---

① 〔美〕詹姆斯·M. 布坎南著，韩旭译：《财产与自由》，中国社会科学出版社 2002 年版，第 18—19 页。

② 〔美〕詹姆斯·M. 布坎南、戈登·塔洛克著，陈光金译：《同意的计算——立宪民主的逻辑基础》，中国社会科学出版社 2000 年版，第 332 页。

③ 〔美〕詹姆斯·M. 布坎南著，罗根基等译：《经济学家应该做什么》，西南财经大学出版社 1988 年版，第 3 页。

用，即交换过程本身体现出正义的特征。如果交易不掺杂外界强制、欺骗，交易双方是自愿行为，我们就可以认为交易是正义的并且对双方都有利。交易双方达到了这样一个结果：各自在自愿的情况下获得了自己想要的，提升了自身效用。[①] 每个人都是自身利益的最好裁断者。布坎南经济思想的核心判断是任何人的价值或目标都不会先验地比他人的目标或价值更优越，经济活动是由人的私利驱使的，每个人都在努力地为他自己所支配的资源找到最能增值的用途，“看不见的手”[②]促进了整个社会利益。这样，布坎南在突出强调人的天然理性经济本性特质的同时，发现人们因为公平交换而获得好处，渐渐地促成了自然秩序。在本例中征纳双方都乐于这种交换，布坎南所说的交易正义指的是双方愿意，并不特指行为正义。而双方乐意恰恰是这种寻租现象普遍存在却很少被踢爆的最重要原因。

只要第一层次的寻租发生，第二、三层次的寻租就会接踵而至。此外，在布坎南寻租理论的三个框架之外，还有一点不容忽视，税务人员在增加寻租和腐败收益的同时，还要进一步攫取更多的权力以获得更大的租金，做为保住现有职位和获得提拔的物质保障，也就是说寻租行为有自我膨胀的趋势。

由以上分析看到，寻租的产生既有主观原因也有客观原因：从主观上讲，只要寻租可以增加个人效用，征纳双方就会不择手段的促成寻租交易；从客观上讲，税务部门占有大量的资源分配权。理想的市场条件是难以企及的，而市场的不完善需要政府管制。所以说，只要政府有缺陷，只要政府要干预市场中的缺陷，只要市场行为主体有最大化个人效用的需求，寻租交易就不可避免。

四、征纳共谋寻租交易机理分析

改革开放以后，尽管政治、经济、社会环境等诸多因素在一定程度上有所好转，但现有制度导致寻租依然有一定的空间。税收寻租的两个主体是税务人

---

① 〔美〕詹姆斯·M. 布坎南著，冯克利等译：《规则的理由》，中国社会科学出版社 2004 年版，第 58 页。
② 〔英〕亚当·斯密著，蒋自强等译：《道德情操论》，商务印书馆 1998 年版，第 230 页。

员与纳税人，对税务人员而言，租金是税收管制干预的结果，税务部门一旦对税收秩序的干预过重，租金就会纷至沓来，权力就具备资本化的冲动；对纳税人而言，寻租是企业逐利行为，租金在给企业带来收益的同时还会带来更强的市场竞争力，不难看出企业天然地具有寻租动机。无论是税务人员还是纳税人均有逐利的天性[①]，双方在逐利的过程中，通过创租（设租）、抽租，共同获利。

市场机制下，实现个人效用最大化是每个独立主体行事的基本逻辑。只要个体觉察到某类行为可以增加其效用，他就会想方设法付诸实施，税务人员与纳税人在征纳过程中亦概莫能外，双方内生地具有寻租需求。在理想的自由竞争市场下，市场的自发调节能力就如同亚当•斯密那只“看不见的手”，它会引导人类自由交换。因为亚当•斯密认为健康的市场秩序会依据个人偏好自发地配置资源。因此，政治交易也可以等同于市场经济交易，每个参与者都可以在大家相互认可的前提下计算出自己以及对手的效用，做到有的放矢，在不影响他人效用的同时实现自己效用最大化。交易双方在利益交换的过程中实现均衡，以大家互相认可某一规则的方式达成共识。如果纳税人计算出贿赂税务人员逃税而获取的收益要远远高于行贿的支出成本，那么纳税人就比较乐于向税务人员行贿以结成寻租共谋；而如果税务人员认为纳税人不会将合谋之事告知税务部门，并且不会让本单位的内审发现，那么寻租共谋是税务人员的理性选择。[②]我们知道，个人偏好以及偏好强度的改变会直接导致策略的改变，从而移动原始均衡。原有的静态平衡一旦被打破，那么经过交易各方的策略调整就会回归静态，达成一个全新的均衡。纳税人不太可能总是依法纳税，税务人员也不太可能总是依法征税。在双方的政治交易过程中，经过多轮的试探性磋商、讨价还价以及妥协让步，纳税人需向税务人员交纳的租金必然要稍高于能够鼓动税务人员甘愿拿出手中所垄断的公共资源进行交易的临界点，这亦是征纳双方博弈的要旨所在。征纳双方在几轮博弈后最终达成的均衡一定是双方均认可的所能达到的效用最大化点，而这个点一定是通过双方寻租共谋实现的，这看起来

---

① 〔美〕詹姆斯•M. 布坎南著，王宏昌等译：《经济政策的宪法》，载《诺贝尔经济学奖金获得者讲演集》（增订本），北京社会科学出版社 1988 年版，第 657—674 页。

② M. C. Purohit, “Corruption in tax administration”, *Journal of Public Economics,* vol. 49, no. 3 (1992),pp. 333-349.

是个共赢的游戏，征纳双方均有所斩获，而受损的是公共利益。

不难想象，被纳税人揭发出来的征纳寻租共谋涉税金额和当前地下经济规模相比，只是冰山一角，因寻租曝光而呈现在众人面前的涉税案件更是少之又少。征纳双方会就各自的所有和所需进行交易，如果双方就所有交易均能在一定程度上达成共识，那么没有意见分歧就意味着没有矛盾，双方认可并能主动接受交易。我们知道贸易会使每个人的状况变好，在这里征纳交易亦如此，征纳之间终止交易或矛盾爆发均非上策，双方会就初始分歧不断地调整各自的策略，以讨价还价的方式进行磋商直到大家都能接受为止。在现实中，我们很难看到真正的征纳矛盾激化并爆发。本节我们将从如下四个方面考察讨论征纳双方如何使长期而稳定的寻租交易达成共识。

（一）现有征管体制为征纳双方提供寻租空间

健康的市场机制在一定程度上可以激发自由竞争，虽然这种状态在实践当中很难实现，并经常被有缺陷的制度扭曲，导致资源的有效配置受阻，继而滋生寻租腐败活动，反过来再进一步扭曲市场机制。如果现有税收制度为具有税收优惠资格的企业提供的社会报酬远远高于非税收优惠企业，那么税收优惠政策的制定初衷就会发生偏离，不但不能很好扶持应该享有税收优惠的企业，反而会因为优惠制度不公平、不公正而导致征管领域寻租腐败横流，在一定程度上人为地“制造”出经济租金，为征管领域的寻租腐败留下足够的空间。

经济租金是企业寻租的内驱动力，为了占有经济租金，为了长期可持续地占有经济租金，企业必须采取一些措施以防止经济租金被其他企业抢走。我们知道，市场机制是通过契约来界定市场参与者的权利和义务，并就收入的分配与成本的分摊事宜做出事先安排。但是，市场不是万能的，有时也会陷入失灵，这个时候需要政府出手弥补市场失灵造成的缺陷。因此，这就给政府介入市场一个十分恰当的机会。

1. 税收优惠视域下的寻租收益分析

追求利润是企业存在的王道，企业会想尽一切办法最大化收入以及最小化成本。现在以某生产经营企业为例，图示分析该企业以寻租共谋的方式增加企业利润。如下图 4-1 所示：坐标横轴代表企业生产经营的产品数量，坐标纵轴代表该企业产品的市场价格和生产成本，CC 线代表该企业产品的边际成本，DD 线代表市场需求。存在两种情况：当市场恰好处于竞争性状态下，市场出清使该产品的生产数量 Q 与市场价格 P 由供给曲线 CC 与需求曲线 DD 的交点来共同决定；当市场恰好处于均衡状态下，由于 Q 点右侧区域的成本较高，企业决定不再生产，而 Q 点左侧区域因产品质量上的差异而获得相应价格率的一般租金。企业持有 ECP 三点围成的收益，这就是我们常说的“李嘉图租金”。

如果企业不符合现有国家规定的税收优惠政策，却通过寻租共谋等不正当手段获得税收优惠资格，那么该企业就会因此享受国家有关减免税优惠的政策。分为两种情况：如果企业获得少缴税或者不缴税的优惠可以视同该企业在成本支出上的减少，那么该企业会因此额外获得 EJC’ C 部分的收益；如果企业获得税收补贴或退税可以视为该企业收入上的增加，属于典型的转移支付，那么该企业会因此额外获得 EKP_3P 部分的收益。无论是 EJC’ C 还是 EKP_3P，都属于“经济租金”，少缴税和获得收入性税收补贴都是寻租行为获得的收益。

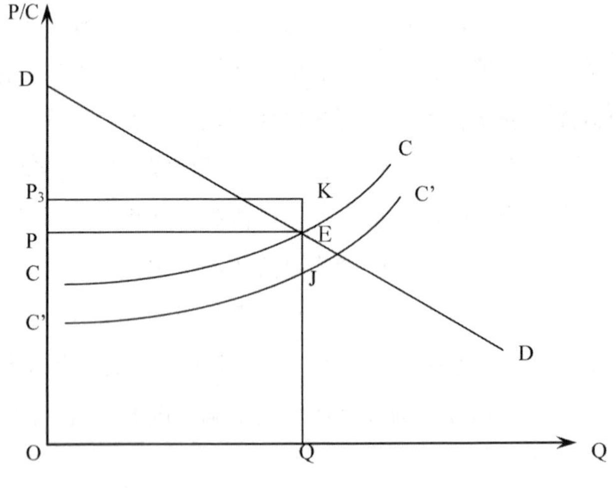

图 4-1 税收优惠视域下的寻租收益分析

2. 审批管制视域下的寻租收益分析

税务行政审批将纳税企业划分为不同种类，获得准入资格的企业可以按照相关规定做一些垄断性的特殊业务，比如获得进出口许可资格的企业可以独立做国际贸易生意，而没有获取该资格的企业只能委托具备该资格的企业为其代办国际贸易业务。这等同于那些具备垄断资格的企业将垄断收益市场化，从中渔利。

如图 4–2 所示：在没有税收审批管制下，市场均衡价格是 P_c，此时的产量是 Q_c，在有税收审批管制干预下，市场价格是 P_r，此时的市场需求量是 Q_r，而供给量却仅仅是 Q_s，经过计算得出市场短缺由需求量 Q_r 减去供给量 Q_s。那些具备垄断资格的企业以价格 P_r 拿到资源，然后将其以 P_s 的价格市场化，获得（P_s-P_r）*Q_s 的垄断收益，此收益即为税收审批管制造成的“剩余”，追寻此收益活动的行为就是寻租活动。

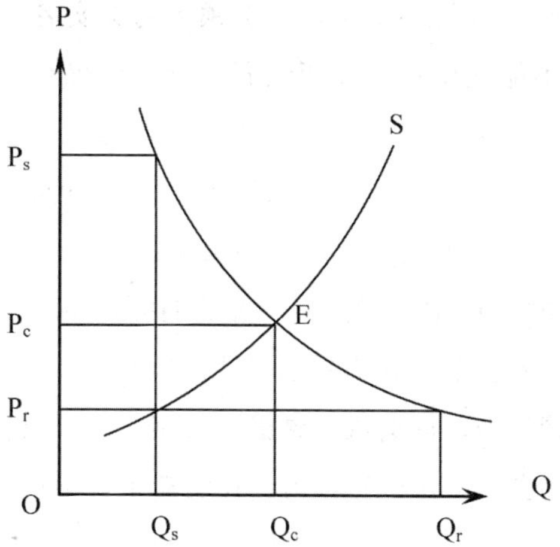

图 4–2　审批管制视域下的寻租收益分析

由图 4–1 可知，企业通过寻租行为获得 KP_3CE 或者 EJC’P 的收益，均大于市场自由竞争机制下的李嘉图租金 ECP；由图 4–2 可知，垄断资格可以让企业轻而易举地获得（P_s-P_r）*Q_s 的收益。可以看到，寻租对企业的利益诱惑简直令企业无法抵挡。这也正是税收审批管制造成企业具有寻租空间促使其产生寻租需求。

（二）征纳双方都有可供寻租交易的资源和需求

传统经济学家将人类行为选择分析与制度环境相结合，布坎南与这些经济学家的普遍做法极为相近，也是根据个人在不同情境下作出不同选择来分析人类行为。在政治领域，他们扮演“官僚政客”角色；而在市场领域，他们扮演“逐利者”角色。然而，无论是“官僚政客”还是“逐利者”，其行为选择都以最小化成本和最大化收益为前提基础。政治市场中的官僚政客、选民、选举制度和政治选票，如同经济市场中的企业家买方、卖方、交易制度和货币一样。政府的制度设计者（政客）与执行者（官僚）如同市场中逐利的商人一样，并不是传统政治学所假定的官僚是公共利益的忠实代表，他们追求地位、权力、名誉、收入、预算拨款，他们的行为不可避免地会受到自利动机的支配，会有个人预算最大化的倾向。试图把政治活动从市场活动中剥离出来，并不能改变人类的本性。经济领域的买卖者转化为政治领域的官僚政客和选民，并不能从根本上改变他们的行为动机和品行，无论是在政治领域还是在市场领域，人的天性是不会变的。人类在公共选择的活动中，不会像传统政治学理论假定的那样，官僚没有个人利益而只有公共利益。一个在市场情境下自私自利的利己主义者，不太可能一进入政治情境就立刻把自己切换成克己奉公的利他主义者。这不是人性的“善”或“恶”能解释的，或者说根本与“善”和“恶”没有关系。①

当前在税收征管领域，征纳双方寻租“共谋”的现象较为普遍。一些税务人员利用手中掌管的公共资源配置权力，在明知企业不符合税收管制规定的情况下，给予企业以优惠资格准入，将手中掌控的征管权力和自由裁量权力当成向纳税人索贿的工具，强制参与分配税收垄断衍生的收益“再分配”，也就是利用权力强行分配“租金”，这将在一定程度上降低那些真正应该享有优惠的企业的边际收益率。征管领域的寻租活动指征纳寻租合谋钻征管制度的空子，利用缺乏制约的征管权力维护或强行分配垄断利润，破坏市场经济秩序。具有税收优惠准入资格的企业从那些不具备准入资格的企业那里获得“输血”，从而长期

① 欧纯智：《我国基层征纳寻租交易构成的机理分析》，《财政研究》2014 年第 6 期。

稳定地获取“经济租”。值得关注的是，企业优惠资格准入的获得并非是公平正义的征管结果。这种非正义的征管结果之所以能够长期存在是因为持续的共谋是以纳税人定期按约定向税务人员交“保护费”的形式来维持的，首先保证交保护费的企业获得优惠准入资格，然后阻碍其他企业进入以避免垄断优势和收益被进一步瓜分。

但就表象而言，共同瓜分垄断收益的目的使征纳双方形成寻租共谋，其关系似乎坚不可摧。然而，在大多数情况下，征纳寻租共谋不会像市场中的交易那样明码标价、自由交易，企业的经营风险不会因为与税务人员形成寻租共谋而减少，甚至在一定程度上会加大经营风险。在征管实践当中，税务人员无法像在市场中的卖家那样公开亮出“租金”价格，纳税人也不会像市场中的买家那样可以从容计算其成本与收益，并据此作出买或不买的理智判断。此外，纳税人关于寻租共谋的结成会受一些无法事先预料条件的制约：“租金”的价格不是明码实价，征纳信息不对称造成的未来成本收益无法准确估计并有效控制，这使得成本收益的计算变得更加复杂。类似的情况税务人员也会遇到：未来的收益未知，潜在的执法风险是否能够弥补当前的收益。有鉴于此，征纳双方在初始阶段只能算是具有寻租共谋的意向，接下来双方会经历多轮试探性磋商、讨价还价、妥协让步，来确定租金，展开征纳寻租共谋交易。

（三）征纳双方可以通过讨价还价妥协让步达到均衡

征管领域的不当管制会进一步加剧征纳矛盾，而征纳矛盾一旦爆发，我们首先想到的是纳税人会因处于弱势而吃亏。如果是纳税人主动挑起矛盾争端，我们会想当然地认为纳税人在“蚍蜉撼树”，因为征纳双方在力量上的悬殊差别使税务人员看起来稳操胜券。然而，在征管实践中，我们确实能够偶尔看到“蚍蜉”在“撼树”，即征纳矛盾爆发。这是征纳矛盾不断累积后的一次总爆发，纳税人会努力寻找税务人员寻租腐败被曝光的机会，甚至以牺牲自己的利益为代价。反观税务人员，也会就纳税人的威胁和咆哮做出一定程度的妥协和让步。在博弈中，有点疯狂的一方会具有明显的优势。讨价还价的结果依赖于每一方策略性地改变其相对谈判地位的能力。征纳冲突爆发是共输，对纳税人而言一定不是最优而是次优选择，次优的选择是为了带来相对力量格局的重新调整。

那么纳税人的行为也具有理性，只不过跟传统的理性行为假设不太一致罢了。人类的行为动机可以分为两类：工具性动机和根本性动机。工具性动机，并不是为了行为本身的缘故，而是因为行为人期望以此改善与自己的根本意愿有关的处境。[①] 矛盾爆发是工具性动机，再理性不过了。由此纳税人有望把税务人员通过寻租腐败能够得到的利益降低到纳税人经过权衡与计算，主动奉上“保护费”时的水平之下。

在征纳博弈的初始阶段，税务人员主导博弈进程，纳税人处于劣势完全是被动的，这个时候纳税人要学会与税务人员作斗争，并学会斗狠。纳税人以可以实现的次优来取代无法实现的最优，其目的是为进一步优化自身能够得到的利益，所以很多时候纳税人只能从事在局外人眼里既不合理也不理智的行为。我们可以将纳税人的“发脾气”或“咆哮”理解为其心中“诉求”和“渴望”的无奈表达，这是个体经过理性思考后公开伸张他们的诉求。纳税人用表面上看起来不恰当不合理的方式威胁警告税务人员。而从长远来看，这种威胁警告又有其恰当合理之处，“威胁警告”自动地产生一个讨价还价的机会以及妥协让步的范围。假定征纳双方对合作不满而相互以“发脾气”的方式发出威胁警告，即税务人员要纳税人交出“租金”，然而纳税人嫌“租金”跟能够获得的垄断收益比起来不够划算。那么税务人员可以拿到的每单位“租金”都有可能增加纳税人揭发税务人员的可能性。在征纳博弈中，纳税人地位处于劣势这不假，非常有可能会因为征纳矛盾爆发而一无所获，但这也是税务人员最危险的情况。对于税务人员来说，征纳矛盾爆发受到惩罚带来的利益受损恐怕会远远超过“租金”本身的价值。这就在一定程度上将税务人员对纳税人的剥削限定在一定范围内，即税务人员对租金的需求曲线会随着纳税人抵抗而下降。反观纳税人对租金的需求曲线会随着税务人员每拿走一单位租金而上升。如果纳税人用税务人员能够领会的方式发出警告，表明纳税人对现有的征纳寻租交易格局不满并希望重新调整，那么税务人员出于可以长期稳定地“收租”考虑，一般不会拒绝纳税人的要求。双方尽管不会像市场中的买方卖方那样就明确的价格进行

① 〔美〕戈登·塔洛克著，柏克等译：《官僚体制的政治》，商务印书馆 2010 年版，第 32 页。

讨价还价，但依然会就利益格局的重新调整进行讨价还价、妥协让步。这种情况优于纳税人坐以待毙任由税务人员宰割的情况，因为这是一个不可持续的状态，最终会以征纳矛盾爆发收场。此外，征纳矛盾一旦真正爆发，不仅会增加双方的成本，而且对双方来说都是坏名声，会影响未来与他人结成寻租共谋伙伴，也就意味着无法再得到垄断利润。所以，征纳双方会小心呵护合作，尽量不使矛盾激化。

实际上，无论是征纳之间面对面讨价还价、妥协让步的情况，还是矛盾激化被曝光的情况，都不会经常性地发生。但是这种情况的潜在可能性会持续地威胁影响征纳双方，这是双方都力图避免的情况。纳税人会小心翼翼地交租金但金额不能过高，税务人员也会在纳税人没有明显不满和反抗的前提下，谨小慎微地收取租金。纳税人发脾气咆哮以及揭发税务人员寻租腐败的概率，从长远来看会在一定程度上扼制税务人员的收益。如果税务人员想安全地在纳税人那里收租，零风险地持续剥削纳税人，那么双方能就收租计划谈拢是合作的第一步。我们知道，养羊的目的是为了吃羊，养得精心，喂好饲料，羊儿长得肥美，吃起来更香。如果不好好养羊，羊儿瘦弱，或因为饥饿，互相抢夺食物造成群体的混乱和伤害，对牧羊人和羊儿都不是利好，牧羊也需要智慧和格局。牧羊人如果想吃羊，并且可以持续不断地吃到膘肥体壮的上等羊肉，那么最明智的做法不是虐待羊，而是为其提供最好的环境并鼓励繁殖，不能一次将羊全部吃光，而是分期分批吃。这也是税务人员尽管占尽了信息和权力优势，却不是一意孤行完全主导双方博弈均衡点的真正原因。政治竞争的过程实乃讨价还价妥协让步的过程，税务人员可以最大限度地从纳税人处收取租金。反过来，纳税人也可以在一定程度上制约税务人员的行为。例如，如果纳税人反抗，那么税务人员不可避免地会接受教训，不得不将自己对纳税人的收租行为收缩到一定范围内。从另一个角度思考，这也是纳税人变相地拥有主动讨价议价的力量，即纳税人在一定程度上也享有租金的定价权。

（四）征纳双方努力维护各自信用以期维持长久交易

要想征纳双方能够持续稳定地达成寻租共谋交易就要满足以下两点：纳税

人主动定期向税务人员交纳租金，且金额能令税务人员满意；税务人员不能恣意妄为地随时改变租金，以纳税人不可承受之重的额度收取租金。如果征纳的初次交易都能得到双方认可，那也为双方今后的交易做好铺垫。我们知道，税务人员掌控的征管权力和资源极为庞大，可供交易的范围也很可观，双方会随着交往的深入不断扩大交易范围。这个时候税务人员可能会就可供交易的资源列出一个收租计划，而纳税人也会根据实际需要就有意向的交易部分跟税务人员进行磋商、讨价还价和妥协让步，最后达成共识。我们可能会认为税务人员与纳税人是剥削与被剥削关系，而实际上不是，征纳寻租共谋交易会使双方在利益上均有所斩获，且交纳租金也是纳税人自愿同意的，算不上剥削更算不上掠夺。如果征纳的这种交易不能得到纳税人同意，那么纳税人既可以告发税务人员还可以改变企业的经营注册地，离开这个税务人员。此时，税务人员在该纳税人这里将一无所获，如果将未来的收益以合理的贴现率换算成当期收益，那么失去一个纳税人对于税务人员来说就是失去一笔可观的收入。哪怕只是单纯地算经济账，而不考虑风险，税务人员也不应该让纳税人离开自己。由此看来，剥削掠夺从长远来看是不划算且充满风险的，这么做会减少未来的收益并有可能使自己在未来彻底没有收益（被纳税人曝光）。此时，双方只是试探性地由意向转向合作，还没有适时地引入信用这个概念，但是彼此诚实守信似乎看起来对双方更有利，对未来的交易更可预期。

我们知道，征纳之间的寻租共谋交易可以增加双方的收益，这是该交易能够持续下去的基础。然而，如果想让交易长期稳定地持续下去还需要引入信用，因为双方的很多交易并不是“一手钱一手货”的即时交易，还有很多例外情形，此时欺骗和掠夺也会偶有发生。非常有可能一方极有诚意地拿出资源进行交易而另一方却要在未来支付回报，这给持续稳妥的安全交易带来一些变数，支付方并不是每次都能诚实守信地履约，这要看其未来的发展和当期的收益。而一次失信就会使双方未来的寻租交易量发生萎缩甚至不再交易，双方的福利因此受损。塔洛克认为，“无论是黑市高利贷还是专业赌徒都会为自己的长期利益而小心翼翼地维护自己的好名声，因为那是他们能够立即付款的好名声，而这种好名声能让他们有可能继续做生意，其实他们大概比一位能够签订契约并有法院保证契约执行的工商人士更在乎提高业绩”[①]。征纳双方经过长期博弈，均会发现掠夺欺骗是持续安全交易的天敌，而从未来交易获得收益的折现值要远远大于当期通过掠夺欺骗得到的收益。不守信用的坏名声会将自己孤立于征纳寻租共谋交易之外，遵守承诺的良好名誉是征纳双方通过寻租共谋交易获取收益的通行证。

最稳妥的交易方式就是税务人员按照双方认可的方式进行收租，租金宜适度，以能激励税务人员拿出公共资源进行交换，纳税人心甘情愿的按期缴纳为宜。贴现值是个很重要的概念，如果税务人员从纳税人那里一次掠夺获得的利润大于未来收益的贴现值，那么税务人员会有可能选择一次性掠夺。但是，纳税人如果有机会反抗，他们会推翻税务人员的掠夺剥削，并将不讲信用的税务人员予以曝光。如果纳税人认为当前的欺骗可以获得巨大收益，且未来由此带来的损失并不如当期由欺骗带来的收益多，那么纳税人也许会选择欺骗，而税务人员如果有机会也会给纳税人使绊，使其在未来蒙受更多的损失。我们看到，无论对于税务人员还是纳税人，讲信用比不讲信用更划算。在一般情况下，税务人员收到保护费以后，都会主动为纳税人做事，纳税人出于成本和收益的综合考虑，也会主动上交保护费，双方在合作中诚实守信、共同获利，寻租交易宣告成功。

由上述分析我们看到，征纳双方均有实现最大化效用的寻租共谋需求，双方最终以磋商、讨价还价、妥协让步的方式达成寻租收益均衡，征纳双方都能从交易中获得好处，最终改善各自的福利。此外，只要双方诚实守信，寻租交易就会以稳定安全的方式长期存在下去，不会暴露在大众视野之下。

五、结论

通过上述分析我们看到，税收征管领域的寻租活动是利用公权阻碍生产要

---

① 〔美〕戈登·塔洛克著，柏克等译：《公共选择——戈登·塔洛克论文集：丛林的边缘》，商务印书馆2011年版，第346页。

素在产业之间自由流动，破坏征管秩序，以此维护和攫取既得利益。征管领域的寻租腐败能够存活的前提是税务部门对市场活动的不当介入，税务人员利用手中特权照顾某些特定群体的利益以谋求租金，一些别有用心的纳税人为了谋求额外的收益——租金，逃避市场竞争，双方达成征纳共谋，导致公共利益遭受侵蚀。寻租无论从宏观上看还是从微观上看，都给经济与社会带来很多负面效果。研究寻租的目的在于瓦解寻租，从根本上杜绝税收征管领域的腐败。由寻租成因入手来瓦解寻租，需要从以下四个方面的征管制度建设入手：

（1）清理不当的税收优惠政策，减小税收不当管制和自由裁量过大对企业行为扭曲的可能空间。

（2）对征纳双方加强廉政、守法的思想教育和正面的案例引导，提升自律水准。

（3）严惩腐败，震慑和瓦解税务人员寻租动机。

（4）定期清理和惩处在征管制度方面不当得利的企业，瓦解纳税人的寻租动机。

（5）对税务人员严格执行定期轮岗制度、建立健全督察内审制度以及与职业生涯完整廉洁记录相匹配的退休养老待遇激励制度。

以公共利益为导向的税收优惠政策却可能最终沦为个别税务人员和企业牟取私利的合法屏障，不能不说是制度的遗憾，应该引起制度设计者的深思。从制度供给入手，坚决遏制税收征管领域的寻租腐败，是我们在新的历史时期必须正视并努力加以解决的问题。

纳税人权益保障：征税权力制约范式考察分析

欧纯智

一、导言

税务部门的首要任务是依法征税，维护健康的市场经济秩序，坚决抵制企业因偷逃税而获得的不当竞争优势，并在依法治税过程中提供纳税服务。在强调依法征税的同时，纳税人合法权益保障应该同步跟进，使权利与义务同在。然而，我国现实情况是常见征税公权侵犯纳税人私权的现象。税务部门的监督机构与相关制度纷繁芜杂，而征管权力滥用导致纳税人合法权益受到侵犯的现象屡屡出现。受到不公正待遇的纳税人申告无门，政府应该提供的纳税服务和保障不到位。有鉴于此，构建有利于征纳和谐的管理机制、建立纳税人有效参与机制、帮助纳税人表达合理诉求、尊重纳税人依法选择、设计纳税人申诉与救济机制，势在必行。以保障纳税人合法权益为前提和基础的纳税服务，才是真正为纳税人乐于接受的纳税服务。因此，税收征管制度的内在权力制约原理亟待澄清，相关制度机制需要在深化改革中得到改进。

二、我国纳税人合法权益保障制度不到位

政府的绝大多数收入来源于税收，而不是对公共物品及公共服务的收费。如果纳税人所得到的政府产品和服务游离于企业和个人所缴纳的税收之外，企业和个人就会变得不愿意纳税。尽管纳税以后，纳税人不再受到税务部门的烦

扰，但是缴纳的税收并没有换来具体的公共服务。在市场经济中，纳税人习惯了市场交换原则。但是在税收体制中，这种原则就行不通了，税收的无偿性、强制性和固定性决定了税收不同于市场交换，税务人员的工作是依法征税而非按服务收费。[①]代表政府的税务人员和纳税人之间不仅是单纯的征收与被征收关系，而更多的是平等主体之间的关系，这种平等的关系在许多国家被作为税法内容加以规定。纳税人为了享受国家提供的公共产品和服务必然要有一定的支付，这是权利和义务对等的要求。税务部门为了高效地筹集到税款往往会被赋予一系列的特权，如强制执行权、质问检查权等。这使得纳税人极易被公权侵犯。发达国家重视纳税人的基本权利，为了有效地平衡税务部门和纳税人之间的力量对比，税务部门建立了相应的纳税人申诉机制，此外，纳税人法律救济制度也比较完善，纳税人可以通过正常渠道表达自己的不满和权益诉求。反过来，如果纳税人逃税，那么处罚也很重，法律对纳税人申诉的受理和解决规定得较为详细。比较后我们发现，各国在行政制裁与诉讼方面均具有较高行政效率的，同时高度重视纳税人的合法权益。各国对行政复议的时间、地点都有明确的法律规定，各国都有接受纳税人提请申诉的机构，使征纳双方在意见不能统一的时候有合理的沟通渠道，避免纳税人为规避对自己不利的税务行政决定而提前贿赂税务人员的窘境。[②]与发达国家的纳税人听证、申诉、救济制度相比，我国的纳税人更显弱势，权利与义务极不对等，往往申诉无门，国家只于形式上提供了投诉的通道，实际上缺乏申诉机制，往往导致征纳合谋寻租或者征纳矛盾这两种极端情形。我国目前尚未以正式立法的形式明确纳税人的权益保障，纳税人合法权益受到侵害主要表现在以下两个方面：

（一）纳税人往往要交保护费

税务人员与纳税人之间是矛盾且对立的统一体。依法纳税是纳税人应尽的义务。但依法纳税意味着纳税人要将其收益的一部分交给国家，加之当前我国税收征管普遍存在的不良现象，纳税人不愿纳税甚至对纳税怀有抵触情绪，因

---

① 〔美〕约翰·L. 米克塞尔著，白彦锋等译：《公共财政管理：分析与应用》（第六版），中国人民大学出版社 2005 年版，第 496 页。

② 欧纯智：《我国基层征纳寻租交易构成的机理分析》，《财政研究》2014 年第 6 期。

此纳税人会设法逃税。然而纳税人是否能够正确履行纳税义务，不仅仅在于纳税人的税收遵从度，还在于税务人员的征管行为是否合理，我国关于税收立法的不健全也给征纳合谋留下了较大的发挥空间。税务人员在税收管制，比如政策性减免退税、罚款数量确定、税率的确定等方面享有较大的自由裁量权，滥用权力不是个别现象，很多税务人员不能很好地贯彻执行税收法律、法规和规章①，对纳税人缺乏监管，赋予纳税人的税收优惠难以落实，对纳税人的违章处理过于随意，缺乏对税务人员行为的制约。这就使得那些依法纳税的守法纳税人不能得到依法纳税的正向激励，反而那些逃税的纳税人实现了个人效用最大化，那些曾经守法的纳税人不再依法纳税，出于私利考虑，从而选择投靠税务人员的庇护，因为征纳合谋比纳税人单打独斗获得的收益更多而承担的风险更小，所以纳税人更倾向于选择合谋。征纳共谋形成潜规则后，那些参与合谋的税务人员以较少的付出得到较高的回报，尝到“不劳而获或少劳多获”的甜头以后，本来可以通过正常途径解决的涉税事宜也不再正常解决了，总想着将权力如何量化成钱。此外，对其他依法征税税务人员也起到了不良的示范效应和冲击作用，激发了原本依法征税的税务人员的内心失衡，从而效仿合谋者，进一步扩大征纳合谋范围。所谓合谋，在很多情况下也是纳税人不得已而为之，由于缺乏听证、申诉、救济等维护纳税人合法权益的制度，纳税人除了定期向税务人员交保护费，也没有更好的选择。征纳合谋寻租腐败就像传染病一样，会越来越泛滥，不会不治而愈，纳税人权益受侵害程度也会随之增加。

（二）纳税人权利往往形同虚设

程序是民主的基本保障。征管程序可以规范税收权力的行使，由此形成对征管权力的制约，从而保护纳税人合法权益。尽管我国在法律上已经对纳税人所应享有的程序权利做出明文规定，但在征管实践中不合程序的执法依然大量存在，导致纳税人的程序权利不能充分发挥保护纳税人的作用，并最终导致纳税人丧失维护自己权利的机会和可能性。此外，我国尚未建立相应的纳税人听

---

① 欧纯智：《风险规避度、工作激励与税收征管双方共赢机理分析》，《河北经贸大学学报》2014 年第 7 期。

证、申诉、权力救济等制度来保障纳税人的宪法权利。[①] 国家税务总局在 2015 年修订了一个类似于申诉又不完全算是申诉的文件——《纳税服务投诉管理办法》，规定税务部门收到投诉后，应于 2 个工作日内进行审查，决定是否受理。[②] 在我国《税收征管法》等诸多法律中也体现了纳税人的权利，如可以因特殊原因而延期进行纳税申报和缴纳税款，纳税人有权向税务部门申请减免、退税，有权对税务部门给予的行政处罚进行陈述或申辩，并可以申请行政复议和行政诉讼等。这些只是纳税人应该拥有的合理权利，对其他的权利要么语焉不详要么没有涉及。即便如此，在征管实践当中，纳税人仅有的这点权利更是大打折扣。由于《税收征管法》没有对纳税人权利做出明确规定，并且在征管实践当中纳税人权利往往被忽视甚至受到侵犯，这种状况反过来又对税务部门的征税合法性起到负面作用。税法是在人民授权的前提下，将国家意志法律化的结果，在强调纳税人义务的同时更应该保障纳税人的合法权益。马克思主义国家分配论认为，税收是国家凭借其政治权力对社会产品进行再分配的形式，而税法则是国家制订的以确保其强制、无偿、固定取得税收收入的法律总称。在我国的《税收征管法》里对税务部门的行政权力规定得比较全面，而鲜谈义务，税务部门每年都有任务指标，税务人员手里握有掌握纳税人身份的审批权，再加上税务人员被赋予的自由裁量权，为圆满完成征管任务，在日常征管实践过程中发生的税务人员滥权问题往往被忽略或掩盖，这在客观上默许了“收入压倒一切”而蔑视纳税人权利的现象。虽然政府一再宣传“社会主义税收取之于民，用之于民”，但在权利义务严重不对等的情况下，纳税人更倾向于把税收视为旧时代的“横征暴敛”、“苛捐杂税”。

三、西方国家对纳税人合法权益保障的主要做法

美国税收法规中通常会包含很多不确定性（即“灰色地带”[gray area]），

---

① 馨元：《论纳税人宪法权利之享有》，《华东政法学院学报》2003 年第 2 期。

② 《关于修订〈纳税服务投诉管理办法〉的公告》，国家税务总局公告 2015 年第 49 号，国家税务总局网，www.chinatax.gov.cn/n810341/n810755/c1716901/content.html，2015 年 6 月 26 日。

也就是我们所说的税收酌情自由裁量权。税收申诉和税收抗议有助于澄清这些不确定性，二者在税收立法过程中扮演着很重要的角色。税收申诉有利于保证税制实行中的非歧视性，促进税制目标的公平实现。顺畅的税收申诉渠道有助于保证税法公正而经济地得到贯彻，并按照正常的速度减少税法中的灰色区域。[①]纳税人的权益保护写进法律——《纳税人权利法案》，明确纳税人所享有的权利。美国的税务行政诉讼范围包括国税局进行的稽查、有关纳税申报或申请退税的上诉。[②]随着全球性的服务型政府热潮的推进，纳税人的权利主体地位以及保障纳税人权利等议题受到了前所未有的重视。美国纳税人权利被明确地载入了税收法律。2003 年 7 月，提出了便于 OECD 成员国参照遵从的《纳税人宪章》，一共列举了六组纳税人权利：一是被告知可以获得帮助和听证的权利；二是上诉的权利；三是仅支付合法且合理的税额的权利；四是确定性的权利；五是隐私权；六是机密和保密权。[③]

英国对纳税人合法权益的保护可以追溯到 1215 年，正是约翰王的横征暴敛导致《大宪章》的诞生，后者确立了“非赞同勿纳税”[④]的原则。英国为了促使纳税人自觉正确地履行纳税义务，保证国家税款及时足额征收，在各种税的实体法中均有明确的处罚规定，有罚款、利息、滞纳金、强制征收、监禁等措施。当纳税人对税务部门做出的处罚决定有不同意见的时候，可以按照一定的程序提出申诉，但必须以书面形式进行，并在 30 天之内完成。税务人员会尽力与纳税人协商，并且会非正式地达成口头协议。如能协商成功，双方就可形成该申诉的书面决定。尽管申诉一旦提出后就不能撤回，但在这一阶段，双方还是尽力通过协商而不是继续上诉解决。还有一种申诉途径是专员申诉，专员是不领薪水的普通地方公民，他们的处理程序属于非正式的，通常与有关当事人坐在

---

① 〔美〕约翰·L. 米克塞尔著，白彦锋等译：《公共财政管理：分析与应用》(第六版)，中国人民大学出版社 2005 年版，第 507 页。

② 〔美〕凯文·E. 墨菲、马克·希金斯著，解学智等译：《美国联邦税制》东北财经大学出版社 2001 年版，第 753 页。

③ Taxpayers' Rights and Obligations (OECD CFA, July 2003), http://www.oecd.org/dataoecd/24/52/17851176.pdf.

④ 焦建国：《英国公共财政制度变迁分析》，经济科学出版社 2009 年版，第 55—64 页。

一起协商。[①]在英国，纳税人通过会计师事务所与税务部门打交道，会计师会根据税法计算出一个最少缴税的纳税申报并帮助纳税人代理申报缴纳，纳税人只需要签三份文件就行，即一份纳税申报表、一份授权证明、一份支票。

德国的税收立法程序大部分集中在联邦一级[②]，它对同种税务违法行为实施多重制裁，这与 OECD 国家的普遍做法不同。如不按时进行纳税申报，不仅要被处以罚款，而且要被强制补征。纳税人对税务行政制裁拥有上诉的权力，如果纳税义务人对税务部门施行的行政制裁不服或有异议，可以按照法律诉讼程序提出其合法权利，一般来说纳税人负有举证义务，必须提供证据证明其纳税申报准确无误；同样，税务人员负有证明纳税人的申报跟实际不符以及证明其行政制裁合理、合法的责任。[③]德国的税务代理业也十分发达，全国共有 5000 多个税务代理公司，税务顾问有 5 万多人。此外，德国成立了纳税人协会，并建立了专业数据库，全天 24 小时不间断地为纳税人提供税务信息服务。[④]德国实行税务代理制度[⑤]，极大地方便纳税人办理涉税事宜。税务代理机制减少了纳税人与税务部门因过多的直接接触而产生的磨擦，为征纳双方的正常沟通及协商提供了一个缓冲的通道，促进了对纳税人合法权益的保护。[⑥]

《日本国宪法》第 84 条规定，“未经法律许可或法律授权不能开征新税种和修改现行税法”。当纳税人正当权利受到侵害时，可以向国税的相关部门和法院申请救济。[⑦]行政复议的程序比较简便，如果纳税人不同意税务部门的处理决定，原则上应向作出处理决定的税务部门提交异议申请；如果复议以后纳税人依然不同意税务部门的决定，可向税务法庭提交审查请求；如果有超越法律界限的情况，纳税人可以通过税务诉讼要求税务部门取消纳税纠正或核定等处理决定。税务诉讼是通过法律程序寻求纳税人和税务部门之间正义平衡的最终解决，但

---

① 财政部税收制度国际比较课题组：《英国税制》，中国财政经济出版社 2002 年版，第 174—180 页。

② 朱秋霞：《德国财政制度》，中国财政经济出版社 2005 版，第 88 页。

③ 财政部税收制度国际比较课题组：《德国税制》，中国财政经济出版社 2002 年版，第 179—180 页。

④ 郭蓓：《借鉴税源管理的国际经验强化税源管理》，《经济与社会发展》2005 年第 4 期。

⑤ 韦坚、韦宁卫、蒙强：《国外纳税服务的借鉴与比较》，《法制与经济》2006 年第 2 期。

⑥ 安徽省地税局赴英德税收征管考察组：《英德国家税收征管考察报告》，《 税收科技》2003 年第 2 期。

⑦ 顾红：《日本税收制度》，经济科学出版社 2003 年版，第 240 页。

时限较长限制了其发挥作用，因而，司法规则不宜针对由于税务部门自行裁量而引起的不公正。[①]

国内外纳税人合法权益保障对比如表 3-1：

表 3-1 国内外保护纳税人合法权益对比

	国外税收制度	我国税收制度
征纳互动机制	有正式的征纳协商机制，能够得到协商解决的涉税事宜就不必继续申诉	没有正式的机制，双方互动多流于寻租腐败交易
纳税人救济制度	有	无
纳税人参与机制	有	无
税务代理	减少纳税人与税务部门因接触而产生的不必要摩擦，征纳双方的缓冲通道	独立的为纳税人提供商业服务的私人公司

四、保障纳税人合法权益的制度设计

税收征管作为税收的依托载体，既可能实现税收正义又可能侵害税收正义。在和谐的征纳环境里，税收征管若要获得正当性，实现社会正义，在价值取向上不能偏离公共性。如果在这里发生偏离，随后的征管结果，以及应当据此采取的应对措施都会与公共价值发生更严重的偏离。为了使税收征管回归公共价值，构建纳税人合法权益保障制度以及制约征管权力是我们需要慎重思考，力求从理论上澄清并做好相关制度建设的重大问题。

（一）征管制度保障

纳税人参与税收行政过程为界定公共价值提供了更为直接的途径，该途径允许更多的纳税人进入税收行政规则制定程序，表达价值诉求；税务部门也可以在必要的时候在纳税人内部展开协商和讨论，以达成基本共识。这种基于多种信息和征纳交涉而获得的共识，无疑将是税收征管正当性的坚实基础，税务部门也可以从如下几个方面着手：

① 夏智灵：《日本税收管理体制》，中国税务出版社 2013 年版，第 153—175 页。

1. 构建征纳和谐的管理机制

在现代基层征管中，单纯的税收权力制约机制只能部分地实现公共价值目标，而现代税收的价值取向并不仅限于维持有序的政府运转，更在于实现税收公平和社会正义。尽管税务部门与纳税人存在公共利益与私人利益的冲突，但是就其根本而言它们都是社会整体利益的表现形式，二者在深层次上具有合作的潜在可能[①]。由于税收征管权力的制约机制并不能充分支持征纳的这种合作，所以必须依赖相应的互动机制完成征纳合作：一是税务部门可以利用征管指导等方式，在税收法律、法规、规章的框架下通过税收优惠引导纳税人积极纳税；二是纳税人在获得某种主体资格之前，可以通过参与公平的竞争来取得进入某一税收征管领域的主体资格，进入该领域后，再接再厉，继续与其他主体进行公平竞争，从而获得税务部门设置的税收优惠引导。这将使原本对立的征纳双方逐渐向一体化的方向发展。

然而税收优惠引导虽然可以促进纳税人依法纳税，但是在征管实践当中仍然有几点需要注意：一是税务部门要真正做到依法征税，平等地对待每一位纳税人，在必要的时候，税务部门可以使用强制权，迫使没有依法纳税的纳税人遵循现行的税收法律、法规、规章。如果存在纳税人得到不公正待遇或“超国民”待遇的现象，那么这种现象越多，征纳和谐互动就会越差；二是税务部门的征管行为随时都可以接受行政内部监督与外部司法审查，这将有效地制约税务部门依法征管，从而能够起到和谐征管的效果。所以说，只有构建征纳和谐的互动机制才能真正实现税收正义。

2. 构建纳税人参与机制

纳税人参与有助于确定在具体的征管实践当中到底什么才是真正的税收正义。古典经济学认为市场机制可以解决社会经济活动中的所有问题，即使国家不干预经济生活，市场也会自行调试，自发地实现公共利益。然而古典经济理论只是存在于教科书当中的一种理想状态，完全的市场机制需要很多前提条件

---

① 〔美〕博登海默著，邓正来译：《法理学：法律哲学与法律方法》，中国政法大学出版社 1999 年版，第 148 页。

做保障，而这些前提条件恰恰正是亚当斯密和洛克的“共同体状态”，正如卢梭所言“每个人都以其自身及其全部的力量共同置于公意的最高指导之下，并且我们在共同体中接纳每一个成员作为全部之不可分割的一部分”。[①]要确定征管领域中的税收正义，在很多时候有必要了解纳税人的私利取向，而广泛的纳税人参与机制可以解决这一问题。尤其是在税收征管项目涉及征纳之间以及纳税人之间利益冲突的时候，采取纳税人参与程序，让各方利益相关人在程序中进行协商和申辩，就各自利益做出适当妥协，将有利于增加税收征管规则被纳税人接受的程度，并进一步减少纳税人主动诱惑税务人员，结成征纳寻租共谋。

然而纳税人参与尽管具有正当性方面的优势，但是还有以下几点需要重视：一是对于纳税人来说，由于税收专业知识的相对匮乏，以及个人理性的有限性所致，个体无法完全理性地确定何为税收正义；二是税收征管规则涉及众多的利益相关人，而由于各个利益相关人之间不可避免的冲突，以及他们对个人利益的偏好及偏好强度的不同，会导致其对税收正义的定义存有较大的差异，这反而加大了界定真正税收正义的难度，真正的税收正义会综合并调和各方的诉求，但并不等同于利益的简单正负抵消，关键的问题在于没有一个普适的规则明确规定诉求的优劣排序；三是纳税人直接参与只是一种形式，如果把纳税人参与不顾条件地、不适当地扩大到一切领域、一切层次，那么它所彰显的就不再是民主、平等和正义，而非常有可能是专制、多数人暴政和灾难，适当的结合纳税人间接参与方式可以更有利于理性地实现税收正义；四是税务部门有可能为了尽早结束纳税人参与程序，往往采取利益平衡的方法，尽量使得每个利益相关人都能在某种程度上有所收获，但这实际上是以牺牲真正的税收正义为代价，仅仅是一种权宜之计，并不是真正意义上的正义，其据此设立的所谓“公共目标”往往会偏离税收正义。所以说，这里的纳税人参与实际上是毫无意义的。它不仅耗费了大量宝贵的行政资源，而且将原本复杂的事情变得更为复杂。

---

① 〔法〕卢梭著，何兆武译：《社会契约论》，商务印书馆 1980 年版，第 24—25 页。

3. 构建纳税人申诉与救济机制

公正的税收征管程序本身对于税务部门的和谐征管构建具有一定的促进作用。在当前的税收征管过程中，由于大量的税收征管事项并没有具体的规则作为指引，只能在税务人员的“酌情裁量”下执行，“批”与“不批”之间、“罚”与“不罚”之间的弹性调节范围极大，极大地影响着个案的公正和税收征管行为的正义原则。通过建立一种公正的税收征管程序控制，可以在限制税务人员权力滥用的同时保证税收征管过程的正当性。现代法治国家的“公正程序”[①]通常由三个要素组成：一是税收征管程序的中立原则可以满足纳税人对于正义信念的追求，真正实现征纳和谐以及纳税人之间的平等，也就是说体现真正意义上的纳税横向公平、纵向公平与代际公平。二是保障纳税人的听证权或者申诉机会，以及纳税人救济制度，使最终的税收行政裁决结果更具正当性。此外，征纳双方通过该程序的交涉互动，纳税人能够在制定税收征管规则的过程中将自己的利益诉求通过此正式途径表达出来，私权被公权侵犯的纳税人也会得到相应的救济和帮助。如果缺少这一环节，税收征管的正当性就会大打折扣。三是税务部门应该对税收征管权力的设定说明理由，这将有助于促使税收征管权力的正确行使，得到纳税人更为广泛地认可和接受。此外，有关税收征管规则的公告制度、征管过程公开制度、各种形式的纳税人意见表述及评论制度都将有利于税收征管的正义实现。

然而，在当前的征管领域建立公正的税收征管程序控制尚有较长的路要走，我国目前在立法层面尚无明确规定行政法规要向社会公布，《行政法规制定程序条例》第 19 条规定“重要的行政法规送审稿，经报国务院同意，向社会公布，征求意见”[②]，而对于何为重要的行政法规、以何种方式公布、公民的意见如何提交、行政机关如何受理这些意见、如何对待这些意见等等均缺乏相应的规定，完全取决于行政机关的自由裁量，这极易剥夺公民的参与机会。税收制度在现

① 王锡锌、章永乐：《专家、大众与知识的运用——行政规则制定过程的一个分析框架》，《中国社会科学》2003 年第 3 期。

② 《行政法规制定程序条例》，中华人民共和国国务院令（第 321 号），中国政府网，http://www.gov.cn/gongbao/content/2002/content_61545.htm，2001 年 11 月 16 日。

有法律制度框架下很难超脱于现有法律而独树一帜，可见在当前要想将纳税人申诉与救济机制融入税收征管程序当中还要受现有的法律、法规、规章所限。但是在正义原则的指导下探索可行的替代方式一直都是必要和必须的，亦是我们建立正义的税收征管制度的要旨所在。

4. 小结

保护纳税人合法权益的机制构建表现出不同的侧重方面，归纳如表 4-1：

表 4-1 保护纳税人合法权益

	构建和谐的管理机制	建立纳税人参与机制	建立纳税人申诉和救济机制
控制时间	事前控制	事中控制	事后控制
控制手段	管理控制	政治控制	法律控制
如何控制	税收优惠的有效引导	构建和谐征纳	在行政法的大背景下寻求突破和替代

民主和效率是现代行政的价值目标，尽管公民参与和申诉救济机制有可能在一定程度上降低行政效率，但是如果因此而吸纳更多的公民参与救助那些被公权侵犯的纳税人，社会正义就会得到更多满足，那么为此降低行政效率也是值得的，况且公民参与和申诉救济机制并不必然意味着行政效率的降低。此外，公民参与和申诉救济机制还集中体现了现代行政的正义价值取向。20 世纪以来随着行政国 (administrative state) 的出现和发展，公民参与和申诉救济机制已经被认为是大多数行政规则制定过程中必不可少的因素。[①] 作为行政相对人，大众对政府行政的正当性一直具有较强的心理期待，随着这种公民参与和申诉救济机制的呼声越来越强，最终直接引发了“正当程序革命”。[②] 由此可见，合理的税收征管制度、公民参与和申诉救济机制是构建和谐征管的三大基石，他们之间既不相互独立也不相互排斥，这三种机制互相整合将对纳税人的合法权益起到保障作用。

---

① R. F. Fuchs, “Concepts and Policies in Anglo-American Administrative Law Theory”, *Yale L.j* , vol. 47, no. 4 (1938), pp. 538-576.

② Richard B. Stewart, “The Reformation of American Administrative Law”, *Harvard Law Review* , vol. 88, no. 8 (1975), pp. 1667-1813.

（二）制约征管权力

在当前纳税人合法权益受到侵害问题并未完全得以遏制，随着国家治理的宏观策略转移到“科学有效的权力制约和协调机制”上来，税务部门应努力从源头上制约征管权力，维护纳税人合法权益。一直以来，对权力运行的监督和制约有多重的制约范式可供选择：以权力制约权力的视角、以权利制约权力的视角、以法律制约权力的视角、以道德治理制约权力的视角进行论述。这四种权力的制约范式互为补充而非彼此对立；互相贯通而非彼此隔绝；相互依存而非相互排斥。它们共同构成了一个以道德制约为先导、以权力制约为核心、以权利制约为根本、以法律制约为规范的，完整的、有机的权力制约体系。我们需要从征管权力的内在制约原理入手建构税务部门征管权力的监督和制约机制，以使它们更好地发挥作用。在征管制度建设中，我们要注意使这四种制约机制有机结合起来，相辅相成不可偏废。

1. 以权力制约权力的征管原则

以权力制约权力的核心是分权，使不同的权力机构之间形成监督与被监督或者相互监督的关系。一般研究分权思想都会追溯到古希腊的亚里士多德，然而无独有偶，我国自秦朝实现“大一统”中央集权制以来，其实绝大多数朝代都会意识到分权和设立纪检官员的必要性，《三国志·魏书·夏侯玄传》记载可以对中央以及地方的所有行政机构及官员统一进行监察、纠举、弹劾。这种监察制度历代不废，具体做法因朝代不同会有一些差异。虽然不同于西方的权力之间相互制衡的分权思想，但是仍然能够看出无论是东方还是西方，滥用权力自古有之。权力作为一种被公共化了的社会力量，其自身是非常强大的，为了确保它的作用方向合乎公共利益，就要使其受到另一种力量的制约，寻求在政治学框架下此力量对彼力量的制衡。防止权力异化滋生寻租性腐败的基本手段就是依靠权力自身来制约权力。正如洛克所言，“在一切情况和条件下，对于滥用职权的强力的真正纠正办法就是用强力对付强力”。①孟德斯鸠也指出，“为了

① 〔英〕洛克著，瞿菊农译：《政府论》（下篇），商务印书馆 1982 年版，第 95 页。

防止权力滥用，必须通过事务的统筹协调，以权力约束权力”。① 他主张将权力划分为若干部分，然后将划分后的权力交予不同的主体行使，这样就在不同的主体之间形成一种权力制约关系，权力主体之间既保持相对独立，又能彼此牵制和监督，最终形成一种相对均衡的关系，从而达到遏制权力膨胀、防止权力滥用的目的。以权力制衡权力的基本要求是：对权力进行分工，在此基础上实现制衡。分权制衡的目的主要有三个方面：一是确保每种权力都有运行的边界和范围限制，以便保证权力自身的有限性；二是为了对有限的权力进行牵制和约束，以便保证权力的合法性；三是权责相伴。任何权力的行使都必须受到其他权力的制约并对所造成的不良影响负责。

实际上，权力之间的制衡是社会发展的必然结果。在社会发展进程中，国家的管理职能与统治职能逐渐分化为不同的领域，与之对应的是权力的分化，随之出现了服务于管理的权力和服务于统治的权力。然而，无论是管理领域还是统治领域又都从属于政治领域。可以这样说，在同一个政治体系当中，权力之间既相互联系又相互影响，只有使它们之间维持一种平衡互动的状态，才可能出现一个健全的政治体系和良好的政治秩序。一旦这个平衡被打破，就必然会面临政治体系的革命。毋庸置疑，只有权力才是维持管理与统治之间的平衡。近现代社会的所有关于权力之间制衡问题的制度设计，都必然按照这个逻辑进行。②

用权力制约权力，既是对权力的保护也是对权力异化的防范和纠正。为了能真正实现征管权力之间的制衡，首先，要解放税收执法权力，形成相互制约的权力结构；其次，要强化能够制衡税收执法权力的权力，即强化纪检监察部门的监督权力；最后，削减税收执法权力，即放权给市场和基层。只有真正做到这一点，才可以说我们在征管领域实现了以权力制约权力。

2. 以权利制约权力的征管原则

以权利制约权力的核心思想就是人民当家做主。为了更好的理解权利制约权力的思想，首先要来厘清二者之间的区别与联系。权力属于国家领域，代表

---

① 〔法〕孟德斯鸠著，张雁深译：《论法的精神》（上篇），商务印书馆 1961 年版，第 166 页。

② 张康之：《评政治学的权力制约思路》，《中国人民大学学报》2000 年第 2 期。

国家所掌握的管理社会公共事务的强制力；而权利则属于社会领域，为法人与公民所有，二者一公一私，权力的实施以不侵犯企业和公民基本权利为前提。从权力与权利的关系来看，先有权利后有权力，权力的存在是以保障人们的权利为基本前提。公民之所以让渡一部分权利给国家，就是为了授权国家代替自己行使管理国家的职能，更好地保障公民的权利，即国家权力来源于公民权利，权利必须对权力予以制约。

以权利制约权力就是以公民权利制约政府权力，其实质就是使公民成为监督政府的主要力量。卢梭设想，全体人民定期集会决定公共事务，是阻止政府篡权的最好办法。[①] 恩格斯在总结巴黎公社经验教训时曾指出，人民掌握罢免权是防止公仆蜕变为“主人”的有效方法。[②] 人民是国家的主人，国家的一切权力属于人民。人民的权力在政治学上以主权的形式表现出来，而在法律上则具体转化为公民权利。公民权利的集结能够成为对抗国家的力量，所以，“以权利制约权力”的实质就是人民对权力的制约。权利是契约的基础，在权利缺失的情况下契约无法进行；要想契约有意义，就要主张权利。正如卢梭所说，“人们尽可以在力量上和才智上不平等，但是由于约定并且根据权利，他们却是人人平等的”[③]。国家的权力来自人民的授予与委托，如果从这个意义上说，那么制约国家权力的“权力”也可以由人民所有。如果政府部门滥用权力，背离了人民授予该种权力的初衷，人民则可以对其进行抵制、反抗，直至建立新的政权。但是，人民的权力很难外化为单个人的行为，所以人民主权理论并不能真正使权力的制约成为现实。这正如美国建国先贤所言：“依靠人民是对政府的主要控制，但是经验教导人民，必须有辅助性的预防措施。”[④] 这里所说的“预防措施”即预先设定分权与权力制约机制，这样一来，就可以将人民的意志转化为国家的意志，使人民对政府权力的控制以委托的形式交由特定的部门来行使。

---

① 〔法〕卢梭著，何兆武译：《社会契约论》，商务印书馆 1980 年版，第 132—134 页。

② 〔德〕马克思、恩格斯：《马克思恩格斯选集》（第二卷），人民出版社 1995 年版，第 335 页。

③ 〔法〕卢梭著，何兆武译：《社会契约论》，商务印书馆 1980 年版，第 34 页。

④ 〔美〕汉密尔顿、麦迪逊、杰伊著，程逢如、在汉译：《联邦党人文集》，商务印书馆 1980 年版，第 264 页。

以权利制约权力要求手中握有权力的公务人员要自觉接受监督，权力是一把双刃剑，既可以保障人民的权力又可以侵犯人民的权力。《中华人民共和国宪法》第41条规定，“中华人民共和国公民对于任何国家机关和国家工作人员，有提出批评和建议的权利；对于任何国家机关和国家工作人员的违法失职行为，有向有关国家机关提出申诉、控告或检举的权利”。而我国现有的以权利制约权力的规定更是不胜枚举，以1996年颁布的《中华人民共和国行政处罚法》首次将听证程序纳入其中，规定公民有要求听证的权利，标志着我国权利制约权力机制发展到了一个新的高度。

用权利制约权力，既是对权力的保护也是对权力异化的防范和纠正。为了能真正实现纳税人以权利制约不受约束的征管权力，就要建立纳税人合法权益保障机制，真正做到征纳地位平等，纳税人能够参与税收征管、其合理的诉求得以表达、其权益受到侵犯的时候既可以申诉又可以得到救济。只有真正做到这一点，才可以说我们在征管领域实现了以权利制约权力。

3. 以法律制约权力的征管原则

以法律制约权力的核心思想就是权力的设立、使用和监督都要在法律的框架下进行。现代法治是以保障私权、约束公权为核心价值的，其基本范式是以法律制约权力，即“把权力关进法治的笼子里”。法治的基本理念是法律至上，而法律又是以权利为价值内核的。从根本上说，法律是一种约束权力和限制权力的控制力量。在法治社会中，无论何种权力都必然受到法律的节制，法律迫使权力在法律框架下运行。法律正是基于社会对秩序的渴求，为约束和制约权力而产生，其使命正是为了防止权力的滥用。以法律制约权力，防止公共权力滥用，保障公民权利不受公权的侵害，是社会主义法治的核心价值所在。

权力的支配性和权威性决定了它必须有既定的规则作为其正常运行的保证，而既能符合权力的性质又能使权力不至于异化的规则只有法律。正如伯尔曼所言，“法治意味着政府除非实施众所周知的规则以外不得对个人实施强制，所以它构成了对政府机构的一切权力的限制，这当然也包括对立法机构的权力的限制”[①]。正是基于这种限制，才能确保公共权力的公共运用，才能使公民权利得到切实保障。“法治”通过对“政府是必要的恶”的限制，使法律能够制约权力，从而保证公民的生命、安全、自由、教育和财产等权利。法律的设计往往从反面认识权力的危害，并且对人性作悲观的估计，即对握有公权的人采取必要的控制和防范，正如卡尔·波普所言，我们渴望善治，但历史的经验向我们表明，我们不可能找到这样的人。正因为这样，设计出即使是针对不良统治者也不会造成太大冲击的制度是十分重要的。[②]就法本身而言，要求“已成立的法律获得普遍的服从，而大家所服从的法律又应该本身是制定得良好的法律”[③]。此外，法律具有极高的延续性和稳定性，因为只有这样的制度才能保证公众和政府对滥用权力的正确预期，哈耶克认为，政府在一切行动中都受到事前规定并宣布规则的约束，这种规则使得一个人有可能十分肯定地预见到当局在某一情况中会怎样使用他的强制权力，据此计划他自己的个人事务。[④]这种可预见性在一定程度上限制和规范了政府权力的行使，增强政府权力行使的可预见性。

完备而严厉的法律是威慑腐败的重要手段和依据，它为一个社会消除腐败和走向廉政提供有力的保障。要想有效的制约和监督权力，必须以法制权，以法律制约权力的关键是让法律对政府及其工作人员的规范和约束走向制度化：一是将权力限定在法律框架下，切实做到法无规定权力不用，杜绝和惩罚任何超越法律的权力扩张行为；二是将权利设定在法律的保障之内，用法律的形式对公民权形成明确的规定和保护，为权力的行使划定边界，防止权力超出法定的边界而入侵到公民权利的领域；三是注重程序，要承认监督权力并不能完全杜绝权力的滥用，只能对未来的权力滥用起到震慑的作用，所以要通过宪法和法律设定正当程序尤其是责任追究方面的救济程序，来及时纠正权力的滥用。

用法律制约权力，既是对权力的保护也是对权力异化的防范和纠正。为了

---

① 〔美〕哈罗德·J. 伯尔曼著，贺卫方译：《法律与革命：西方法律传统的形成》，中国大百科全书出版社1993年版，第128页。

② 参见〔英〕卡尔·波普尔著，傅季重译：《猜想与反驳》，上海译文出版社1986年版，第491页。

③ 〔古希腊〕亚里士多德著，吴寿彭译：《政治学》，商务印书馆1965年版，第199页。

④ 参见〔英〕弗里德里希·奥古斯特·哈耶克著，冯兴元译：《通往奴役之路》，中国社会科学出版社1997年版，第73页。

能真正实现在法律框架下合理地运行征管权力，就要给征管权力划定边界，从而限制其肆意扩张，监督征管权力并问责征管权力，对征管权力滥用造成的危害予以弥补。只有真正做到这一点，才可以说我们在征管领域实现了以法律制约权力。

4. 以道德制约权力的征管原则

以道德制约权力的核心指通过学习和教育的方法将社会对公务人员的期待内化为他们的道德信念。道德是评价人们行为的善恶、美丑、荣耻以及正义与非正义的原则和规范总和。以道德制约权力，无论是在中国还是西方，统治阶级对公务人员是否拥有伦理道德是有着严格要求的，因为它关系到政权稳固的大计。从以柏拉图、亚里士多德为代表的古希腊哲学家到我国以孔孟为代表的儒家，东西方都有关于“以德治国”的思想。亚里士多德要求统治者需具备明哲、正义、节制、勇毅四种品德，而学习和教育是培养这些品德的有效途径。[①]儒家主张“以德行仁者王”、“政者，正也”、“为政以德”，儒家的德治方针主要是针对统治者的。公务人员的道德是赢得民心的重要法码，历代统治者都会要求公务人员们“正心”、“修身”、“齐家”、“治国”、“平天下”。

公务人员应该遵循与信奉的最重要道德伦理原则是正义，通过对公民需求作出积极反应来引导社会价值，进而实现公共行政的民主责任与义务，回应公民需求，提高社会效率，实现社会正义的终极目标。罗尔斯认为理想的“正义”社会应拥有最大程度的公平自由，每一个社会成员都应享有公平的自由，诸如言论、集会、结社的自由等。民主立宪政体的首要原则就是保证公民公平的政治自由，也就是公平的“参与原则”。[②]保证“在机会平等公平的条件下职位和地位向所有人开放”[③]，避免“社会中的较不利者”由于“财富分布上的不均等”，“不能有效地行使他们那一份与别人相同的影响力”。[④]由于传统的官僚层级制注重工具理性，限制了官僚主观能动性的发挥，所以人本主义更主张鼓励个人的

① 〔古希腊〕亚里士多德著，吴寿彭译：《政治学》，商务印书馆1965年版，第124页。
② 〔美〕约翰·罗尔斯著，何怀宏等译：《正义论》中国社会科学出版社1988年版，第213页。
③ 〔美〕约翰·罗尔斯著，何怀宏等译：《正义论》中国社会科学出版社1988年版，第79页。
④ 〔美〕约翰·罗尔斯著，何怀宏等译：《正义论》中国社会科学出版社1988年版，第216页。

积极性、创造性和责任性，这更利于个人成长。[①]人本主义宣称组织中的人不是中立的，不能简单地以效率来评判公务人员的工作效果，正义、公平、平等是且永远都是税务人员工作的核心目标。

用道德制约权力，既是对权力的保护也是对权力异化的防范和纠正。要想有效的制约权力，必须以伦理道德制权，强化公共责任。让公务人员树立正确的行政伦理道德观，在缺乏激励和监督的情况下，自发地从事合乎公共利益的行为。其具体做法如下：一是税务部门执法人员树立行政道德，其优势在于它是内化于税务行政人员内心的伦理价值，所以，在他们进行公共决策的时候，会自发地将公共利益放在首要位置。然而，人的伦理价值观念会随着环境等诸多因素的变化而变化，价值的多元性导致的各个价值之间的冲突是不可避免的，在衡量各种价值取向的同时，正义是且永远都是排在首要位置的；二是税务部门树立组织伦理规则，行政道德作为一种意识形态引导，其自身很难产生广泛而持续的影响，而税务部门正式的组织伦理规则或非正式的且具有普遍性的价值导向可以促使行政伦理成为税务人员的精神向导，引导税务人员以公共利益作为行政行为取向。比起制度的奖惩防范作用，组织伦理规则的优势在于，帮助税务行政人员更好地内化行政道德；三是伦理立法，伦理立法是一种集体性的道德裁决，是行政过程中建立起来的最低道德标准[②]，人的天性是一种自然本能，外在的控制在于制约这种本能，税务人员是纳税人的利益代表，如果任由人的自然本能引导其执法行为，很难制约行政权力运行过程中的滥用和谋私。加强伦理立法，通过法律强制力给道德以不容违犯的地位，已经成为现代国家共同的发展趋势。[③]伦理立法为税务人员解决伦理冲突提供了法律指导，也为惩罚违背最低道德要求的征管行为提供了法律依据。

然而仅仅依靠道德对权力进行约束是远远不够的，以道德约束权力只能作

---

① 〔美〕珍妮·V. 登哈特、罗伯特·B. 登哈特著，丁煌译：《新公共服务：服务而不是掌舵》，中国人民大学出版社 2004 年版，第 36 页。

② 〔美〕特里·I. 库珀著，张秀琴译：《行政伦理学：实现行政责任的途径》，中国人民大学出版社 2001 年版，第 130 页。

③ 郭小聪、聂勇浩：《行政伦理：降低行政官员道德风险的有效途径》，《中山大学学报》2003 年第 1 期。

为一种辅助手段。以道德制约权力侧重于防患于未然。以道德制约权力具有内在性、柔性，是以一种柔性的内在力量去驯化一种刚性的外在力量，强调通过价值内化减少公务人员滥用权力的可能性，其实质是通过价值观来制约行为选择，只能算是权力制约的一种补偿途径。

5. 小结

在经济社会转轨时期之所以于税收征管领域出现公权侵犯私权的现象，与改革不到位而发生的权力滥用、权力惯性、权力不愿退出市场分不开。无论是税收管制存在的问题还是税收酌情自由裁量存在的问题皆是源于权力滥用，所以说，全面探讨权力制约模式，对维护纳税人合法权益具有重要的制度建设意义。纵观世界范围内的相关经验教训，权力的过度集中和脱离制约必然导致权力的滥用，而权力滥用到一定程度就关乎政权的兴废、国家的盛衰问题，权力的制约机制从来都不是小事，切切不可小觑。本文结合纳税人权益保障所考察的权力制约范式、存在着客观规律决定的内在原理，可以把以权力制约权力、以权利制约权力、以法律制约权力、以道德制约权力等相关机制植入征管领域，用于制约征管权力的滥用。这种“四位一体”的权力制约，落实于税收征管公权力的相关制度建设与文化培育上，打造形成保障纳税人合法权益的长效机制，应成为我国深化税制改革和相关配套改革的明确取向。

表 4-2　权力制约的不同范式

	权力制约权力	权利制约权力	法律制约权力	道德制约权力
控制主体	权力	纳税人	法律	税务人员
控制方式	政治控制	政治控制	法律控制	伦理控制
如何控制	分权制衡	纳税人监督	法律契约限定	伦理内化

五、结论

只要政府征税就需要对税收进行管理。税收的核心目标是实现社会正义，这是一种内在于税收征管之中的从应然的意义对税收的描述。征管权力来源于纳税人、只有能够维护纳税人合法权益的征管权力，其正义的公共价值才能得以实现，正义才真正落实为税收征管的核心。

然而，税收征管实践偏离这一核心目标的主要表现是：其一，没有给纳税人足够的权益保障，缺乏纳税人参与机制、申诉机制和救济机制，纳税人申诉无门，转而主动寻求税务人员的庇护，也就是寻租；其二，在征管制度的设计上，还没有真正将正义作为制度的第一考量，易发生税务人员滥用公权侵犯纳税人私权的行为。这种偏离正义的税收征管所造成的不良结果，使征管实践中税收收入无法保证，公共利益难以实现，纳税人的权利亦不能得到切实有效保障。因此，重塑税收征管制度、制约征管权力已然成为我国征管实践中一个亟待解决的问题。中国税收征管只有维护纳税人合法权益，才能从正义取向树立其在纳税人心目中的正当地位，才能构建真正意义上的征纳和谐。

公民的税收道德

——基于中印两国的对比分析

欧纯智

一、导言

几乎所有的纳税人都会希望大政府少收税，这看似矛盾的两个需求应该成为合民意政府的努力方向，却永远也不能真正实现。反过来，政府对纳税人要求完全诚实纳税就未免过于苛求，有句著名的谚语表达了纳税人的这种心态，“你不纳税，我不纳税，让站在大树下的那个人纳税”。纳税人知道国家的运转离不开税收，希望别人纳税，自己坐享其成，这是所有纳税人天然的想法。然而，任何一个理性的人都明白，拒绝交税的后果会比诚实纳税的后果可怕得多，只不过纳税人关于是否诚实纳税总有一些自己的主观判断，该不该纳税、按法定税额的多大比例纳税、自己的税负是否过高、是否相对其他纳税人感到不公、被剥夺、税款到底用来做什么、是否被合理使用。每个人在缴纳直接税的时候，不同程度的都会考虑这些问题，而这些问题，说大不大，不会影响民生大计，说小不小，是实实在在不容忽视的政治问题。少征税和大政府就如同“鱼”和“熊掌”，纳税人要在二者之间作出选择，并找到最能满足自己偏好的平衡点。

直接税、高税率无疑是最令人反感的，在保证财政收入总量不变的限制下，“宽税基，低税率”是个不错的替代方案，这也是20世纪70年代以来世界税改的趋势。一般情况下，对税基的选择比较复杂，纳税人的接受程度也更好一些；税率相对税基而言就明显得多，尤其是直接税的超额累进，在计算自己应纳所得税的时候，纳税人更是锱铢必较。而宽税基、低税率会给纳税人一种错觉，政府规定的税哪怕再多，纳税人也会天然的认为有义务缴纳，而低税率看起来是那样平易近人，似乎诚实缴纳也不会太破费。

税收漏洞决定了每个公民都有逃税的机会，一旦有机会选择是否逃税时，纳税人如何决策？如果纳税人参与税法制定，他们如何在保证必要政府开支的前提下满足自己的纳税偏好？税收道德是公民对自己缴纳税款“买到”公共产品和服务的态度，它会影响纳税遵从、国家财政收入、税收政策的制定、国际资本出入，最终会影响一国的经济发展，其重要性可见一斑。

二、税收道德相关研究回顾

一直以来关于税收遵从的传统研究都遵循两个研究范式，一种是由广泛的实验研究支持的主观判断逃税被抓住的可能性，它假设个人认为被税务机关发现的概率要高于实际被发现的概率，纳税遵从源于税务机关的威慑，该理论的发展建基于由行为经济学发展起来的预期效用理论；[①]另一种研究范式是将税收道德视为较高纳税遵从度的关键因素，它可能代表了更宽泛的逃税文化，税收道德通常被定义为纳税的内在动机。[②]税收道德之于纳税遵从至少有两个主要的效果是明显的，在微观经济层面，税收道德比标准威慑模型对纳税遵从的影响更大；在宏观经济层面上，由于税收道德通常被认为是由历史和文化塑造的，所以，更利于解释所观察到的纳税人持续隐瞒累进税的现象。

关于税收道德的初级研究始于20世纪60年代的科隆（Cologne）税收心理学

---

① Gideon Yaniv, “Tax Evasion, Risky Laundering, and Optimal Deterrence Policy”, *International Tax & Public Finance,* vol. 6, no. 1 (1999), pp.27-38. Sanjit Dhami and A. Al-Nowaihi, “Why do people pay taxes? Prospect Theory Versus Expected Utility Theory”, *Social Science Electronic Publishing,* vol. 64, no. 1(2006), pp.171-192.

② Lars P. Feld and B. S. Frey, “Tax Compliance as the Result of a Psychological Tax Contract: The Role of Incentives and Responsive Regulation”, *Law & Policy,* vol. 29, no.1(2006), pp.102-120. Benno Torgler and M. Schaffner, “Causes and Consequences of Tax Morale: An Empirical Investigation”, *Economic Analysis & Policy,* vol. 38, no.2 (2008), pp. 313-339.

校，德国学者试图在经济和社会心理学之间建立一座桥梁，强调不仅要从传统新古典主义的观点对经济现象进行分析，还要从人的价值观对税收道德的影响予以研究。他们以税负作为测量税收道德的指示器发现雇佣者比被雇佣者的税收道德低。在过去的10多年里，本诺·托尔格勒（Benno Torgler）一直在做关于人们为何纳税的原因分析，成绩卓著，为公共部门制定税收政策提供了很好的依据和指导。

心理学家、社会学家和其他行为学家将逃税现象视为社会问题。他们的研究重点集中在价值观、态度、观念和道德对纳税意愿的影响，一些纳税人违法逃税，而另一些纳税人靠聪明才智合理避税。米凯莱·贝尔纳斯科尼（Michele Bernasconi）认为道德毫无疑问是税收遵从的决定因素，纳税人需要通过不切实际的美好道德情操来提升纳税遵从；① 沙尔米拉·金（Sharmila King），史蒂文·M.谢菲林（Steven M. Sheffrin）逃税不只是个人选择，社会规范也会掺杂其中，如果税收制度被认为是公平的，纳税遵从度就会很高；② 哈瑙塞克（Hanousek）和帕尔达（Palda）通过来自捷克、斯洛伐克、匈牙利和波兰的调查数据得出结论，如果政府值得信任，纳税人可能更愿意纳税；③ 本诺·托尔格勒以亚洲为例，论述了纳税人对政府及司法体系的信任会影响纳税人的税收道德，更高的信任导致更高的税收道德；④ 维尔纳·古思（Werner Guth），维多利亚·莱瓦蒂（Vittoria Levati）与鲁珀特·萨乌格鲁伯（Rupert Sausgruber）通过建模分析指出与国税相比，人们更愿意缴纳地方税，因为地方税与自己的生活息息相关，如果可以逃国税，搭便车享受来自国家提供的产品和服务是件很划算的事情；⑤ 托尔格勒指出直接民主政体有利于塑造并提升税收道德；⑥ 瓦莱

---

① Michele Bernasconi, "Tax Evasion and Orders of Risk Aversion", *Journal of Public Economics,* vol. 67, no.1(1998), pp.123-134.

② Sharmila King and S. M. Sheffrin, "Tax Evasion and Equity Theory: An Investigative Approach", *International Tax & Public Finance,* vol. 9, no.4(2002), pp.505-521.

③ Jan Hanousek and F. Palda, "Quality of Government Services and the Civic Duty to Pay Taxes in the Czech and Slovak Republics, and Other Transition Countries", *Kyklos,* vol. 57, no.2(2004), pp.237-252.

④ Benno Torgler, "Tax Morale in Asian Countries", *Journal of Asian,* vol. 15, no.2(2004), pp. 237-266.

⑤ Werner Güth, V. Levati and R. Sausgruber, "Tax Morale and (de-)Centralization: An Experimental Study", *Public Choice,* vol. 125, no.1/2(2005), pp.171-188.

⑥ Benno Torgler, "Tax Morale and Direct Democracy", *European Journal of Political Economy,* vol. 21, no. 21 (2005), pp.525-531.

丽·布雷斯韦特（Valerie Braithwaite）和伊丽莎·艾哈迈德（Eliza Ahmed）指出有争议的公共政策会损害税收道德[①]；简·施内伦巴赫（Jan Schnellenbach）税收道德取决于公共政策的合法性，政府有必要在名义税率与收入最大化之间做出选择[②]；布鲁诺·S. 弗雷（Bruno S. Frey）和本诺·托尔格勒以东欧、西欧为例论述了有条件合作与税收道德及逃税的关系；[③]本诺·托尔格勒和伊赫桑·C. 杰米尔（Ihsan C. Demir）等以1987年的土耳其为例，论述了逃税与税收道德的显著关系，低税收道德导致较高的逃税率；[④]理查德·M. 伯德（Richard M. Bird），乔治·马蒂内—巴斯克斯（Jorge Martinez-Vazquez），本诺·托尔格勒分别就发展中国家与发达国家进行对比研究，表明无论是发达国家还是发展中国家均可以通过提高纳税人对政府的信心，从而提高纳税人的税收道德；[⑤]罗伯托·达拉诺（Roberto Dell'Anno）指出公共政策的输出，比如，纳税人参与政治进程、官员贪腐、优质的公共服务、不平等、过于烦琐的规定以及政府形式都是塑造纳税人与征税机关之间公平关系的重要因素，理性的纳税人计算个人的付出与回报，从而决定交多少税；[⑥]韦萨·坎尼艾宁（Vesa Kanniainen）和热尼·帕克宁（Jenni Pääkkönen）建模分析OECD欧洲国家不同的宗教派别在1979—1992年和1992—2003年的税收道德，发现税收道德只与影子经济有关系，没有证据表明在南部的天主教与北部的新教之间有税收道德差别；[⑦]菲利

---

① Valerie Braithwaite and E. Ahmed, "A Threat to Tax Morale: The Case of Australian Higher Education Policy", *Journal of Economic Psychology,* vol. 142, no.1(1996), pp.29-140.

② Jan Schnellenbach, "Tax Morale and the Taming of Leviathan", *Constitutional Political Economy,* vol. 17, no.2(April 2006), pp. 117-132.

③ Bruno S. Frey and B. Torgler, "Tax Morale and Conditional Cooperation", *Journal of Comparative Economics,* vol. 35, no.1(2006), pp.136-159.

④ Benno Torgler, Ihsan C.Demir and M. Schaffner, "Causes and Consequences of Tax Morale: An Empirical Investigation", *Economic Analysis & Policy,* vol. 38, no.2 (2008), pp. 313-339.

⑤ Richard M. Bird, J. Martinez-Vazquez and B. Torgler, "Tax Effort in Developing Countries and High Income Countries: The Impact of Corruption, Voice and Accountability", *Economic Analysis & Policy,* vol. 38, no.1(2008), pp.55-71.

⑥ Roberto Dell'Anno, "Tax Evasion, Tax Morale and Policy Maker's Effectiveness", *Journal of Socio-Economics,* vol. 38, no. 6(2009), pp.988-997.

⑦ Vesa Kanniainen and J. Pääkkönen, "Do the Catholic and Protestant Countries Differ by Their Tax Morale?", *Empirica,* vol. 37, no.3(2010), pp.271-290.

普·德伦贝格（Philipp Doerrenberg）和安德烈亚斯·佩茨尔（Andreas Peichl）探讨了高累进税率使纳税人更愿意纳税。[①]列尔默·巴罗内（lielmo Barone）和绍罗·莫切蒂（Sauro Mocetti）以意大利为例讨论纳税人与公共部门的关系得出结论，财政自主权越大或者财政开支越低效都会导致税收道德低下；[②]迭戈·卢比安（Diego Lubian）和卢卡·扎里（Luca Zarri）得出结论为具有较高税收道德的人幸福感也较高；[③]詹森·麦格雷戈（Jason MacGregor）和布雷特·威尔金森（Brett Wilkinson）通过对爱国主义与纳税道德之间关系的研究得出结论，热爱祖国的纳税人认为逃税是不爱国的表现。[④]

国内的税收遵从研究将税收道德视为暗箱，很少考虑激发税收道德的内因，更不考虑如何维持税收道德。社会对税收的接受程度是有底线的，不过，说纳税人不愿意纳税太过于简单化，然而，大部分纳税人的纳税意愿并不取决于纳税能力，当代学者的研究成果告诉我们纳税意愿受许多因素制约。即使制约税收道德的因素如此众多，本文的重点仍致力于研究我国的税收道德，利用印度与我国的相似之处，以印度为参照，寻找一些对我国有借鉴意义的启示，试图分析影响我国税收道德的可能因素。在这里，不谈论税收道德关乎正义的哲学问题。在此强调一下，税收道德是指对纳税的态度，不是实际行为，纳税遵从是具体行为，税收道德会影响纳税遵从。

三、税收道德的衡量

从税收道德的角度来探讨依法纳税问题，不能局限于一般的定性研究，纯

---

① Philipp Doerrenberg and A. Peichl, “Progressive Taxation and Tax Morale”, *Public Choice,* vol. 155, no. 3/4 (June 2010), pp. 293-316.

② Guglielmo Barone and S. Mocetti, “Tax Morale and Public Spending Inefficiency”, *International Tax & Public Finance,* vol. 18,no.732(2009), pp.724-749.

③ Diego Lubian and L. Zarri, “Happiness and tax morale: An Empirical Analysis”, *Journal of Economic Behavior & Organization,* vol. 80, no.1(2011), pp.223-243.

④ Jason Mac Gregor and B. Wilkinson, “The Effect of Economic Patriotism on Tax Morale and Attitudes toward Tax Compliance”, *Advances in Taxation,* vol. 20, (2012), pp.159-180.

粹的规范分析不能为税收道德介入税收政策的制定打开大门。只有采取定量和实证的分析方法，才能够为税收道德提供更加科学的依据。然而有效数据的获取比较困难，WVS（world value survey，世界价值观调查）提供世界范围内不同时期人类关于社会文化和政治改革的信仰及价值的比较数据，是每个国家至少有 1000 人参加的用母语交流的面对面调查，涉及很多领域。因为 WVS 是在世界范围内针对相同的问题访问不同的受访者，这为我们提供了一个跨越年度和国家的关于社会价值的横纵向比较，为我们的研究主题——税收道德，提供了很好的对比参考资料，这也是本文采用 WVS 提供的税收道德数据的原因。税收道德是一个多维指标，涉及很多相关因素而不是单一因素，各个因素之间也是相互影响相互作用，然而，WVS 提供的数据很多都比较粗糙，只是每种状态占全体的比例，不能做多元回归分析，甚至不能做各个因素的偏相关分析，这是比较遗憾的地方。

近年来大量的关于 WVS 研究调查显示，关于价值观、社会规范和纳税态度因时因国而异，这些可衡量的差异对纳税行为形成一定的影响。来自 WVS 的关于税收道德的问题是这样设计的，“假如你有机会逃税，你是否觉得这是正当的？”从视逃税行为为绝对正当到绝对不正当分为 10 个组，认为绝对不正当设为代码 1，认为绝对正当的设为代码 10，其余的状态介于二者之间，可以看出，税收道德均值越低越不想逃税，税收道德均值上升意味着税收道德下滑，反之则意味税收道德提高。个人纳税的内在动力（税收道德）受很多因素影响，通过分析 WVS 的横截面数据，确实可以看到各国不同时期纳税道德差异的存在。

道德是个很玄的东西，在很多时候很难界定什么是道德，什么是不道德，我们不能简单地说“儿子偷红薯救快饿死的母亲”是不道德行为。众所周知，影响税收道德的因素有很多，可能每个因素的影响效果有大小差异，但是这个影响因素肯定不是唯一的。除去一些固定的影响因素以外，比如年龄、性别等，其余的因素都是实时动态变化的，彼时影响程度大的因素此时可能对税收道德根本就不构成影响。所以，在跨越时间、跨越地域对税收道德进行研究的时候要相当谨慎。道德与否针对不同的相对人还有不同的标准，不能一概而论。比如，如果纳税人认为财政收入的很大部分是为了支付那些脑满肠肥的官员出国旅游的话，偷漏税可能会被认为是合理的、道德的，纳税反而被视为支持非正义行为，是不道德的，但就国家而言，偷税永远都是不正当的。有一点值得注意，这个世界没有完全一样的政治体制、财政制度、经济发展模式，宗教信仰也不同，制约一国的消极因素不见得对另一个国也是消极因素，非常有可能成为积极因素，也可以这样说，我们只能通过研究来说明某些因素对某些国家在某段时期有影响。比如，如果纳税人认为缴税是在为战争、军费开支做贡献，反战呼声就会将逃税从非正义的行为中释放出来，再比如，如果号召纳税人为驱赶敌国入侵而筹集军费，则逃税在这一时期会被视为不道德。需要注意的是，英美两国的人民通过税收抵制来表达政治呼声，这个有时跟税收道德无关①，比如对不满意的政策“以脚投票”。所以，尽量选择各方面条件都比较相近的国家，比较才更有针对性。

四、中国和印度的税收道德变化

中国和印度是世界上最大的也是发展最快的两个发展中国家，20 世纪 70 年代中期，这两个大国的人均 GDP 以购买力平价衡量差不多，都大致相当于美国的 1/20。两国都是历史上辉煌的文明古国，在近代落伍，两个国家分别在 20 世纪 70 年代末和 90 年代进行了改革，改革后中国与印度均经历了经济快速增长的过程。但是，哪一个国家的发展模式更有可持续性，这两种发展模式相互可借鉴的方面又在哪里，是值得探讨的问题。中印的这种比较对于两国的发展，尤其是中国进一步的改革深化、妥善地解决改革过程中出现的各种问题、弥补中国改革的不足、并保持增长潜力有很好的借鉴意义。

图 4-1 是 1990 年、1995 年、2001 年、2007 年世界及中国和印度的税收道德均值直方图。我们观察到，世界税收道德均值呈下降趋势，这是个好的趋势；中国的税收道德均值在这几年间变化不大，但却是向上增长的趋势，应该

① B. Torgler, “Is Tax Evasion Never Justifiable?” , *Journal of Public Finance and Public Choice,* vol. 19, no.2(2001), pp. 143-168.

引起相关部门的注意。反观印度，在1990年的时候与中国的税收道德均值持平，1995年印度超过中国，而到了2001年的时候，印度与中国已经拉开了一些差距，到了2007年印度税收道德均值已经遥遥领先于中国。中印的税收道德均值变化与中印经济改革的时间恰好吻合，而这不是简单的巧合。

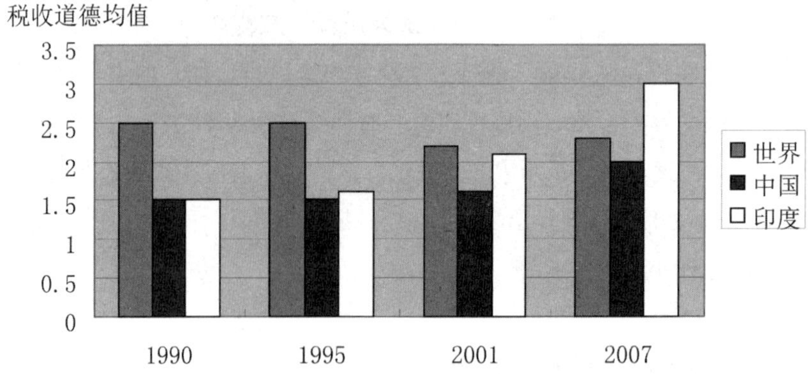

图4-1 1990—2007世界及中印税收道德均值对比图

图4-1为我们提供了税收道德的描述性分析，给出了信息的原始效果。我们观察到的税收道德变化趋势从另一个侧面印证了中印经济改革引起政治、经济的变化，国民政治经济地位的变化，从而影响价值观的变化。

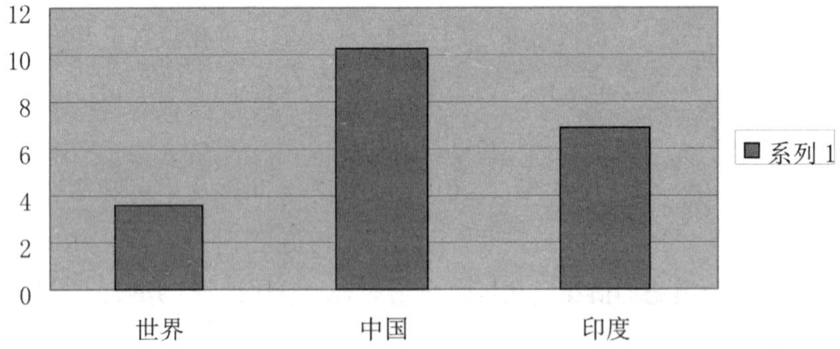

图4-2 2000—2009世界及中印GDP增速对比图（%）

数据来源：World Economic Outlook Database，IMF.

从图 4-2 看到世界经济一直在增长，而图 4-1 告诉我们，世界税收道德均值却在下降。虽然图 4-1 显示出的中印改革与税收道德均值上升的时间段吻合，然而，硬要说中印是由于经济改革导致经济急速增长从而导致税收道德均值上升，显然与世界经济发展、税收道德均值变化趋势不符，似乎说不通。并且，中国的经济发展态势要强于印度，如果经济发展导致税收道德下降，由此应该推出中国的税收道德下滑比印度快。而事实恰恰相反，中国的税收道德均值虽然呈现上升趋势，但上升的速度并不明显，印度却在 90 年代开始税收道德均值异军突起。所以，我们不能得出中印经济改革导致中印税收道德下滑的结论，这就如同说脚大的儿童说话更流利一样，儿童脚的尺寸随着年龄的增长而增大，而大龄儿童确实比低龄儿童说话更流利。我们应该透过现象看本质，是本质原因导致了两国税收道德下降，而印度比中国的税收道德下滑更迅猛。可以这样说，中印经济改革带来了国家经济实力提升的同时，改革的不良后果影响了两国的税收道德，并且，关于改革的不良后果，印度比我们更严重。

五、中印税收道德变化的可能原因

与税收道德有关的变量有很多，比如，年龄、性别、受教育程度、政治偏好、婚姻状态、个人风险偏好、宗教信仰和就业方式（雇佣或被雇佣）等。年长者与女性表现出较高的税收道德，教育对税收道德的影响是正面积极的，但是政治偏好对税收道德有消极的作用，已婚人士具有更高的税收道德（这一点在我国不适用，我国个税不是以婚姻家庭为单位纳税），雇佣者比被雇佣者的税收道德低，信仰宗教的人一般都具有较高的税收道德。[①] 这些都是在世界范围内得到公认的影响税收道德的一般因素，下面就中国和印度比较突出的现状做一些关于税收道德的分析。

中印两国经济改革就如同开窗户，在新鲜空气进来的同时苍蝇也会进来，

---

① Benno Torgler, “Tax Morale, Eastern Europe and European Enlargement”, *Communist and Post-Communist Studies,* vol. 45, no. 1-2 (2012), pp.11-25.

如果提前做好防范措施，可以让苍蝇少进来一些或者根本杜绝苍蝇进入，比如在窗户上安个纱窗；如果提前不做防范措施或防范措施做得不好，苍蝇的进入数量就处于失控或半失控状态，比如安个质量不好的纱窗或根本不安纱窗。中国与印度的改革都是政府主导型改革，不过中国的改革是中国政府主动而自发的改革，是政府回应民意的举措，也就是说，政府在决定改革以前已经准备好纱窗；印度的改革却是在外部的压力下被迫进行的，1991年，印度国民经济几近于崩溃，爆发了支付危机，外汇储备严重短缺，拉奥政府被迫求助于国际货币基金组织，后者趁此时机强迫印度进行全面的经济自由化改革，印度社会从此由相对封闭变为相对开放，印度在没有思想准备的时候就被风强行地打开了窗子。可见中国政府的改革准备要比印度做得更好、更充分。本文假设税收道德与文化价值、政府效率、贫富差距、官僚贪腐有关。

（一）文化价值领域

中国自改革开放以后，政治上更民主自由，经济上更趋向于市场化，在这一时期西方的价值观念难免要与我国的传统价值观念发生碰撞，但是，我们并没有被完全西化，一直在走自己的路，就是我们常说的走中国特色的社会主义道路。“人民当家做主”作为民主的核心价值理念，一直是中国人的政治理想，但是在将这个美好的政治理想付诸实践的过程当中，也会出现这样那样的问题，好在我们以民主为诉求，一直致力于改善与人民利益不符的事情。与此同时，在印度税收道德均值急速上升的短短十几年里，也是印度处于改革深水区的时刻，价值观正在发生变化。由于改革开放不断深入，印度多元文化格局在不断调整，西方价值观念和意识形态的影响在不断扩大。在印度经济改革中获利最大的仍然是社会地位本来就很高的英语阶层，然而，与其说英语阶层是经济改革的获利者，倒不如说他们是改革的推进者，主动推行西方价值，只是在接受西方民主价值的时候，留下并发展了利于自己的部分，舍弃了不利于自己的核心部分。东西方有不同的话语体系，在他们的对话过程中，有很多意思失去了，也有很多意思得到了意想不到的伸展。其实在印度失败的不是民主制度本身，印度的民主已经是“改良”熊彼特“精英民主”后的“印度特色的英语阶层民主”。显然，如果不了解印度传统的多元文化、复杂的宗教信仰以及其根深蒂固的种姓制度，就难以理解印度当今的民主政治。因此，不能脱离印度文化去认识印度。

（二）政府执行效率

面对市场不发育或残缺的初始条件，“强势政府”的存在对发动和推进经济增长是至关重要的。中国政局稳定，在中国共产党的领导下，上下一心，中央政府制定的改革政策在地方都能得到较好贯彻，中央政府积极听取基层意见，及时作出修改，民主集中制在这一时期的具体表现就是行政效率高。虽然政府工作也会存在一些不和谐因素，比如近年来大量的上访，但是总的来看，大环境还是好的。印度虽然拥有民主政体，但其政府效率则是非常低下的，政府部门间或部门内的工作人员之间缺乏相互信任和配合，“内耗”很大，而政治体制与政府效率之间没有必然的联系。在面对一个有风险的决定时，印度官员千方百计地推诿或搪塞，而面对一个有利益的决定，各个部门又会形成疯抢的局面，这是制度的缺陷，因为职责从来就没有清晰过。印度政党林立，缺乏有力与稳定的政府，中央政府制定的经济政策在各邦难以有效贯彻，尽管印度制定了详尽的经济计划，但由于政府是“弱势政府”，再详尽的经济计划也往往难逃“镜中花，水中月”的宿命。印度官僚机构的一个最令人失望的特点是政府运行被看成是一种秘密的，甚至近乎神秘的过程，缺乏公开透明。政府的回应性也很差，人民发出的声音常常被政府忽视，公共关系中的各种做法更多的是政府单向输出，而不是建立与人民的互动机制，或真正努力使公众参政。

（三）贫富差距扩大

根据国家统计局等有关统计数据，从 1978 年到 2004 年，我国的基尼系数已经从 0.16 扩大到 0.462，2000 年首次超过了国际公认的警戒线 0.4[①]，进入了贫富差距比较突出的国家行列。城乡、地区、行业、部门、居民之间差距都有持续扩大的趋势，分配不公矛盾凸显，教育、医疗、住房成为新中国成立后的新三座大山。表面上看中国经济改革后的国家整体福利有所增加，但经济的快速增长难以克服显著增加的相对不平等。[②] 印度的情况也不乐观，贫富差距在有

---

① 数据来自中国统计年鉴。

② Donald V. Coes, “Income Distribution Trends in Brazil and China: Evaluating Absolute and Relative Economic Growth ” , *Quarterly Review of Economics & Finance,* vol. 48, no.2(2008),pp.359-369.

些方面比我国还要严重。英语阶层利用权力从各个环节上截取利益，一部分人利用资金在办企业中繁殖利润，一部分人则利用知识、技术在高科技等领域赢得利益。再加上人口的迅速膨胀，尽管印度经济每年以 6% 左右的速度在增长，但贫困问题并没有因此而得到明显缓解，贫困人口的比例在过去的十多年里有所下降，而绝对数量却在上升，改革的成果很难像中国那样一目了然。据报道，目前印度 10 亿多人口中，大约有 4 亿左右生活于贫困线边缘，其中有约 0.8 亿人的年收入在 8000 卢比以下，3.2 亿人的年收入在 8000 至 12000 卢比之间，他们基本上属于无知识无技术阶层；6% 的富人拥有全国 60% 的资产，而 80% 的人口仅仅占有 20% 的资产。①

（四）官僚贪腐

在我国社会主义经济建设过程中，尤其是 1978 年改革开放以后，我们取得了巨大的成绩，社会稳定，人民安康，但也有那么一些害群之马，道德堕落，贪腐成性。腐败在我们今天最突出的表现形式是贿赂犯罪，如图 5-1，受贿金额占 GDP 比重；图 5-2，中国县处级以上受贿人数。② 而今，日益猖獗的贪污贿赂犯罪不仅严重地阻碍了中国经济的发展，而且还从某种程度上削弱了党和政府的威信与公信力。

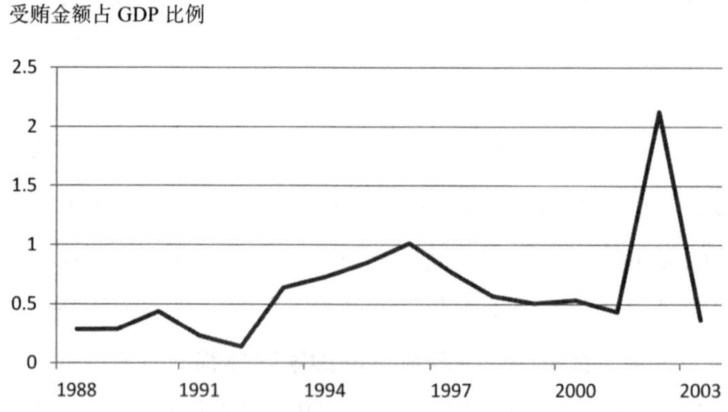

图 5-1　受贿金额占 GDP 比例（‰）

① 薛克翘：《印度改革开放以后的文化变迁》，《当代亚太》2003 年第 8 期。

② 杨灿明、赵福军：《行政腐败的宏观经济学分析》，《经济研究》2004 年第 9 期。

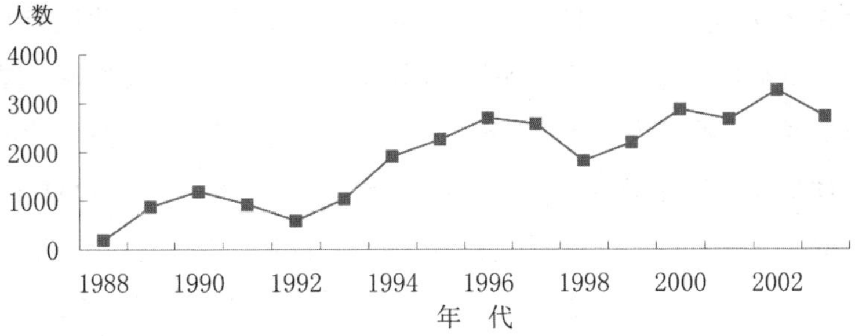

图 5-2 中国县处级以上受贿人数

无独有偶，印度也存在贪腐问题，且严重程度甚于我国。印度独立之后，继承了原殖民者——英国的政府管理机制和官僚道德标准。但是这种机制和标准的寿命竟如此短促，在独立后不到 10 年里，政府官员中公开的贪污腐化行为就开始震惊全国。各级政府部门无不受到影响，就连司法部门也不例外。印度政府做了种种努力，试图控制这种腐败趋势，但收效甚微，印度人民则对政府官员的诚实品质失去了信心。政治家、政府工作人员和商人对这种腐败现象也表示了同样的忧虑，但是当他们自己面对这类不道德行为的诱惑时，态度就不那么明朗了，在他们咒骂贪腐政府的同时，只要自己有可能也不会放过贪腐的机会。[①] 印度于 1996 年曾三易总理，其主要原因就是腐败。

六、中印税收道德变化的可能原因分析

首先我们先用理论分析文化价值、政府行政效率、贫富差距以及政府官员贪腐对税收道德的影响，借鉴其他学者关于该领域的研究成果，参照中印两国的 WVS 数据定量分析以上四个因素在这两个国家对税收道德的影响。

（一）文化价值领域

民主作为一种政治理想，已经成为世所公认的价值，也成为各国政府所承认的政治发展的重要指标。但是，人们对于民主的理解以及民主化路径的看法

① O.P. 德威维迪、R.B. 金：《印度的官僚道德》，《乡镇论坛》1989 年第 Z1 期。

却一直存有分歧。古希腊时期，民主被理解为“人民统治”，现代民族国家建立以来人们一直把自由选举看作是评价一国政治是否民主的重要指标，二战以后更有美国学者熊彼特将代议制民主进一步引申为“精英民主”。然而，对公民参与式民主理想怀有特殊情感并保持坚定信念的民众，却一直不能心甘情愿地接受对于“精英民主”如此“狭隘”的理解。[①]他们提出质疑：选举产生的领导人所制定的公共政策真的能代表民意吗？如果选举产生的领导人不能代表公共利益，那么正义何在？正义就如同是支撑整个大厦的顶梁柱，倘若顶梁柱折断，大厦顷刻间就会土崩瓦解。[②]正义是人类社会的核心价值，弘扬正义是合民意政府的首要职责。

针对政府“非正义”的公共政策人民如何表达不满，人民的不满究竟在多大程度上能够为政治精英所采纳，取决于具体政策的性质、批评的激烈程度和官民沟通的渠道。还有一个不容忽视的问题——当民意不能被代表的时候，是否可以以脚投票一走了之？

新公共管理倡导公共服务机构主体的多元化，给人民以自由选择的权利和机会，将纳税人视为顾客，迫使公共部门为赢得顾客而开展竞争。通过竞争可以给政府以压力，使其有动力提高效率和效能，这就要求废除政府的垄断性保护并且引入市场调节的价格机制。竞争不仅降低了成本、节约了开支，更重要的是，为纳税人（顾客）提供了“以脚投票”的机会，让纳税人自由选择公共服务机构，纳税人之于政府是真正意义上的衣食父母，这本身就体现了“人民当家作主”的民主核心价值。征税的权威来源于人民的内心认可，“势服人，心不然，理服人，方无言”。当面对非正义的公共政策，国民既发不出声音还不能以脚投票的时候，少缴税可能是人民最无奈的选择，而逃税的比例在一定程度上取决于对现有正义体系的不满程度。

令人遗憾的是，在中印两国并没有给人民“以脚投票”的政治环境，政府并没有为人民提供高效的公共服务和丰富的公共产品。中国的人口并不能完全

---

① 燕继荣：《协商民主的价值和意义》，《科学社会主义》2006 年第 6 期。

② 〔英〕亚当·斯密著，蒋自强译：《道德情操论》，商务印书馆 1998 年版，第 93 页。

自由地流动，即使当今的户籍制度不再发挥往日的威力，受经济能力所限，搬家不是很多中印两国人民所能承受的，但就经济承受能力而言，印度“以脚投票”的难度比中国还要大。此外，个人所得税在中国税收收入中比重过低，也使得地方政府对居民流动的反应缺乏弹性。

表 6-1 税收道德与正义的关系

等级	总数	1对正义很有信心		2		3		4对正义没有信心	
		印度	中国	印度	中国	印度	中国	印度	中国
1 逃税是不正义的	62.4%	62.5%	73.4%	60.3%	61.5%	61.1%	57.0%	60.5%	48.0%
2	9.20%	–	12.8%	–	19.9%	–	16.9%	–	12.0%
3	3.50%	–	4.10%	–	7.10%	–	8.80%	–	6.00%
4	7.80%	14.30%	2.90%	12.8%	2.40%	13.9%	3.60%	10.10%	8.00%
5	1.40%	–	1.90%	–	2.20%	–	4.40%	–	6.00%
6	6.80%	7.50%	0.50%	13.6%	3.10%	14.9%	4.00%	10.90%	6.00%
7	0.70%	–	1.50%	–	1.00%	–	1.60%	–	6.00%
8	2.30%	3.80%	–	5.00%	0.40%	4.30%	0.80%	2.50%	4.00%
9	0.50%	–	1.50%	–	0.40%	–	2.40%	–	2.00%
10逃税总是正义的	5.40%	11.9%	1.50%	8.20%	1.90%	5.90%	0.40%	16.00%	2.00%
参加调查人数	3147	547	413	522	944	303	249	119	50
均值	2.70	3.10	1.70	3.20	1.90	3.00	2.20	3.50	3.00
标准差	2.54	3.18	1.76	3.01	1.82	2.82	1.99	3.44	2.59

参照表 6-1，对正义“有信心”到“没有信心”分成 4 个等级，“有信心”与“没有信心”是两个极端等级。对正义“有信心”的纳税人的税收道德均值，印度为 3.10，中国为 1.70；对正义“没有信心”的纳税人的税收道德均值，印度为 3.50，中国为 3.00。由以上数据可知，对正义有信心的纳税人税收道德均值低，也就是税收道德高，在中印两国纳税人对正义信心相同等级中，中国的税收道德均值比印度低。也可以这样说，在文化价值领域，中国人民比印度人

民对正义更有信心。托尔格勒[①]研究了直接民主对税收道德的影响，税收道德变化可以非常明晰的由纳税遵从表现出来，在充满正义的社会里，需求得到尊重的纳税人更乐意交税给民主政府而不是利维坦，他们的缴税动机和税收道德因受尊重而加强，大量的证据表明正义显著影响税收道德。在世界经济增长而税收道德均值下降的全球背景下，中印在经济腾飞的同时，税收道德均值却逆潮流而行之，不降反升，而印度的税收道德均值更是飞速上升，跟人民对正义的不懈追求，却求之不得，会有一些关系。我们得出结论，社会正义影响纳税人的税收遵从。

（二）政府执行效率

行政官僚从古典经济学视角来看必然是追逐私利的，这是在分析官员行为动机时，引入“经济人”概念的结果。公共选择理论认为，政府官员是追求个人利益或效用最大化的“经济人”，他们的目标不是公共利益，而是个人利益。个人总是按照成本—收益比来追求最大化利益，于是，作为政治家或政府官员个人，他们也必然在政治市场上追求自己的最大效用，即权力、晋升、地位与名誉等，而置公共利益于个人利益之下。官僚无节制地追求最大化自身效用是导致官僚主义盛行，效率低下，不能有效为人民提供公共产品与服务的最重要原因。官僚主宰了政府运转，决定了政府运行的效率，人民通过官僚与政府打交道，人民对官僚的态度就是对政府的态度，而对政府的信心决定纳税人的税收道德，试问谁会心甘情愿地为自己不满意的政府纳税。

公共选择理论视角下的官僚行为是基于这样一种假设，就是官僚都是理性经济人且权力无边、不受制约、为所欲为。然而，官僚既不是天使也不是利益计算器，官僚确实有私利但私利是可以被制度引导的。必要的程序、有效的监督会将官僚的职权限制在很小的弹性范围内，当高效完成分内工作成为晋升、奖励、待遇的参考指标时，理性的官僚会主动迎合公共部门利益，因为迎合公共部门利益是官僚通向个人私利的必由之路。也不必指责政府的回应性不好，

---

① Benno. Torgler, “Tax Morale and Direct Democracy”, *European Journal of Political Economy,* vol. 21, no. 21 (2005), pp.525-531.

当职业的晋升源于自下而上呼声的时候，没有哪个官僚敢不考虑人民的意见，更会好好呵护同僚之间的关系，理性的官僚会时刻提醒自己“内耗”永远都是损人不利己的。如果没有好的监督制约机制，官僚会把“公事”当成“私事”来做，国家权力可以用来攫取个人利益；有了合理完善的管理机制，官僚会义无反顾地把诸如“晋升”、“福利”、“声誉”这样的“私事”结合到努力为纳税人服务的“公事”当中去。人都是理性的，肯定会有一种制度将个人利益与公共利益契合为一体，引导理性的个人追逐与其私人利益相符的公共利益。

反观中印两国的政府执行效率，跟西方先进国家相比仍然有很多不足的地方，政府成本与政府提供的公共产品和服务还不相匹配，政府工作在一些方面不能很好地体现社会效益结果正当性的价值取向。

参照表 6–2，对政府“有信心”到“没有信心”分成 4 个等级，“有信心”与“没有信心”是两个极端等级。对政府“有信心”的纳税人税收道德均值，印度为 3.00，中国为 1.90；对政府“没有信心”的纳税人税收道德均值，印度为 3.30，中国为 3.10。由以上数据可知，对政府有信心的纳税人税收道德均值低，也就是税收道德高，在中印两国纳税人对政府信心相同等级中，中国的税收道德均值比印度低。可以这样说，中国人民比印度人民对政府更有信心。哈瑙塞克和帕尔达通过来自捷克、斯洛伐克、匈牙利和波兰的调查数据得出结论，基于纳税人能够感知到的政府服务与税收道德呈正相关关系。对政府官员高效的行政作风产生信任会增加纳税人对税收体系和税收支付的积极态度，这最终导致纳税遵从。公正有效的法律体系对税收道德会有积极的效果，因此，如果纳税人信任他们的政府官员，他们更愿意说实话。如果政府值得信任，纳税人可能更愿意纳税。[①] 理查德・M. 伯德，乔治・马蒂内—巴斯克斯，本诺・托尔格勒分别就发展中国家与发达国家进行对比研究，表明无论是发达国家还是发展中国家均可以通过改善治理政府结构、提高行政效率、给人民以一定的话语权、对官员实行问责等机制提高纳税人对政府的信心，从而提高纳税

---

① Jan Hanousek and F. Palda, “Quality of Government Services and the Civic Duty to Pay Taxes in the Czech and Slovak Republics, and other Transition Countries” , *Kyklos,* vol. 57, no.2(2004),pp.237-252.

人的税收道德。[①] 我们得出结论，对政府的信心影响纳税人的税收道德。

表 6-2 税收道德与对政府信心的关系

等级	总数	1对政府很有信心		2		3		4对政府没有信心	
		印度	中国	印度	中国	印度	中国	印度	中国
1逃税是非正义的	62.10%	62.00%	67.30%	56.70%	62.90%	63.90%	44.10%	60.80%	47.40%
2	9.60%	–	16.00%	–	19.30%	–	14.70%	–	5.30%
3	3.60%	–	5.60%	–	6.80%	–	10.80%	–	10.50%
4	7.70%	16.20%	2.60%	15.10%	2.40%	10.40%	7.80%	10.50%	10.50%
5	1.40%	–	2.70%	–	1.90%	–	5.90%	–	5.30%
6	6.70%	10.20%	1.30%	13.00%	3.10%	10.10%	6.90%	12.70%	10.50%
7	0.70%	–	1.40%	–	0.80%	–	2.90%	–	5.30%
8	2.40%	3.00%	0.30%	4.60%	0.60%	5.80%	1.00%	5.00%	–
9	0.60%	–	1.30%	–	0.70%	–	2.90%	–	–
10逃税是正义的	5.40%	8.70%	1.30%	10.60%	1.50%	9.90%	2.90%	11.00%	5.30%
参加调查人数	3105	334	692	483	879	415	102	181	19
均值	2.70	3.00	1.90	3.40	1.90	3.10	2.90	3.30	3.10
标准差	2.54	2.93	1.79	3.13	1.77	3.14	2.47	3.21	2.64

（三）贫富差距

辩证地说，自从人类社会进入阶级社会以来，贫富差距就一直客观存在，而且一定合理的贫富差距对于社会的运行有着重要而积极的作用。古希腊著名的哲学家亚里士多德也精辟地指出，不平等诱发社会动乱，要求平等的愿望最终会引发内讧。[②]

我们不能因为经济改革造成贫富差距就否定经济改革的积极作用，在经济

① Richard M. Bird, J. Martinez-Vazquez and B. Torgler, "Tax Effort in Developing Countries and High Income Countries: The Impact of Corruption, Voice and Accountability", *Economic Analysis & Policy,* vol. 38, no.1(2008),pp.55-71.

② 〔古希腊〕亚里士多德著，吴寿彭译：《政治学》，商务印书馆 1996 年版，第 234 页。

持续增长、政府财政能力不断提升的同时，没有及时缩小经济改革带来的贫富差距而造成的发展失衡，是政府在经济转轨时期的责任缺失。发展中国家在发展过程中出现发展失衡带有某种必然性，政府应当对改善发展失衡承担更多的责任。这种强调在社会发展中政府责任的思想，契合了政府角色从斯密的守夜人到凯恩斯的全面干预，再到里根、撒切尔的私有化，及其当前新国家干预的发展趋势，是一种在发展中国家经济体制转轨进程中对政府与市场的边界直至职能相互权衡的结果，无疑会对中印两国当前的经济社会均衡发展产生积极、正面的影响。[①]然而，政府在社会发展中承担更多的责任意味着公共支出规模的扩大，增加公共支出并不等同于提高公共福利。公共支出增加会产生三种效应：一是导致税收水平提高，从而导致个人可支配收入下降；二是那些从公共支出中受益的人，为生存而采取行动以防范各种风险的愿望被削弱了；三是为公共支出做贡献的个人为了一己之私可能会转移资本或减少劳动供给，从而抑制经济的发展。因此，公共支出的增减宜慎重、适度、适合、针对具体国情。

贫富差距问题既是一个基本的经济问题，又是一个突出的政治问题，对社会稳定有着复杂深远的影响。如果一个国家长期处于金字塔形的社会结构之中，且呈愈演愈烈之势，将会使为数众多的下层阶层逐步产生对政府的离心力。无奈的人民往往通过反抗来表达对现有社会秩序的藐视，中印两国税收道德均值持续攀升是人民对经济收入不满，政府没有及时调整收入差距的消极反抗。

参照表 6–3，对收入“满意”到“不满意”分成 10 个等级，“满意”与“不满意”是两个极端等级。对自己收入“满意”的纳税人税收道德均值，印度为 2.90，中国为 1.60；对自己收入“不满意”的纳税人税收道德均值，印度为 3.90，中国为 1.90。由以上数据可知，对自己收入满意的纳税人税收道德均值低，也就是税收道德高，在中印两国收入满意程度相同的等级中，中国的税收道德均值比印度低。也可以这样说，中国人民对收入的满意程度要比印度好，贫富差距问题不如印度严重。菲利普·德伦贝格和安德烈亚斯·佩茨尔探讨了

① 吕炜、王伟同：《发展失衡、公共服务与政府责任——基于政府偏好和政府效率视角的分析》，《中国社会科学》（英文版）2008 年第 4 期。

高累进税率使人们感到经过政府纳税调节，收入更趋向公平，对收入更满意，贫富差距更小，更符合正义，纳税人更愿意纳税。[①]我们得出结论，对收入的满意程度及贫富差距影响纳税人的税收道德。

表 6-3 税收道德与收入满意的关系

等级	总数	1对家庭收入满意		2		3		4		5	
		印度	中国	印度	中国	印度	中国	印度	中国	印度	中国
1逃税是非正义的	63. 50%	47. 90%	69. 70%	–	61. 50%	61. 30%	59. 60%	–	48. 50%	68. 50%	60. 20%
2	9. 10%	–	14. 30%	–	17. 90%	–	17. 70%	–	26. 20%	–	16. 70%
3	3. 40%	–	3. 40%	–	11. 50%	–	9. 20%	–	12. 30%	–	5. 90%
4	7. 60%	18. 30%	4. 20%	–	1. 30%	10. 40%	1. 40%	–	4. 60%	11. 60%	3. 80%
5	1. 20%	–	2. 50%	–	1. 30%	–	3. 50%	–	1. 50%	–	4. 80%
6	6. 50%	12. 70%	0. 80%	–	2. 60%	12. 90%	2. 80%	–	1. 50%	8. 70%	5. 90%
7	0. 70%	–	0. 80%	–	2. 60%	–	0. 70%	–	2. 30%	–	0. 50%
8	2. 30%	7. 00%	–	–	–	4. 40%	2. 10%	–	–	3. 20%	–
9	0. 50%	–	1. 70%	–	–	–	0. 70%	–	2. 30%	–	1. 10%
10逃税是正义的	5. 20%	14. 10%	2. 50%	–	1. 30%	11. 00%	2. 10%	–	0. 80%	8. 10%	1. 10%
参加调查人数	3376 (100%)	71	119	0	78	364	141	0	130	657	186
均值	2. 50	3. 90	1. 90	–	1. 90	3. 30	2. 10	–	2. 20	2. 70	2. 10
标准差	2. 55	3. 34	1. 98	–	1. 67	3. 19	2. 05	–	1. 84	2. 89	1. 88

续表 6-3 税收道德与收入满意的关系

等级	总数	6		7		8		9		10对家庭收入不满意	
		印度	中国	印度	中国	印度	中国	印度	中国	印度	中国
1逃税是非正义的	63. 50%	–	60. 40%	59. 60%	57. 20%	–	69. 90%	83. 30%	64. 20%	64. 30%	80. 10%
2	9. 10%	–	17. 10%	–	23. 30%	–	17. 00%	–	17. 90%	–	9. 60%
3	3. 40%	–	7. 10%	–	6. 40%	–	6. 10%	–	5. 20%	–	2. 10%
4	7. 60%	–	3. 30%	14. 90%	3. 40%	–	1. 90%	16. 70%	1. 50%	13. 20%	2. 10%

① Philipp Doerrenberg and A. Peichl, "Progressive Taxation and Tax Morale", *Public Choice*, vol. 155, no. 3-4 (2010), pp. 293-316.

续表

等级	总数	6		7		8		9		10对家庭收入不满意	
		印度	中国	印度	中国	印度	中国	印度	中国	印度	中国
5	1.20%	–	3.30%	–	1.70%	–	1.30%	–	3.00%	–	1.40%
6	6.50%	–	5.40%	10.30%	1.70%	–	1.30%	–	2.20%	11.90%	1.40%
7	0.70%	–	1.20%	–	2.50%	–	0.60%	–	1.50%	–	0.70%
8	2.30%	–	0.80%	6.10%	1.30%	–	0.60%	–	–	2.60%	–
9	0.50%	–	–	–	1.70%	–	0.30%	–	3.00%	–	–
10逃税是正义的	5.20%	–	1.20%	9.10%	0.80%	–	1.00%	–	1.50%	7.90%	2.70%
参加调查人数	3376 (100%)	0	240	329	236	0	312	6	134	227	146
均值	2.50	–	2.10	3.20	2.10	–	1.70	1.50	2	2.90	1.6
标准差	2.55	–	1.84	3.07	1.92	–	1.49	1.22	2.05	2.89	1.74

（四）官僚贪腐

塔洛克将寻租定义为“利用资源通过政治过程获得特权从而构成对他人利益的损害大于租金获得者收益的行为”，政府官员贪腐就是利用手中权力获得“租金”。从其定义我们可以认为寻租以损害其他人的福利为前提，并且对其他人的福利损害要大于寻租者的福利所得。从福利经济学的视角看，寻租行为显然不符合帕累托最优及帕累托改进，它的存在会造成社会福利损失。同时任何寻租活动对于寻租者而言是寻租成本与寻租的收益的比较过程，当寻租的收益大于寻租成本的时候，寻租活动就会产生，社会福利便会受到损失。政府官员寻租获利会影响政府声誉，增加政府运行成本，降低政府行政效率，引致社会资源配置扭曲。而寻租行为的背后——更多成本耗费由整个社会来买单，这类成本是潜在的、长远的，对于一个社会经济发展的负面影响难以估量。值得注意的是，因寻租导致的社会价值观变化、市场机制失效等隐性社会成本并没有计算在社会成本里。

在印度官场普遍形成了一种公正廉洁的人在社会中不受欢迎，甚至难以立足的腐败文化。中国也在一定程度上滋生了腐败文化。如果官员抵制腐败，他可能发现难以履行职责。腐败文化的基本特征是人民对政府的不信任造成整个社会道德水准的下降，以至社会上多数成员都认可腐败的合理性；人们痛恨腐败往往不是出于社会正义而是出于嫉妒，这就有了“一朝权在手”的连锁效应，无论谁手里掌握权力都会腐败。“花钱办事”已成为人们的一种思维定式；办事必要送礼，已成为自然道德准则。国民对国家的归属感和认同感，即国民意识的强弱直接影响了他们的爱国情怀和奉献精神，而腐败盛行的国度难以塑造人民的国家归属感，爱国情怀和奉献精神会因此打折扣，当纳税人养成用钱与政府打交道的时候就不会再愿意把税心甘情愿的交给政府。

参照表 6-4，视贪腐“正当”到“不正当”分成 10 个等级，“正当”与“不正当”是两个极端等级。视贪腐“正当”的纳税人税收道德均值，印度为 8.70，中国为 6.90；视贪腐“不正当”的纳税人的税收道德均值，印度为 1.50，中国为 1.40。由以上数据可知，视贪腐不正当的纳税人税收道德均值低，也就是税收道德高，在中印两国视贪腐正当程度相同的等级中，中国的税收道德均值比印度低。也可以这样说，中国的贪腐不如印度严重。托尔格勒得出经济转型国家腐败受贿与税收道德有极强的负相关关系。[①] 在腐败成风的国家里，政府预算缺乏透明度，而缴税是纳税人不能脱逃的义务，这就会使纳税人很沮丧。当纳税人认为贪腐横流，政府没有正当合理使用税款的时候，纳税人就会有种被欺骗的感觉，纳税人的税收道德被挫伤。本诺·托尔格勒以东欧为例又一次证明贪腐不是经济转型时期政府可持续发展模式，贪腐会扭曲法律的公正公平，不利于经济的有序发展，公正健康的市场环境是私营部门赖以生存的土壤，贪腐会降低税收道德。此外，纳税人与税务机关之间可以被看做是关联契约和心理契约，这涉及到强烈的情感联系和忠诚，这样的心理税收契约可以由基于信任的积极行动所维持。如果税务机关试图与纳税人建立这样一种信任机制，他们之间的合作就开始了，当纳税人对合作满意，这种合作关系就被加强了。如果政府提供的公共产品与公共服务被纳税人视为公正并且与自己的税收支出相匹配，纳税人就会提升税收道德。[②] 我们得出结论，行政人员贪腐会影响纳税人的税收道德。

① Benno Torgler, “Tax Morale in Central and Eastern European Countries”, *Tax Evasion Trust & State Capacities* (2007) ,pp. 155-186.

② Benno Torgler, “Tax Morale, Eastern Europe and European Enlargement”, *Communist and Post-Communist Studies,* vol. 45, no. 1-2 (2012), pp.11-25.

表 6-4 税收道德与官僚受贿的关系

等级	总数	1腐败是极不正义的		2		3		4		5	
		印度	中国	印度	中国	印度	中国	印度	中国	印度	中国
1逃税是非正义的	64.50%	88.40%	83.10%	–	12.90%	–	11.30%	29.40%	9.70%	–	11.40%
2	8.90%	–	10.00%	–	62.70%	–	21.00%	–	9.70%	–	9.10%
3	3.50%	–	2.90%	–	15.90%	–	46.80%	–	22.60%	–	2.30%
4	7.40%	5.50%	1.20%	–	2.60%	–	9.70%	49.70%	32.30%	–	11.40%
5	1.20%	–	1.00%	–	2.10%	–	6.50%	–	6.50%	–	34.10%
6	6.40%	3.60%	0.90%	–	1.30%	–	4.80%	11.20%	16.10%	–	11.40%
7	0.50%	–	0.10%	–	0.40%	–	–	–	–	–	11.40%
8	2.30%	1.50%	0.20%	–	0.40%	–	–	7.00%	3.20%	–	4.50%
9	0.40%	–	0.40%	–	1.30%	–	–	–	–	–	–
10逃税是正义的	5.00%	1.00%	0.20%	–	0.40%	–	–	2.70%	–	–	4.50%
参加调查的人数	3292	1060	1224	0	233	0	62	187	31	0	44
均值	2.60	1.50	1.40	–	2.40	–	2.90	3.80	3.80	–	4.80
标准差	2.55	1.64	1.08	–	1.35	–	1.21	2.27	1.66	–	2.24

续表 6-4 税收道德与官僚受贿的关系

等级	总数	6		7		8		9		10腐败是绝对正义的	
		印度	中国	印度	中国	印度	中国	印度	中国	印度	中国
1逃税是非正义的	64.50%	16.80%	18.50%	–	18.20%	16.20%	33.30%	–	25.00%	8.40%	25.00%
2	8.90%	–	3.70%	–	9.10%	–	11.10%	–	25.00%	–	–
3	3.50%	–	11.10%	–	9.10%	–	–	–	–	–	–
4	7.40%	16.80%	7.40%	–	–	15.00%	22.20%	–	–	5.60%	–
5	1.20%	–	3.70%	–	–	–	22.20%	–	–	–	–
6	6.40%	53.70%	37.00%	–	–	32.50%	–	–	12.50%	3.50%	12.50%
7	0.50%	–	7.40%	–	45.50%	–	11.10%	–	12.50%	–	4.20%
8	2.30%	7.40%	3.70%	–	9.10%	27.50%	–	–	–	2.80%	4.20%
9	0.40%	–	–	–	–	–	–	–	25.00%	–	12.50%
10逃税是正义的	5.00%	5.40%	7.40%	–	9.10%	8.80%	–	–	–	79.70%	41.70%
参加调查的人数	3292	149	27	0	11	80	9	0	8	143	24
均值	2.60	5.20	4.90	–	5.50	5.80	3.30	–	4.60	8.70	6.90
标准差	2.55	2.32	2.63	–	3.11	2.68	2.18	–	3.5	2.81	3.74

通过理论分析，WVS 数据和借鉴其他学者的研究成果可以看出中印两国税收道德的变化跟文化价值、对政府的信心、贫富差距、贪腐等因素有关。图 3 告诉我们，贪腐对税收道德的影响最大。

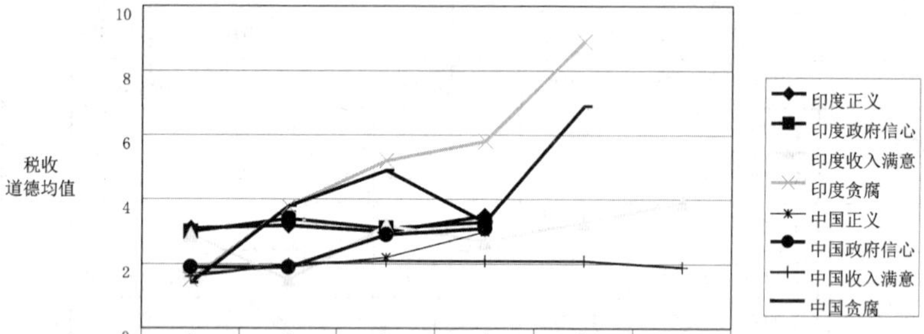

	1	2	3	4	5	6
印度正义	3.1	3.2	3	3.5		
印度政府信心	3	3.4	3.1	3.3		
印度收入满意	2.9	1.5	3.2	2.7	3.3	3.9
印度贪腐	1.5	3.8	5.2	5.8	8.9	
中国正义	1.7	1.9	2.2	3		
中国政府信心	1.9	1.9	2.9	3.1		
中国收入满意	1.6	2	2.1	2.1	2.1	1.9
中国贪腐	1.4	3.8	4.9	3.3	6.9	

程度

图 6-1　中印在各因素不同程度下的税收道德均值

图 6-1 横轴代表文化价值、对政府的信心、贫富差距、贪腐四个变量的程度等级，纵轴代表税收道德均值。数据来源于 WVS 数据。

七、结论

人们一直认为稽查率、罚款率和税率影响纳税人的税收遵从，然而在过去的几十年里，研究人员认为纳税遵从不能完全由税收惩罚的威慑力来解释，开始使用税收道德来分析人们纳税的原因。一些研究认为，税收道德或者其他的一些内在动机有助于解释为什么有这么多的个人缴纳税款。许多研究者通过大量的跨越年代和跨越地域的数据，分析寻找税收道德的决定因素，已经找到很多经济的、社会的、体制的因素来解释税收道德或内在的纳税动机。

特地，本文使用WVS数据集，其中包括1751个中国受访者和1677个印度受访者，这为分析两国的税收道德提供了最好的可能性。中国和印度均处于经济发展的高速生长期，虽然政体不同，文化传承不同，但仍有很多相似的地方，比如，经济增长导致的贫富差距、政府效率低下、贪腐横流、正义难觅等。通过大量的中印数据比较，可以证明中印两国的发展现状确实降低了税收道德，而中国的税收道德好于印度说明印度的问题比中国还要严重。

中印税收道德变化应该引起我们的广泛思考，而需要深入思考的不仅仅是税收道德本身，而是引起税收道德变化的根本原因以及折射出来的深层问题。公共政策的适当与否，政府官员的执行效率、社会的意识形态导向、人民的相对政治经济地位都会改变税收道德。提升税收道德既不能只从税务机关对逃税的惩处着手，也不能用空洞的口号号召纳税人依法纳税。

本文的要旨在于为政策制定者抛砖引玉，使税收道德能够对我国财政收入乃至经济发展发挥积极的作用。印度税收道德下降迅猛为中国的改革发展敲响了警钟，对于中国和印度这样两个人口众多、民族多样、社会经济发展初始条件非常落后国家的经济增长而言，依据国情提高政府执行效率、弘扬公平正义的主流价值、制定出能够激发纳税人内在缴税动机的法律法规制度才是关键所在。

创新发展

关于创新发展的基本认识

贾　康

关于创新发展，涉及内容相当广泛，我试图形成一个认识主线，来汇报一下基本看法。谈到创新，当然首先要说到不久前最高决策层在五中全会上系统化表述的发展新理念，作为第一动力的是创新发展，以创新发展引出协调发展、绿色发展、开放发展和落到“人民群众对美好生活的向往”变成大地上现实、作为归宿的共享发展、共同富裕。

创新发展的现实背景是在十八大以后新一代领导集体一系列大政方针一步步的清晰化，重要的节点是三中全会对于全面改革做出的顶层规划式的部署，四中全会推进到全面依法治国，以全面法治化使经济改革为重点推进的改革过程对接到司法改革、行政改革和宣传上并不直接表述、但实际无法回避的政治体制改革的全覆盖框架。到了五中全会系统化提出发展新理念，其中的关键词我们过去都接触过，但现在已形成了一套逻辑，是在哲理层面指导我们整个改革发展和现代化过程的。

如果在这个大背景里面提炼一些关键词，我认为有这样一个链接：三中全会解决的治国施政的核心理念是要推动国家治理体系和治理能力的现代化，落在治理上意味着要解决制度安排机制链接方面的一系列创新任务，它明显有别于过去我们说惯了的各级政府管理调控所表达的那个自上而下的掌控架构，强调治理是强调政府和非政府多元主体更多平面展开、充分互动的包容性增长，把管理和自管理、组织和自组织、调控和自调控结合在一起来释放一切潜力，激发所有活力，进一步解放生产力。显然是这样一种我们以制度创新带动整个方方面面创新过程的制度建设趋向。

以现代化为基本的奋斗目标，当然就对应着改革开放之初邓小平设计的通过“三步走”，紧紧扭住经济建设为中心这个基本路线“一百年不动摇”而实现伟大民族复兴“中国梦”这个战略目标的全局，而现代国家治理，必然要求把资源配置优化明确为构建“现代市场体系”，而且突破性的认识，是整个资源配置中市场要发挥决定性作用，政府也要更好发挥作用这两者关系的处理，很明显还需要应对一系列的挑战性问题。比如说政府和市场、市场主体，过去我们的认识已经推到了各行其道，划清边界，那个认识是“井水不犯河水”——这当然有它的进步意义，告诉我们要充分认识市场“看不见的手”在资源配置中的作用，而且现在终于说到了是决定性作用，但另外一方面，我们还得“螺旋式上升”地处理政府和市场主体在一起不是划开你我各行其长，而是讲究合在一起以伙伴关系方式来从事公共工程、基础设施、产业园区连片开发等建设，很多是大规模、大手笔的建设，这种政府和市场正确处理相互关系的创新，当然会带来需要我们从理论到实践把握好相关要领的新的挑战。

有的朋友专门问过我：过去说政府不能既当裁判员又当运动员，大家认同了，那怎么现在做起 PPP，即政府和社会资本合作这个事情来，政府既是裁判又是运动员，在这里面看上去两种作用一个都不少呢？我的回答是：这里面需要注意，到新的 PPP 的制度创新里，它首先的特征是整个流程的阳光化，在全流程的不同环节上，政府什么时候是裁判员，什么时候是运动员，合理化的具体定位是关键。在政府作为伙伴关系的一方，和非政府的市场主体签 PPP 合同之前，你看它必须手中有公共权力，而给出自己整个辖区国土开发通盘的顶层规划，这当然有裁判员的身份和角色，它也要给出公共政策的信息，这又是公权在手的裁判员身份要做的事情，但是一旦推到政府和企业以伙伴关系，即以平等民事主体的身份自愿签字形成合同的时候，它就是运动员了。这时候裁判员到哪儿去了呢？裁判员明确地到法那里去了。我们的现行法律规范着、罩着所有 PPP 里的伙伴各方，约束他们的行为，明确他们签约以后的义务与责任。政府和企业一样，要守约、履约，如果它违约，那么法律同样有它的权威性来实施追责。这时候政府加入进去是伙伴的一方，它就是运动员，而裁判员是把公共权力放进法治笼子里的制度约束。所以，PPP 全程的各个环节都可以把政府身份说得一清二楚，但确实是在我们实际生活里以一个螺旋式上升的“否定之否定”达到了对于政府和市场关系正确处理的创新境界，且带来了一系列正面效应。这个案例能告诉我们，在实际生活中创新所带来的我们深化认识进而带动实践，使之做得更加有声有色的广阔的空间。

在现代市场体系后面，当然跟着政府怎样更好发挥作用的问题，这就必须做好“以政控财、以财行政”，建立“现代财政制度”之事。在三中全会明确做了这方面的表述之后，跟着的是政治局首先审批通过财税配套改革方案，后面跟出了一系列改革方案。四中全会解决的是中央文件过去说到的政治文明的制度建设问题，核心概念实为“现代政治文明”，全面依法治国是顺应世界潮流客观规律必然的选择。到了五中全会系统化表述的“现代发展理念”，它有哲理的特征，而且有对接现在“供给侧结构性改革”和涉及以中国特色社会主义政治经济学以及其他的经济社会学理来支持科学决策、支持政策设计优化的体系特征。

关于治国施政的核心理念如果再作浓缩，那么就是“四个全面战略布局”：2020 年实现全面小康，在全面小康的旁边更深刻、更关键的是全面改革必须取得决定性成果，因为全面小康只是我们实现“中国梦”三步走第三步过程中的一个中间节点和跨越中等收入陷阱的跳板，一定要在全面小康达到预定目标的同时，使有明确时间表的改革取得决定性成果，否则这个全面小康的价值要大打折扣，只有全面改革取得决定性成果才能给我们进一步发展形成后劲，支持我们在可持续发展、升级版的发展中实现中国梦。在全面改革取得决定性成果的后面，合乎逻辑地必然要匹配全面依法治国和全面从严治党。我们就是在这样一个背景之下，看到了在经济一路下行过程中决策方面强调了要认识、适应和引领新常态，在进一步推进改革发展中，明确给出了供给侧结构性改革这个战略方针。在五中全会之后的中央财经工作小组 11 次会议上，习近平总书记的一段话已相当清晰地告诉我们关于供给侧结构性改革的基本逻辑关系。

这里面的第一句话“在适度扩大总需求的同时”，解决的问题实际上就是供给侧改革并不否定需求的意义和作用，我们还要继续做好需求管理，继续处理好适度扩大总需求的工作任务，但是话锋一转，第二句、第三句话强调的着力点，我们矛盾的主要方面是什么呢？是供给侧，首先是落在改革上，第二句话表明我们现在所强调的供给侧的改革任务，不是横空出世全新的东西，它就是邓小平改革开放大政方针承前启后、继往开来而要攻坚克难的任务。邓小平当年说的改革，以市场化为取向，到了南方谈话以后锁定社会主义市场经济目标模式的改革，就是要解决在供给侧提供有效制度供给的问题，而我们在新供给经济学的认识框架里认为这是龙头，这是解决中国经济社会转轨、实现现代化的纲举目张的“纲”。这个关于改革的表述，现在的新意是直接把“供给侧”表述在文字上面了，这体现了学理支撑。同时，又把“结构性”跟着表述出来了，因为改革首先必须处理的是经济利益格局、制度结构这种最棘手的、在攻坚克难过程中必须解决的“冲破利益固化藩篱”的改革任务。当然，它还要带动第三句话所说的整个供给侧所有要素合成在一起的体系，必须提高质量和效率，这是合乎逻辑的，同时也表明中国人所强调的供给侧改革不是简单照搬国外的经验，不是简单的套用里根经济学和美国供给学派减税为主的主张，我们相比之下要宏大得多，是一个全局的以及长远的系统工程。而到了第四句、第五句话，是说我们现在供给侧改革的创新首先落在继续追求经济的可持续增长方面，这也是在胡锦涛同志任总书记期间已经明确地把邓小平非常精辟正确的“发展是硬道理”，要升华为“全面协调可持续的科学发展是硬道理”，而这种可持续性的实现，于问题导向之下化解可能导致不可持续的所有困难和矛盾，要落在哪里呢？现在的新意，就是要落在增长动力体系的转型升级上。整个动力体系的认识，必须突破需求侧的“三驾马车”的局限性，把它的结构化逻辑推展到供给侧充分展开，形成对于整个动力体系完整的认知和把握，这种新的动力体系的构建当然也结合着复杂的学理分析和艰巨的结构调整、深入改革任务。

从供给侧可概括出的五大要素看不同要素的贡献是各领风骚，但是在经济发展阶段转换中，进入中等收入阶段后，引领新常态的过程中还必须注意在要素的组合与互动机制上推陈出新，要特别抓住科技创新和制度创新这种“全要素生产率”的巨大潜力空间，对冲前面劳动力、土地和自然资源以及资本方面支撑力的滑坡，对冲下行因素，我们才能打造新常态的“常”所要求的增长质量提高的中高速增长平台上的“升级版”。

最后落到的一句话，是要继续推动我国社会生产力水平实现整体跃升。这表明什么呢？显然，现在最高决策层推进的供给侧结构性改革，就是在延续中国从追赶到赶超现代化过程中间的超常规发展。这么多年，我们的地方政府，安徽也好，合肥也好，其他地方也好，其实大家一直在这方面是空前一致的：所有的发展战略的设计主线，就是必须实现“跨越式的发展”，“弯道超车式的发展”，这些年在合肥直观看到的发展，不就是一种超常规发展生动的体现吗？其他的很多地方，包括我们中部的武汉，大家可去看一看，还有我们西部的贵阳，大家也应去看一看，这种超常规发展在中国，在地方政府竞争中，在努力使各种各样的供给侧生产要素更好实现优化组合的过程中，潜力的释放应该带出来的是继续实现跃升式的——学术上表达它的“阶跃曲线”是基于现实可能而一个一个台阶的超常规发展。只有这样，中国才能在落伍的状态下真正从追赶最后实现后来居上的赶超，实现伟大民族复兴。

我觉得这样一些观察分析，都是现在要讨论主题词“创新”的非常重要的背景。我们紧扣引领新常态，推进供给侧结构性改革这个战略方针，用得着一句话叫作“守正出奇”。中国现在的发展，“守正”是必须首先明确，供给侧结构性改革绝对不是搞什么新计划经济，而是在市场取向改革的轨道上要继续攻坚克难，必须充分地认识、顺应、尊重乃至敬畏市场规律，这种市场经济发展的共性的规律，我们是一定要把它作为一个必须坚持的基本趋向来认识和顺应的。但是，守这个正，并不意味着我们把其他市场经济体的经验和我们过去在这方面探索的经验用到我们实际工作中，中国就一路顺风现代化了，没有这么容易的事情，我们必须结合中国的国情。我们在种种制约条件之下，要实现成功的创新，要出奇——创新本身就有不确定性，但我们别无选择，只有实现成功的创新，出奇制胜式的发展，我们才可能“阶跃式”、超常规式地去实现后来居上的中国现代化伟大民族复兴。这个守正出奇的把握，当然具有明显的挑战性。我们正在攻坚克难的改革深水区中，种种的矛盾、纠结、困难摆在眼前，但是确实别无选择，在中国非比寻常的历史性考验关口，我们必须在一起经受这种考验，在全面小康之后，必须要有我们的发展后劲来跨越中等收入陷阱。这就是在创新发展作为第一动力，按照习近平总书记说的“问题导向”之下，我们实际上针对着要解决的问题。

第一层背景认识之后，需要说一说和创新有关的供给侧改革中我们观察动力体系的一些基本认识，涉及学理层面的一些基本分析。在经济生活中，过去一般社会公众比较熟悉扩大内需这种需求侧的概念，但现在提出供给侧结构性改革，感觉上比较陌生，但如果按照经济学的语言来说，需求和供给其实就是经济生活中一对相反相成谁也离不开谁的概念，政府如果介入到经济生活的所谓调控之中而力求使它更健康运转，即在经济的供需互动的循环中间去实施，政府调控的话，其职能首先在于实现总需求和总供给动态平衡。过去这方面我们的认识已经相当明朗。技术路线上，自然就有一对需求管理和供给管理的概念了，但是过去经验比较丰富，套路比较成熟的，确实是需求管理，它的特点就是以总量型单一可通约的指标施行反周期操作，在经济运行每年度的判断上，首先看一看它是处于周期的什么阶段，如果是低迷阶段，那么就得注入流动性，扩大需求，放松银根提升景气，如果相反，它处于经济周期的高涨阶段，有过热的压力和风险，那么就必须控制流动性，抽紧银根，压抑景气水平。这样的调控在过去我们已有一定经验，但在世界金融危机发生后，给我们的重大启示以及我们经济领域从理论到实践必须做的创新就是要突破过去我们在这方面学理认识的不对称性和政府需求管理的局限性，使理论与实践到实践密切结合，掌握好必要的从学理到调控的创新。金融危机后美国已经在供给侧的供给管理方面做得有声有色，中国人在供给管理方面也实际上不得不始终注重怎样优化结构的问题，这种丰富的实践经验上升为学理，我们所形成的基本看法就是在经济学整个理论构架创新发展中，我们可以从经济增长的动力源头、发生到传导的整个社会再生产动力体系来说明和做深化的认知。第一位的原生动力，显然是需求，人存在，有自己的需求，才有后面的满足需求的各种生产经营活动来提供产品和服务，但是随之要特别指出的是：供给侧对于需求侧的响应机制和它的特征，却是划分经济发展不同阶段、不同时代的最关键因素。

人类社会一步一步地发展，如果列一个三列的表格，第一列是人类社会一个一个不同时代的特征的直观表述；第二列是和这个时代特征相关的人与物生产力角度上观察到的以生产工具为主要标志的特征，是创新提供的一个一个台阶往上的供给能力的表现；第三列是人与人的生产关系方面的所谓社会形态一个个台阶上对应着的发展和演变。最粗线条地说，人类社会一开始脱离动物界，其基本生存需求的满足，是通过分工与合作来从事采集和狩猎，使作为社会成员的人能够活下来，满足最基本的生存需求，而以后人类社会的发展，在供给侧终于出现了农耕文明、农业革命。其后，经过季节的更迭，预期中和现实中的人类社会供给侧的产出，不光可使社会成员相对可预期地能够生存活下来，而且产出的剩余产品还可以使人类社会中的一部分人满足发展需求和享受需求。按照历史唯物论就可以进一步理解为什么到了这个阶段上，人类社会必然告别原始共产主义氏族社会而进入阶级国家社会。再往后发展到工业革命，更是带来了巨大的变化，而且伴随的是全球化推进过程，工业革命里又具体区分为蒸汽时代、电气时代、自动化机械时代和我们现在面临的信息时代。一个一个台阶往上走，现在最前沿的概念是什么？就是大家已经意识到在互联网、移动互联和大数据、云计算，以后要发展的物联网、万物互联这种情况之下，智能化和共享经济已成为最前沿的概念，一些具体表现形态已经在各个领域里初露端倪。和这种生产力支撑的共享经济相对应的人际关系、生产关系和所谓社会形态视角上，最前沿的概念就是包容性发展。这一在胡锦涛任总书记期间代表最高决策层已经在全世界明确表态我们所接受的人类文明前沿概念，也就是现在习近平总书记多次在国内外所说的中国的发展是和其他经济体在一起的“命运共同体”式的发展，就是在这样的认识理解之下要“摒弃你输我赢的旧思维”，中国要和平发展，和平崛起。

所有这些认识在宏大主题下看得出来的原理，就是生产力特征和根本上由其所决定的生产关系的特征，都是发生在供给侧。如对需求具体分析，经济学无法讨论那种漫无边际、永无最终满足状态的个人的需求，因为出于人性，广义的需求永远是没有止境的，必须给一个定义，经济学只能讨论那种有货币支付能力的有效需求。换句话说，经济发展过程中收入增长，老百姓钱包越来越鼓，他们行使消费者主权，欣然按照自己的意愿花钱出去获得用户体验，而把自己钱包里这些有效需求加以实现，加入交易过程，实现获得感与幸福感，这样就形成了经济发展中的潜力释放、活力实现，构成了繁荣的因素。

实际生活表明，需求侧的老百姓当然希望自己的用户体验、获得感、满足感不断提升，但是他在这一侧，自身回答不了我到底要拿到什么这类问题，一定是和信息互动中供给侧的创新成果使他眼前一亮，欣然把自己的支付能力使用起来，从而形成经济生活中的繁荣发展。我们看到的乔布斯主导的苹果产品在供给侧的成功创新，在这个全球化时代一旦为市场所接受，那不是一呼百应的问题，是一呼万应，一呼亿应，席卷全球，风靡全球，引领市场潮流：那边刚刚宣布一个新款产品，没两天中国北京的中心区域西单大悦商城的苹果旗舰店前面就是人山人海，天黑了还不关门，中国的老百姓排队热购这种产品——这也是我在北京亲眼所见，它表明的就是这种供给侧成功的创新，是实实在在看得见摸得着的创新，可以引领并在某种意义上创造需求与景气。我们现在讨论创新，应该认定在需求侧原生动力之后，动力体系问题上要紧紧抓住供给。供给方面我们应看到并有值得检讨之处的另外一个例子，就是为什么中国的老百姓有钱了，但是在满足自己家庭卫生洁具（例如马桶盖）升级换代这方面在国内不出手，要排浪式地到日本旅游的同时几乎不约而同出手买回马桶盖来——开始以为是中国市场上我们自己供给侧的制造能力、技术水平不过关，后来发现不对，因为人们买回来的马桶盖就是中国杭州附近生产的，只不过是中国厂家按照订单，按照规则，生产出来以后在日本那边实现市场上现实的交易而肥水流入外人田。这告诉我们：中国缺的是什么？中国不缺马桶盖的制造工艺与技术能力，缺的是合格产品及生产出来以后如何摆脱国内市场鱼龙混杂的局面，而实际形成现实经济交易和景气因素的制度环境供给，就是我们国内市场的鱼龙混杂，老百姓对于假冒伪劣心有余悸的情况下不敢贸然出手去购买，但是到了日本，口口相传的公信力使得人们可以放心，有全套的技术质量控制，有政府全面到位的监督，买回来以后预期的用户体验是有把握可以实现的，就是这么一个简单的道理。董明珠说中国的家电厂家，都在“处关系”，“处关系”的结果就是我说的鱼龙混杂，不能优胜劣汰。这说明在供给侧不光有技术问题，制造能力问题，还有必不可少的制度环境供给问题，而我们现在创新的供给侧学理分析，就是在中国的转轨过程中，为解决好动力体系转型升级这个问题，要把对动力体系完整认知里的关键首先放在制度供给上。

大量实际生活里的具体情况告诉我们，中央所强调的作为第一动力的创新，里面至少是包括制度创新、管理创新和技术创新三个层面，而作为龙头因素的，应该是有效制度供给，以它来解决打开技术创新、管理创新空间这个前提性的问题。当然技术创新、管理创新也可以反过来倒逼我们必然要推动的制度创新。五中全会所表述的创新发展，我把它理解为这样一个以供给侧有效制度供给为龙头的三层次创新的结合。这种学理分析当然在实际的动力体系转型升级方面，是有非常明显的现实意义的。我们可以进一步结合制度供给问题，展开一些谈谈对动力体系的具体认识。

创新所要依仗的动力体系，在供给侧的学术性研讨任务中，显然面临着一个需求侧所未有的困难：需求侧按照为主流经济学和现在人们一般所推崇的研究范式，做出模型的建立和量化处理是相对容易的，因为它是单一指标、可通约的；但是一旦到了供给侧，面对这么多复杂的要素，现在全世界所有的研究者谁也不要吹牛，没有人能马上拿出一个供给侧的看起来清清楚楚的数量模型和做出漂亮的量化数据分析处理，但现在既然认识到把供给侧作为矛盾的主要方面是一定要深化分析认识的，我们不妨先建一个理论模型：这个供给侧的理论模型就是各种各样的供给侧的复杂要素可以提炼为五大要素，分别为劳动力、土地和自然资源、资本、科技创新和制度与管理，这五大要素在经济发展中各领风骚的同时，还必须使相互结合的状态推陈出新。结合中国案例，从原来的经济起飞推进到进入中等收入阶段以后，阶段转换了，引领新常态的过程中，各种要素的动力结构的组合必须推陈出新。

具体考察：我们的劳动力要素曾经产生了非常明显的超常规发展支撑力，一旦改革开放，近乎无限供给的中国农村剩余劳动力的低廉成本，就形成了我们要素供给中的比较优势，支持中国一路走到世界工厂，总量上的全球“老二”；我们的土地和自然资源，一旦跟市场机制对接，进行“招拍挂”，多元主体在物质利益驱动下通过“招拍挂”这种竞争形式取得土地的使用权和自然资源的开发权，后面跟着的是一轮又一轮生机勃勃、生龙活虎的超常规发展；我们本土的资本一开始匮乏，但是因为外资感觉开放的中国有利可图，它必然流入，不光带来资金，而且带来技术和管理，引发、推动和催化了中国本土上的资本原始积累过程，现在我们本土的民间资本、社会资金已经非常雄厚。但是，这三项在这些年的支撑力是明显滑坡的。我们现在必须面对劳动力成本节节上升，比较优势丧失的现实，迫使珠三角、长三角增长极区域不得不“腾笼换鸟”；土地和自然资源开发方面，在老的讨价还价机制下，征地拆迁补偿的成本已高得使以后可以继续得到的动力支持空间被大大压缩；以及我们的资本现在处于常规投资边际收益递减普遍发生的约束下，我们必须另辟蹊径，在对冲这三项传统要素下行因素的旁边最主要的上行因素的来源，对冲下行因素而得到动力支持的来源，就在于后面两项，科技创新和制度供给。这后项的潜力释放，可以支持我们走上升级版增长质量提升的一个中高速增长平台新阶段，并可持续发展。

由此稍微再展开一点：三层次创新动力关系的认知里面，科技作为第一生产力，非抓住不可，而如果做全面分析还是要回到在中国转轨过程中，以制度创新打开科技创新和管理创新的空间的命题。这方面有这样几个观察点：第一，在科技是第一生产力这个角度上，我们还要进一步做条理化的认识和把握。当年邓小平在“文化大革命”中间得到复出的机会以后，曾经在他推进调整的过程中对毛主席说，在马克思主义经典作家那里有一个认识，科技是第一生产力。邓小平务实地认定必须把国民经济搞上去，而国民经济的发展中一定要凭借科技才能搞上去，他把科技的作用以经典作家的思路强调到了“第一”的位置上。我在十几岁的时候就开始读马列原著，我有一个清晰的印象，恩格斯《在马克思墓前的演说》里专门说到，在马克思看来，科学技术在人类历史上表现为一种革命性的力量。我认为这就是邓小平上述基本认识的源头，是符合学理的。所谓革命性的力量，所谓第一的力量，学者可以论证，不是在传统生产力三要素劳动力、劳动工具、劳动对象上再做一个加法，这是做乘法，一旦成功地将科技创新施加上去，它就是乘数，是放大，是革命性的焕然一新，是现在企业家所称“颠覆性创新”局面的生成，那么科技当然是异乎寻常地具有特别重大的意义。把握好这种作为第一生产力的科技创新，在中国发展的大政方针上，就是要走创新型国家之路，否则中国不可能在升级换代的发展过程中达到现代化愿景。

这个科技第一生产力具体分析起来，其成功可以带来颠覆性创新、革命性进步、阶跃式的变迁，但实际的推动过程中它面临的是巨大的不确定性。显然科研成果产业化的突破是具有不确定性的。比如现在大家主要看到的是在应用互联网现代信息技术成果方面，阿里巴巴等公司的成功，其实有多少公司在前些年冲进这样一个创新领域烧钱，而结果是失败了。90年代在北京公主坟环岛附近的大厦里我去看过，有很多的互联网公司在那里拉开架式搞创新，当时在业界引领潮流的一家公司的领头人是一位女性企业家，她现在在业内仍然很受尊重，但一般的公众已经几乎听不到她的名字。这些人的探索大量的是做了铺路石的角色，真正像“风口上的猪”一样一飞冲天的发展成功者，是侥幸的。在这种科技创新成果产业化突破的不确定性旁边，显然还有基础科研成果应用的不确定性，哪怕成果已经看清楚了，已经被人们所接受了，仍然如此。我注意到中国一位院士说他最主要的科研方面的成就，是论证而且全世界都接受了古地中海曾经被蒸干，以后重新蓄水。他完美地解释了他关于古地质演变过程的分析推测，但是他说，我苦恼的是我终身最引以自豪的这个成果和现实生活的关系在哪里？很多的科研成果都是这样的。丁肇中博士现在还在努力孜孜以求地去研究暗物质，他调动大量的资源，建设和运行全世界功率最大的欧洲粒子加速器，在努力寻求突破。但是人们问他，你的这个成果出来以后，对人类社会的影响何在？他说我不知道。但是人类社会的发展需要不需要这些科研呢？这些伴随巨大的不确定性交织的推进过程中，后来却有可能在某个时候，一下子表现出特别重大的意义。与爱因斯坦的那个公式相关，差不多一百年前所说的引力波，它到底跟人类社会的功利性联系在哪里？前面已经看到了公式所揭示的原子能，其影响是划时代的，并且新近引力波又已经被具体的实验观测所证实，它对人类社会的影响，不知有无可能在未来某一时点一下表现出来。我们现在所需要的科技第一生产力，从基础理论上说是这样，在实际的成果应用方面也是这样：有某些临界点，在没有达到临界点突破之前，大家看到的只是苦苦地追寻，可能是一系列这方面的纠结，但是一旦成功以后，它的第一生产力的作用，它的颠覆性创新的作用，就会极为强烈地表现出来。

如果我们现在看到了科技是第一生产力，那么为使这个供给侧要素里如此重要的因素发挥其作用，我们当然就要注意怎样能够符合科研规律地使这些创新者心无旁骛，甚至带有一种癫狂的投身、献身精神而去孜孜以求，持之以恒地从事面对巨大不确定性的创新活动。这旁边一定要配上的是制度，是制度所给出的创新环境，一定要解决的，就是以有效制度供给巨大的能动性，打开创新主体的潜力区间，使这种不确定性的科技创新活动能够得到长效机制的支持。政府必须在这方面提供的，就是硅谷经验所表明的带有公共产品性质的看起来"无为而治"，实际上体现深刻的人文关怀，体现对于创新者、创新主体的人格尊严的爱护，对他们的创新弹性空间及其背后科研规律的充分认知，以及政府在这方面提供的法治保障。

这种经验在中国过去说得不够，一般只知道硅谷那边政府有一个开明姿态，税收方面比较宽松，然后让这些所谓的科技精英在那儿整天奇思异想，胡思乱想，几个人可以在教授指导下在小小的车库里异想天开做白日梦，一大帮天使投资、风投、创投寻找可支持的对象……听起来很简单，美国的硅谷就是这样成功的，日后引领了全世界信息革命的潮流，到现在仍然是谁也无法撼动的最前面的引领者。但是后面这种政府怎样更好发挥作用的哲理，这种对于一线创新者首先从人文关怀方面表现出来的尊重，这种顺应科研规律真正能够融合到深层次的创新保障，我觉得恰是在中国现实生活中明显可以看到巨大差异的。

所以，这里要说到实际生活里我们的科研工作者现在碰到的苦恼和困扰，它在反证我们现在三层次创新的互动里制度创新的意义和作用。

首先可以说一说，现在人们注意到中央、国务院都在强调工匠精神，在实际生活中工艺技术、运行管理这些"细节决定成败"视角上的高水平，也是要创新的，也是科技从基础理论到应用技术的成功创新的延伸和跟进。工匠精神显然是需要的，所有的科研成果的成功创新和成果应用，必须以这种工匠精神来延伸，来落实，它同样需要一个前面所说从基础理论研究开始，到产学研结合的成果应用各环节上一线人员的人格尊严和获得感，他们才能够所谓"内生地"发挥积极性。中国现在所缺的技工从哪里来？实际上工匠的培养渠道主要依靠职业学校，而职业学校与职业教育在当代中国是什么样的一个地位？它具有人格上的应该赋予的足够尊重吗？那是高考面前三四流的失败者不得已所选择的一种“苟活之路”。但你看看欧美，特别是欧洲，职业教育从一开始就充满了人格上面的尊重和他们的自豪感，欧洲发达经济体的职业教育和我们所称的国民教育系列是从中学开始一路展开而可以立体交叉式互换的，按个人的偏好，想调整可以随时换到另外一个轨道上。一直走到硕士，这个立体交叉式调整路径是完全打通的，只有博士层次，它没有职业教育这个轨道延伸的可能性。中国和这个状态，差的何止十万八千里？

接下来再要说的是现在科研一线这些人员碰到的问题。对科研创新规律大家可能还要进一步探讨，我前面强调，以它巨大的不确定性落到科研创新里，必须得到人文关怀而内生地形成相关人员积极性发挥的有利环境。前些年这方面的认识，曾经有鼓舞人心的“尊重知识，尊重人才”。那首先是对于过去走偏了路的一种纠正，结合着落实知识分子政策等。走到一定时候，这种话越来越少了，基本没有人再谈知识分子政策问题了，而这一两年，我们碰到的是我认为应该直率指出的令人遗憾的情况：2014 年全国政协主席俞正声曾特别强调不要把八项规定出来以后用来约束官员的一些规则，包括经费管理的一些条条框框，简单机械地套用到知识分子、科研人员身上。我们不能搞官本位，行政化，把知识分子、教授、研究员都按照行政级别来对号入座。一位学术带头人、教授、研究员、老科学家，哪怕他白发苍苍了，但是如果没有行政上的司局级待遇，那么在国内出行坐高铁就不能坐一等座，只能坐二等座，这样的加强管理恐怕连天理人伦都说不过去吧？

从科研规律讲，在这方面要调动起创新者内生的积极性，当然有一点物质条件的因素，还一定要有一点最基本的人文关怀、人格尊重的因素，至少时间、氛围上要像那回事，而现在这些学术带头人、课题主持人，哪还有什么传统上说 5/6 以上的时间投入到科研的条件与心情？非常苦恼地整天翻账本，填表，写检查，编思想认识汇报，派自己的研究生、学生跑到教务处的楼道里彻夜排队解决报销的问题，等等。这些情况，我感觉领导同志们已经心知肚明，所以，才有国办的文件，也才有最新的一系列我们所看到的新的指导科研和科研经费管理的文件。前些天科技部领导已经表态要纠偏，后面我们再看看其他几个部委怎么表态吧。

前一段时间在博鳌论坛上，我有个机会，专门向李克强总理进了一言。我说总理希望您在百忙中抓一下水平很高的国务院关于优化学术环境文件的落实问题，总理很敏感，他马上反问："情况怎么样？"我知道他的夫人就是咱们高校的教授，我也如实回答："都不动。"总理马上表示："我回去一定要抓。"没过几天，我们看到哲学社科网站和新华网又把国办文件全文公布一遍，新近，又已经有进一步的相关文件在陆续出台。前一段，哲学社会科学方面有习近平总书记主持的座谈会，我在场，总书记明确地说要给这些科研人员以获得感和荣誉感。我们现在可拭目以待，看看在中国从常识层面，从对科研规律、科研人员基本的人文关怀层面必须解决的科研创新的环境问题，能不能在中央有这么多明确的指示精神之后，得到一个比较好的应有解决。

总之，中国，要解决好创新动力体系的可持续性的问题，科技创新中面对种种不确定性，能够内生地形成一线创新人员的内生积极性这样一个制度环境的问题，一定要在问题导向下真正解决好。现在如果按此角度来说，三层次创新互动下，应该抓住的解决问题的要领，我认为就是我们所有的创新者、高校研究人员，以及产学研互动一线的参加各种各样课题研究的人员，大家应该更多地从正面宣传一下科研的常识，更多地和各个手上有管理实权的领导机关、领导者做积极的沟通。中国到了这样一个只有创新发展作为第一动力才能引领出后面的协调发展、绿色发展、开放发展、共享发展的引领新常态的新阶段上，问题正摆在眼前，我们最务实的，就是"喊破嗓子不如甩开膀子"来解决问题。

我想在这方面做一个小结：

中国要实现现代化，必须在追赶中走创新型国家之路，在以创新作为主题词的视角上，中国第一动力的打造构建，需要从学理认识出发，把握好中国经济社会完成转轨过程中的制度创新的龙头因素，以及以制度创新真正打开科技创新、管理创新的空间，形成可持续的长效机制。我们这种动力的打造和构建，当然不能仅仅成为一些口号和愿望，一定要依靠制度创新给出它的成长空间。另外，要充分运用科技创新、管理创新的倒逼机制来形成合力。多少年前，我就注意到在政府部门计算机的应用，被上海财大一位已经从学者身份转到财政局系统里担任领导职务的教授的评价，他认为计算机的联网运用会带来一种革命性的影响，因为整个办公流程都用计算机，而计算机是不讲人情的，计算机联网使信息的不对称性和隐秘性大大地消减。以信息技术创新支持在一个越来越带有阳光化、规范性特征的集体决策流程里处理问题，公共权力使用所面临的这样的一个流程和制度环境，就可能带来一个革命性、全新的综合绩效与公共利益提升的局面。我们现在看到这些年下来，这样一种影响确实存在。同时，它应有的潜力发挥还不到位——以无纸化的计算机流程来做办公流程的创新，显然已经明显地在倒逼我们的法治化、规范化，而减少设租寻租的空间，我们应该把这样的潜力用到极致。我前面说到的 PPP，也是因为它的阳光化，可以把我们过去看惯了的成规模的项目建设里必然出现的猫腻的发生可能性压到最低限度，等等。这些事情都值得我们积极地去有所作为。

我们在调动所有科技创新者积极性方面特别要强调的，就是中国问题导向之下针对着官本位、行政化的这种痼疾和桎梏，一定要破除等级森严、越搞越煞有介事的这些所谓“加强管理”，这些“加强管理”绝对不是现在所称的供给侧的理性供给管理，但直观特征上确实看来是在那里做的一种供给侧管理。这种具体的案例也告诉我们：一个很好的概念，一个改革的口号，在实际生活中如果不能正确把握，它是可能被扭曲的。供给侧改革涉及的供给管理概念，说到最极致，我们过去传统体制下也就是一种供给管理，它是假设有一个无所不知、无所不能的社会控制中心管一切的细节，企业要建一个厕所也要让它批，它不批你就不能建。这种供给管理显然违背规律，是遏制生产力解放的。我们现在所要做的，一定是坚持市场取向改革、现代国家治理轨道上的理性的供给管理，一定要抓住中央供给侧结构性改革创新精神的实质。在中国，特别要破除创新领域官本位、行政化的传统思维。我注意到高校里南开大学龚克校长有很好的表达：要搞明白应秉持什么样的思维，是 57 年的思维、66 年的思维，还是应当有 79 年的思维、92 年的思维？他回应人家询问这个学校副部级、这个校长是副部级领导的时候，他说这个概念是使我们蒙羞的。我非常认同他的这种认识。本来做的是教育和科研，中国现在却出现这么一种带有荒唐意味的、一定要套上行政化的森严等级的“制度建设”，我认为它是逆经济社会转轨历史潮流的。我们现在一定要强调明白世界大势，看清大的发展方向。走现代化之路的创新，一定需要大家在一起更好地实事求是地在问题导向下解决问题，以我们看得见、摸得着的有效制度供给为龙头的创新，匹配上有效的科技创新、管理创新，使各种要素结合在一起形成推陈出新的制度安排与机制连接，以此来促使国家治理的现代化，在克服重重艰难险阻之中冲破瓶颈约束，去对接全面小康以及在后面跨越中等收入陷阱，实现伟大民族复兴与现代化的中国梦。

中国宏观经济走势与房地产业

贾　康

讲中国经济发展大的态势，当然要注意它是在十八大之后中央一系列大政方针逐渐清晰化的背景下展开的：三中全会以顶层规划部署了全面改革，四中全会推进到全面依法治国，五中全会提出了系统化的发展新理念，这里面至少有这样一些非常重要的关键词——强调“现代国家治理”、“现代市场体系”和“现代财政制度”，这些在三中全会已经明朗化之后，进一步推进到四中全会全面依法治国，其实是解决现代治理概念下“现代政治文明”制度建设的一个全面覆盖框架，进而到五中全会有了系统化的创新发展为第一动力，带出协调发展、绿色发展、开放发展，最后落到归宿的共享发展的“现代发展理念”的全套认识。

“四个全面”战略布局在这个背景下现在已非常清晰了。我们面对的第一个全面，是2020年要实现全面小康，后面跟着的是更艰难的全面改革任务，是要使改革取得决定性成果，而且必须匹配上全面依法治国和全面从严治党。

对近些年基本的经济指标做一个直观的考察，大家都会关注到中国经济出现了阶段转换，年度龙头指标GDP的表现是一降再降，我们必须在认识、适应这个新常态的过程中，还要引领它。2016年的第一、二季度报出来的经济增速是在7%以下运行的6.7%，而今年官方提出的目标区间是6.5%—7.0%，最近一段时间，经济下行过程中却出现了CPI上扬的一些压力。权威人士的说法是我们在判断上既不认为现在是通胀，同时也不能光看PPI认为是通缩，还要继续观察。实际上，研究者一般更多地认为主要的压力是在通缩方面，但是中国现在的矛盾凸显就是这样，已经把我们实际要掌握的弹性空间收得很窄了，稍微有点前段时间 CPI 上涨的压力，我们就已经看到了管理部门的不安：一方面经济在继续下行；另一方面我们这个区间原来认为不成为压力的上线，动不动也可能带来压力的表现。再往下，当然要说到政府的感受是财政收入一落千丈，今年的目标是只提了 5.8% 的收入增长目标，已经明显低于 GDP 年度目标区间的量值。

在这种情况之下，我们的希望之所在，是要在“新”已明朗而“常”未实现的情况下，尽快去实现“常”的境界。我理解这个“常”，就是必须通过三个期叠加的所谓经济增速换档期、结构调整阵痛期和前期刺激政策的消化期，一定要加上改革在深水区攻坚克难的推进期而成功地引领新常态，使中国进入中等收入阶段以后必然出现的增长速度向下的调整，落到一个阶段性探底之后尽快企稳的质量升级版的中高速增长平台上。我认为权威人士所说的“L”型，需要这样来理解，我们不可能再是一个速度下落以后经过一段时间又回去的“U”型，更不可能是刚下来马上又反弹的“V”型。这个“L”型是说下来以后我们必须认账的是，这个速度不可能再回到高速，必然是调到一个新的较低的台阶上，但是它不能一低再低，它要拐弯，拐过这个弯就表示我们出现了阶段性探底而有可能对接的企稳，企稳以后即拐过这个弯再以后的表现应该是让它尽量拉长，拉得越长越好，关键是它要有升级版的特征，要通过结构优化，支撑我们的质量提升。实际上，就是在质量提升的支撑之下，实现加快发展方式转变，可持续性发展的越长越好的中高速增长平台，就是需要落在这个“常”的状态上。我们现在必须观察和追求这个常的实现。

目前，中央特别强调的供给侧结构性改革战略性方针是在引领新常态过程中，在大政方针下抓矛盾的主要方面，而且是全局和长远的布局。所谓全局就是它不是简单只看某一些点，整个配套里必须要以制度供给为龙头带出整个供给体系各种要素的结构优化和质量升级版的状态。所谓长期就是它显然要从现在的努力对接到怎么实现全面小康，以及过后还要有后劲去跨越中等收入陷阱，再一直对接“中国梦”，以这样一个从短期到中长期的考虑，供给侧结构性改革指导之下我们的攻坚克难需要在发展态势方面做好综合的掌握。

发展态势方面，我认为现在首先要肯定，不确定性仍然是很明显的。2016年二季度报出来的6.7%比一般市场预期要稍好一点，连续两个季度6.7%是很有意思的，在发展态势上已经看得出来它有点阶段性探底的味道了，但是第三、四季度到底如何，我想现在所有研究者，谁也不敢拍胸脯说有非常确定的把握。要承认现在和风险相关联的不安全感，仍然是弥漫在市场中间的，地方政府和企业他们传送的很多信息仍然是“困难”，两会上李克强总理也直言不讳地说要“共克时艰”。但是同时，我们要理性地清醒地看到市场预期的一些向好的苗头确实出现了，虽然还十分脆弱。

也要特别注意我们的一些管理部门一线管理环节上的能力已经被公众打问号了，实际上必须注意到经济问题社会化、政治化的风险威胁是存在的，就是所谓“矛盾累积隐患叠加”下你看起来是个经济问题，有时候它可能突然变了味儿。就好像2016年初，谁会想到在我们西部河西走廊的一个还挺有名的城市，一个个别事件就可以引出谁也没有想到的集体泄愤的群体事件。各种各样的矛盾叠加在一起，我们考虑经济发展和社会发展一定要有全局的综合的观察。

作为研究者，我承认现在学者们并没有这样的能力来通过一套非常严谨的数量模型和实际数据的模拟演算给出非常清晰的短中期预测，但是经济预测一定是要做的。我作为多年研究宏观经济的研究者，想谈一个谨慎乐观的看法：如果说在现在一、二季度6.7%的增速情况之下，从好的苗头来看，可以举出什么摆事实式的具体现象，使我们期待不太远的将来出现阶段性探底。这些好的苗头，首先要提到“稳增长”措施下，经过多年努力之后，2015年下半年又有有关部门一系列的“项目包”的安排，在中国体制之下通过审批给出这些成规模的项目包，合乎逻辑地引出了后面与一些有效投资机制的对接，比如很多的公共工程、基础设施和产业园区连片开发，是和PPP机制结合在一起的——对于这个PPP，虽然社会上还有很多风凉话，但是它以阳光化流程使规范化程度提高以后，政府、企业、专业机构合作在一起，“1+1+1>3”的绩效提升机制不可否定，它是更接近于有效投资概念的具体投资形式。我们后面看到的，是接近年底的时候，在网上已经可以搜到一个大数据时代的现在还可继续观察的“挖掘机指数”，已经表明我们现在整个统一市场内施工机械的订单数、交货数和入场施工数全面飘红，它显然是这些项目所跟出来的回应，而再往后，又合乎逻辑地看到钢铁业喊了很长时间困难之后，2016 年年初一些钢材产品的价位不再下降，而是企稳甚至还有一些回升（虽然还在波动）。就是说这个苗头它合乎逻辑，合乎我们可以观察到的现实。可佐证的，还有 PMI（采购经理及指数）的表现，官方的 PM1 已经连续几个月站在禁枯分界线上面一点，虽然还在波动但是已是 50 或者 50 出头，工业增加值、企业利润、用电量，还有我后面所要强调的房地产业，总体来说有很多值得肯定的向好苗头和亮点。我们的 PPI 虽然还在下降，但是在经历 51 个月的下降之后，它现在降幅在收窄，而 CPI 在上扬，这些跟经济景气显然有关。而且我们可以观察到，居民的消费仍然是相对强劲的，从种种指标来看，可能有一些单独看待的“特定”式问题，但综合分析来说，也不足以像有些境外的观察机构所说的那么严重，比如不应只注意到方便面的消费在下降，就认为中国蓝领工人的境况在变坏，恰恰相反，中国这几年经济下行过程中低端的粗工、壮工、农民工，包括家政服务的保姆，他们在市场中的要价能力是在提高的，工资水平是在上升的，他们工资水平的上升而且超过了平均工资的上升幅度。在我们表达收入差距的基尼系数方面，官方的信息也已经体现在 0.49 的高位这几年已经回调到 0.47，可能还会继续再回调。这些蓝领工人，他们现在可以不再首选方便面，而是要选择盒饭乃至稍微像样一点的、更好的餐饮供应了——当然也不排除与方便面消费的下降和我们的经济景气走低有关，但是你要看另外一些因素的对冲，这都是需要具体分析的。我观察到，中国的居民消费仍然强劲的一个表现，是从大中城市到边远的一些小县城，现在都可观察到居民旅游的热度，从国内旅游看到国外旅游，甚至有排浪式的特点，这些都和居民的收入和消费有关。

如果把这些放在一起，我们粗线条地说，一种所谓谨慎乐观的说法，就是如果我们的管理部门不犯明显的错误，那么不排除在 2016 年年内或者 2017 年前期，出现中国宏观经济态势的阶段性探底，这个阶段性探底还不意味着企稳，但是它有可能经过努力对接到企稳。这样的一个机会，我觉得显然值得争取。

还要稍微展开，做一些分析。我们同时要注意到，一些地方和企业的困难确实形成了沉重的压力，但是要有一个“分化”的概念和认识，其实 2016 年上半年一线城市北上广深的情况，应该讲还是相当不错的，只不过在一片困难之声里它们并不刻意说它们自己好的感受罢了，但是在调研中可以知道，因为跟着房地产在一线城市的迅速回升温度，这些地区的地方政府和很多的企业，日子是明显在转好的。民营企业方面，我们要特别注意民营企业的投资在下滑，但是也必须注意到民营企业中一些规模以上的企业，确实还有向好的苗头和体会，前面一段时间我们调查中知道，有些民营企业的掌门人在底下比较坦率地说："大家都很困难，但我们正好趁这个时候利用前些年已经形成的品牌效应和相对优势来扩大市场份额。"有些民营企业其实在"没事儿偷着乐"，他们在迅速抓住机会发展，更不要说华为这种中国标杆式民营企业成功的创新与升级发展——华为现在处于"孤独求败"的过程，更强调到了"独大"阶段的风险意识和危机感，但它确实在明显地做大做强。有一些不好的案例，我们也不能否认，有些案例出来以后还是有些耸人听闻的，但是总体来说还要注重全面观察。

如果说到和金融有关的一个视角，那我们必须注意到，这些年无论是什么背景的保险公司、理财公司、财富管理公司，他们哪里是什么困难啊？他们是在一路高歌猛进，看看这几年他们的指标，年年的业务规模都是增长 30% 甚至 40% 以上，他们的盈利水平一般都在 25%，甚至 30%，高的也要增到 40%，这些都是中国市场中间客观存在的不同角度的观察。

区域方面，是有东北、山西等非常困难的地方，还有具体的鄂尔多斯、温州等等这种令人遗憾的案例，曾经表现为增长极，但是现在至少一定阶段上痛失好局。但是毕竟还得具体分析，经过一段时间调整之后，如果能再重新找到一个重拾升势的轨道，对他们来说，这方面显然还是会有机会的。

我还要特别讲讲房地产。对房地产业，我基本的看法就是，在中国实际真实城镇化率也就是 40% 左右的当下，我们这段时间经济的扑朔迷离、混沌状况中，房地产业总体来说是景气回升，它表明中国经济确实存在着巨大的潜力、余地、韧性和发展空间。我们现在如果从一线城市带动并已迅速蔓延到二线城市的升温看，以及所谓"冰火两重天"下冰的方面实际压力的减少来看，其实可以得出一个基本判断，就是在经济总体低迷下行过程中总会要转好的话，房地产业可能是走在各个行业比较靠前的位置上，它的希望现在已经被看得越来越清楚了。而房地产业这种比较明显的温度回升，是在中国，在工业化、城镇化、市场化、国际化和信息化，以及民主法治化的大潮中客观存在着发展潜力的表现。我们现在完全不能认同，有些人那么悲观的想到中国真实城镇化率才40%左右的时候，就来一个像日本真实城镇化率要到80%左右才出现的崩盘式的回调。我们只要不犯低级的错误，这种情况就不可能出现，局部出现的调整，一定和结构的不良有关，但它并不能推翻我们对于大局潜力上的判断。现在看得到，房地产业回暖以后，很快带来的是我们相关基础设施方面有更多的建设需要。一轮一轮中国建成区和相关的周边区域的扩大，乃至必须城乡一体化或发展的基础设施的建设，一定会拉动全产业链的发展。

总体上，中国还要经历未来时间相对长的一个由于城镇化处于高速发展期而不动产，特别是中心区的不动产的平均价位表现为一个上扬曲线的过程。同时，需要特别注意的就是分化了。近年明显的分化特征告诉我们，房地产业的黄金时代过去以后，新来的白银时代仍然是含金量很高的时代，以后早晚要转入所谓成熟的黑铁时代，但是现在白银时代最值得看重的就是分化的特征之下，管理当局只要掌握好供给侧结构性改革，仍然有几乎满手的好牌。在这种直接优势下，政府要做的事情很多都是可以得分的事情；企业界、投资界和老百姓，都可以在城镇化支撑的整个国民经济未来巨大潜力释放的过程中，来实现共享，来得到我们在意愿上希望得到的改革开放过程中的共赢，也就是包容性发展。

但我又愿在此特别强调，在民营企业投资下滑方方面面高度关注之后，作出分析的过程中，必须指出一个特定的视角，就是民营企业投资下滑里不管有多少技术层面的具体原因分析，但必须强调在民营企业特别敏感的总体来说的方向感、定心丸这个概念之下，我们要做好相关的工作。民营企业怎么发展，邓小平的改革智慧值得再次援引。当年扑朔迷离的情况下，邓小平几次强调对“傻子瓜子”不能动，这个“傻子瓜子”的个案，在邓小平看来却是联系全局的，指出你动了它，老百姓就会说共产党的政策变了——他这个“不能动”，实际上带来的是对以后大局的把握。现在我们在具体看到各种各样问题的同时，习总书记已经强调了民营企业发展方面掌握的“亲、清”二字，既然已经说到这么清楚的要领上，那么这个定心丸要继续吃，要继续在这方面把方向感清晰化起来。相关的种种纠结、不安的情绪，需要在实际工作中得到这种法治化安全感和发展效应的对冲，也需要我们长远战略在进一步清晰化以后，对接到现在实际要迎接的十九大需做新一轮部署的全面改革方面的实质性推进。制度建设带来的方向感，和后面跟着的安全感，是非常重要的，也是合乎逻辑的，必须在方向感后面带出安全感和希望感。

在这方面，对房地产业来说，虽然前面强调了回暖，强调了潜力空间还在继续打开，但同时也需要继续强调一下，值得我们特别总结的，就是虽然有种种技术上的考虑和阶段性的考虑，但是长远的大方向下的方向感，是中国一定要进入现代社会，现代社会一定要面临和房地产业发展相关的制度建设的挑战，包括大家说起来很多人都非常不满的从无到有的房地产税改革。关于这种攻坚克难的改革，中央决策层是面对激烈争论的，但落到文件上，一直是肯定这个方向的。很遗憾，2016 年有关部门出于短期考虑，并没有把它作为年度改革方案内的具体任务，只有人大那边表了个态，说房地产税已经列入一类立法规划。但近期一线城市楼市的迅速升温和形成的社会压力，再次提醒我们，房地产税这个地方税的立法过程没有必要搁置，如果能够完成立法，显然它应该按照不同地方区别对待，首先考虑在一些有特别现实的社会压力的一线城市和迅速升温形成压力的二线城市推出与这个税法实际执行相关的改革。房地产税改革在中国，是完全可以考虑先有立法以后区别不同区域来形成供给侧改革的理性供给管理方案的。

金融改革的五个“势在必行”

贾　康

金融显然要服务现代化战略全局。我在自己做了多年宏观和财经研究的基础上，对我国金融总体上应怎样发展，讲五点，是五个方面的“势在必行”。

第一，应强调对金融支持实体经济这件根本性的事情，一定要抓住不放，而支持实体经济，要重在能够解决其升级换代的问题——怎样使我国实体经济升级换代得到有效的金融支持，这个问题的解决势在必行。这方面已有的具体的负面警示，从局部来看就是温州案例：本来已形成那么好的发展形势，突然一下子不行了，“跑路事件”带来整个增长极作用的丧失。很有意思的是，温州跑路事件发生之前，当地的金融生态连续七年被评为全国第一。相关的指标选取就是正规金融那点儿看来很正常、低风险的数值，但温州实际经济发展中的金融支持作用，大量的已是体制外的，灰色的，甚至地下钱庄的支持作用。随着世界金融危机冲击到来，这些准高利贷和高利贷的脆弱性一下子体现出来了，就是资金链断裂、跑路。跑路带来的是所有矛盾一下子暴露出来了，产业空心化，发展痛失好局。这对于整个中国的警示就是，如果我们现在在长三角、珠三角区域看出来的类似于温州的这一类种种迹象，不能得到很好缓解的话，实体经济的升级换代上不去、冲不过天花板的话，等着我们的就只有“中等收入陷阱”。这是中国势在必行要解决的重大现实问题。

第二，是为使金融有效支持实体经济升级换代，一定要实质性地推进金融多样化的改革。多样化也就是使整个金融体系适应实体经济各类融资的客观需要。金融领域在充分竞争中使其产品多样化，势在必行。大家都知道中国的直接金融的产品供给发展得远远不够，直接金融中的股市有很多的纠结、困惑、扭曲，同时债市又远远落在现实生活的后面。另外产品多样化显然需要推进到服务的多样化。还有刘萍主任所说到的，除不动产抵押之外，国际经验方面的动产抵押，显然是支持金融多样化的，而且刘萍主任提到的数据，有那么大的潜力！在中国怎样让它配上去，看来这个方面短板明、潜力大。另外从高大上、最前沿的来说，要有风投、创投、天使投，从政府角度看，要有政府的产业基金和引导基金，它们都是金融产品系列多样化的组成要点。多样化应一直推进到整个金融市场、资本市场各类需求所能对应的供给品，实现“无缝连接”。

第三，是金融领域中政策性金融的创新发展势在必行。我已在这方面作了多年的研究，政策性金融的健康协调发展，在中国必须让它体系化和可持续化。现在大家已经接受的开发性金融、普惠金融、绿色金融，还有共享金融这类概念，后面都离不开政策性金融与它们内在的联结——当然具体联结的机制和形式，是需要进一步考察和探讨如何合理构建的。但这些一定不是简单的商业性金融。商业性金融的发展我们固然要解决很多难题，同时也要解决政策性金融作为战略框架中与商业性金融协调呼应、相互匹配的问题。实话实说，中国在认识上比较早就有了一个这方面的部署，但后来走了弯路。很有意思的是，两次金融工作会议，在别的事情上应该形成共识来推进的，没有看到什么进展，但在让政策性金融机构的旗舰——国家开发银行“商业化转制”问题上，却一下子形成了共识，实际上哭笑不得：哪里有它真正商业化转制的可能性，这种事情上我们自己陷入悖论了，这个事情要解套。简单来说，这方面有两个要点已可看得很清楚，大框架必然是中国的金融双轨制——这是在可预见的将来不可能改变和放弃的选择，不能轻信有人说的中国要消除一切的双轨制，就像房地产市场必须是市场轨和保障轨双轨制一样，金融也要有双轨制。那么这种双轨制要健康运行，一定要让它有政策性金融的风险共担机制和所支持对象规范的、阳光化的遴选机制，这样才能够适应可持续发展——这是政策性金融所必须解决好的制度机制要点。

第四，是从政策性金融、开发性金融再往下观察，政府和社会资本合作的 PPP 投融资机制的创新发展，势在必行。我们接触了大量的实践案例，也注意到现在国务院领导、有关部门的思路和态度，这方面确实是我们必须抓住的一个中国“守正出奇”的创新领域。PPP，即政府与社会资本合作，就是过去说的公私合作伙伴关系机制，直观看是融资机制创新，但它必然推展到管理模式创新和千千万万个 PPP 项目必然发展起来的、包括中国和其他经济体在“一带一路”上做的项目所形成的整个治理模式的创新。在全球舞台上，这是共赢多赢、中国和平崛起必然需要的一个配套条件和加速器，实际上也是在落实总书记说到的中国在走向现代化过程中，它的包容性发展机制，“命运共同体”的共赢多赢机制。可从本土做起和外围打通。PPP 一系列的正面效应，总结起来至少有六条，对政府来说，所面临的城镇化、老龄化的财政支出压力，只有借此另辟蹊径才能得到缓解；从民众来说，中等收入阶段以后怎样解决社会公共服务与福利增进的可持续问题，必须有 PPP 的“1+1+1 ＞ 3”的绩效提升机制；从一大批企业来说，有偏好和政府合作的企业，可以找到自己的发展空间和活动舞台，而促使现代市场体系在中国真正成型；从我们现在对冲经济下行压力看，把相当可观的一部分所谓的过剩产能转为有效产能，增加发展后劲，才好引领新常态；从中央所肯定的混合所有制改革来讲，它会天然对接，一个个 SPV（特殊项目公司）里面，政府天然就不想让国有股“一股独大”，天然就会以政府和非政府各种各样的股权形成共赢的现代企业制度产权结构，它是使混合所有制不要陷入争论、而于实践中得到推进的一个很好的具体的运行机制；另外非常有意义的是它一定倒逼、催化中国的法治化建设和经济生活中的商业文明、契约精神、专业素质以及走向共和的妥协这种理性精神的培养与提升。PPP 对于整个现代化战略的配合，是一定把投融资打通、上升到整个治理模式创新的现代化境界。

第五，是金融发展和人们所说的信息时代的新技术革命大潮的密切结合，势在必行。大家已用惯了“互联网 +”的概念，金融和互联网的结合渗透，前一段时间大家更多看到的是狭义概念的 P2P，其实广义的互联网金融是有非常多的、更丰富的内容的。比如华为前些年在非洲那边不声不响的创业发展中，在所谓撒哈拉以南地区这一世界上最欠发达的地区，可以抓住机会，运用自己的装备供给、应用和服务能力，跳过门店银行，发展出那个区域的手机银行。我认为这也就是互联网金融的一种。广义的互联网 + 和互联网金融，这些事情在中国一定要抓住新技术革命大潮，利用我们现在已经有的一些后发优势和相对优势乘势发展。当然这里面有近期具体的 P2P 令人纠结的问题。我同意盛来运司长最后所说的观点，发展中规范、规范中发展要互相结合，但从全局和长远来看，一定要特别注意预留试错、创新发展的空间，当然也要控制风险，把这两个要领结合好确实是一门艺术。在具体运行中，很可能一种倾向掩盖另一种倾向，当某一种倾向占主导的时候，就要注意另一方面的倾向，要给它留出一定的必要的弹性空间。

农业发展中的投融资支持与机制创新

贾　康

农业是国民经济的基础，在人类社会的供给体系中具有不可动摇的重要地位。

但各经济体发展中，随着工业化、城镇化的进展，农业作为产业又面临相对弱势的问题与矛盾，需要得到必要的统筹规划与政策支持。

中国改革开放后，农村改革取得重大成就，又在继续发展中面临与农村、农业、农民（“三农”）有关的一系列挑战，需要在弥合“二元经济”的现代化发展进程中，推进城乡一体化、农业产业化，使农民致富、融入小康，在未来几十年间使几亿农民有序地实现市民化。农业产业化需纳入总体的、全局的可持续发展战略。

从农业发展看，不同区域、不同农业企业都需有合理的具体设计方案。但显然都需要得到投融资的有力支持和实现相关机制创新。结合中国基本情况，我以为至少有如下三方面的着眼点：

一、农业的投融资需以市场化、专业化、对象化为取向，并纳入全球化潮流

（1）市场化：政府的农业投融资要遵循建设社会主义市场经济的客观要求，尊重市场资源配置机制总体而言的决定性作用；农业企业投融资要充分运用市场主体自主权，在竞争与合作中争取做好、做大、做强。

（2）专业化：各项农业投融资要以高标准专业化为取向提高绩效。

（3）对象化：各项农业投融资要有效针对投资项目的特点，切合种植、养殖的客观情况，形成尽可能高水平的供给管理方案。可行性研究、金融工程式定制都应抓好落实、优化适合特定对象的供给，这正是对应于“供给侧结构性改革与供给体系质量效率提高”的新理念，是处理好结构问题的客观要求。

（4）全球化：这既有经验的交流、分享，也有各国政界、商界的相关合作。

二、农业的投融资需匹配合理、可持续的政策支持

农业领域也存在“市场失灵”，并且往往比工业、服务业更明显，公共政策支持要对其作相应的弥补和矫正。如农产品领域的巨灾保险配套机制、农副产出“大小年”信息服务及投融资风险防范、对基本以及大宗农产品实施的“本准”政策机制、对于农户规模化经营的引导扶助、对于农村金融的特定支持（包括必要的财政为后盾的贴息与政策性信用担保），以及对于食品安全、种业发展、污染防范与治理、涉农小微企业发展、农业一条龙服务体系、生态农场、林下经济、设施农业、农业科技开发与成果产业化应用等各项政策的合理设计与动态优化，等等。这些政策的设计和实行十分需要相关各部门的协调配合。一个新的政策命题是：中国还需探讨休耕轮作制度与政策的合理化。

三、农业及相关事项投融资的机制创新

在问题导向下，应当积极考虑：

（1）各部门各种涉农资金的优化整合、组合、协调运用。

（2）财政主导的农业综合开发资金和产业基金的乘数放大效应的充分发挥（政策性资金，市场化运作，专业化管理，信贷式放大）。

（3）对农业企业投资的鼓励，与资本市场、技术市场的对接（股市、债市和知识产权市场）。

（4）循环经济模式创新与 PPP 的开拓：如“猪—沼—肥—果—农家乐”链

条上的循环经济发展及其规模化运营中企业、政府合作的案例。

（5）未来“命运共同体”式发展中的国际合作与新技术革命：如“一带一路”上的生态农业园区、农产品与相关产品加工基地、物流中心及其互联网 +、大数据时代创新升级的市场营销。

“一带一路”的多赢性质与多元投融资机制创新

贾　康

中国决策层明确提出的我国“丝绸之路经济带”与“海上丝绸之路”（即“一带一路”）发展倡议和规划部署，具有重大的全局意义，并将产生久远的历史性影响；现已在全球范围内赢得万众瞩目的效应，相关的机制建设和创新方兴未艾。

一、“一带一路”倡议与规划

虽有不同角度的看法与解读，但“一带一路”的多赢、共赢性质需要强调和进一步凝聚共识。从中国的特定角度说，毋庸讳言，这是近现代史上的一种“大反转”：中华民族自鸦片战争带来“三千年未有之变局”而拉开近现代史帷幕之后，曾于洋务运动时代不得不在国家安危问题上做“海防、塞防之争”，在被动挨打中一路积贫积弱、内忧外患。直至20世纪3件大事（辛亥革命、1949年新中国成立、1978年开始改革开放）的递进过程中，从推翻帝制，走到几十年后告别内战达到民族基本统一框架，又在此几十年后走到在经济社会转轨中出现经济起飞——近30多年间，综合国力大大增强，和平发展崛起态势显现，终于可以正面讨论以外向型“走出去”为特征的商贸大国经略周边、经略西部、经略海洋的“一带一路”倡议与战略规划了。

二、“一带一路”催生投融资机制创新

必须强调，这一宏大战略规划的实施是循和平发展、经济搭台开路的基本路径。在全球化时代，把我国广袤腹地潜在的市场空间与外部世界更有效、便捷地贯通，寻求与其他经济体的互惠共赢，成为实现中华民族经“三步走”实现“中国梦”的重大配套条件；也是当年毛泽东主席所说“中国应当对于人类有较大的贡献”的顺理成章、水到渠成的具体表现。

具体实施中，首先客观需要基础设施先行：在向西的“一带”上，至少具体分为南、西、北三路走向，且大兴相关基础设施和公共工程，打造“硬件环境”（不排除“连片开发”）并培育“软件配套因素”；在向东的海上，至少要在以三沙市为代表的广阔海域加紧兴建永久居民点、后勤补给基地和通信、管理网点等，匹配各类海洋合作园区项目，一直发展、联通到各类船只、飞行器，并据此与多个经济体保持跨海频繁通航通商状态。可以说，内地各区域的新机遇正纷至沓来。比如，重振“南方丝绸之路”成为云南“区域发展”战略与“一带一路”全局战略的必然对接，为云南以至西南区域带来了前所未有的、重大的历史性发展机遇。陕西是丝路重要节点，汉、唐传承的丝路基因将再次被激活。对“一带一路”相关经济体的基础设施、产业、就业、经济繁荣和社会发展，都会产生可观的正面影响。

交通网、物流中心、产业园区、宜居社区、保税区、新兴产业增长点、文化事业……所有这些方面涉及的天文数字的资金投入，必须多方筹集，并借助亚洲基础设施银行、金砖银行、我国的主权财富基金和其他多元、多渠道资金，共同形成支撑合力。世行、亚行在开发性融资方面做出了多年努力和一系列成绩，但由于种种制约，据测算其投入资金仅能满足亚洲为主的发展中经济体基础设施投融资的10%左右，绝大部分的投融资支持需要另辟蹊径，所以亚投行应运而生，并且得到了50多个经济体作为创始成员国的明确承诺。

有少数人把“一带一路”和亚投行等按冷战思维来解说，这是完全错误的。这里有必要追溯20世纪80年代邓小平明确做出的战略判断：我们处于“和平

与发展的时代”。二战以来核威慑时代的全球发展，证明了邓小平的判断的“实事求是”性质。习近平主席的表述是各国为“命运共同体”，要“摒弃你输我赢的旧思维”，就是鲜明地肯定和平发展时代的基本判断、基本哲理和共赢性质（“中国版马歇尔计划”之说也易引起误解，因那时有冷战背景，如今显著不同了）。

三、PPP创新中如何做好共赢与多赢

除各经济体的互惠互利、多赢之外，还有政府、企业、专业机构的共赢与多赢。在这个战略的实施推进过程中，一大机制创新点是多元筹资与运用PPP（即公私合作伙伴关系机制，或意译为“政府与社会资本、企业合作机制”）。这一机制近几十年间在欧、美、澳和若干新兴市场经济体（如土耳其）应运而生、方兴未艾，在我国也已涌现了一系列实操案例，但国内总体上仍属初创、探索阶段。新近，PPP已得到了决策与管理部门前所未有的高程度重视与大力度推行，它正是一个结合“一带一路”战略而充分发挥其用武之地的新机制。这对于缓解政府资金压力，提升建设、运营绩效和培育市场主体，在“一带一路”系统工程实施中实现各国政治、公众和企业的共赢多赢，具有重大的意义。

具体考虑，我们至少可以把以下六个方面作为相关机制创新的要点：

（1）法治建设应呼应“一带一路”建设

结合法治建设的推进和契约精神的培养，在现阶段必然需要作为过渡的“暂行条例”等形式的法规内容之中（一直包括到各级政府的“红头文件”），有所针对地呼应“一带一路”建设的推进，力求（即使是低水平的）“有法可依”，再积极动态优化、提升相关立法的层次。

（2）推出PPP创新方案

在“一带一路”建设的一些重要节点上，由规划部门和相关管理部门有意识地做出几个主要类型的PPP创新方案，如项目的、园区的和服务打包的，等等，向企业提供尽可能充分的信息与咨询服务，准备和尽快进入招标实操。

（3）借鉴有关企业的成功经验

如华为公司在非洲最欠发达区域也可以于艰苦奋斗中跨越式发展无门店的“手机银行”等经验，在“一带一路”建设中率先试行通信、金融等的“后发优势”方略，鼓励有相对竞争优势的企业与政府合作，大胆开拓新的方式与技术路线，超常规发展。

（4）给予优惠政策

结合混合所有制改革，积极筹建、发展以民营资本为主要部分的“一带一路”股权投资基金、境外投贷基金及其政府引导基金，并与具有可行性的PPP项目相结合，探求相互协作的具体操作办法，财税等部门应给予必要的优惠倾斜支持政策。

（5）密切多部门合作

外交、商贸、发改、财税等有关部门密切协同、高效配合，与国外相关方面磋商和促成一批国外民间投资为主的“一带一路”PPP项目。

（6）开展定向支持

积极培育和促进国内专业机构、中介组织、智库平台和高校研究中心等开展配合“一带一路”战略实施相关PPP机制创新的科研、咨询服务和专业团队定向支持。

三年和三十年：在不确定性中看确定性

贾　康

愿就“中国经济走势简要认识”谈一下自己作为研究者的看法。

要考虑中国发展的大势，首先要勾画一下十八大之后大的背景。在最高决策层人事安排基本到位之后，十八大之后的三中、四中、五中全会，形成了一系列决策层对全局的指导方针。三中全会解决了全面改革部署的“顶层规划”60条文件的通过和执行的问题。四中全会把三中全会以经济改革为重点切入的全面改革，实际上推进到了司法改革、行政架构改革和宣传上并不直接表明但实际上不可回避的政治体制改革这样全局性的覆盖面和基本框架上。五中全会又系统化地提出了发展的新理念，就是以作为第一动力的创新发展引领协调发展、绿色发展、开放发展，落到人民群众对美好生活的向往要变成大地上现实的共享发展。

这里面显然有从“现代国家治理”到“现代市场体系”，再有市场发挥“决定性作用”而政府“更好发挥作用”必须依靠的现代财政制度支持这样几个关键词的链接，并且进一步推进到了四中全会说的“全面依法治国”的现代政治文明和五中全会的现代发展理念的体系化。如果再浓缩一下，必然就是浓缩在“四个全面战略布局”上：我们必须到2020年实现全面小康，全面小康必须跟上全面改革取得决定性成果和推进全面的依法治国以及全面从严治党。

在这个背景下，这些年的经济运行从宏观层面看的基本数据，如果直观化处理一下，可以看到一个龙头指标GDP的发展动态曲线：在2010年，我们成功抵御世界金融危机冲击之后，GDP这个龙头指标的表现是两位数的高增长（10.4%），但现在看得很清楚的是，在经过了前面三十年出头的差不多年均增长就是两位数的高速增长阶段之后，2010 年的表现就是我们两位数增长最后一年的回光返照了，中国经济已经符合规律地在进入中等收入阶段后增速“下台阶”，这也就是 2010 年前后在人均 GDP 和人均国民收入国际对比上我们可以认定的进入中等收入阶段发生之后，我们的增长速度像其他经济体的演变轨迹一样，不可能再一直是高速的，而要向下调整为中高速。最高决策层已经把这个阶段转换的到来，概括为“新常态”这个概念。我们现在正在经历着新常态“新”已明朗而“常”尚未实现这样一个演变过程。2016 年一季度的经济增长速度已经回落到了 6.7%（二季度有可能再低一点），我们现在要把中高速这个新阶段的特征附加上打造经济增长质量升级版这样一个实质性的追求。“新”之后的“常”就要落在速度是往下调整，但是它不能一低再低，要稳定在一个可接受的区间以后，体现出以结构优化提高增长质量的特点，进而对接一个时间越长越好的中高速增长平台。我们如果进入这个平台的境界，那就“常”了。现在“常”未实现的情况下，我们必须在宏观经济态势上完成一个经济发展的探底，然后争取尽快企稳，再对接这个升级版的增长平台。这个增长平台运行，对应着我们所追求的 2020 年实现全面小康目标，而且蓄积我们进一步发展的后劲，而再往后从长期看，一定要跨越中等收入陷阱，走通达到“中国梦”伟大民族复兴的现代化之路。

要强调一下，在“新”已明朗、“常”未实现的过程中，要把握好习近平总书记关于新常态讲话里所强调的中高速、结构调整优化和创新驱动这三个关键词，在经济增长速度的换档期、结构调整的阵痛期和前期刺激政策的消化期的后面，我们要群策群力，加上改革在深水区攻坚克难的推进期，这是我们为实现现代化，习近平总书记所说的“关键一招”，李克强总理所说的“最大红利”之所在。各个行业，包括我们汽车产业，包括我们各方面的创新发展，一定要抓住实质性推进改革这个龙头。在这方面，最高决策层已经给出了一个现在称为战略方针的表述，就是供给侧结构性改革。我们今天所讨论的，在新技术革命潮流中我们的汽车智能化，它这个趋向就是在供给侧发力要升级换代。供给侧在进一步解放生产力中，首先要提供有效的制度供给，就是落在改革上，这个改革要带出整个供给体系质量和效益的提高，也是一个系统工程。

在这个背景之下，我们看当下的经济运行，不确定性仍然是很明显的，实话实说，地方政府、企业界的困难延续了若干年，现在的不稳定预期、担心、纠结，所谓的不安全感或者对于风险的感受在市场上应该讲还在弥漫，市场预期向好的苗头已经有所表现，但是还十分脆弱，在一线的一些管理环节上，我们现在感觉心中无底。也是实话实说，一些地方政府和行业管理部门应对一些变化的情况时，往往他们作出的反应被认为明显滞后或不妥，公众不满意。如果从问题导向的角度来看，中央讲的矛盾累积、隐患叠加，实际上指向的就是我们必须警惕经济问题社会化、政治化这样一种危险和威胁。

但是同时，我们确实也不能只看不利因素和悲观方面。我们往前按照引领新常态的要求完成探底企稳，在中高速增长平台上来运行，那么实际上就对应着《人民日报》发表的权威人士所说的L型这样一个理解：这个L型它否定的是中国经济阶段转换之后我们来一个U型，即走到比较低的水平上以后过一段又上去了；另外更否定了V型，即下来以后迅速的反转，再次进入高速增长状态，这些都不可能了。我们现在所说这个L型，实际上速度落下来以后再往前的这个小拐弯要尽量拉长，这就是我说的中高速增长平台。按进入这个L型来理解，我们现在要观察的就是阶段性探底什么时候出现，虽然可以讲全中国、全世界的经济学家没有人现在敢拍胸脯说我可以拿出一个令人信服的精确的数量模型支持的前景预测，给出很精确的未来情况的模拟情况，和那些很细致的数据，但是我们毕竟还是要做经济预测的。我作为一个多年研究宏观经济的研究者试图粗线条地报告一下自己综合形成的一个“谨慎乐观”判断，就是在我们一季度经济增长速度回落到6.7%的同时，另外一些迹象很值得我们关注——如果做一个前瞻，我们不排除在2016年年内或者2017年前期，我们有望实现一个宏观经济发展态势的阶段性探底。这里所说的实际上就是经济下行到了一定的时候，它的表现虽然还在波动，但是没有明显的继续下行势头了。它在波动中到底能不能稳下来，还有待观察，但是它至少在一个阶段性情况下没有继续往下走。我们如果能看到这个阶段性探底，后面跟着努力让它企稳，使它的波动大致收敛下来以后，稳定在一个增长质量提高的状态上，就有望对接我们所说的时间越长越好的增长平台。

关于这种期待的基本的依据，可简单地列举一下：从去年下半年开始，“稳增长”这个表述之下，有关部门批出了若干的项目包，这些项目包当然要配之以努力提高可行性研究的方案水平，另外配上积极的创新，让它们提高有效性。这种有效投资还会对接上现在有关管理部门不遗余力地推行的政府和社会资本合作，有望结合使政府、企业、专业机构合作起来发挥“1+1+1>3”的绩效提升机制的这些 PPP 建设项目。公共工程、基础设施、产业园区开发，越来越多可用 PPP 来做。紧接着看到的，是去年年底我们工程机械主要生产厂家利用大数据形成的过去没有的“挖掘机指数”开始全面飘红，就是把中国现在所有信息来源合在一起，八九不离十地可以认定的我们工程施工机械的订单数、交货数、入场施工数明显往上走，它可以直接反映在版图上，直观地告诉我们项目包作为合乎逻辑拉动后续的建设这样一个会支撑经济升温的先导指标，已经表现出应有的提升经济景气的苗头。所以，可以理解挖掘机指数向好之后，为什么在前一段时间，已经喊了很长时间困难的钢铁行业，开始出现新的动态，就是某些钢材品种的价位开始企稳，还有一些实现了回升，当然这个回升还在波动。这种传导合乎逻辑，因为这些工程、施工机械进场要带去的后续要求，显然离不开钢材、建材和其他必需材料的投入。

那就可以进一步再往下看。2016 年上半年我们已经看到了采购经理人指数 PMI，即分散决策的企业面对市场自己决定的存货所形成的指数，是出现了在波动中的企稳状态，而且我们国家官方报出的 PMI 采购经理人指数几个月间站在了荣枯分界线的上方，当然它进一步的表现还有待观察。其他比较有印证价值的是工业增加值、企业利润、用电量都有在一段时间表现得不好之后新的向好的苗头。至于我们的房地产业，大家知道，“冰火两重天”的分化局面现在迅速演变为火的一边，热度继续上升，不得不采取一些强制性的限购措施了，而二线城市原来更多的感受是冰的一面，现在越来越多二线城市往火的一边走，三四线城市的去库存，也已经看到了积极的迹象。房地产业对于整个国民经济的支柱作用是不可否定的。当然我们还要总结过去的经验教训，引导它更健康地发展。

再有就是在有50个月制造业制成品出厂价格PPI往下走的态势中，现在看到了它的下降幅度收窄，而我们的消费物价指数CPI，则开始出现了前面几个月的上扬。居民收入、就业、消费方面总体而言还相对令人满意，旅游（包括出境游）、娱乐（如电影）、保险与财富管理成为热点，餐饮和服务业有一定的景气水平。地方和企业困难现在明显也在分化。实话实说，北上广深在2016年上半年经济运行的数据情况是比较令人满意的；武汉、合肥、贵阳等中西部城市有蓄势待发的局面；当然，另外一些地区像东北、山西，某些局部像鄂尔多斯和温州，仍然面临着明显的困难。我们的民营企业虽然现在有一些值得注意的投资下滑、感觉困难重重等这样的负面消息，"定心丸"还需要继续吃，但是我们的调研中也注意到，实际上民营企业中一些成规模的企业（更不用说华为这样的排头兵了），正当大家都感受市场不好的时候，他们利用自己的潜在优势、比较优势和品牌效应在积极地扩大市场份额，总之民企有困难的，也有向好的。全面地看，现在当然要在经济困难和纠结所引出的经济问题社会化形成突发冲击这方面，形成高度的警惕，但是应该说，在警惕不确定性的同时，我们还是要有一个对于经济大的形势发展的基本前瞻，这方面我们的定力是在于中国经济自己的潜力、回旋余地确实存在。短期的经济向好苗头，理应在发展中间接续上我们可以做的大举兴修水利，大力推进基础设施建设，还有积极地促进创新中间的产业升级等景气提升过程。最近的洪灾实际上又启发了我们，中国在这些年的发展中，基础设施的升级换代，还有迫切的现实需要和巨大的空间。

如果把上面这些综合在一起看，我感觉不能排除2016年年内，最晚2017年上半年，我们可能看到一个阶段性探底。所以，必须注意从2016年年底到2017年年初，这样一个可能性怎么对接到未来的中长期发展。机遇和潜力还会继续表现，现在我们已经在接近年度6.5%的增速水平，这应该是政治家、宏观管理部门特别努力要保的底线。因为早就知道"稳增长"测算下来，为了完成全面小康，在决胜期的未来5年，年均增长需要托在年均6.52%以上。

如果说看未来三年，关键点是：第一，到底什么时候完成探底并且企稳，这个我们可以拭目以待。第二，2017年我们就会迎来十九大，十九大怎么做出通盘的部署和安排。第三，我们的创新态势，它的发展到底会如何。要观察国家所鼓励的“大众创业、万众创新”等方面，从上海开始的自贸区概念的复制。我们的科技创新、人才培育和使用等方面的推进到底如何，传统行业的升级换代，智能化趋势、共享经济的进一步创新发展等态势如何，特别是它们的机制保障这方面如何？这些是未来几年内要考虑的最关键的问题。

如果谨慎乐观地说一下，未来 3 年左右对接升级版的中高速增长平台，我认为应该是“大概率”事件。但是实话实说，不确定性也是非常明显的。至于说国际方面的风云变幻，更是现在不能很准确地做出前瞻预测的，但是我们一定要密切跟踪。

在这里说到了“三年左右的眼界”，我觉得还需要扩展一下。因为考虑中国的问题，一定要有从短期到中长期衔接的思维。如果说往前做展望，考虑到未来 30 年的话，我认为未来 3 年眼界之内的不确定性，不能够冲掉未来 30 年的确定性。我们要努力地寻求和把握住真正长期的中国发展的确定性。从 30 年左右的时间段看，如果这个时间过去，我们就非常接近 2050 年中国梦伟大民族复兴的目标了。在这 30 年或 30 年出头的时间段里，我们可以进一步认知孙中山先生在辛亥革命之后海宁观潮所写的题词：“世界潮流浩浩荡荡，顺之则昌逆之则亡。”中国已经义无反顾地走上了改革开放大政方针之下的现代化之路，这种只能顺应、不能违拗的世界潮流，概括起来我认为是六大方面：第一、第二是工业化、城镇化。工业化是必须解决的中国在工业革命落伍之后我们要从追赶到赶超的现代化过程中一以贯之的发展任务，而伴随的必然是城镇化，而且是城乡一体化的新型城镇化。旁边第三、第四就是“改革开放”四个大字所表明的市场取向——改革，我们已经确立的市场经济目标模式要进一步形成现代市场体系的市场化以及义无反顾地全面开放国际化。第五，是与寻求后来居上有密切关联的高科技化或者信息化。第六，是四中全会以后，我们全面依法治国所体现的法治化、民主化。如果从这个历史视角来看，种种的不确定性都不能排除历史规律从长期来看表明的这种只能顺应、不能违拗的确定性。中国人从追赶到赶超，实现现代化，要认识到现在我们要把改革和社会问题这“两只老虎的赛跑”中，改革的速度促得更快一些，使它跑在前面，在 2020 年全面小康以后，一定要乘势跨越中等收入陷阱。这当然离不开我们的实体经济新兴产业在公平竞争环境中的蓬勃发展，对大众创业、万众创新这方面的实质性有效支持，消除对于创新创业创造活动现存的不良的供给侧约束，特别是消除制度供给的约束。我认为这是政府应该全力抓好、做好的所说的“实事”，希望能看到方方面面的管理部门在做实事上给我们的社会公众交出更好的答卷。

关于法治共和的包容性发展

——从《国家为什么会失败》读后感谈起

贾　康

在供大家讨论的几本书里，我侧重从《国家为什么会失败》说起。除这本书之外，还有《经济增长的迷雾》——副标题标明探讨的是经济增长（定义为、实际体现为人均收入的提高）过程中发展政策的成败。国家的成败和政策的成败，它背后有没有规律性的东西，是我们特别需要认识和揭示的，我从这个视角上非常简单地谈谈认识框架。我注意到，《国家为什么会失败》这本书出了中文版之后，有比较广泛的介绍。比如当时留下的介绍材料里面，专门强调了国家发展在争取成功、避免失败过程中制度的重要性，而制度最重要的使命，就是从市场经济运行的基石层面，处理怎么保护产权的问题，推到怎样全面法治化。所提到的基础理论源头，就是制度经济学代表人物诺斯的认识框架，后面跟着的一句话说："从诺斯理论本身来看，美则美矣，了则未了。"制度经济学的框架在现实生活中，在中国等经济体对应的又有转轨经济学，又有现在我们在新供给经济学中探讨的供给侧五大要素里，制度供给要素的作用等。显然，面对探讨的任务，有待于各方面的仁人志士共同深化，进一步形成能够回应现实挑战的认识。

关于这方面，我想特别注重地提一下，该书作者之一的阿西莫格鲁这位专家，他有关于这方面的专门认识，曾针对制度视角下中国未来经济增长写了专文。我读了以后，觉得他的点睛之笔就是在接近全文结束的时候说了这样一句话："如果没有社会和政治的转型，中国的经济增长不可能持续。"强调要把社会和政治结合经济在一起，进而寻求共识。他说“追赶型的增长无疑对中国非常重要。中国在这个阶段也做得非常成功”，指的是改革开放的起飞过程，超常规的高速增长过程，但是接着往下他话锋一转，“追赶型增长依靠的是技术转移、外包生产等等”（这是我们作为后发优势的），“但这种技术的采纳和改进，到了工资开始增长之后就行不通了，而中国的工资水平已经开始上升”——这正是这几年我们供给侧研究问题中所特别强调的，原来支持我们的劳动力低廉比较优势正在迅速撤空，现在中国普遍面临的已是“民工荒”、“招工难，用工贵”，后面跟着的是扩大城镇与工矿建成区的土地资源开发成本迅速抬高，以及现在资本雄厚了，但资本常规投资边际收益递减，感觉供需两头越来越对不上。

作者强调的是随“这种技术的采纳和改进，到工资开始增长之后就行不通了，而中国的工资水平已经开始上升了，随着中国融入世界经济，现有增长方式的潜力将枯竭”，即按照老路走，我们所说的增长动力的支撑因素要枯竭。这时“只有通过技术创新，才能实现持续性的增长”（这又涉及到全要素生产率），“而创新需要我前面说的那些广泛的社会和政治制度的变革”，这是他的点睛之笔。

我觉得，从这个视角来说，需要对《国家为什么会失败》这本书形成的把复杂问题简洁化处理的认识框架有一基本的把握。把这个书读下来，它给出的简洁认识框架是什么？就是各个经济体、各个国家，无论怎样的千差万别，但最基本的是可以区分为两种类型的增长：一是基于包容型制度安排，二是基于与之对立的非包容性制度安排。我认为，它直接聚焦在现在可以提炼为人类文明发展前沿概念上的“包容性发展”。其实从中国的决策层到社会方方面面，在胡锦涛任总书记期间，已经接受了这个概念，现在我们就是要走好包容性发展之路。这里面非常丰富的内容，就很值得展开讨论了。

既然讲包容，强调的是共赢多赢，对应的是供给侧创新过程中，现在前沿概念的大数据、云计算、移动互联时代的“共享经济”——在一个个经济主体行为的内在逻辑上，客观的发展潮流是去接近“共享经济”。在整个社会方面，这个“共赢多赢”过程，当然为中国提供了前所未有历史发展机遇，我们要争取的是和平发展、和平崛起，实现这种超常规发展中重返世界第一阵营的民族复兴“中国梦”。

而这个过程中，习近平总书记强调的是中国的发展和其他经济体的发展，合乎逻辑的是“人类命运共同体的发展”。从供给侧创新推出的共享经济，到整个战略层面认定的命运共同体的发展，这里面内在的规律和现在形成的核心概念，就是所谓包容性发展。而包容性发展一定需要有包容型的制度安排，使我们在这样的方向上顺应客观规律推进现代化过程。在这样的认识框架之下，具体的分析，要进一步推到方方面面有争议的一些对接到“怎么做”的讨论要点上面。

现在我注意到，虽然大家都接受了包容性发展的概念，但到底怎么走发展之路，中国的思想界以及相关的各方面，显然还有不同思路。无论是做反思和前瞻，都明显有不同思路的对撞，这不需要多说了。看看这大半年，中国最活跃的信息来源微信圈，以及更直截了当地宣泄情绪的微博、博客的文章，也包括传统媒体信息里面，明显可以看出种种争议后面的不同取向。怎么样找到和尽可能形成可以对接实践过程的共识，是我想谈的要点。最简单的说，我自己在《国家为什么会失败》以及其他几本书读后的启发之下，就寻找可以走通的包容性发展之路方面，现在所形成的最新概念，是制度安排上应“把权力和人性关进法律治共和的笼子里”的一套可行体系。

“把权力关进制度的笼子里”是习近平总书记的原话，大家都认同。稍微展开一些，这个“权力”首先讲的是公共权力。政府手上公共权力后面，更广泛的是整个社会成员在一起的权力和权利体系，持权力、权利者都是人，对人必然有必须进一步认识的人性。经济学上对人性的概括，过去大家知道的是经济人假设，经济人假设后面又会推演到不得不讨论的政治人概念，有更丰富的不同侧面的讨论。权力和人性要一起讨论，我认为要一起考虑关进法治共和的笼子里，这是从习近平总书记的话开始而必须进一步讨论的问题。当然，如果能够达到如下这样的境界，则可以实现以公民权力为基础和自爱、博爱、兼容为取向的包容性发展。这种包容性里，就要处理多少年争论不休的什么是自由、民主，怎么处理博爱等问题。如果纳入法治的制度安排框架，可以使我们所推崇的自由、民主得到合理的保障和必要的制约。

看到许多纠结的事情，稍微展开一点，说说“自由”。我注意到中国共产党在抗日战争的时候，“做大做强”最有感召力的得分因素是延安时期“宪政促进”、“自由民主”的软实力，《在太行山上》歌词中说的“自由之神在纵情歌唱”。当时延安那么低下的物质保障条件，却吸引这么多人：全中国有进步思想的成十万计的年轻人，不计物质条件考虑，很多人从富裕家庭出来，要到延安去，追求什么呢？自由。这个自由到裴多菲那里，是“生命诚可贵，爱情价更高；若为自由故，两者皆可抛”，都推到了这样至高无上的高度。马克思主义的“初心”，就是“自由人的联合体”这一共产主义远大理想。在共产党以革命党转为执政党这么多年之后，自由了吗？你说自由，还要忌讳“自由化”，意识形态倾向上，是在经济学领域讲“新自由主义”，已经不是流派之争，成为贬义词了，这是现实的纠结。

我认为这里面不能走极端，从学术上理性探讨，任何的自由不可能不受限制，但把自由看成需要打压的东西，这是违反人最根深蒂固的本性。人性必然有共性存在，我不否定人性有差异性，有人愿意强调为阶级性，但我认为阶级性的分析工具这里很容易陷入标签化、扩大化误区，可以就说共性和个性。人本性里寻求自由的共性是“人同此心，心同此理”，问题就是怎么得到必要的保障和合理的约束，只有法治的框架才能处理这样的矛盾问题，才能升华到整个社会有包容性发展的制度安排，去逐步争取接近“自由人的联合体”的高度文明状态。

同样是要讨论一下民主，可知有何等的纠结。大家看这么多汗牛充栋的讨论民主的思想文献，一个极端可把他直抬高到天上，另一个极端把他说到必然引出的是悲剧，多少罪恶以民主之名推行，要踩到脚下。实际生活中可以看到，从古希腊一直到中国“文化大革命”，民主之名带来了很多的人间血泪、浩劫和惨痛的社会代价。在古希腊，讨论民主的时候，其实首先“民主”是贬义词，“共和”才是褒义和真意。在我们于辛亥革命以后，表述“走向共和”的时候，已经形成了民主与共和共性的重叠。比如说1949年讨论国名的时候，一开始提出的是“中华人民民主共和国”，后来专家提出“共和”已经包含了“民主”之意，就不用专门写出来了，所以可以简洁称为“中华人民共和国”。

我觉得确实应该这么理解，民主是共和的必要组成部分，但不是全部。民主一定要受到一定的制约和调解，所谓美国社会是民主制度，真实情况不是直接的民主，是代议制民主。为什么大家一说西方民主，马上想到一人一票呢？这也是明显的认识误区。“一人一票”式的民主，非常容易陷入“多数人的暴政”状态。我认为，要对这些事情做学者的严谨讨论之后，回到《国家为什么会失败》这本书的框架里，给我们展开的启发是，真问题不是在表面上被人们所推崇的自由民主，真问题和关键问题在于法治共和，国际上通行语言就是“宪政共和”。在中国特定语境里，“宪政”这个词还容易引起争议和麻烦，按真意可换一个说法为“法治共和”，没有实质性的矛盾。

讲法治，当然要讲到法治能够使社会成员通过社会代价最小的方式，去寻求“最大公约数”的利益平衡，而且这个最大公约数出来以后，可以得到的是在法治保障条件下可持续的多轮的动态优化，来实现中国的包容性发展。中国在改革开放以后的探讨过程中，在指导思想、核心概念上已经接近这样的基本认识。谈到三中全会，我认为最精辟的提炼是“国家治理体系和治理能力的现代化”。“治理”概念取代“管理”理念，强调的就是不要再把这样的运行机制，看作是各级政府自上而下的简单管控，而是多元主体更多平面展开，充分互动，把管理和自管理、组织和自组织、调控和自调控合在一起，所形成的包容性发展的这样一套制度安排与机制联结。“治理”二字要寻求的就是这样升级的发展，我们应该牢牢把握三中全会精神，抓住以后要面对现实问题，来应对挑战，解决现在碰到的种种纠结和困难。

所以，我们如能更多以理性的讨论推出关于包容性发展的一些更清晰的、可以和操作对接的观点和意见，我觉得就是在这种会议讨论之中和讨论以后，大家可以进一步去推进有价值的、对实际生活产生建设性作用的研究路径。

跋

“命运共同体”中的同与异*

贾　康

我试图基于一个研究者和智库工作者的理解，在哲理层面谈谈关于“南北合作、南南合作和全球经济治理”这个讨论专题的一些基本认识。这个命题我认为就是要寻求在整个世界上发达经济体和发展中经济体相互关系处理中如何形成尽可能全面的合作，以及实现以现代化为趋向的全球经济和社会治理的优化。

在这样一个题目之下，从哲理层面思考，我愿从我们必须认同的各个经济体的“共性和个性”并存这个视角上来深入理解它。现实生活中相互之间必然有合作，也必然有竞争。客观上存在着各个经济体之间的共同利益，也必然存在着不同的诉求，会出现分歧、摩擦，甚至一些局部的冲突。然而习近平主席在很多场合使用了一个重要概念，就是中国和平发展与崛起中与各国各经济体“命运共同体”式的关系处理和发展——我理解这是在人类文明已经推进到的“包容性发展”这个前沿概念上的一种具体表述。

所谓命运共同体式的发展，我愿意把它进一步理解为，无论是发达的还是欠发达的各个经济体、各个民族、国家之间，必须努力地“求同存异，扩同减异”，扩大相同点而减少差异点，当然也不可能完全消除差异，但是总体的取向是争取共赢、多赢。人类文明发展的主流，我认同中国著名学者费孝通先生曾

---

*　根据在 2016 G20 智库会议上的发言整理。

经总结的一个趋势，就是“各美其美（美，在这里讲的是对个性优点与偏好的推崇和肯定），美人之美（别人的美你也要努力理解和尊重），美美与共，天下大同”，而大同理想，是中国在古老文明形成的时代里就给出的概念，多少世代的人类，总在寻求走向大同的可能性。

这里面，有同有异，那么首先应有一个在“同”的方面的具体理解。“同”的是什么？我认为各个民族国家的这些社会成员，他们都是人，人性自有相通之处，这是哲理上必须肯定的共性、共同点。对这种共同点，从做研究的学者的角度，我愿意再援引中国一位很有影响力的学问家、著名学者钱锺书先生的总结，叫作“东学西学，道术未裂（这个道和术讲的应是对规律的总结和对于发展方式方法的认识），南海北海，心理攸同”，无论你是在南边、北边，毕竟有共同的心理，都是人，在这个人的立场上，都有对美好生活的向往，就都要推崇一些基本的理性。

务实地说，我认为这个“命运共同体”到了实际生活里，我们要认识到生产力和科学发展走到现在的“核威慑”时代，人类社会这种求同的可能性（及其在趋向上的必然性）是已明显提高的：核威慑时代和信息时代，已使得第三次世界大战出现的可能成为极小概率事件，虽然某些局部我们还看到战争、严重的冲突，但是总体而言人类对于避免一个悲惨的第三次世界大战前景的信心是在提升的。避免第三次世界大战成为大概率事件，具有客观的物质条件支持和科学发展的基础。正因为如此，中国也就顺天应人地在改革开放时期，由邓小平在设计三步走现代化战略的时候，非常明确地强调“要抓住机遇”，因为进入这个和平与发展为主题的时代给中国人提供的机遇，就是一心一意谋发展，扭住经济建设为中心的基本路线“一百年不动摇”，从而积极寻求在“工业革命”以来落伍、落后之后，大踏步地跟上时代。

我们现在如果做一个“同”的方面的总结的话，即是中国必须认同和顺应人类文明发展中的大势和主流，即孙中山先生所言“世界潮流浩浩荡荡，顺之则昌，逆之则亡”。具体而言，这些只能顺应而不可违拗的大潮流，是工业化、城镇化、市场化、国际化、信息化以及法治化与民主化，只有顺应、跟上这样的世界潮流，才可能实现中国的现代化。中国现代化的“中国梦”跟其他经济体中人们的梦想是相通的，就像习近平主席访问美国时所说的，中国梦、美国梦是相通的，在相通这一方面看就是共性的，具有“同”的客观依据的。

下面需要再说一下“异”是什么。显然各个经济体之间的“异”太多了，不同的历史、不同的地理条件与资源禀赋，不同的文化、宗教，不同的国情和发展的制约条件。所以，我们认为在“同”的认识之下，还必须正确处理这个“异”的问题。比如设身处地讲中国，作为新供给经济学研究群体，我们特别推崇的一个抽象出来的概念，就是中国的现代化必须“守正出奇”。在前面说到必须认同的那些只能顺应不能违拗的世界潮流的旁边，中国人不要以为把其他市场经济体的已有经验，还有我们过去探索中间已经形成的一些初步经验继续用到中国，中国就一路现代化了，没有这么简单的事情，中国必须在发展的不同阶段上，面对种种国情制约和特殊的矛盾、特定的挑战，寻求在“守正”之后还要以成功的创新来“出奇”制胜——争取成功的创新，当然就意味着可能有失败的风险，但是中国的现代化必须经受能否成功创新而个性化“出奇”的考验，别无选择。

这里我愿具体化举个例，谈一谈中国怎样在新的历史起点上继续大踏步地跟上时代所面对的迥异于其他经济体的问题——整个中国发展的可持续性，至少面对着一个中国国情带来的“三重叠加”的制约：上个世纪胡焕庸教授就指出，中国整个版图上如果你以黑龙江的瑷珲（现在叫黑河）为起点联线到云南的腾冲，这条线的右下方 1/3 多一些的国土上，聚居的是世界第一人口大国总人口的 96%。换句话说，19/20 以上的中国人，就是生活在这个 1/3 多一点的东南半壁上，现在经过这么多年了，统计数据表明这个基本格局却没什么改变，而中国的人口现在已经从当年的 4 亿人上升到了新的数量级，接近 14 亿人，这个“半壁压强”式的由于社会成员必产生的资源、能源耗费带来的对环境承受力的挑战，形成了不可忽视的风险因素，我们近年已经在雾霾为代表的环境危机因素上，并由从大气到水流到土壤的污染，到食品安全这个链条上，相当强烈地感受到了。这第一重所谓“半壁压强型”的特定国情制约之上，又加上了第二重，即我们这几十年“经济起飞”必然带有粗放的特征。想把这种粗放增长变成集约增长谈何容易，这种转变是个慢变量，而粗放特征带来的资源环境压力，已表现为雪上加霜。再有第三重：现在终于看清楚中国的所谓资源禀赋，在基础能源方面，就是以煤为主。在可以预见的很长的历史时间段内，不可能根本改变中国这个基本能源结构，而煤的清洁化使用是最困难的，称得上是世界性难题，那么中国的发展怎么样可持续？显然和美国、欧洲和其他的经济体有非常明显的区别：以煤为主，在烧煤提供中国现在总电力来源的 80% 左右这个格局多少年内很难有重大改变的情况下，就形成了中国面对的“三重叠加”之下要解决可持续发展问题的一个非常之局。别的经济体的任何经验，都不可能直接套用到中国来破解这个“非常之局”，只有中国人自己成功地寻求到“供给管理”概念下的非常之策，在守正之后还要成功地出奇，才可能突破这个“历史三峡”，真正走上越走越宽的现代化之路。

我跟国际朋友曾专门讨论过相关问题。美国朋友问，你们中国有这么多的钱，能不能到美国买新的清洁能源技术到中国使用？我说，且不论你们美国人愿不愿意卖给我们——可能很多东西我们出多高的价你们也不卖——就说你们的那些能源技术拿到中国，能解决中国以煤为主这种基础能源结构下的可持续发展问题吗？这是很现实的一个中国之“异”。中国人必须在“同”的旁边，解决好它的个性制约之下怎么把可持续发展的现代化之路越走越宽的重大现实问题。

我想把这个哲理层面“有同有异”的命题合在一起，回到一个最基本的概括上：毕竟人类文明要寻求的是“求同存异”而“扩同减异”，越来越多的交流和理解，可促使大家一起在人类文明有可能走向“美美与共”的路径上寻求我们更多的合作，以合作来寻求人类都认同的社会成员“对美好生活的向往”，变成大地上的现实。我认为这就是我们讨论的南北合作、南南合作里面，值得去进一步认识的哲理层面“同”和“异”关系所应有的内涵与导向。